WELTKIOSK
LONDON BERLIN

GIDEON RACHMAN

# WELT DER AUTOKRATEN

## Wie Putin, Xi, Trump und Co. die Demokratie bedrohen

WELTKIOSK
LONDON BERLIN

www.weltkiosk.com


Pappelallee 78–79, 10437 Berlin, Germany

1. Auflage, 2022


Aus dem Englischen von Matthias Hempert

Die englische Originalausgabe T*he Age of the Strongman. How the Cult of the Leader Threatens Democracy around the World* erschien 2022 bei Bodley Head/Penguin Random House.

Art Direction: Paul Finn, Fitzroy & Finn

Umschlaggestaltung: BASICS09

Satz: Thorsten Kirchhoff

Druck und Bindung: Finidr

ISBN 978-3-942377-25-6

*In Erinnerung an*
*Jack Rachman (1938–2021)*

# INHALTSVERZEICHNIS

# VORWORT ZUR DEUTSCHEN AUSGABE

Die letzte Zeile dieses Buches schrieb ich im Dezember 2021. Meine Vorhersage, dass die Welt der Autokraten noch »zu vielen Wirren und viel Leid» führen würde, wurde dann schneller bestätigt, als ich angenommen hatte. Am 24. Februar 2022 marschierten russische Truppen auf Befehl von Präsident Wladimir Putin in die Ukraine ein. Binnen weniger Wochen waren über zehn Millionen Ukrainerinnen und Ukrainer zur Flucht gezwungen, Tausende Soldaten und Zivilisten waren ums Leben gekommen und die Küstenstadt Mariupol vollkommen zerstört.

Putin war der erste autokratische Führer — der Archetyp. Das allein bedeutet, dass die Auswirkungen des Kriegs gegen die Ukraine tatsächlich global sind. Ein Erfolg der Russen könnte andere *strongmen* dazu verleiten, ebenfalls auf Kriege zu setzen. Eine Niederlage der Ukraine, während die Vereinigten Staaten abseitsstünden, könnte gar einem chinesischen Angriff auf Taiwan den Weg bereiten.

Doch das frühe Stadium des Kriegs verlief schlechter, als Putin es angenommen hatte. Der russische Führer schien davon ausgegangen zu sein, dass sein neuester Angriff auf die Ukraine dem Muster von 2014 folgen würde. Damals gelang Russland die schnelle Annexion der Krim praktisch kampflos. Die Sanktionen, die der Westen daraufhin verhängte, fügten der russischen Wirtschaft keinen nennenswerten Schaden zu.

Die Invasion von 2022 folgte diesem Muster nicht. Die ukrainischen Streitkräfte leisteten erbitterte Gegenwehr. Russland gelang es nicht, im ersten Monat des Kampfes auch nur eine große Stadt einzunehmen. Manchen Berichten zufolge verlor Moskau so viele Soldaten binnen eines Monats in der Ukraine (15000) wie in zehn Jahren des russischen Kriegs in Afghanistan (1979–89). Die Sanktionen, die die

Vereinigten Staaten und ihre Verbündeten in Europa und anderswo verhängten, waren viel härter, als der Kreml erwartet hatte — wie Russlands Außenminister Sergej Lawrow später einräumte. Insbesondere die Entscheidung, die Auslandsvermögen der russischen Zentralbank einzufrieren, bedrohten die Fähigkeit des Kremls, wichtige Importe zu sichern und seine Auslandsschulden zu bedienen.

Die Fehler, die Putin bei der Vorbereitung der Invasion gemacht hatte, lassen sich direkt auf die Schwächen zurückführen, die autokratischer Herrschaft innewohnen. Ein System, das vom Urteil und von der Klugheit eines einzelnen Mannes abhängt, ist stets anfällig für katastrophale Fehler. Putin regiert Russland heute wie ein Zar — mit größerer persönlicher Autorität, als sie selbst der Generalsekretär der Kommunisten Partei in sowjetischen Zeiten innehatte.

Wie ein Monarch hat Putin Ratgeber und Höflinge, aber die letztliche Entscheidung liegt stets bei ihm allein. Während der Coronavirus-Pandemie hatte sich der russische Präsident immer stärker isoliert. Er tauschte sich nur noch mit einer kleinen Gruppe nationalistischer Berater aus, wie Nikolai Patruschew, Vorsitzender des russischen Nationalen Sicherheitsrats — den Putin kennt, seit beide Kollegen beim KGB im damaligen Leningrad in den 1970er Jahren waren.

Die Gedankengänge, die Putins Entscheidung für einen Einmarsch untermauerten, sind ebenfalls typisch für den autokratischen Regierungsstil: die Behauptung eines angeblichen nationalen Notstands, der radikales Handeln rechtfertigt; die Verherrlichung von Stärke und Gewalt; die Verachtung für Liberalismus und das Gesetz; und eine personalisierte Herrschaft, die Kritik und konträre Ratschläge unterdrückt.

Insbesondere verstand Putin die Realität des ukrainischen Nationalismus nicht. In einem Essay, das im Sommer 2021 veröffentlicht wurde, bestand der russische Präsident darauf, dass Russen und Ukrainer ein Volk seien. Als jemand, der für eine eigenständige ukrainische Identität nur Verachtung übrighatte, war er unvorbereitet auf die Heftigkeit, mit der die Ukraine für die Verteidigung ihrer Unabhängigkeit kämpfen würde.

In den Vereinten Nationen stimmten 141 von 193 Staaten für die Verurteilung der russischen Invasion. Allerdings enthielten sich China und Indien, die beiden bevölkerungsreichsten Länder der Welt. Die Russen konnten sich damit trösten, dass die Staaten, die sich entweder enthielten oder Russland unterstützten, zusammengenommen für die Mehrheit der Weltbevölkerung standen.

Putin erhielt auch bedeutende Unterstützung der Mitglieder der informellen Bruderschaft der Autokraten. Noch kurz vor dem Einmarsch pries Donald Trump Putin für seinen Umgang mit der Ukraine-Krise — und lobte das strategische «Genie» des russischen Führers. Wie stets war Trump fasziniert von der Skrupellosigkeit eines echten *strongman* und völlig gleichgültig gegenüber den humanitären und moralischen Implikationen des Krieges.

Zwei Staatsmänner, die Putin kurz vor dem Einmarsch traf, waren Viktor Orbán und Jair Bolsonaro — zwei *strongmen*, mit denen er ein enges persönliches Verhältnis hat. Während die Atmosphäre bei den Vorkriegstreffen mit Frankreichs Emmanuel Macron und Deutschlands Olaf Scholz angespannt und antagonistisch verliefen, war die Abschluss-Pressekonferenz mit Orbán fast jovial: der Ungar gab mit der Enge seines Verhältnisses zum russischen Präsidenten an. Bolsonaro, der Trump verehrt hatte, ignorierte eine persönliche Bitte der US-Regierung, auf das Treffen im Vorlauf der Invasion zu verzichten.

Nichtsdestoweniger votierten Ungarn und Brasilien für eine Verurteilung Russlands in den Vereinten Nationen. Aber diese formale Position überdeckte eine tiefer liegende Ambiguität. Einen Monat nach Beginn der Invasion warf die ukrainische Vizepremierministerin Iryna Wereschtschuk Orbán vor, Militärhilfe für die Ukraine zu blockieren und eine «offen pro-russische» Linie zu verfolgen. Wereschtschuk spekulierte sogar, Orbán habe womöglich eigene Absichten, was die Aneignung ukrainischen Territoriums angehe, und träume insgeheim «von unserem Transkarpatien» — eine Anspielung auf Orbáns Hoffnung, eines Tages die Territorien wiederzugewinnen, die Ungarn nach dem Ersten Weltkrieg verloren hatte.

Zwei andere wichtige Autokraten legten auffälligerweise ebenso große Zurückhaltung an den Tag, wenn es darum ging, Putin zu verdammen. Narendra Modis Indien machte deutlich, dass es nicht die Absicht habe, in dem Disput zwischen Russland und den Vereinigten Staaten Stellung zu beziehen. Viele indische Kommentatoren machten sich das russische Argument zu eigen, dass der Krieg durch die Osterweiterung der NATO provoziert worden sei — eine Haltung, in der sich Indiens Kalte-Kriegs-Sympathien für die Sowjetunion und seine aktuelle Abhängigkeit von russischen Waffenlieferungen widerspiegelte.

Mohammed bin Salman, Saudi-Arabiens Herrscher und langjähriger Bewunderer Putins, lehnte es ab, mit westlichen Staaten zusammenzuarbeiten, um den wirtschaftlichen Druck auf Moskau zu erhöhen. MBS war über den Fokus der US-Regierung auf den Mord an dem Regimekritiker Jamal Khashoggi so verärgert, dass er es ablehnte, auch nur mit US-Präsident Joe Biden zu sprechen. Großbritanniens Premierminister Boris Johnson, der nach Riad geschickt wurde, um das Königreich zu überzeugen, mehr Erdöl auf den Weltmarkt zu bringen, kehrte offenbar mit leeren Händen zurück.

Aber der mit Abstand wichtigste *strongman* für Putin war Xi Jinping. Kurz vor der Invasion hatte Putin Xi in Peking getroffen. Zukünftige Historikerinnen und Historiker mögen herausfinden, was die beiden hinter verschlossenen Türen besprachen. Aber die öffentliche Erklärung, die die beiden Länder nach dem Treffen am

4. Februar herausgaben, war bemerkenswert genug. Russland und China verkündeten, ihre Partnerschaft kenne «keine Grenzen».

Die gemeinsame russisch-chinesische Erklärung wurde durch eine tiefgehende und offenkundige Feindseligkeit gegenüber der amerikanischen Weltmacht untermauert. Die Paranoia, die Xi und Putin in Sachen angeblicher amerikanischer Unterstützung für so genannte «Farbenrevolutionen» teilen, wurde sogar direkt angesprochen. Ganz so wie Putins Russland den Amerikanern vorwarf, sie hätten die Revolution in der Ukraine 2014 organisiert, so glaubte Xis China, die Protestbewegung in Hongkong sei von den Vereinigten Staaten finanziert und angestachelt.

Offenkundig besteht zwischen den beiden Präsidenten, die ihre Länder in ähnlicher Weise beherrschen, auch ein gutes persönliches Verhältnis. Sowohl Xi als auch Putin haben die Macht zentralisiert, Amtszeitbegrenzungen aufgehoben, Geld in das Militär gepumpt und einen Personenkult befördert. Beide teilen die Vorstellung, dass Beziehungen zwischen Großmächten am besten per Deals zwischen den Potentaten an der Spitze gemanagt werden. Der Russlandexperte Alexander Gabuew sprach von «Zar und Kaiser».

Die Feindschaft gegenüber den Vereinigten Staaten, die den Kitt des Xi-Putin-Verhältnisses ausmachte, bedeutete, dass China sicherlich einen schnellen russischen Sieg in der Ukraine begrüßt hätte. Nach dem Debakel in Afghanistan hätte ein russischer Triumph Amerika einmal mehr machtlos und schwach erscheinen lassen — was gut in Pekings Lieblingsnarrativ vom unumkehrbaren Niedergang der US-Macht gepasst hätte.

Putins Rückschläge in der Ukraine verkomplizierten dagegen Xis Leben deutlich. Die westliche Allianz sah auch einmal stärker und vereinter aus, als das in den Jahren zuvor der Fall gewesen war. Die Vereinigten Staaten und ihre Verbündeten enthüllten ein neues Arsenal an Wirtschaftssanktionen — die potenziell sehr bedrohlich waren, sogar für Peking. China musste die Nachricht verdauen, dass Russland infolge der Sanktionen Zugriff auf seine Auslandsreserven verloren hatte. China hält die größten Auslandsreserven in der Welt und hat dieses Vermögen stets als Versicherungspolice betrachtet, sollte das Land in eine Krise geraten. Der Krieg in der Ukraine führte Peking nun vor, dass es im Falle eines geopolitischen Konflikts mit den Vereinigten Staaten den Zugriff auf seinen Schatz an Auslandsreserven über Nacht verlieren könnte.

China ist weit davon entfernt, in Sachen Energie oder Nahrungsmittel autark zu sein. Seit Jahrzehnten sorgt es sich um das «Malakka-Dilemma» — die Gefahr, dass die US-Marine China mit einer Blockade belegen könnte, indem sie die Schifffahrtslinien unterbrechen würde. Chinas gewaltige Investitionen in seine eigene Kriegsmarine sind teilweise darauf gerichtet, diese Möglichkeit zu verhindern. Doch nun muss Peking auch mit der Möglichkeit rechnen, dass die Auslandsreserven des Landes eingefroren werden — womöglich in Kombination mit anderen Finanzsanktionen —, was genauso bedrohlich sein könnte wie eine Seeblockade, die China vom Import wichtiger Güter abschneiden würde.

Es ist frustrierend für Xi, dass es dafür keine einfachen Lösungen gibt. Die offensichtliche Antwort wäre, dass China seinen Handel überwiegend in der Landeswährung Renminbi abwickelt. Davor ist Peking allerdings bislang zurückgeschreckt, denn den Renminbi vollständig konvertibel zu machen, könnte zu einer destabilisierenden Kapitalflucht aus China führen.

Der Fakt, dass die Europäische Union, das Vereinigte Königreich, die Schweiz, Südkorea, Japan und Singapur die Finanzsanktionen gegen Russland mittragen, hat dazu geführt, dass sich eine gemeinsame Front fortgeschrittener Demokratien gebildet hat, womit Peking nicht gerechnet hatte. China hat sich wiederholt direkt mit den Vereinigten Staaten verglichen und einen Meilenstein nach dem anderen abgehakt: größte Handelsmacht, größte Volkswirtschaft gemessen an der Kaufkraft, größte Kriegsmarine. Aber wenn sich China jetzt nicht nur mit Amerika, sondern auch noch mit Europa, Japan, Kanada und Australien messen muss, dann sieht Pekings Position weit weniger mächtig aus.

Die Sanktionsgefahr war durchaus nicht theoretisch. Als Moskau in wirtschaftliche und militärische Schwierigkeiten geriet, bat es Peking um Hilfe — Berichten zufolge fragte es nach Wirtschafts- und sogar nach Militärhilfe. In Antwort darauf veröffentlichte die Biden-Regierung eine klare Warnung: China müsse mit Sekundärsanktionen rechnen, sollte es Russland dabei behilflich sein, die Sanktionen zu umgehen oder den Krieg gegen die Ukraine zu führen.

Die Drohung, dass Hilfe für Russland zu einer Konfrontation mit Amerika führen könnte, stellte Xi vor ein schwieriges Dilemma. Würde Xi Russland Hilfe verweigern, würde sich sein Versprechen an Putin, dass es «keine Grenzen und verbotenen Zonen der Zusammenarbeit» zwischen beiden Ländern geben werde, hohl klingen. Viele chinesische Nationalisten argumentieren zudem, dass Amerika China im Endeffekt auffordern würde, gegen den eigenen engsten Verbündeten vorzugehen — und sollte Russland erst geschlagen sein, sich dann gegen das nunmehr isolierte China wenden würde. Aus dieser Sicht wäre es sowohl moralisch als auch strategisch ein Fehler von Peking, Russland nun im Stich zu lassen. Wenn aber andererseits Xi sich zu offen auf Putins Seite schlagen würde, würde er eine Konfrontation mit den Vereinigten Staaten riskieren — lange bevor China die wirtschaftlichen und militärischen Vorbereitungen getroffen hätte, sich gegen die Auswirkungen westlicher Sanktionen abzuschirmen.

Gegenüber dieser schwierigen Entscheidung hüllte sich Xis China zunächst in Schweigen und Mehrdeutigkeit. Die klügste Politik für China schien darin zu bestehen, die Entwicklungen von der Seitenlinie genau zu beobachten und die eigene Politik daran anzupassen.

Aus Sicht der Vereinigten Staaten schien der Krieg in der Ukraine eine perfekte Illustration des epochalen Zusammenstoßes zwischen Demokratie und Autoritarismus zu sein, den Biden zum zentralen Thema seiner Präsidentschaft gemacht hatte. Bidens Bereitschaft, Putin als «Kriegsverbrecher» zu bezeichnen und zu seiner Entfernung aus dem Amt aufzurufen, wurde vielfach dafür kritisiert, die konfrontative Atmosphäre anzuheizen. Dennoch spiegelten sie die Überzeugung des Präsidenten wider, dass Erfolg oder Scheitern von Putins Invasion der Ukraine den Ton der Weltpolitik für die kommenden Jahrzehnte vorgeben werde.

Bidens Urteil war sicherlich richtig. In historischer Perspektive war die Herrschaft von Autokraten stets mit Gewalt, Eroberung und Anarchie in der internationalen Politik verbunden. In den 1930er Jahren stürzten *strongmen* wie Benito Mussolini, Francisco Franco, Josef Stalin und Adolf Hitler ihre Nationen und die Welt in den Krieg,

Putins Überfall auf die Ukraine wiederholte dieses tödliche Muster. Er veranlasste die Vereinigten Staaten und die EU, endlich gegen den Autoritarismus zu kämpfen. Bei all den Schrecken, die mit Russlands Invasion verbunden sind, könnte der Krieg zum globalen Wendepunkt werden — in einem positiven Sinne. Das Zeitalter der Autokraten begann mit Wladimir Putin. Wenn sein Krieg gegen die Ukraine Erfolg hat, wird der *strongman*-Stil, den er verkörpert, weiter an Prestige gewinnen und weitere Nachahmer in der ganzen Welt finden. Aber wenn Putin in der Ukraine besiegt wird, könnte sein Scheitern den Anfang vom Ende des Zeitalters der Autokraten einläuten.

London, im Frühsommer 2022

# EINLEITUNG

Im Frühjahr 2018 bereitete das Weiße Haus ein Gipfeltreffen zwischen Donald Trump und Kim Jong-un vor. Im Old Executive Office, in dem der Nationale Sicherheitsrat des Präsidenten angesiedelt ist, sagte mir ein Trump-Mitarbeiter mit schiefem Lächeln: «Der Präsident hat eine Vorliebe dafür, persönlich mit autokratischen Führern zu sprechen.»

Trumps Diktatorenliebe ließ selbst enge Mitarbeiter sich vor Verlegenheit winden. Was im Weißen Haus unausgesprochen blieb, war die Tatsache, dass Trump selbst einige autokratische Allüren in das Herz der größten Demokratie der Welt verpflanzt hatte. Die wilde Rhetorik des Präsidenten, sein Gefallen an Militärparaden, seine Toleranz für Interessenkonflikte und Intoleranz gegenüber journalistischen Medien und der Justiz sind allesamt Attribute eines autokratischen Politikstils — ein «*strongman style*», der bis vor kurzem den gefestigten Demokratien des Westens vollkommen fremd schien.

Aber Trump war auf der Höhe seiner Zeit. Seit dem Jahr 2000 ist der Aufstieg der Autokraten zentrales Element der internationalen Politik. In so unterschiedlichen Hauptstädten wie Moskau, Peking, Neu-Delhi, Ankara, Budapest, Warschau, Manila, Riad und Brasilia sind solche *strongmen* (und es handelt sich bislang ausnahmslos um Männer) an die Macht gekommen.

Typischerweise sind diese Autokraten Nationalisten und kulturelle Konservative, die für Minderheiten, Widerspruch und die Interessen von Ausländerinnen und Ausländern wenig übrighaben. Daheim behaupten sie, an der Seite der «einfachen Leute» gegen die «globalisierten Eliten» zu stehen. Auf der Weltbühne nehmen sie für sich in Anspruch, ihre Nation zu repräsentieren. Und stets pflegen sie dabei einen gewissen Personenkult.

Das neue Zeitalter der Autokraten begann lange bevor Trump ins Weiße Haus einzog. Und es wird die Weltpolitik noch lange nach Trump bestimmen. Die beiden aufstrebenden Supermächte des 21. Jahrhunderts, China und Indien, sind autokratischen Regierungschefs anheimgefallen. Wenngleich sie in sehr unterschiedlichen politischen Systemen operieren, führen Xi Jinping und Narendra Modi ihre Länder in einem stark personalisierten Stil. Sie setzen auf Nationalismus, bedienen sich einer Rhetorik der Stärke und sind dem Liberalismus vehement feindlich gesinnt. Die beiden wichtigsten Mächte an den östlichen Grenzen der Europäischen Union, Russland und die Türkei, werden von *strongmen* beherrscht: Wladimir Putin und Recep Tayyip Erdoğan sind mittlerweile rund 20 Jahre an der Macht.

Der *strongman style* hat selbst vor den Grenzen der EU keinen Halt gemacht und sich in Viktor Orbáns Ungarn und Jarosław Kaczyński s Polen festgesetzt. Selbst Boris Johnson im Vereinigten Königreich hat mit dem autokratischen Politikstil zumindest geflirtet, wenn es um sein Verhältnis zum Recht, zur Diplomatie und zu Widerspruch in den eigenen politischen Reihen geht. Die beiden größten Länder Lateinamerikas, Brasilien und Mexiko, werden derzeit von Jair Bolsonaro und Andrés Manuel López Obrador (AMLO genannt) regiert. Bolsonaro steht politisch weit rechts, AMLO zählt zur populistischen Linken. Dennoch passen beide in das Autokraten-Modell, befördern einen Kult um ihre Person und verachten die staatlichen Institutionen.

Dieses internationale Muster verdeutlicht ein zentrales Thema dieses Buches: Der *strongman*-Stil findet sich nicht mehr nur in autoritären Systemen, sondern ist auch in Wahldemokratien verbreitet. Ein autokratischer Führer, der wie Trump in einer Demokratie operiert, trifft auf institutionelle Beschränkungen, die Xi Jinping oder Wladimir Putin nicht kennen. Aber die Instinkte eines Donald Trump, eines Rodrigo Duterte auf den Philippinen oder eines Jair

Bolsonaro sind denen der chinesischen und russischen Staats- und Regierungschefs beängstigend ähnlich.

Der Aufstieg der Autokraten hat die Weltpolitik fundamental verändert. Wir erleben den nachhaltigsten globalen Angriff auf die Werte der liberalen Demokratie seit den 1930er Jahren. Aus den Ruinen des Zweiten Weltkriegs stieg die Freiheit empor und breitete sich 60 Jahre lang auf der ganzen Welt aus. Stets gab es Rückschritte, und die Definition dessen, was Demokratien ausmachte, blieb immer etwas unpräzise. Aber alles in allem war klar, wohin die Reise ging. 1945 gab es nur zwölf Demokratien auf der Welt. 2002 war ihre Zahl auf 92 geklettert und übertraf erstmals die Zahl der Autokratien.[1]

Seitdem hat die Gruppe der Länder, die formal als Demokratien definiert werden, ihren kleinen Vorsprung gegenüber den autokratischen Regimen verteidigt. Aber der Prozess demokratischer Erosion hat begonnen. Die Organisation Freedom House, die Jahr für Jahr den Zustand politischer Freiheit rund um Welt bemisst, wies 2020 darauf hin, dass die globale Verbreitung politischer Freiheit zum 15. Mal in Folge rückläufig gewesen sei. Nachdem sie nach Ende des Kalten Kriegs kurzzeitig hochschnellte, wandte sich das Blatt 2005. Seitdem ist die Zahl der Länder, in denen politische und zivile Freiheiten zurückgegangen sind, stets größer gewesen als die derjenigen, in denen sie ausgebaut wurden. Wie Freedom House es ausdrückte: «Die lange demokratische Rezession vertieft sich.»[2] Der Aufstieg der Autokraten ist essenzieller Teil dieses Prozesses. Denn der politische Stil der *strongmen* stellt die Führerinstinkte über das Gesetz und die Institutionen.

Die Autokraten von heute haben es mit einer gänzlich anderen globalen politischen Landschaft zu tun als die Diktatoren der 1930er Jahre. Kriege zwischen den großen Mächten sind nicht mehr an der Tagesordnung. Die Globalisierung hat die Weltwirtschaft transformiert. Die Verbreitung internationalen Rechts hat Erwartungen geweckt, wie sich Politikerinnen und Politiker auf der Weltbühne verhalten sollten. Die Technologien des 21. Jahrhunderts geben Autokraten dagegen neue Möglichkeiten der direkten Massenkommunikation an die Hand, und auch gefährliche Instrumente für soziale Kontrolle — insbesondere solche, die es ermöglichen, die Bewegungen und das Verhalten von Bürgerinnen und Bürgern zu überwachen. Der Einsatz solcher Mittel dürfte die autoritäre Wende des 21. Jahrhunderts noch weiter befördern.

Joe Biden hat die weltweite Förderung der Demokratie zum zentralen Ziel seiner Präsidentschaft gemacht. Aber er ist inmitten des Zeitalters der Autokraten an die Macht gekommen. Populistische und autoritäre Führungspersönlichkeiten prägen heute die Entwicklung der Weltpolitik. Sie reiten auf einer Welle des neuerwachten Nationalismus sowie der kulturellen und territorialen Konflikte, die zu gewaltig sein könnte, als dass sie sich durch Bidens Rückkehr zur Betonung liberaler Werte und amerikanischer Führung aufhalten ließe.

In den Vereinigten Staaten selbst hat Bidens Wahlsieg keineswegs das Ende des autokratischen Politikstils markiert. Donald Trump schnitt bei den Präsidentschaftswahlen 2020 gut genug ab, um direkt für eine erneute Kandidatur 2024 in Gespräch gebracht zu werden. Selbst wenn sich Trump aus der ersten Reihe der US-Politik zurückziehen sollte, dürften zukünftige republikanische Kandidaten die politische Formel zu übernehmen, die er identifiziert hat.

Chinesische Nationalisten stellen Biden regelmäßig als alten, schwachen Präsidenten hin, der ein Amerika regiert, das vor einem irreversiblen Niedergang steht. Im Gegensatz dazu präsentiert sich China als aufstrebende Macht, angeführt von einem starken und energischen Politiker. In der sich abzeichnenden neuen Weltordnung mag der chinesische Präsident bald mit jenem Titel versehen werden, der bislang routinemäßig dem US-Präsidenten angetragen wurde — der des «mächtigsten Manns der Welt».

Bidens größte Herausforderung als Präsident wird darin bestehen, die Lebendigkeit der liberalen Demokratie daheim und in der Welt unter Beweis zu stellen. Sollte er scheitern, dürfte die Biden-Präsidentschaft nur ein Zwischenspiel im Zeitalter der Autokraten sein.

Wenn die politisch Liberalen das Ringen mit der *strongmen*-Politik gewinnen wollen, müssen sie verstehen, womit sie es zu tun haben. Dieses Buch versucht, Antworten auf drei zentrale Fragen des autokratischen Zeitalters zu beantworten. Wann verfestigte sich dieser Politikstil? Welche sind seine wichtigsten Charakteristika? Und warum ist ihm ein solcher Siegeszug gelungen?

*

Wladimir Putin kam am 31. Dezember 1999 in Russland an die Macht. Er wurde zu einem wichtigen Symbol und sogar Inspiration für eine neue Generation angehender Autokraten, die seinen Nationalismus, seinen Wagemut, seinen Willen, Gewalt anzuwenden, und seine Verachtung für «politische Korrektheit» bewundern.

Doch in den frühen Tagen seiner Regierung legte Putin viel Wert darauf, als verlässlicher Partner in der etablierten Weltordnung wahrgenommen zu werden. Als Bill Clinton ihn im Juni 2000 im Kreml besuchte, erklärte der US-Präsident seinen Amtskollegen als «vollkommen in der Lage, ein wohlhabendes, starkes Russland aufzubauen und damit die Freiheit, den Pluralismus und den Rechtsstaat zu erhalten».[3] Bei seinem ersten Treffen mit George W. Bush 2001 beeindruckte Putin den amerikanischen Präsidenten, der feststellte: «Wir haben einen sehr guten Dialog geführt. Ich habe in seine Seele geblickt.»

Zum Gegenspieler der von den Vereinigten Staaten geführten Weltordnung wurde Putin erst 2007, als in einer Rede bei der Münchner Sicherheitskonferenz Amerika verdammte, gefolgt von dem russischen Militärschlag gegen das benachbarte Georgien 2008. Danach schien Putins bombastischer und aggressiver Politikstil gegenüber dem vorsichtigen Pragmatismus eines Barack Obama, einer Angela Merkel oder eines Hu Jintao aus der Zeit gefallen. Merkel bezeichnete Putin als jemanden, der Probleme des 21. Jahrhunderts mit den Mitteln des 19. Jahrhundert lösen wollte.[4] Statt sich aber als Anachronismus herauszustellen, wurde Putin zum Vorboten einer neuen Zeit. Symbolträchtig war er ja genau zu Beginn des 21. Jahrhunderts an die Macht gekommen.

2003, drei Jahre nach Putins Machtübernahme in Russland, wurde Recep Tayyip Erdoğan türkischer Premierminister. Wie bei Putin dauerte es eine Weile, bis dessen Übernahme des *strongman style* offensichtlich wurde. Zunächst galt Erdoğan im Westen als liberaler Reformer, doch über die folgenden zwei Jahrzehnte seiner Herrschaft wurde er immer mehr zum Autokraten — er warf Journalistinnen und Journalisten sowie politische Rivalen ins Gefängnis, säuberte die Armee, die Gerichte und die Beamtenschaft und ließ sich selbst einen gewaltigen Palast in Ankara bauen, während sein Weltbild immer paranoider und verschwörungstheoretischer wurde.

Russland und die Türkei sind große Länder, ihre wirtschaftliche Kraft qualifiziert sie für die Mitgliedschaft in den G20. Aber sie sind beide keine Supermächte mehr. Der Moment, als sich die Welt der Autokraten wirklich formte, ist am besten im Jahr 2012 zu verankern: das Jahr, an dem Xi Jinping in China an die Macht kam.

In den Jahrzehnten nach Mao Zedongs Tod 1976 hatte sich die Chinesische Kommunistische Partei vorsichtig auf einen Weg der kollektiven Führung begeben. Doch obwohl China nun ein ungleich reicheres und höher entwickeltes Land war als zu Zeiten Maos, hegt Präsident Xi offenkundig nostalgische Gefühle für einige der maoistischen Elemente seiner Jugend. Unter seiner Führung begann der Propagandaapparat der KP einen Personenkult um Xi dada («Onkel Xi») zu kreieren. Xis Schritt zum ausgewachsenen Autokraten war zementiert, als 2018 die Zeitbeschränkung für die Amtszeit von Präsidenten aufgehoben wurde; potenziell kann Xi bis Lebensende regieren.

Asiens andere aufstrebende Supermacht, Indien, folgte einem ähnlichen Pfad, mit dem Wahlsieg von Narendra Modi 2014, dem Chef der nationalistischen Hindupartei BJP. Als Oppositionsführer war Modi bereits derart umstritten, dass er nicht in die Vereinigten Staaten einreisen durfte, wegen seiner Rolle bei einem gegen Muslime gerichteten Pogrom 2002 in seinem Heimatstaat Gujarat. Als Indiens Premier positionierte er sich als Mann, der sich den Feinden seiner Nation daheim und in der Welt entgegenstellen würde. Seine Bereitschaft, 2019 vermutete Terroristenverstecke in Pakistan bombardieren zu lassen, begeisterte viele in Indien und legte den Grundstein für eine erfolgreiche Wiederwahlkampagne, in deren Verlauf Modi seinen Wähler versicherte: «Wenn Sie den Lotus [das Symbol seiner Partei] wählen, dann geben Sie nicht nur Ihre Stimme ab, sondern drücken den Abzug, um Terroristen in den Kopf zu schießen.»

2015 feierte der *strongman style* innerhalb der Europäischen Union, die sich als Club liberaler Demokratien versteht, einen wichtigen Durchbruch. In dem Jahr wurde Viktor Orbán, Ungarns sich immer autokratischer gebärdender Premierminister, zum Helden der populistischen Rechten, indem er sich an die Spitze einer Kampagne setzte, die Aufnahme von Flüchtlingen und Migranten aus dem Nahen und Mittleren Osten zu verhindern. Im gleichen Jahr gewann die rechtsgerichtete Partei Recht und Gerechtigkeit, geführt von Jarosław Kaczyński , sowohl die Parlaments- als auch die Präsidentschaftswahlen in Polen.

Europas Migrationskrise bildete auch den Hintergrund für das Brexit-Referendum in Großbritannien im Juni 2016. Die «*Leave*»-Kampagne, angeführt von Boris Johnson, nutzte die Furcht vor muslimischer Einwanderung und stellte die falsche Behauptung auf, dass die Türkei kurz vor dem Beitritt zur EU stehe und Großbritannien eine Flut neuer Einwanderer bescheren werde. Der Slogan, den *Vote Leave* wählte, «*Take Back Control*» (ungefähr: «Hol dir die Kontrolle zurück»), entpuppte sich als schlagkräftig und brachte der Kampagne einen überraschenden Sieg ein. Steve Bannon, Trumps Kampagnenchef 2016, behauptete später, er hätte gewusst, dass Donald Trump zum Präsidenten gewählt werden würde, als Großbritannien für den Brexit stimmte.

Als Trump dann tatsächlich im November 2016 gewann und in das Weiße Haus einzog, folgte er gewissermaßen einem bereits etablierten globalen Trend. Aber die einzigartige wirtschaftliche und kulturelle Kraft der Vereinigten Staaten bedeutete, dass Trumps Aufstieg die Atmosphäre in der Weltpolitik veränderte, den *strongman style* stärkte und legitimierte und eine Welle der Nachahmer auslöste.

Trumps erste Auslandsreise als Präsident führte ihn im Mai 2017 nach Saudi-Arabien; im gleichen Jahr wurde Kronprinz Mohammed bin Salman der De-facto-Herrscher des Landes — der reichsten und mächtigsten arabischen Nation. Schnell baute er sich ein globales Image auf, was innerhalb der geheimniskrämerischen und introvertierten saudischen Königsfamilie ohne Beispiel war. Manche im Westen feierten MBS, wie er genannt wurde, als den autoritären Reformer, den Saudi-Arabien bräuchte — bis der Mord und die Zerstückelung von Jamal Khashoggi, einem kritischen Journalisten, die westlichen Fans des Kronprinzen schockte. Als MBS dann von einem lachenden Wladimir Putin beim nächsten G20-Treffen umarmt wurde, schien die Szene die Recht- und Straflosigkeit des neuen autokratischen Zeitalters auf den Punkt zu bringen.

Brasilien, das größte Land Lateinamerikas, fiel 2018 dem autokratischen Politikstil anheim, als Jair Bolsonaro zum Präsidenten gewählt wurde. Der «Trump der Tropen» hatte seine bisherige politische Karriere überwiegend im Schatten und am obskuren rechten Rand verbracht, um dann recht plötzlich zum Präsidenten aufzusteigen, indem viele Themen und Slogans des Trumpismus übernahm — wie die Verdammung von «politischer Korrektheit», «Globalismus», die «Fake-News-Medien» und Umweltorganisationen und die Unterstützung für das Tragen von Waffen, für Evangelikale, Großgrundbesitzer und den Staat Israel.

Afrika schien derweil dem Vormarsch der Autokraten vorerst keinen Vorschub zu leisten. Abiy Ahmed, der neue Premierminister Äthiopiens — das zweitbevölkerungsreichste Land des Kontinents — gewann internationales Ansehen, indem er politische Gefangene freiließ und den langen Krieg mit dem Nachbarland Eritrea beendete. 2019 gewann er den Friedensnobelpreis. Doch im folgenden Jahr befahl er eine Militärkampagne gegen Rebellen in der Provinz Tigray, die zu Tausenden Toten und Vorwürfen von Kriegsverbrechen führte. Abiys Wende gab Anlass zur Sorge, er würde der nächste vom Westen als liberaler Reformer gelobte Staatsmann, der sich in einen Autokraten verwandelte.

Die Tendenz westlicher Beobachter, viele *strongmen* anfänglich für Liberale zu halten, fügt sich zu einem gewissen Muster. Als Erdoğan in der Türkei an die Macht kann, beschrieb ihn die *New York Times* als «einen islamischen Politiker, der auf demokratischen Pluralismus setzt».[5] In ähnlicher Weise sagte der *New-York-Times*-Kolumnist Nicholas Kristof 2013 voraus, dass Xi «sich an die Spitze neuer Wirtschaftsreformen und wahrscheinlich auch weiterer politischer Öffnung» setzen werde. Er gab seiner Hoffnung Ausdruck, das Mausoleum Mao Zedongs könnten vom Platz des Himmlischen Friedens entfernt werden.[6] Zwei Jahre später beschrieb Kristofs einflussreicher Kollege Thomas Friedman Kronprinz Mohammed bin Salman als reformerischen Wirbelwind, «von der Mission beseelt, die Regierungsführung in Saudi-Arabien zu transformieren».[7] Als 2017 die Klagen über MBS' Menschenrechtsverletzungen lauter wurden, schien Friedman diese Einwände vom Tisch zu wischen, als er schrieb: «‹Perfekt› ist nicht im Angebot. Irgendjemand muss die Aufgabe erledigen, Saudi-Arabien ins 21. Jahrhundert zu schleifen.»[8]

Und dann gab es da noch diesen britischen Journalisten, der den Aufstieg Narendra Modis 2014 mit folgenden Worten willkommen hieß: «Indien braucht einen Stromschlag, und Modi ist ein Risiko, das wert ist, es einzugehen.» Wer das war? Ich. Damals fand ich den Lebensweg Modis vom einfachen Teehändler zum Premierminister «aufregend».[9] Nachdem ich Modis leichtfertigen Umgang mit Menschenrechten aus der Nähe betrachten konnte, würde ich meine Worte vorsichtiger wählen.

Beim Rückblick auf diesen Katalog der naiven Voraussagen und enttäuschter Hoffnungen stellt sich die Frage, warum westliche Kommentatorinnen und Kommentatoren so oft falschlagen. Aus meiner Sicht war es wohl eine Mischung aus übergroßem Vertrauen in die Kraft liberaler politischer und ökonomischer Ideen, die aus dem «Sieg» im Kalten Krieg erwuchsen, und Wunschdenken. Im Ergebnis hinkten westliche Meinungsmacher hinterher, wenn es darum ging, den globalen, gegen den Liberalismus gerichteten Umschwung zu erkennen. Mit Beginn der 2020er Jahre, eine Generation nach Putins Machtübernahme, konnte man nicht mehr übersehen, was sich abspielte. Liberale Werte wie freie Meinungsäußerung, die Unabhängigkeit der Justiz und Minderheitenrechte waren in der ganzen Welt bedroht und auf dem Rückzug.[10]

Dieser ernüchternde Trend führt zu zwei weiteren Fragen: Was ist autokratische Politik und warum ist sie auf dem Vormarsch?

*

Das Argument, dass wir in einer Welt der Autokraten leben, lädt zu einem offensichtlichen Widerspruch ein: Kann man demokratisch gewählte Politiker wie Trump und Modi mit ungewählten *strongmen* wie Xi und MBS vergleichen?

Bei solchen Vergleichen muss man vorsichtig und verhältnismäßig vorgehen, aber ich denke, dass sie gerechtfertigt sind — und tatsächlich wichtig. Die *strongmen*, die in diesem Buch vorkommen, sind Teil eines Kontinuums. Auf der einen Seite stehen unangreifbare Autokraten wie die Staatschefs Chinas und Saudi-Arabiens. Dann gibt es Figuren, die gewissermaßen in der Mitte stehen wie Putin und Erdoğan. Sie sind, zumindest formal, manchen Beschränkungen einer Demokratie unterworfen, wie Wahlen und in begrenztem Umfang freien Medien; aber sie können Gegner ins Gefängnis werfen und jahrzehntelang regieren. Und dann gibt es Politiker, die in Demokratien operieren, demokratische Normen aber mit Füßen treten und darauf zielen, sie zu zerstören: Trump, Orbán, Modi und Bolsonaro bilden das andere Ende des Spektrums.

Allerdings ist dieses Buch nicht als Diktatoren-Führer gedacht. Während ich *strongmen* wie Donald Trump und Benjamin Netanjahu betrachte, kommen Tyrannen wie Nordkoreas Kim Jong-un oder brutale Staatschefs wie Alexander Lukaschenko in Belarus oder Hun Sen in Kambodscha nicht vor. *Welt der Autokraten* beschreibt den Aufstieg einer neuen Generation und eines neuen Typus nationalistischer und populistischer Politiker, verbunden durch ihre Verachtung des Liberalismus und ihre Übernahme neuer Methoden autokratischer Herrschaft. Seit Beginn des 21. Jahrhunderts ist das «*strongman*-Phänomen» in fast allen Machtzentren der Welt angekommen: in den Vereinigten Staaten, in China, Russland und Indien, in der Europäischen Union und in Lateinamerika. Im Unterschied dazu kontrollieren Hun Sen und Lukaschenko kleine Staaten und waren bereits in den 1990er Jahren an der Macht; die Kim-Dynastie beherrscht Nordkorea bereits seit 1948. Beim Wandel des weltpolitischen Klimas der vergangenen 20 Jahre haben sie keine Rolle gespielt.

Manche Leserinnen und Leser in Großbritannien werden die Augenbrauen hochziehen, wenn sie sehen, dass auch Boris Johnson sich auf der Liste der neuen Autokraten findet. Anhänger des Premierministers und des Brexit werden dies als ungerechtfertigte Beleidigung ansehen. Aber als Johnson endlich seine Ambition auf das Regierungsamt 2019 erfüllen konnte, präsentierte er sich als *strongman*: als jemand, der stark genug sei, den Brexit «durchzuziehen», was immer auch dazu notwendig war. Als Hinterbänkler hatte er Donald Trumps Ansatz für Diplomatie als sein Modell bezeichnet, mit der EU umzugehen. Als Premierminister unternahm er Dinge, vor denen seine Vorgängerin Theresa May zurückgeschreckt war, darunter führende Mitglieder aus seiner Partei auszuschließen und dem Parlament per Vertagung eine Zwangspause zu verordnen, ein Schritt, der schnell als verfassungswidrig verurteilt wurde. Trump sah sich Johnson verbunden und nannte ihn «Briten-Trump»; Joe Biden stimmte zu und nannte Johnson «einen physischen und emotionalen Klon» Trumps.[11] Der Brexit, Johnsons zentrales Anliegen, war ein großer Moment des Backlash gegen den globalen Liberalismus.

Das Unbehagen gegenüber demokratisch gewählten *strongmen* ist deshalb so groß, genau weil ihr Verhalten und ihre Rhetorik so deutlich mit denen der ungewählten Autokraten überlappt. Es ist bemerkenswert, dass Menschen mit der genuinen Erfahrung autokratischer Systeme zu den ersten zählten, die vor Donald Trump warnten, insbesondere russische Exilanten wie der frühere Schachweltmeister Garri Kasparow und die Journalistin Masha Gessen beschrieben sehr klar, inwiefern Trumps Verhalten sie an das Putins erinnerte.[12] * Aber die Vereinigten Staaten waren keineswegs die einzige Abweichung in der

* Im Gegensatz dazu hatten sowjetische Dissidenten während des Kalten Kriegs wenig für westliche Liberale übrig, die meinten, Parallelen zwischen der Sowjetunion und den Vereinigten Staaten zu erkennen.

demokratischen Welt. Andere demokratische Systeme, die auf Institutionen, Gesetzen und politischen Parteien basieren, begannen ebenfalls, *strongmen* wie Modi, Bolsonaro und Duterte hervorzubringen.

Dieser internationale Trend zu stärker personalisierter Politik hat dazu geführt, dass es schwieriger geworden ist, eine klare Linie zwischen der autokratischen und der demokratischen Welt zu ziehen. Traditionell haben US-Präsidenten unterschieden zwischen der «freien Welt» (mit Amerika an der Spitze) und undemokratischen Ländern. Aber Donald Trump hat diesen Gegensatz heruntergespielt. Als ihm 2015 vorgehalten wurde, dass Präsident Putin (den er gerade gelobt hatte) Journalisten und Oppositionelle habe umbringen lassen, antwortete Trump: «Ich denke, unser Land bringt auch eine Menge Leute um.»[13] Als Präsident vertraute er Bob Woodward an: «Ich verstehe mich sehr gut mit Erdoğan. … Je härter und gemeiner sie sind, desto besser verstehe ich mich mit ihnen.»

Anstatt die freie Presse als essentiellen Teil demokratischer Gesellschaften zu verteidigen, verlegte sich Trump darauf, sie als «*fake news media*» zu verunglimpfen. Und anstatt Amerikas unabhängige Gerichte und freie Wahlen zu loben, griff Trump Richter als voreingenommen an, wenn Urteile zu seinen Ungunsten ergingen, und versuchte, das Ergebnis der Präsidentschaftswahl von 2020 wegen angeblichen Betrugs zu kippen. Trumps Verhalten und Sprache wurden von anderen Politikern in demokratischen Ländern übernommen. Sowohl Netanjahu in Israel als auch Bolsonaro in Brasilien haben sich über *fake news* beklagt und von einem *deep state* gesprochen, der gegen sie arbeite. Als Netanjahu 2021 die Macht verlor, stellte er an Trump erinnernde Behauptungen auf und erklärte sich zum Opfer «des größten Wahlbetrugs in der Geschichte aller demokratischen Staaten».

Das Ausradieren der Trennlinie zwischen den Führungen demokratischer und autoritärer Systeme ist seit Jahrzehnten das Ziel von Autokraten gewesen. Zu Beginn von Wladimir Putins langer Herrschaft in Russland traf ich seinen Sprecher, Dmitri Peskow, im Kreml. Als ich ihn auf einige von Putins jüngst erlassenen repressiven Maßnahmen ansprach, antwortete Peskow lächelnd: «Alle unsere Systeme haben ihre Mängel.» Trumps Rhetorik schien dann diese lange von Russland und China gehaltene Position zu bestätigen. Nun war ein amerikanischer Präsident bereit zu sagen: auch wir lügen, wir töten, unsere Medien verbreiten Falschnachrichten, unsere Wahlen sind gefälscht, unsere Gerichte unehrlich. Wie es der Historiker Rana Mitter, der sich mit der Geschichte Chinas beschäftigt, auf den Punkt bringt: «Der antiliberale Diskurs hilft China, weil er es leichter macht zu behaupten, dass zwischen einem autoritären und einem demokratischen Staat keine grundlegenden Unterschiede bestehen, … dass das Ganze eine graduelle und keine grundsätzliche Frage sei.»[14]

*

Die *strongmen*, die in diesem Buch porträtiert werden, sind nicht «alle gleich». Aber sie ähneln sich. Und diese Ähnlichkeiten sind wichtig und erhellend. Vier überschneidende Charakteristika, die den *strongman*-Stil bestimmen, stechen hervor: das Kreieren eines Personenkults; die Verachtung für den Rechtsstaat; die Behauptung, das «wahre Volk» gegen die Eliten zu repräsentieren (auch Populismus genannt); eine von Angst und Nationalismus getriebene Politik.

Autokratische Politiker wollen als unersetzbar gelten. Ihr Ziel ist es, die Menschen zu überzeugen, dass allein sie die Nation retten können. «Nur ich kann das», sagte Trump den Amerikanerinnen und Amerikanern. Die Unterscheidung zwischen Staat und Amtsträger verwischt, so dass ein Ersetzen des *strongman* durch einen gewöhnlichen Sterblichen gefährlich und undenkbar erscheint. Idealerweise werden sie nicht nur für ihre Stärke, sondern auch für ihre moralischen Grundsätze und ihren Intellekt verehrt.

Einmal mehr schlagen diese Charakteristika die Brücke zwischen Autokratien und Demokratien. In China hat Xi Jinping sehr viel dafür getan, einen Personenkult wiederzubeleben, wie es ihn zuletzt unter Mao Zedong gab. «Xi-Jinping-Lehre» wurde in die chinesische Verfassung aufgenommen, eine Auszeichnung, die vorher nur Mao zuteilwurde. Die Begrenzung der Amtszeiten chinesischer Präsidenten wurde aufgehoben, so dass Xi potenziell für den Rest seines Lebens an der Macht bleiben kann. Als ich 2020 Schanghai besuchte, zeigte man mir ein Wandgemälde auf einer Häuserfassade, auf dem Xis Kopf Sonnenstrahlen aussendet.

Auf diese Art der Verehrung zu bestehen ist leichter in einer Diktatur. Aber der Personenkult hat auch in halb-demokratischen und demokratischen Systemen Einzug gehalten. Die Wahlkampagnen der BJP haben sich auf Modi und seine angebliche Weisheit, Stärke und Moralität konzentriert. Wie Ramachandra Guha, einer der führenden Historiker Indiens, es formuliert hat: «Seit Mai 2014 ist ein beachtlicher Teil staatlicher Ressourcen darauf verwendet worden, den Premierminister zum Gesicht jedes Programms, jeder Anzeige, jedes Posters zu machen. Modi ist Indien, Indien ist Modi.»[15]

In Russland und der Türkei haben Putin und Erdoğan ebenfalls der Idee Vorschub geleistet, sie hätten einen ganz besonderen Draht zum einfachen Volk. In den Ländern wurden Verfassungsänderungen durchgedrückt, um es beiden Männern möglich zu machen, für Jahrzehnte an der Macht zu bleiben. Anderswo haben nationalistische Premierminister wie Japans Shinzo Abe und Israels Benjamin Netanjahu neue Rekorde für Amtszeiten aufgestellt. In den Vereinigten Staaten brachte Donald Trump seine Gegner gern mit dem «Scherz» gegen sich auf, er würde gern länger als die vorgeschriebenen maximal acht Jahre im Amt bleiben. Das Ausmaß, in dem die Republikanische Partei dem Personenkult um Trump anheimgefallen war, wurde 2020 deutlich, als das Wahlprogramm für die Präsidentschaftswahlen auf die simple Aussage reduziert wurde: «Die Republikanische Partei unterstützt begeistert die *America-First*-Agenda des Präsidenten und wird dies auch weiterhin tun.»

Ein anderer verbreiteter Aspekt des Personenkults ist das Vermengen der Interessen des *strongman* mit denen des Staates. Dass Familienangehörige auf einflussreiche Regierungsposten berufen werden, gehört dazu. Erdoğan machte seinen Schwiegersohn Berat Albayrak zum Finanzminister — um sich später mit ihm zu zerstreiten. Trump verschaffte seinem Schwiegersohn Jared Kushner eine zentrale Rolle in der US-Diplomatie und bei Fragen der Innenpolitik. Jair Bolsonaros Söhne — Flavio, Eduardo und Carlos — agierten als seine Stellvertreter und Sprecher, Eduardo wurde als Botschafter für die Vereinigten Staaten nominiert. Dutertes bevorzugte Nachfolgerin als Präsidentin der Philippinen ist seine Tochter Sara — er könnte dann vielleicht Vizepräsident werden. In Großbritannien berief Boris Johnson seinen Bruder Jo ins Kabinett und später ins Oberhaus.

Autokratische Politiker denken typischerweise auch, dass Institutionen und Gesetze den Weg für das versperren, was getan werden muss. Einmal mehr verbindet dieser Trend Demokratien und Autokratien — wenngleich mit unterschiedlichen Auswirkungen und abhängig vom politischen Kontext. Bevor Xi Jinping an die Macht kam, drangen liberale Denker in China darauf, die Gerichte unabhängiger von der Herrschaft der Kommunistischen Partei zu machen. Xi hat diese Idee zurückgewiesen und die Dominanz der von ihm geführten KPCh bekräftigt, mit dem Argument: «Wir dürfen niemals dem Pfad des westlichen ‹Konstitutionalismus›, der ‹Gewaltenteilung› und der ‹Unabhängigkeit der Justiz› folgen.»[16]

Im Westen ist die Unabhängigkeit der Justiz meist das erste Angriffsziel der neuen Generation der *strongmen* gewesen. Einer der ersten Schachzüge der ungarischen und der polnischen Regierung, angeführt von Viktor Orbán und Jarosław Kaczyński , war es, die verfassungsmäßigen Arrangements ihrer Länder zu ändern, um die Gerichte unter ihre Kontrolle zu bekommen. Als in Großbritannien der Oberste Gerichtshof, der Supreme Court, bei den Brexit berührenden Fragen gegen die Regierung urteilte, diffamierte die rechtsgerichtete Boulevardzeitung *Daily Mail* die Richter als «Volksfeinde». In Amerika behauptete Trump: «Wenn jemand Präsident der Vereinigten Staaten ist, dann ist seine Autorität total.»[17]

Für *strongmen* sind Gesetze nicht etwas, denen man Folge zu leisten hat, sondern eine politische Waffe, die man gegen Gegner einsetzt. Stalins Geheimpolizeichef Lawrenti Beria formulierte es am besten, als er sagte: «Ihr bringt mir den Mann, ich finde das Verbrechen.» Politische Gegner zu inhaftieren, gehört zum Standard. Ein erstes Zeichen, dass sich Wladimir Putins Russland in eine Autokratie verwandelte, war, als der Präsident 2005 gegen den unbotmäßigen Oligarchen Michail Chodorkowski vorging, ihn verurteilen und inhaftieren ließ. Das Muster hat sich seitdem immer wieder wiederholt, zuletzt 2021 mit der Inhaftierung von Oppositionsführer Alexej Nawalny. Kurz nach seiner Machtübernahme setzte Xi in China eine Antikorruptionskampagne in Gang, in deren Verlauf über eine Million Menschen verhaftet und inhaftiert wurden. Seine Antwort auf die Demokratiebewegung in Hongkong bestand darin, deren Anführer ins Gefängnis werfen zu lassen. Senatorin Leila de Lima, die die Verbindungen des philippinischen Präsidenten Duterte mit Todesschwadronen untersuchte, wurde verhaftet und wegen fingierter Drogenvergehen zu einer Haftstrafe verurteilt. In Saudi-Arabien nutzte MBS den Deckmantel der Antikorruptionsaktion, um dem größten Teil der Elite des Landes Angst einzujagen und sie auszunehmen; die Häupter der Großfamilien wurden, mit einem gewissen saudischen Touch, im Hotel Ritz-Carlton festgesetzt und gezwungen, einen Teil ihrer Vermögen abzutreten. Trump verfügte nicht über solche Willkürgewalt, aber sehnte sich offenkundig nach ihr. Bei den

Präsidentschaftswahlen von 2016 führten er und seine Mitstreiter «Sperr sie ein!»-Rufe an, die sich gegen Hillary Clinton richteten.

Lange Amtszeiten geben *strongmen* die Möglichkeit, Loyalisten in Richterämter zu berufen. Trump versuchte dies in den Vereinigten Staaten, Duterte füllte den Obersten Gerichtshof der Philippinen mit willfährigen Richtern. In der Türkei wurden über 4000 Richter und Staatsanwälte aus ihren Ämtern gedrängt, nachdem Erdoğan nach dem gescheiterten Militärputsch von 2016 den Ausnahmezustand verhängte.

Unter den Institutionen, die Autorkaten kontrollieren wollen, sind die Gerichte die wichtigsten. Aber die meisten haben wenig Geduld mit jeder unabhängigen Institution, die ihre Autorität einschränken oder infrage stellen können. Die Medien sind ein häufiges Ziel, aber auch staatliche Organisationen wie die Geheimdienste oder die Zentralbanken. In seinen ersten Amtsmonaten feuerte AMLO beispielsweise die meisten Chefs von Mexikos regulativen Behörden.

Vom Angriff auf die Gerichte ist es nur noch ein verhältnismäßig kleiner Schritt, die repräsentative Demokratie selbst ins Visier zu nehmen. Das antidemokratische Wesen Trump'scher Politik wurde deutlich, als er versuchte, das Ergebnis der US-Präsidentschaftswahl von 2020 umzustürzen. Eine Ablehnung der Demokratie liegt in der impliziten Logik der *strongman*-Politik. Wie Erdoğan einmal sagte: «Demokratie ist wie eine Straßenbahn, die man nimmt, bis man am Ziel angekommen ist.»[18]

Autokraten verachten Institutionen, aber sie lieben «das Volk». Typischerweise behaupten sie, ein intuitives Verständnis für die «einfachen Leute» zu haben, die ihnen am Herzen liegen. Deshalb ist das *strongman*-Phänomen so eng mit dem Populismus verknüpft — ein Politikstil, der Eliten und Expertise verdammt und die Instinkte des «kleinen Mannes» verehrt. Populismus wiederum ist eng verbunden mit einem politischen Argumentationsstil, der als «Simplismus» bekannt ist[19] – die Vorstellung, dass es für komplexe Probleme einfache Lösungen gibt, die von böswilligen Kräften verhindert werden. Manche dieser Lösungen sind so einfach, dass man sie auf Slogans reduzieren kann, die nur aus drei Wörtern bestehen, wie «*Get Brexit Done*» oder «*Build the Wall*» (der Schlachtruf der Trump-Anhänger, die einen Grenzwall an der US-mexikanischen Grenze fordern). Weil die Lösungen für die komplexen Probleme als offensichtlich gelten, gelten diejenigen, die sie verhindern, als entweder dumm oder böse. Und wenn die einfachen Lösungen auf Schwierigkeiten treffen, besteht das Versprechen der *strongmen* darin, alle gesetzlichen Hindernisse hinwegzufegen, um sicherzustellen, dass der Volkswille umgesetzt wird.

Autokraten behaupten häufig, dass das Gesetz und staatliche Institutionen nicht nur unnötige Hindernisse sind, um Dinge in die Tat umzusetzen; aus ihrer Sicht sind rechtliche Vorbehalte ein Instrument der schattenhaften Eliten. Es bedarf eines *strongman*, diese Verschwörungen oder Hindernisse, die der *deep state* orchestriert, zu durchbrechen; Boris Johnson charakterisierte den *deep state* als «die Leute, die dieses Land wirklich regieren». Aus Johnsons Sicht hatte sich der *deep state* verschworen, den Brexit zu verhindern.[20] Den *deep state* als Konzept kannte man aus den jüngeren Jahrzehnten der Türkei, bevor Trump den Begriff übernahm, gefolgt von Bolsonaro, Netanjahu und anderen.

Mysteriöse Ausländer, die gegen die Nation agieren, sind ein anderes bevorzugtes Ziel. In Xis China warnen die Medien die Bürgerinnen und Bürger regelmäßig von westlichen Verschwörungen, die das Land spalten wollten. Auch jenseits von China verweisen Autokraten gern auf das gleiche Schreckgespenst – angebliche Manipulatoren, die im Auftrag der globalen Eliten gegen die einfachen Leute arbeiten. Wie wir sehen werden, hat der Financier George Soros die zweifelhafte Ehre, von Wladimir Putin, Donald Trump, Recep Tayyip

Erdoğan, Viktor Orbán und Jair Bolsonaro diffamiert worden zu sein. Die Behauptung, für die einfachen Leute gegen die globalen Eliten zu kämpfen, ist oft überraschend einfach vereinbar damit, gewaltige Vermögen aufzuhäufen. Viele der Autokraten — wie Putin, Orbán und Erdoğan — haben ihre politische Macht genutzt, sich oder ihre Familien und Freunde zu bereichern.

Die Autokraten vertreten oft «traditionelle» Ansichten, was Familie, Sexualität und Gender-Fragen angeht. Sie verabscheuen die «politische Korrektheit» liberaler Politikerinnen und Politiker, in der Regel Frauen, wie Deutschlands Angela Merkel und Neuseelands Jacinda Ardern.

Die politischen Basen der Autokraten sind sich oft überraschend ähnlich. In einem Land nach dem anderen sind sie gegen die »urbanen Eliten» ins Feld gezogen und haben die Menschen angesprochen, die in Kleinstädten und auf dem Land leben. In den Vereinigten Staaten verlor Trump in fast allen großen Städten sowohl 2016 als auch 2020. Er spaltete das amerikanische Wahlvolk auch stark entlang des Bildungsgrads: Unter denjenigen mit Universitätsabschluss konnte er kaum Unterstützung finden, dagegen wählten ihn fast 80 Prozent der weißen Amerikaner ohne College-Abschluss. Es überrascht also nicht, dass er 2016 ausrief: «Ich liebe die Bildungsfernen!»

Das Muster wiederholt sich jenseits der Vereinigten Staaten. Im Vereinigten Königreich stimmten 73 Prozent derjenigen, die die Schule ohne Abschluss verlassen hatten, für den Austritt aus der EU; 75 Prozent derjenigen mit Universitätsabschluss waren für den Verbleib. Auf den Philippinen richtete Rodrigo Duterte seinen Wahlkampf gegen das «imperiale Manila» und die liberale Elite aus. In Frankreich gewann Emmanuel Macron hoch in Paris, während die Populisten in den «abgehängten Gegenden» des Landes punkteten. In Ungarn und Polen traf der autoritäre Aufstieg auf massenhafte Anti-

Regierungs-Demonstrationen in den Hauptstädten Warschau und Budapest, während sich Orbán und Kaczynski auf die Loyalität der Kleinstädter und der Landbevölkerung verlassen konnten.

Beim Betrachten dieser Muster können urbane Liberale schnell auf die Idee kommen, dass die Unterstützung für populistische Politik und autokratische Politiker auf mangelnder Bildung basiere, oder gar auf Dummheit. Doch in westlichen Gesellschaften sind es in der Regel die «gering Gebildeten», deren Löhne und Gehälter in den vergangenen Jahrzehnten stagniert haben und deren Lebensstandard gesunken ist. Unter solchen Umständen ist es verlockend, für den «Anti-System-Kandidaten» zu stimmen. Die Versuchung wird noch größer, wenn der *strongman* eine Rückkehr der guten alten Zeiten verspricht und Amerika (oder Russland oder Großbritannien) wieder «groß» machen will. Dies bringt uns zum letzten Element des *strongman*-Stils: nostalgischer Nationalismus.

Fast überall nutzen Autokraten abgewandelte Formen von Donald Trumps berühmtem Versprechen, Amerika zu alter Größe zurückzuführen (*to make America great again*). Wenn Präsident Xi von der «großen Erneuerung des chinesischen Volkes» spricht, ist damit nichts anderes gemeint, als China wieder groß zu machen — der Nation ihre ihr gemäße Bedeutung als Reich der Mitte zurückzugeben. Aber nicht nur die amerikanischen und chinesischen Präsidenten versprechen eine Rückkehr zu alter nationaler Größe. Präsident Putin beschrieb den Untergang der Sowjetunion als Katastrophe und hat die Restauration von Russlands globaler Macht zum Kernstück seiner Politik gemacht. In Indien führt Narendra Modi eine nationalistische Bewegung, die auf den Stolz der Hindus auf ihre glorreiche und gelegentlich mythische Vergangenheit gegründet ist, bevor die Moguln und dann die Briten die Herrschaft übernahmen. In Ungarn hat Viktor Orbán davon gesprochen, eines Tages die Territorien zurückzugewinnen, die das Land nach dem Ersten Weltkrieg verloren hat. In der Türkei sucht Präsident Erdoğan Inspiration in der Glorie des Osmanischen Reiches, das in den 1920er Jahren unterging. Und im Vereinigten Königreich zielen Boris Johnsons Pläne für ein «Globales Britannien» auf die Nostalgie für die Zeit, in der das Land die größte Weltmacht war — statt einfach nur eins von 28 Mitgliedern eines europäischen Clubs.

Der Rückgriff auf nostalgischen Nationalismus rings um die Welt ist bemerkenswert. Er ist zudem ein relativ neues Phänomen. Bis vor kurzem schauten in Großbritannien und den Vereinigten Staaten erfolgreiche Politiker nach vorn. Bill Clinton sprach von der «Brücke ins 21. Jahrhundert». Und David Cameron positionierte sich als Modernisierer, als Konservativer, der im modernen Großbritannien angekommen war. Selbst China und Russland schienen, bevor die Ära von Xi und Putin anbrach, stärker daran interessiert, sich eine neue Zukunft aufzubauen, statt auf eine ruhmreiche Vergangenheit zurückzublicken oder über frühere Demütigungen zu brüten.

Um das *strongman*-Phänomen besser zu verstehen, müssen wir uns genauer anschauen, was an der modernen Welt dafür gesorgt hat, dass es für diesen Politikertyp einen politischen Marktplatz gibt.

*

Für einen kurzen Moment der Weltgeschichte schien die liberale Demokratie im Aufstieg und unangreifbar. Nach dem Fall der Berliner Mauer 1989 schienen die großen politischen und ökonomischen Fragen beantwortet. Wirtschaftlich lautete die Antwort: freie Märkte. Politisch lautete sie: Demokratie. Geopolitisch waren die Vereinigten Staaten die einzige Supermacht. Gesellschaftlich war die Ausweitung der Rechte für Frauen und Minderheiten der offensichtliche Weg nach vorn. Da die großen Fragen sich nicht mehr stellten, reduzierte sich Regierung «auf die Verwaltung des Unabänderlichen», wie Thomas Bagger, ein deutscher Diplomat und Intellektueller, es formulierte.[21]

Doch der unangefochtene Aufstieg des Liberalismus hielt weniger als 20 Jahre an. Spätestens 2007 begann Wladimir Putin damit, die politischen und strategischen Annahmen, die den liberalen Internationalismus untermauerten, auch öffentlich infrage zu stellen. Die Finanz- und Wirtschaftskrise 2008 untergrub die ökonomischen Annahmen, auf denen der liberale Konsens beruhte. Das Wort «Neoliberalismus» kam in Mode — benutzt von Linken wie Rechten — als kritischer Begriff, um die Exzesse und die Fehler des dominanten Wirtschaftsmodells zu beschreiben.

Die Finanzkrise von 2008, in Kombination mit dem Irakkrieg und dem fortgesetzten schnellen Aufstieg Chinas untergrub auch die Idee, dass sich die westliche Dominanz weit in die Zukunft hinein fortsetzen werde. Als Xi Jinping 2012 an die Macht kam, war bereits deutlich geworden, dass die geopolitische Vormachtstellung des Westens nicht länger für selbstverständlich genommen werden konnte. Die Vorstellung, dass die liberale Demokratie der beste Weg sei, um sozialen Frieden herzustellen, geriet ebenfalls unter Druck, angesichts sich vertiefender sozialer Klüfte im Westen, der zudem noch bitter umkämpfte innergesellschaftliche «Kulturkriege» führte.

Die Autokraten, die in diesem Buch beschrieben werden, revoltieren allesamt, jeweils auf ihre eigene Weise, gegen den liberalen Konsens, der nach 1989 unangefochten herrschte. Ihr Erfolg ist ein Symptom der Krise des Liberalismus. Diese Krise hat viele Facetten, aber sie lassen sich in vier Elementen zusammenfassen: ökonomisch, sozial, technologisch und geopolitisch.

Hinter einem Rednerpult 2017 in Hongkong stellte Steve Bannon seine Erklärung für den Aufstieg von Donald Trump und den Backlash gegen die Globalisierung vor. Das Ganze entbehrte nicht einer gewissen Ironie. Als ehemaliger Investmentbanker bei Goldman

Sachs hatte Bannon selbst persönlich vom «Globalismus» profitiert, den er nun so angestrengt verdammte. Tatsächlich steckte er auch bei dieser Gelegenheit ein hohes Honorar dafür ein, dass er einer Gruppe von in Asien beheimateten Bankern Vorträge hielt, deren Karrieren von der wirtschaftlichen Zusammenarbeit zwischen den Vereinigten Staaten und China abhing, die Bannon aufkündigen wollte.

Bannon ist im rechtsextremen Spektrum westlicher Politik zu verorten. Aber während ich im Publikum saß und zuhörte, fiel mir auf, wie sehr die Analyse mit linken Ansichten übereinstimmte. Bannon argumentierte, dass die Wurzeln der populistischen Revolten, die zum Brexit und zur Wahl Donald Trumps geführt hatten, in der Finanzkrise von 2008 lagen. Aus seiner Sicht hatte die Tatsache, dass die Banker, die für den Crash verantwortlich waren — und damit für die daran anschließende Stagnation des Lebensstandards einfacher Leute —, nicht bestraft und ins Gefängnis gesteckt worden waren, zwangsläufig zu dem Backlash geführt. In Bannons Sicht gab es rechts- und linksgerichtete Varianten dieses Populismus: Während Trump und Nigel Farage das Banner der Rechten in den Vereinigten Staaten und Großbritannien trugen, waren es Bernie Sanders und Jeremy Corbyn, die in den Ländern die linksgerichteten Populisten anführten. Im Westen zumindest gelang dann aber den rechten Populisten der Durchbruch.

In den Vereinigten Staaten und Europa haben die Populisten in «abgehängten» Gegenden mit hoher Arbeitslosigkeit Zulauf, sei es im Norden Frankreichs, im amerikanischen *Rust Belt*, in Ostdeutschland oder in Großbritanniens heruntergekommenen Küstenstädten. Aber diese Faktoren beschränken sich nicht nur auf Amerika und Westeuropa. Fiona Hill, die Russlandexpertin des Weißen Hauses in der Trump-Zeit, die in Nordengland aufwuchs, kam zu dem Schluss, dass die Faktoren, die zu Putins Aufstieg geführt hatten, denen ähnelten, die zum Brexit und zu Trumps Wahlsieg geführt hatten. Die

Zerstörung der traditionellen Industriebetriebe, von denen ganze Regionen abhingen, riefen eine Sehnsucht nach einem politischen Anführer hervor, der versprach, den Wohlstand und die Sicherheiten einer vergangenen Ära zurückzubringen.[22] Wie Hill später schrieb: «Putins politische Anhängerschaft war der Trumps sehr ähnlich, sie hatten ähnlichen Beschwerden; sie waren eher älter, männlich, weniger gebildet als andere.»[23] Doch während die wirtschaftlichen Bedingungen nach dem Crash von 2008 die Anziehungskraft populistischer *strongmen* erklären, ist das Bild doch unvollständig. Wie lässt sich zum Beispiel dann der Aufstieg der Autokraten in Asien erklären, wo der Lebensstandard in den vergangenen Jahren stark gestiegen ist?

Auch in China und Indien spielen wirtschaftliche Faktoren eine Rolle. China hat in den vergangenen 40 Jahren einen gewaltigen Aufschwung erlebt, was das Nationaleinkommen angeht. Aber die wirtschaftliche Transformation hat nicht nur Gewinner, sondern auch Verlierer hervorgebracht. In den 1990er Jahren wurde es nicht rentablen Staatsbetrieben erlaubt, bankrott zu gehen — über 30 Millionen Arbeiter verloren ihre Jobs. Männer, die zur industriellen Arbeiterklassenelite gehört hatten, verloren ihre gesellschaftliche Stellung.[24] So gab es in China — wie in Russland, Großbritannien und den Vereinigten Staaten — eine Gruppe älterer, weniger gebildeter Arbeiter, die für *strongmen* und ihr Versprechen anfällig waren, die guten alten Zeiten zurückzuholen.

In China, aber auch in Indien, haben die Verfremdungseffekte einer Zeit rapider Globalisierung — gekennzeichnet unter anderem von Massenmigration von Menschen und Industrien — die nostalgische Sehnsucht nach einer stabileren, homogeneren Vergangenheit, in deren Zentrum die Nation stand, Vorschub geleistet. Hinzu kommt, dass das Argument, Korruption habe dazu geführt, dass die Globalisierungsgewinne zum ganz überwiegenden Teil einer selbstsüchtigen Elite zugutegekommen sei, auf starke Resonanz in Entwicklungsländern trifft, was in der Forderung mündet, gefragt sei ein harter Kerl, der diese Verbrecher hinter Gitter stecke. Sowie er ins Amt kam, stellte Xi Jinping eine Anti-Korruptionskampagne ins Zentrum seiner Innenpolitik. In ähnlicher Weise ist Narendra Modis Image als einfacher Mann, der aus ärmlichen Verhältnissen aufgestiegen ist, für seine politische Anziehungskraft ausschlaggebend, denn es erlaubt ihm zu behaupten, er sei vor allen anderen in der Lage, Indiens frustrierter Mittelklasse und dem kleinstädtischen Indien neue Möglichkeiten zu eröffnen.

Viele der Autokraten, die in nicht-westlichen Ländern an die Macht gekommen sind, haben von der Frustration profitiert, die in schwachen Staaten durch Straßenkriminalität und Korruption bis in die höchsten Ebenen hinein entsteht. Sowohl Rodrigo Duterte auf den Philippinen als auch Jair Bolsonaro in Brasilien sprachen besonders diejenigen an, die sich vor den hohen Mordraten in ihren Städten ängstigten.[25] Bolsonaro kam nach einer Welle öffentlicher Abscheu über Skandale an die Macht, die allgegenwärtige Korruption in höchsten Politik- und Wirtschaftskreisen publik machten.

Indem man eine ganze Elite als korrupt und selbstsüchtig abstempelt und «das System» als gegen die Interessen des «kleinen Mannes» manipuliert hinstellt, befördern die Populisten die Forderung nach einem Außenseiter — einem *strongman*, der es mit den verdorbenen globalen Eliten aufnimmt und für die «einfachen Leute» einsteht.

Bei autokratischer Politik geht es allerdings nicht nur um Wirtschaftspolitik. Erst wenn sie ökonomische Klagen mit größeren Ängsten verbanden — wie zum Bespiel Einwanderung, Kriminalität oder nationalem Niedergang —, schöpften die *strongmen* ihre ganze potenzielle Stärke aus.

Viele der neuen Autokraten haben sich vor allem gegen Einwanderung gewandt. Während die liberale Ära, die dem Kalten Krieg folgte, vom Fall der Berliner Mauer symbolisiert wurden, ist das Zeitalter der Autokraten von der Forderung geprägt, neue Mauern zu errichten — jene «große, schöne Mauer», die Trump entlang der Grenze zu Mexiko bauen wollte, der Grenzwall, den Viktor Orbán errichten ließ, um syrische Flüchtlinge von Ungarn fernzuhalten, die Mauer, mit dem die Regierung Netanjahu Israel von den Palästinensergebieten abschottete.

Populistischen Autokraten sind manche Einwanderer offenkundig lieber als andere. Eine von US-Präsident Donald Trumps ersten Taten war der erfolglose Versuch, alle Musliminnen und Muslime die Einreise in die Vereinigten Staaten zu verbieten. Tatsächlich besteht der nationalistische Populismus, im Westen wie in Asien, zu einem guten Stück aus Islamophobie. Für amerikanische und europäische Rechtsradikale bedroht muslimische Einwanderung das Überleben der «jüdisch-christlichen» Zivilisation.

Muslimische Minderheiten sind auch die bevorzugten Ziele asiatischer Autokraten. Xi Jinpings Regierung hat in China mit ihrer außergewöhnlichen und sinistren Politik der «Umerziehung» der muslimischen Bevölkerung in Xinjiang der Separatismus und Sympathien für Terroristen unterstellt wird, neue Maßstäbe gesetzt. Über eine Million wurden in Umerziehungslager gesteckt, wohl die größte Masseninhaftierung seit Ende des Zweiten Weltkriegs. Sowohl die Trump- als auch die Biden-Regierung sind so weit gegangen, die Behandlung der Uighuren als «Völkermord» zu bezeichnen.[26]

Antimuslimische Stimmungen sind ein wichtiger Teil von Narendra Modis politischer Anziehungskraft und stehen hinter den kontroversesten Schritten des indischen Premierministers. 2019 hob Modi den Sonderstatus für den mehrheitlich von Muslimen bewohnte Bundesstaat Jammu und Kaschmir auf, kombiniert mit Massenverhaftungen, Ausgangssperren und dem Abschalten des Internets. Modi drohte zudem Hunderttausenden Muslimen im Bundesstaat Assam mit Verhaftung oder Deportation unter der Anschuldigung, sei seien illegale Immigranten.

Autokraten zielen oft auf tiefsitzende Ängste der herrschenden Mehrheit, sie könnten abgelöst werden und in diesem Zug enorme kulturelle und wirtschaftliche Einbußen erleiden. Die Verschwörungstheorie, dass Muslime die Übernahme des Westens planten, wird von Autoren wie dem Franzosen Renaud Camus befeuert, dessen Buch *Le Grand Replacement* («Der große Austausch») ein beliebter Text unter Rechtextremen geworden ist. In Ungarn hat Viktor Orbán argumentiert, dass Massenmigration das Überleben der ungarischen Nation bedrohe. In Israel setzte Benjamin Netanjahu ein Gesetz durch, das Israel als jüdischen Staat definierte, zum Teil in Antwort auf eine wahrgenommene demographische Gefahr durch die arabische Minderheit.

Die Aussicht, dass in den Vereinigten Staaten die derzeit weiße Mehrheit 2045 eine Minderheit werden wird, hat soziale Ängste geschürt, die den Aufstieg Donald Trumps begünstigten. Sozialwissenschaftliche Studien zeigen, dass solche Ängste stark mit der Wahlentscheidung für Trump korrespondiert haben. Manche tiefgründigen Beobachterinnen und Beobachter stellen nun sogar die Frage, ob die Demokratie an sich dem Druck ethnischer Rivalitäten und dem Gruppenwettbewerb standhalten kann. Wie Barack Obama es 2020 formulierte, ist «Amerika das erste echte Experiment des Aufbaues einer großen multiethnischen, multikulturelle Demokratie. Und wir wissen noch nicht, ob sie Bestand haben wird.»[27]

Die Befunde, die es dazu von anderen großen multiethnischen und multikulturellen Demokratien wie Brasilien und Indien gibt, sind nicht besonders ermutigend. Die Volkszählung in Brasilien zeigte 2010, dass weiße Brasilianerinnen und Brasilianer zum ersten Mal Mitbürgerinnen und Mitbürgern mit anderer Hautfarbe zahlenmäßig überflügelt wurden. Der politische Diskurs unter der brasilianischen

Rechtsaußen ähnelt den Argumenten von Trump-Anhängern in den Vereinigten Staaten. Bolsonaros Unterstützer behaupten zumeist, die Linke sei zuvor mit illegitimen Mitteln an die Macht gekommen, indem sie die Stimmen ethnischer Minderheiten durch Sozialleistungen oder direkte Korruption gekauft hätten.

Die Furcht, ihren Mehrheitsstatus zu verlieren, scheint für indische Hindus weit weniger rational, die rund 80 Prozent der Bevölkerung ausmachen. Das hat Modis Partei BJP allerdings nicht davon abgehalten, gegen den «Liebes-Dschihad» in den Wahlkampf zu ziehen — eine angebliche Verschwörung von Muslimen, Hindi-Frauen zu heiraten und auf die Weise die Reinheit der Nation zu schwächen. Fünf BJP-geführte Bundesstaten haben Gesetze gegen den «Liebes-Dschihad» verabschiedet oder erwägen solche.[28]

Autoritarismus ist kein Schutz gegen solche ethnischen Ängste und Spannungen. In China sind 92 Prozent der Bevölkerung Han-Chinesen. Die Xi-Ära ist dennoch geprägt von einer wachsenden Paranoia und Intoleranz gegenüber ethnischen Minderheiten. Chan Quanghou, der KPCh-Funktionär, der für die Unterdrückung in Xinjiang verantwortlich ist, hatte zuvor seine Taktiken zur zwangsweisen Assimilierung in Tibet angewandt.

Die Bereitschaft, gegenüber unpopulären Gruppen «andere Seiten aufzuziehen» — Ausländern, Einwanderer, Muslime —, ist integraler Bestandteil der Anziehungskraft der *strongmen*. Ihr Macho-Gehabe bedeutet meist auch, dass sie an traditionelle Vorstellungen von männlicher Stärke appellieren und für Feminismus sowie Rechte für sexuelle Minderheiten nur Verachtung übrighaben. In Zeiten, in denen sich gesellschaftliche Moralvorstellungen rapide wandeln — und nicht nur im Westen —, ist dieser Appell an traditionelle soziale Normen eine mächtige und vielleicht unterschätzte Waffe im Arsenal der neuen Autokratien. In so unterschiedlichen Ländern wie den Vereinigten Staaten, Russland, Brasilien, Italien und Indien existieren große Gruppen unzufriedener Männer (und ein paar traditionalistisch gesinnte Frauen), die ein altmodischer *strongman* in Erregung versetzt.[29]

Das Ausmaß, in dem die Geschlechtszugehörigkeit die Linie zwischen populistischen autokratischen Politikern und ihren liberalen Gegnern markiert, zeigte sich in den US-Präsidentschaftswahlen von 2016. Viele in Trumps Lager befürchteten, ihr Kandidat sei erledigt, nachdem eine Videoaufnahme von Trump aufgetaucht war. Darin sprach er davon, Frauen bei ihrem Geschlechtsteil («*by the pussy*») zu packen. Aber die Kontroverse verhinderte seinen Sieg nicht; Männer votierten überproportional stark für Trump statt für seine Kontrahentin Hillary Clinton. Die Furcht vor einer ersten weiblichen Präsidentin schien 2016 ein stärkerer Faktor zu sein als die vor einem Mann, der Frauen in den Schritt griff.

Macho-Sprache und -Gehabe ist in Ländern jenseits der Vereinigten Staaten sogar noch ausgeprägter. Rodrigo Duterte «scherzte» einmal berüchtigterweise über sein Bedauern, nicht an der Massenvergewaltigung einer Missionarin teilgenommen zu haben. Jair Bolsonaro hat erklärt, sähe er in Brasilien je ein sich küssendes männliches Paar, würde er ihnen die Schädel einschlagen. Matteo Salvini, Italiens Möchtegern-*strongman*, hat bei Wahlkampfveranstaltungen mit aufblasbaren Sexpuppen gewunken und sie mit seinen politischen Gegnerinnen gleichgesetzt.

Wladimir Putin hat sich ebenfalls bemüht, unter kulturell Konservativen politische Unterstützung aufzubauen, in Russland ebenso wie im Westen, und ist gegen den «Unsinn» «politischer Korrektheit» ins Feld gezogen, insbesondere, wenn es um Rechte für Homosexuelle und um den Feminismus geht. Als ich Konstantin Malofejew, einen Ideologen des Putinismus fragte, was er für den Wesenskern des westlichen Liberalismus halte, lautete seine Antwort: «Keine Grenzen zwischen Staaten und keine Unterscheidung zwischen Mann und Frau.»[30]

Der Nationalismus und kulturelle Traditionalismus der neuen Autokraten bedeutet, dass sie in vielerlei Hinsicht nostalgische, rückwärtsgewandte Politiker sind. Aber in einem wichtigen Aspekt sind sie sehr auf der Höhe ihrer Zeit: Mit wenigen Ausnahmen sind sie alle geschickte Nutzer sozialer Medien. Die neuen Möglichkeiten politischer Kommunikation haben die Verschiebung in Richtung autokratischer Politik befördert. Donald Trump machte Twitter zu seiner vornehmlichen Kommunikationsform. Auf diese Weise etablierte er einen direkten Draht zu seinen Wählerinnen und Wählern, der es ihm erlaubte die «Fake-News-Medien» zu umgehen.

Eine persönliche Verbindung zwischen dem *strongman* und seinen Jüngern ist entscheidend für die Entstehung eines Personenkults, und Twitter ist das ideale Medium, diese zu kreieren. In Brasilien sind Bolsonaros Anhänger in ähnlicher Weise gefesselt von dem Mann, den sie «die Legende» nennen. Die indische BJP ist ebenfalls auffallend geschickt ihn ihrer Nutzung sozialer Medien: Auf Twitter und Facebook werben sie für Unterstützung für Modi und schüchtern ihre Kontrahenten ein.

Facebook und Twitter haben entscheidend dazu beigetragen, die Rolle traditionaler Medien zu untergraben, wenn es um die Unterscheidung zwischen Wahrheit und Fiktion in Sachen Nachrichten geht. Rodrigo Dutertes Präsidentschaftskampagne war Wegbereiter der Nutzung von Facebook zur Verbreitung erfundener Nachrichten, die ihrem Kandidaten nutzen. Einige Facebook-Manager sprachen später von den Philippinen als «Patient Nummer null», also dem Ursprungsland der Krankheit. Ein paar Monate später waren die über Facebook verbreiteten Pro-Trump-Geschichten ebenfalls kritisch für den Siegeszug von Amerikas eigenem *strongman*.

Während herkömmliche Medien vor der Aufgabe stehen zu entscheiden, welche Nachricht wahr oder falsch ist, fragt Facebook seine Nutzerinnen und Nutzer lediglich danach, ob sie einen Beitrag «mögen» oder nicht: es geht um Emotionen und Loyalitäten statt um Vernunft.

Während der Coronavirus-Pandemie in Großbritannien durchgeführte Forschungen zeigen, dass Menschen, die Nachrichten überwiegend durch soziale Medien konsumieren viel stärker für Verschwörungstheorien anfällig sind. 45 Prozent derjenigen, die glaubten, die Regierung übertreibe absichtlich die Höhe der Todeszahlen von an Covid-19 verstorbenen Patientinnen und Patienten, informierten sich überwiegend durch Facebook; diejenigen, die diese Verschwörungstheorie ablehnten, verließen sich nur 19 Prozent auf Facebook als Nachrichtenquelle.[31]

In den frühen Tagen des Internets glaubten liberale Optimisten, dass freier Informationsfluss unweigerlich die Demokratie begünstigen würde, weil es autoritären Systemen und Autokraten nunmehr schwerer fallen würde, die Nachrichten zu zensieren. Das ist auch nicht ganz falsch. Es gibt Gründe, weswegen China Twitter, YouTube und Facebook blockiert hat. In Russland hat Alexej Nawalny YouTube genutzt, um seine sehr effektiven Videos zu verbreiten, die die Korruption von Putin und seinem Zirkel aufdecken. Aber Optimismus über den befreienden Charakter sozialer Medien steht heute unter einem starken Vorbehalt. Neue soziale Medien haben sich nämlich als ideal für die Art politischer Kommunikation erwiesen, die Autokraten bevorzugen — Slogans und unbewiesene Behauptungen, die auf die Gefühle zielen und das Potenzial haben, schnell von den «*followers*» verbreitet zu werden, bevor die Medien sie Faktenchecks unterziehen können.

Die jüngsten Entwicklungen, was Chinas Instrumentalisierung des Internets angeht, sind politisch sogar noch düsterer. Dass das Internet und Mobiltelefone nun für das Leben in modernen Gesellschaften essenziell sind, sind die chinesischen Behörden in der Lage, die Aktivitäten ihrer Bürgerinnen und Bürger zu überwachen, in einem Ausmaß, das tatsächlich an George Orwell und sein Buch *1984* erinnert. Jede Reise, Onlineüberweisung oder ein Beitrag in sozialen Medien kann beobachtet werden. Diejenigen, die subversiver Aktivitäten verdächtig sind, können dann durch ein System von «Sozialkrediten» bestraft werden: alles, von einer beruflichen Beförderung über die Möglichkeit, einen Kredit aufzunehmen oder sich auch nur eine Bahnfahrkarte zu kaufen, kann für Dissidenten dann auf dem Spiel stehen. Chinas technologische Macht, insbesondere in Sachen Künstlicher Intelligenz, bedeutet, dass sein System internetgestützter Sozialkontrolle für autoritäre Regierungen in aller Welt interessant ist — und potenziell zum Export an freundlich gesinnte *strongmen* bereitsteht.

Die Welt der Autokraten, die sich in den vergangenen zwei Jahrzehnten gebildet hat, ist zudem eine Periode tiefgreifender geopolitischer Veränderungen. Zur Jahrtausendwende war die Vormachtstellung der Vereinigten Staaten noch unangefochten. Zu der Zeit betrug das Bruttoinlandsprodukt der chinesischen Volkswirtschaft nur 12 Prozent der amerikanischen. 2011, drei Jahre nach der Finanzkrise, betrug der Anteil 50 Prozent. Kurz bevor die Coronavirus-Krise 2020 begann, entsprach Chinas Wirtschaft Zwei Drittel der Amerikas. Nach Kaufkraft gemessen ist China bereits seit 2014 die größte Volkswirtschaft der Welt.

Jenseits solch abstrakter Statistiken zeigen sich nun die Effekte in der realen Welt. China ist heute der größte Hersteller der Welt, der größte Exporteur, der größte Markt für Fahrzeuge und Smartphones und der größte Erzeuger klimaschädlicher Treibhausgase. China unterhält heute eine größere Kriegsmarine als die Vereinigten Staaten. Der Aufstieg Chinas und der relative Abstieg Amerikas ist Teil einer größeren Geschichte des Niedergangs der westlichen ökonomischen und politischen Macht, die sich gen Asien verlagert.* Das Wissen, dass die globale US-Vormachtstellung erodiert, befeuerte Trumps Sehnsucht nach der Restauration nationaler Größe.

* Siehe dazu mein Buch *Asiens Stunde. Krieg und Frieden im 21. Jahrhundert.*

In aufstrebenden asiatischen Mächten wie China und Indien hat die globale Machtverschiebung Ambitionen geweckt, die eigene nationale und kulturelle Größe wiederzuerlangen, die im Zeitalter des westlichen Imperialismus übertrumpft wurden. Nationalismus in Asien wird von wachsenden Erwartungen inspiriert, der im Westen von enttäuschten Hoffnungen. Aber das politische Resultat ins überraschend ähnlich: der Aufruf, das eigene Land «wieder groß zu machen».

Seit der Finanzkrise von 2008 ist die chinesische Führung selbstbewusster darin geworden, ihr autoritäres Modell für Entwicklung als überlegen zu bezeichnen gegenüber dem Wirtschaftschaos, das westliche Demokratien angeblich kreieren. Tatsächlich hat Chinas wirtschaftlicher Erfolg das Prestige seines Modells vergrößert, insbesondere in Afrika, wo der chinesische Einfluss während des vergangenen Jahrzehnts stark gewachsen ist. Die desaströse Bilanz, die viele afrikanische *strongmen* nach Erlangen der Unabhängigkeit hinterlassen haben, wie ein Mobutu Sese Seko in der Republik Kongo oder ein Robert Mugabe in Simbabwe, war nicht gerade überzeugende Werbung für autokratische Systeme. Nach Ende des Kalten Kriegs erfasste in den 1990er Jahren eine Demokratisierungswelle Afrika. Doch in jüngster Zeit haben wirtschaftliche Erfolge eines Paul Kagame in Ruanda oder eines Meles Zenawi in Äthiopien autoritären Modellen in Afrika neues Leben eingehaucht.

Trumps vier Jahre an der Macht haben der Soft Power der Vereinigten Staaten großen Schaden zugefügt. Eine zentrale Frage für die Biden-Ära ist, ob der Präsident in der Lage sein wird, das Prestige des amerikanischen liberalen Demokratiemodells wieder herzustellen — und damit den Vormarsch autokratischer Politik zu stoppen. Ich werde auf diese Frage am Ende noch zurückkommen. Aber um zu verstehen, wie sich die Dinge entwickeln werden, ist es notwendig, zum Ausgangspunkt zurückzugehen.

# 1

## WLADIMIR PUTIN

### DER ARCHETYP (2000)

Wladimir Putin war verärgert — oder vielleicht auch nur gelangweilt. Der russische Präsident hatte geduldig Fragen einer kleinen Gruppe internationaler Journalisten im Restaurant eines bescheidenen Hotels in Davos beantwortet. Dann schien ihn eine Bemerkung irritiert zu haben. Er starrte die Fragestellerin, eine Amerikanerin, an und sprach langsam auf Russisch, von einem Übersetzer ins Englische gedolmetscht: «Ich werde Ihre Frage in einer Minute beantworten. Aber erlauben Sie mir zuerst selbst eine Frage zu diesem außergewöhnlichen Ring, den Sie da am Finger tragen.» Alle Köpfe drehten sich. «Warum ist der Stein so groß?»

Einige im Publikum begannen zu kichern. Die Journalistin, deren Ring nun von jedem im Raum begutachtet wurde, war unangenehm berührt. In gespielter Sympathie fuhr Putin fort: «Sie haben ja sicher nichts dagegen, dass ich Sie frage, denn Sie würden ja nicht so etwas tragen, wenn Sie nicht selbst Aufmerksamkeit auf sich lenken wollten?» Mehr Gelächter folgte. Die eigentliche Frage war nun längst vergessen. Es war eine Meistervorstellung in Ablenkung und Einschüchterung.

Die Szene spielte sich 2009 ab; zu dem Zeitpunkt war Putin bereits fast ein Jahrzehnt an der Macht. Es war meine erste persönliche Begegnung mit dem russischen Herrscher, während eines Besuchs des Weltwirtschaftsforums. Putins Fähigkeit, bedrohlich zu wirken, ohne die Stimme zu erheben, war bemerkenswert. Sie erinnerte an seinen Hintergrund als Geheimdienstler der Sowjetunion — seine Zeit beim KGB waren prägende Jahre, ein Schlüssel zu seinem Charakter, seines Zaubers und seines Verhaltens im Amt. Er ist, um den Titel eines der besten Bücher über ihn zu zitieren, «der Agent im Kreml» (*«Operative in the Kremlin»*).[32]

In vielerlei Hinsicht ist Putin sowohl Archetyp als auch Vorbild für die gegenwärtige Generation an Autokraten. Es ist fast schon zu symbolisch, dass er am Silvesterabend des Jahres 1999 die Macht übernahm, mit Beginn des 21. Jahrhunderts.

Bis Xi Jinping 2012 in Peking KPCh-Chef wurde, erschien Putins Stil unter den Staatsmännern und -frauen der Welt wie eine kuriose Anomalie. Sein Macho-Autoritarismus und der Personenkult um ihn schienen deplatziert in einem technokratischen Zeitalter, das von politischen Figuren dominiert wurde, die kühl und rational agierten, wie Chinas Hu Jintao, Deutschlands Angela Merkel oder Barack Obama im Weißen Haus.

Tatsächlich schien es zunächst nicht ausgemacht, dass sich Putin besonders lange an der Macht würde halten können — erst recht nicht, dass er sich als neues Modell autokratischer Herrschaft erweisen könnte. Nach der chaotischen Ära Boris Jelzins in den 1990er Jahren wurde Putins Aufstieg ins höchste Amt von seinen ehemaligen Kollegen im KGB befördert. Aber er wurde zugleich von Russlands reichsten und mächtigsten Männern ermöglicht, den Oligarchen, die in ihm eine ungefährliche Figur sahen: ein fähiger Administrator und Vertrauensmann, der ihnen nicht in die Quere kommen würde.

Aus westlicher Sicht schien Putin eine relativ beruhigende Wahl. In seiner ersten Fernsehansprache aus dem Kreml, nur ein paar Stunden nach Amtsübernahme von Präsident Jelzin, versprach Putin, «die Freiheit der Rede, die Gewissensfreiheit, die Freiheit der Massenmedien, Eigentumsrechte, all diese grundlegenden Elemente einer zivilisierten Gesellschaft, zu schützen».[33] Im März 2000 gewann er seine erste Präsidentschaftswahl und erklärte hinterher stolz: «Wir haben bewiesen, dass Russland sich in einen modernen demokratischen Staat verwandelt.»[34]

Erfahrene Beobachter russischer Wahlen hielten das Ganze allerdings für sorgfältig inszeniert. Putin selbst machte kaum Wahlkampf. Aber es war dennoch bemerkenswert, dass er es für nötig befand, darauf zu bestehen, dass Russland eine moderne liberale Demokratie werden würde. 20 Jahre später und weiterhin im Kreml äußerte sich Putin ganz anders, als er genüsslich verkündete: «Die liberale Idee ist obsolet geworden.» Russland, darauf bestand er nun, habe nichts vom Westen zu lernen. Liberale «können nicht mehr einfach irgendwem irgendetwas diktieren, so wie sie es in den vergangenen Jahrzehnten versucht haben».[35]

Obwohl Putin anfänglich die Rhetorik liberaler Demokratie wohl nützlich erschien, sprachen seine frühen Taten als Präsident bald von einem harten, autokratischen Charakter. Während seines ersten Amtsjahrs ging er sofort gegen unabhängige Machtzentren vor, setzte die Zentralgewalt des Staates durch und führte Krieg, um seine persönliche Position zu stärken — alles Maßnahmen, die für den Putinismus prägend werden sollten. Die Eskalation des Kriegs in Tschetschenien ließ Putin als Nationalhelden erscheinen, der Russlands Interessen verteidigte und die einfachen Bürger vor dem Terrorismus schützte. Ein früher Schachzug des neuen Präsidenten, der Liberale beunruhigte, war die Wiedereinführung der sowjetischen Hymne. Zudem knöpfte er sich einige der reichsten Männer Russlands vor. Bezeichnenderweise waren die Oligarchen, die als Erste ins Visier gerieten, diejenigen, die unabhängige Medien kontrollierten: Wladimir Gusinski und Boris Beresowski. Binnen eines Jahres nach Putins Machtübernahme waren beide aus dem Land geflohen. Beresowski, der Putin für das Präsidentenamt unterstützt hatte, starb 2013 unter mysteriösen Umständen in Großbritannien.[36]

Putins frühes Versprechen, die Freiheit der Medien zu wahren, entpuppte sich als hohl. Russlands wenige unabhängige Fernsehsender wurden in kurzer Zeit unter die Kontrolle der Regierung gebracht. Mit seinem schnellen Vorgehen gegen die Medien gab Putin das Muster für andere *strongmen* in der ganzen Welt vor.

Die Geschwindigkeit, mit der Putin seine Macht festigte, korrespondierte mit der seines vorherigen Aufstiegs im russischen System. Nur zehn Jahre bevor er Präsident wurde, war Putin eine eher niedrige Figur im Geheimdienstapparat — als in Dresden stationierter KGB-Offizier. Dies war kein glamouröser oder besonders wichtiger Posten. Das Hauptquartier des KGB in der DDR befand sich in Ost-Berlin, Dresden lag in der Provinz. Die Autorin Catherine Bolton hat behauptet, dass Putins Rolle wichtiger und ruchloser war, und hat auf Indizien hingewiesen, dass er Verbindungen zu in Westdeutschland aktiven Terrorgruppen unterhalten habe. Dennoch hielten ihn Kollegen nicht gerade für einen besonders hervorstechenden Charakter. «Er hat sich nie vorgedrängt. Er stand nie an der Front. Er war immer sehr höflich», so erinnerte sich ein früherer Stasi-Kollege vom ostdeutschen Geheimdienst an ihn.[37]

In Dresden erlebte Putin den Zusammenbruch der Sowjetunion nach dem Fall der Berliner Mauer 1989 hautnah mit. In einer sehr bekannten Passage in seinen Memoiren schrieb er von seinem Gefühl der Hoffnungslosigkeit, als die kommunistische Herrschaft um ihn herum kollabierte. Er hatte auf Befehle aus Moskau gewartet — «aber Moskau blieb still». Für einen sowjetischen Patrioten wie Putin kam es noch schlimmer: Am Heiligen Abend 1991 löste sich die Sowjetunion selbst auf. Die rote Fahne mit Hammer und Sichel über dem Kreml wurde eingeholt und durch die russischen Farben ersetzt.

Im Gegensatz zu vielen anderen ehemaligen und gegenwärtigen Angehörigen der russischen Geheimdienste wurde Putin nicht in die sowjetische herrschende Klasse hineingeboren. Er wuchs in einer kleinen Wohnung in einem heruntergekommenen Apartmentblock auf (die Toiletten befanden sich im Treppenhaus) — in Leningrad, das heute wieder Sankt Petersburg heißt. Putins Familie war stark von der tragischen Geschichte der Stadt gezeichnet, insbesondere die Belagerung durch die Wehrmacht Nazi-Deutschlands, die 900 Tage andauerte und Hunderttausenden der Einwohner den Tod brachte, entweder durch Verhungern oder durch die Bombardierungen der Stadt. Sein Vater, der ebenfalls Wladimir hieß, gehörte einer Kommandoeinheit an, die mit der Geheimpolizei verbunden war und hinter den feindlichen deutschen Linien kämpfte. Putins älterer Bruder Viktor starb während der Belagerung im Alter von fünf Jahren.[38]

Wladimir Putin wurde 1952 geboren und wuchs in einer Umgebung auf, die von Entbehrungen und Opfern im «Großen Vaterländischen Krieg» geprägt war. Seit jungen Jahren legte er eine große innere Zuneigung zum sowjetischen System an den Tag. Als Teenager stattete er dem Leningrader KGB-Büro einen Besuch ab, um um Rat zu fragen, was er studieren solle. Die Antwort, die er erhielt, lautet ironischerweise: Jura. 1975 schloss Putin ein rechtswissenschaftliches Studium an der Staatlichen Universität Leningrad ab und ging danach direkt zum KGB.

Sein Ehrgeiz und seine Selbstdisziplin, die er als junger Mann an den Tag gelegt hatte, ebenso wie seine Fähigkeit, harmlos zu wirken, kamen Putin während der chaotischen 1990er Jahre zugute. Er wurde just in dem Moment von Dresden nach Leningrad zurückbeordert, als das sowjetische System in sich zusammenfiel. Sein Hauptkontakt war Anatoli Sobtschak, einer seiner früheren Jura-Professoren, der 1991 Sankt Petersburgs erster demokratisch gewählter Bürgermeister wurde. Putin folgte Sobtschak in die Regierung, wurde stellvertretender Bürgermeister und verließ den KGB offiziell im August 1991, ein paar Monate nach dem Zerfall der Sowjetunion. Als Sobtschaks Gehilfe erwarb er sich einen Ruf als fähiger Beamter. Aber er schien auch Verbindungen zum Organisierten Verbrechen zu unterhalten, das seine illegalen Operationen im Hafen von Sankt Petersburg betrieb.[39] Als Sobtschak 1996 abgewählt wurde, wechselte Putin nach Moskau, um im Kreml zu arbeiten.

Sein erster Job klang nicht besonders wichtig: Er war in der Abteilung tätig, die die präsidentiellen Immobilien verwaltete. Tatsächlich war das Immobilienportfolio des Kremls eine sehr bedeutsame Ressource von Patronage. Im folgenden Jahr wurde er stellvertretender Chef der Präsidialverwaltung, und danach nahm sein Aufstieg an die Spitze der Macht an Fahrt auf. Wie Fiona Hill und Clifford Gaddy schreiben, wurde «Putin binnen zweieinhalb Jahren auf immer höhere Posten berufen: vom stellvertretenden Chef der Präsidialverwaltung zum Geheimdienstchef, zum Premierminister, dann zum geschäftsführenden Präsidenten.»[40] Dann trat Jelzin zur Seite, um Putin zum Anbruch des neuen Jahrtausends die Machtübernahme zu ermöglichen.

Die bemerkenswerte Schnelligkeit seines Aufstiegs hat zwangsläufig Anlass zu allerlei Spekulationen und Verschwörungstheorien gegeben. Sicherlich war er von Putins früheren Kollegen im KGB, nun FSB genannt, begünstigt worden, die seine Entschlossenheit, die staatliche Gewalt wiederherzustellen, teilten, ebenso den Zorn über den außergewöhnlichen Reichtum, den ein paar wenige Oligarchen in den 1990er Jahren erwerben konnten, als Staatsbesitz billig privatisiert wurde. Aber Putin achtete auch darauf, die Interessen von ein paar Reichen — insbesondere der Jelzin-Familie — zu schützen. Im Gegensatz zu dem berühmtermaßen häufig betrunkenen Jelzin war Putin Abstinenzler und schien ganz der fähige Administrator, der in der Lage war, in chaotischen Zeiten wieder für Ordnung zu sorgen. Wie Valentin Jumaschew, Jelzins Schwiegersohn und Stabschef, später bemerkte: «Seine Arbeit war stets brillant. Er formulierte seine Sichtweisen präzise.»[41] Er war stets vorsichtig, sich nicht in eine Reihe mit anderen Herrschern im Kreml zu stellen, sei es Zar Peter der Große oder Stalin. Im Gegenteil bestand Putin häufig darauf: «Ich bin nur ein Manager» und «Man hat mich eingestellt».[42]

Nachdem sich Putin im Amt etabliert hatte, begannen die Image-Macher, für den russischen Staatschef eine *strongman*-Persönlichkeit aufzubauen. Gleb Pawlowski, einer der ersten Spin-Doktoren, die Putins Image aufpolieren sollten, beschrieb den Präsidenten später als «mit schneller Auffassungsgabe» ausgestatteten «talentierten Schauspieler». Bald waren zentrale Bilder in den russischen Medien und denen der Welt im Umlauf: Putin zu Pferde, Putin beim Judo-Training, Putin beim Armdrücken oder beim Spaziergang entlang eines sibirischen Flusses mit freiem Oberkörper. Diese Bilder gaben Intellektuellen und Zynikern viel Anlass für Spott. Aber die Image-Macher des Kremls orientierten sich absichtlich an Hollywood. Wie Pawlowski später sagte, bestand das Ziel darin, dafür zu sorgen, dass «Putin idealtypisch dem Hollywood-Bild eines Action-Helden entspricht».[43]

Als er an die Macht kam, waren viele Russinnen und Russen bereits für einen *strongman*-Präsidenten. Der Zusammenbruch des sowjetischen Systems hatte zwar Demokratie und Meinungsfreiheit aufkommen lassen. Aber nachdem das sowjetische Wirtschaftssystem verkümmerte und schließlich in sich zusammengebrochen war, erlitten viele einen drastischen Niedergang der Lebensverhältnisse und der persönlichen Sicherheit. Bis 1999 fiel die Lebenserwartung für russische Männer um vier auf 58 Jahre. Ein UN-Bericht schrieb dies der Zunahme «selbst-destruktiven Verhaltens» zu, verbunden mit «steigender Armut, Arbeitslosigkeit und finanzieller Unsicherheit».[44] Unter solchen Umständen hatte ein starker Präsident, der versprach, die Uhr zurück zu besseren Zeiten zu drehen, große Anziehungskraft.

Im Allgemeinen ist es hilfreich, wenn das Image des Anführers in einem Zusammenhang mit dem dahinterliegenden politischen

Projekt steht. Der Fokus der Spin-Doktoren auf Putins angebliche Virilität passte zu Putins persönlicher Ambition für die Wiedererlangung nationaler Stärke. Eine seiner berühmtesten Bemerkungen ist die Bemerkung von 2004, der zufolge der Zusammenbruch der Sowjetunion «die größte geopolitische Katastrophe des 20. Jahrhunderts» gewesen sei. Manche leiten daraus ab, der russische Präsident sei ein unverbesserlicher Stalinist. Andere verstehen das Zitat als Absichtserklärung: Putin habe vor, die 15 nun unabhängigen Staaten, die einst die Union der Sozialistischen Sowjet-Republiken bildeten, wieder zu einer politischen Einheit zusammenzuführen, die dann wieder von Moskau aus regiert würde. Doch obgleich Putin wahrscheinlich nostalgische Gefühle für das Zeitalter sowjetischer Größe hegt, bestehen die meisten seiner Unterstützer darauf, dass Putin wohl bewusst sei, dass die UdSSR Geschichte sei. Wie Wjatscheslaw Nikonow, Mitglied des russischen Parlaments, der Duma, und Enkel des sowjetischen Außenminister Wjatscheslaw Molotow mir 2014 mit Bedauern in der Stimme sagte: «Die Sowjetunion ist wie ein Glas. Einmal zerborsten, lässt sie sich nicht wieder zusammensetzen.»[45]

Und obwohl Putin wohl keine Illusionen darüber hegt, die Sowjetunion wieder zusammenkleben zu können, war er dennoch entschlossen, Russland wieder zu einer Weltmacht ersten Ranges zu machen. Fjodor Lukjanow, ein Politikwissenschaftler mit engen Verbindungen zu Putin, sagte mir 2019, dass Putin bei Amtsantritt glaubte, es bestehe die ernsthafte Gefahr, dass Russland zum ersten Mal in Jahrhunderten dauerhaft den Status als eine der großen Mächte der Welt verlieren könnte.[46] Während sich das britische Establishment nach 1945 mehr oder weniger damit abfand, dass ihre Aufgabe nach der Auflösung des Weltreiches nunmehr im «Management des Niedergangs» bestand, war Putin darauf konzentriert, den Großmachtstatus Russlands zu erneuern.

Diese Entschlossenheit, aber auch seine Verbitterung über das, was er für amerikanische Beleidigungen und Verrat hielt, brachte den russischen Präsidenten auf Kollisionskurs mit dem Westen. Ein einschneidendes Ereignis war Putins Rede auf der Münchener Sicherheitskonferenz 2007, dem alljährlichen Treffen der außenpolitischen und militärischen Elite des Westens. Im Publikum saßen unter anderem Bundeskanzlerin Angela Merkel, US-Verteidigungsminister Robert Gates und Senator John McCain, der im folgenden Jahr Präsidentschaftskandidat der Republikaner wurde.

Putins Rede war eine direkte Herausforderung des Westens und Ausdruck kalter Wut. Er warf den Vereinigten Staaten eine «fast ungebremste Anwendung von Hypergewalt — militärischer Gewalt — in der internationalen Politik» vor. Sie stürzten die Welt «in einen Abgrund von Konflikten». Der Putin von 2000, der noch Stolz auf Russlands Transformation hin zu einer modernen Demokratie ausgedrückt hatte, war einem Mann gewichen, der das westliche Reden von Freiheit und Demokratie als scheinheilige Verbrämung von Machtpolitik verurteilte. Wie es die Politikwissenschaftler Ivan Krastev und Stephen Holmes formulierten: «In München hörte Russland damit auf, vorzugeben, dass es das Narrativ teilte, wonach das Ende des Kalten Kriegs ein gemeinsamer Sieg des russischen Volkes und der westlichen Demokratien über den Kommunismus gewesen sei.»[47]

Putins Münchener Rede war aber nicht nur eine von Ärger geprägte Reflexion über die jüngste Vergangenheit. Sie wies auch den Weg in die Zukunft. Der russische Präsident hatte den Westen darüber in Kenntnis gesetzt, dass er vorhatte, gegen die von den Vereinigten Staaten geführte Weltordnung anzukämpfen. Vieles von dem, was danach folgte, fand sich bereits in seiner Rede: Russlands Militärintervention in Georgien 2008, die Annexion der Krim 2014, die Entsendung von Truppen nach Syrien 2015 und die Einmischung in die US-Präsidentschaftswahlen 2016. All diese Taten stärkten Putins Reputation als

Nationalist und mächtiger Führer. Sie machten ihn auch zur Ikone anderer *strongmen* in der ganzen Welt, die westliche Führung und die «liberale internationale Ordnung» ablehnten. Deshalb ist es so wichtig, die Ursprünge von Putins Verhalten zu verstehen.

Die russische Führung und ihre Verbündeten argumentieren, dass die Vorwürfe, die Putin in seiner Rede in München und danach bei vielen weiteren Gelegenheiten ausgebreitet hat, ernsthaft und gut begründet waren. Gemäß der Story, die einem in Moskau erzählt wird, war der Westen von Anfang an darauf aus, Russlands Macht zu zerstören — und dass westliche Politikerinnen und Politiker ihre russischen Gegenüber wiederholt angelogen hätten, indem sie in verlogener Weise Regeln und Gesetze angeführt hätten, die sie dann selbst gebrochen hätten.

Putins Kritiker beschreiben das allerdings als selbstgerechten Unsinn. Beim Putinismus ging es nie um den Schutz Russlands vor einem raubtierhaften Westen. Vielmehr ist es ein Vergabesystem, durch das sich Putin und die russische Elite selbst bereichert haben. Putin schützt jene Oligarchen, die sich aus der Politik heraushalten, und im Gegenzug schützen die Oligarchen Putin und finanzieren seinen Zirkel. In dieser Sicht ist der Nationalismus, den der russische Führer an den Tag legt, einfach nur ein zynisches Mittel, um von der Korruption und der Kriminalität an der Spitze abzulenken. Ein russischer Liberaler formulierte es einmal so: «In Russland ist Politik ein Zweikampf zwischen dem Kühlschrank und dem Fernsehen. Die Leute schauen in den Kühlschrank und sehen, dass es nichts zu essen gibt. Aber dann schalten sie den Fernseher ein und sehen, wie Putin für Russland einsteht — und dann empfinden sie Stolz.»

Welche dieser beiden Sichtweisen stimmt nun? Ist Putin ein verärgerter Nationalist oder ein zynischer Manipulator? Wenngleich es so klingt, als widersprächen sich diese beiden Narrative geradezu diametral, enthalten beide wahre Elemente.

Die nationalistische Verurteilung des Westens, die von Putins Umfeld betrieben wird, reicht bis in die 1990er Jahre zurück. Immer wieder wird in Moskau argumentiert, dass die Osterweiterung der NATO um Länder, die zuvor dem Warschauer Pakt angehört hatten (einschließlich Polens und der baltischen Staaten), Versprechungen, die Russland nach Ende des Kalten Kriegs gemacht wurden, direkt widersprach. Die Intervention der NATO in den Kosovo-Krieg 1998–99 steht außerdem auf der Liste der Vorwürfe. In den Augen des Kremls belegt sie, dass die NATO ein Aggressor ist und dass westliches Gerede vom Respekt gegenüber staatlicher Souveränität und Grenzen nichts als Heuchelei sei. Die westliche Antwort, dass die NATO aufgrund ethnischer Säuberungen und Menschheitsverbrechen durch Serbien eingriff, wird nicht gelten gelassen. Wie mir ein liberaler russischer Politiker einmal in einem Moment der Offenheit sagte: «Wir wissen, wir haben in Tschetschenien Menschenrechtsverbrechen begangen. Wenn die NATO für so etwas Belgrad bombardieren kann, warum dann nicht auch Moskau?»[48]

Die russische Politik verweist dann als Nächstes auf den Irakkrieg, den die Vereinigten Staaten und ihre Verbündeten 2003 entfachten, im Schatten der Terroranschläge vom 11. September 2001. Für Putin beweist das gewaltige Blutvergießen nach dem Sturz von Saddam Hussein, dass die selbstberufene Verbreitung von «Demokratie und Freiheit» des Westens nur Instabilität und Leid mit sich bringt. Wenn man in Moskau auf das brutale Vorgehen des russischen Militärs in Tschetschenien oder Syrien hinweist, wird einem immer direkt Irak vorgehalten.

Für Putin kommt entscheidend hinzu, dass die Demokratieförderung durch den Westen eine direkte Bedrohung für sein eigenes politisches und persönliches Überleben ist. 2004 und 2005 brach eine Reihe pro-demokratischen «Farbenrevolutionen» in einer Reihe ehemaliger Sowjetrepubliken aus — darunter in der Ukraine, in

Georgien und in Kirgistan. Wenn die Demonstranten auf dem Platz der Unabhängigkeit die autokratische Regierung in Kiew stürzen konnten, was sprach dagegen, dass das Gleiche auf dem Roten Platz in Moskau passieren könnte? In Russland halten viele die Idee, es habe sich um spontane Volksaufstände gehandelt, für ein «Märchen». Als ehemaliger Geheimdienstler, der früher mit der Organisation «schwarzer Operationen» befasst war, neigte Putin ganz besonders dazu, hinter den Farbenrevolutionen das Werk der CIA zu erkennen. Das Ziel, so war der Kreml überzeugt, bestand darin, pro-westliche Marionettenregierungen zu installieren. Russland könnte als Nächstes an der Reihe sein.

Der Schock des Irakkriegs und die Farbenrevolutionen waren die jüngsten Erfahrungen, die die Grundlage für Putins Münchner Rede von 2007 legten. Und aus Sicht des Kremls gingen die westlichen Missetaten weiter. Als westliche Staaten 2011 in Libyen intervenierten, um den Diktator Muammar Gaddafi zu stürzen, taten sie das aus Moskauer Sicht, nachdem sie den Russen verlogenerweise zugesichert hatten, eben dies nicht zu tun. Die Libyen-Intervention ist für die russische Führung ein besonderer Stein des Anstoßes, weil sie in die vier Jahre zwischen 2008 und 2012 fiel, als Putin das weniger wichtige Amt des Premierministers bekleidete; nach zwei Amtszeiten als Präsident hatte er für seinen Gefolgsmann Dmitri Medwedew Platz gemacht. Putins Unterstützer sind überzeugt, dass der naive Medwedew übertölpelt wurde, die entsprechende Resolution des UN-Sicherheitsrats zu unterstützen, die eine begrenzte Intervention in Libyen erlaubte; wie zu erwarten gewesen sei, hätten die westlichen Mächte das Mandat dann ausgedehnt, um Gaddafi zu stürzen und zu töten. Die westliche Antwort, dass es durchaus um Menschenrechte und das Verhindern einer humanitären Katastrophe gegangen sei, die Situation aber dann ein Eigenleben entwickelt hätte, als die libysche Rebellion an Fahrt gewonnen hätte, wird zurückgewiesen.

Aber Medwedews angebliche Naivität erwies sich als nützlich für Putin: es galt nun als offenkundig, dass er der unersetzliche Führer Russlands war. Jeder Ersatzmann, und sei er von Putin selbst ausgewählt, würde das Land dem intriganten und rücksichtslosen Westen ausliefern. 2011 kündige Putin an, als Präsident in den Kreml zurückkehren zu wollen, nachdem die potenziellen Amtszeiten auf zweimal sechs Jahre ausgeweitet worden waren. Diese Ankündigung sorgte für seltene Demonstrationen in Moskau und anderen Städten, die wiederum Putins Furcht vor westlichen Verschwörungen, seine Macht zu untergraben, weiter anfachte. Ich war im Januar 2012 in Moskau und sah die Märsche und die Spruchbänder, manche mit spitzen Verweisen auf das Schicksal Gaddafis. Es war leicht zu verstehen, warum Putin besorgt war. Dass Hillary Clinton, damals amerikanische Außenministerin, öffentlich Unterstützung für die Demonstranten bekundete, nahm Putin besonders übel und mag in seiner Gedankenwelt die Rechtfertigung für russische Anstrengungen gewesen sein, Clintons Präsidentschaftskampagne 2016 zu untergraben.

Putin sicherte sich die Wiederwahl. Aber seine Wahrnehmung, dass der Westen Russland bedrohe, verstärkte sich aufgrund der Ereignisse in der Ukraine 2014. Die Aussicht, dass das Land in Kürze ein Assoziierungsabkommen mit der Europäischen Union schließen könnte, wurde vom Kreml als ernste Gefahr betrachtet; Russlands wichtigster Nachbar, einst integraler Bestandteil der Sowjetunion, würde in die westliche Einflusszone gezogen. Von Moskau unter Druck gesetzt, warf der ukrainische Präsident Viktor Janukowitsch das Ruder herum. Aber das führte zu einem Volksaufstand in Kiew, der Janukowitsch zur Flucht zwang. Der Verlust eines gefügigen Verbündeten bedeutete einen großen geopolitischen Rückschlag für den Kreml. Putins Antwort war eine dramatische Eskalation: Er griff zum Mittel militärischer Gewalt.

Im März 2014 besetzte und annektierte Russland die Halbinsel Krim, die zur Ukraine gehörte, aber bis 1954 Teil Russlands gewesen war und überwiegend von Russisch sprechenden Menschen bewohnt wurde. Die Krim beheimatete außerdem, per Vertrag mit den Ukrainern, die russische Schwarzmeerflotte.

Im Westen wurde die Annexion der Krim wie auch die militärische Intervention im Osten der Ukraine als offenkundige Verletzung internationalen Rechts gesehen, der leicht weitere Akte russischer Aggression folgen könnten. In Russland dagegen galt die Krim-Annexion weithin als Triumph — nun endlich wehrte sich die russische Nation. Putins Beliebtheitswerte, von unabhängigen Meinungsforschungsinstituten ermittelt, schossen auf 80 Prozent hoch. Im Glanz des Erfolgs kam Putin seinem ultimativen Ziel als *strongman* wohl am nächsten — die komplette Identifikation des Führers mit seiner Nation. Der Vorsitzende des russischen Parlaments, Wyatscheslaw Wolodin, rief aus: «Wo Putin ist, ist Russland. Wo kein Putin ist, ist kein Russland.»[49]

Die westliche Antwort auf Putins Untaten waren Wirtschaftssanktionen. Diese wurden verschärft, nachdem von Russland unterstützte Milizen im Juli 2014 den malaysischen Linienflug MH17 abschossen. Alle 298 Menschen an Bord kamen ums Leben. Weitere Sanktionen, ebenso wie Ausweisung von Diplomaten, folgten, nachdem russische Agenten versuchten, den ehemaligen russischen Geheimdienstler Sergei Skripal auf britischem Boden, 2018 in Salisbury, zu ermorden.

Für den Kreml waren die westlichen Sanktionen weitere Beweise der ohnehin schon bestehenden Überzeugung, ein scheinheiliger und machthungriger Westen sei darauf aus, Russland «zu erledigen». Für Putins Kritiker dagegen ist diese lange Leidensgeschichte fabriziert und dient der Ablenkung. Die tatsächliche Geschichte, argumentieren sie, ist nicht die eines tapferen russischen Anführers, der sich gegen westliche Verlogenheit stellt, sondern die eines rücksichtslosen Quasi-Diktators, der wiederholt internationales Recht gebrochen hat und Gewalt einsetzt, um seine Machtposition und die seiner Kumpane zu sichern.

Das Argument, dass es sich bei Putins Narrativ um eine große Lüge handelt, wird gestützt durch die Hinweise auf die kleineren Lügen, die angebracht werden, um sie zu unterstützen. Obwohl es überzeugende Beweise gibt, die eine niederländische Untersuchungskommission ermittelt hat, leugnet die russische Regierung bis heute jede Rolle beim Abschuss des MH17-Flugs. Eine Verwicklung in den Mordanschlag auf Skripal oder die Ermordung eines anderen früheren russischen Agenten, Alexander Litwinenko, 2006 in London wird ebenfalls geleugnet.

Die Anwesenheit russischer Verbände und Agitatoren (die so genannten «kleinen grünen Männer») auf der Krim wurde anfänglich als westliche Propaganda abgetan, bis Putin schließlich Russlands Verantwortung zugab, als die russische Annexion ein *fait accompli* war. Derweilen werden die Wahlen auf heimischem Boden routinemäßig gefälscht. Das Leben politischer Opponenten, die eine wirkliche Gefolgschaft haben, endet oft plötzlich — darunter das von Boris Nemtsow, der 2015 auf einer Brücke nahe dem Kreml erschossen wurde.

Andere werden in fragwürdigen Verfahren angeklagt und ins Gefängnis geworfen. Michail Chodorkowski, der reichste unter den Oligarchen der 1990er Jahre, der half, unabhängige Medien und oppositionelle Anliegen zu finanzieren, wurde im Oktober 2003 an Bord seines Privatjets in Sibirien verhaftet und später zu zehn Jahren Lagerhaft verurteilt. Alexej Nawalny, in den vergangenen Jahren Putins prominentester und mutigster politischer Gegenspieler, wurde 13-mal verhaftet und wegen konstruierter Vorwürfe inhaftiert.[50] Im Sommer 2020 wurde er dann Opfer eines Mordanschlags und fiel auf einem Flug ins Koma, nachdem er in Sibirien vergiftet worden war. Nachdem er in einem Krankenhaus in Deutschland wieder zu Kräften gekommen war, flog er zurück nach Russland, wo er sofort am Flughafen verhaftet, vor Gericht gestellt und erneut inhaftiert wurde.

Nawalny hatte den vernichtend wirksamen Namen für Putins Partei Vereintes Russland geprägt, indem er sie als «Partei der Betrüger und Diebe» bezeichnete. Mit Online-Kampagnen und YouTube-Videos hatte er für ein Massenpublikum die Korruption an der Spitze von Putins Russland angeprangert. Es waren wohl diese Vorwürfe von Gier und Amtsmissbrauch, die Putin für am gefährlichsten hielt. Die Veröffentlichung der so genannten Panama-Papiere — eine gewaltige Sammlung an Dokumenten über Vorgänge in Steuerparadiesen, die 2016 ans Licht kam — schien Putin und einige seiner engsten Gefährten mit zwei Milliarden Dollar in Verbindung zu bringen, die außer Landes geschafft worden waren.[51]

Ein Video, das die Existenz von Putins Palast an der Küste des Schwarzen Meeres enthüllte, das Nawalny kurz vor seiner Rückkehr 2021 nach Russland veröffentlichte, wurde in sozialen Medien zum Renner und wurde in ein paar Tagen millionenfach im Internet angesehen. Die sonst immer gut geölte Medienmaschine des Kremls stockte ein paar Tage lang. Dann trat Arkady Rotenberg, ein milliardenschwerer Oligarch und Kindheitsfreund Putins, auf den Plan und behauptete, der Palast gehöre ihm.[52]

Putin, so heißt es manchmal, sei «der reichste Mann der Welt».[53] Unabhängig vom Wahrheitsgehalt der Aussage und davon, was es genau bedeutet, besteht kein Zweifel daran, dass viele enge Vertraute und Mitarbeiter des russischen Führers selbst extrem reich geworden sind. Es sind nicht nur Milliardäre wie Roman Abramowitsch, langjähriger Besitzer des Londoner Fußballclubs FC Chelsea, oder Oleg Deripaska, der Aluminiummagnat. Auf Bildern, die Putins Sprecher, Dmitri Peskow, bei seiner Hochzeit 2015 zeigen, trug er eine Uhr, die 620000 Dollar kostet.

Wenn Putin sowohl ein genuiner Nationalist als auch Frontmann eines korrupten Regimes ist, dann ist das verbindende Element ein tiefer und zerstörerischer Zynismus (den Anhänger als «Realismus» bezeichnen), mit dem der russische Präsident die Politik und das Leben insgesamt betrachtet. Das Putin-Lager ist zutiefst davon überzeugt, dass die westlichen Regierungen Russland dominieren und demütigen wollen und dass ihre Rede von Demokratie und Menschenrechten scheinheilig und verlogen ist. Für Putins Zirkel rechtfertigt dies, als schwächeres Russland in Antwort darauf zu lügen und zu betrügen. In diesem Sinne ist die offizielle russische Haltung in Sachen Weltpolitik gleichzeitig völlig zynisch und vollkommen aufrichtig. Es ist das Geschäft der Regierung, Lügen über das eigene Verhalten gegenüber der Welt zu verbreiten; aber sie glaubt aufrichtig, dies sei angezeigt als Teil einer breit angelegten Kampagne gegen die Unehrlichkeit und Aggression des Westens.

Die gleiche Mischung aus Zynismus und Aufrichtigkeit kennzeichnet auch das persönliche Verhalten der russischen Regierungsvertreter. Manche halten Putin und seinen Kreis für vollkommen korrupt. Wie mir ein russischer Freund einmal sagte: «Die einzige Sache, die sie wirklich kümmert, ist, wenn man sich zwischen sie und den Geldautomaten stellt.» Während die Korruption ganz Russland durchdringt, heißt das nicht, dass Putin und seine Berater nicht auch genuine Nationalisten sind, die daran glauben, dass sie Russland im Innern und Äußeren stärken. Sie argumentieren, dass sie, indem sie die Kontrolle über Russlands Vermögenswerte übernommen haben, es verhindert hätten, dass sie in ausländische Hände gefallen seien. Und wenn sie davon persönlich profitiert haben — nun ja, so ist halt der Lauf der Welt.

Aller Probleme zum Trotz, die durch die Korruption, die Sanktionen und die Schwankungen des Erdölpreises hervorgerufen werden, steht Russland wohlhabender und stabiler als während der 1990er

Jahre da. Die Fußballweltmeisterschaft von 2018 erlaubte Putin, sein Land der Welt vorzustellen. Ich besuchte Russland erstmals als Tourist statt als Journalist und war wirklich überrascht vom Wohlstand und der Effizienz, die in den Innenstädten Moskaus und Sankt Petersburgs zu besichtigen war — und selbst in provinziellen Außenposten wie Kasan. Natürlich waren vorher große Anstrengungen unternommen worden, Russland im bestmöglichen Licht erscheinen zu lassen. Aber es konnte nicht die Rede davon sein, dass Ausländern einfach potemkinsche Dörfer gezeigt wurden. Der Schnellzug von Moskau nach St. Petersburg, die sauberen, gut geführten Billighotels und die quirligen Moskauer Cafés gab es alle noch, als ich das Land ein Jahr später besuchte. Teile des russischen Staates funktionieren gut. Die Steuerbehörden werden international gelobt für ihre supermoderne, in Echtzeit erhobene Sammlung von Transaktionsdaten.[54] Die Zentralbank wird allgemein bewundert für ihren Umgang mit Sanktionen und die Art und Weise, wie sie die Währung managt.

Die Fußballweltmeisterschaft gab Putin eine Bühne. Beim Eröffnungsspiel — Russland gegen Saudi-Arabien — saß er neben dem saudischen De-facto-Staatschef Mohammed bin Salman. Die beiden bildeten ein interessantes Paar; MBS repräsentiert eine jüngere Generation von *strongmen,* die Putin offensichtlich als Modell und Inspiration ansehen. Einem britischem Berater des saudischen Prinzen fiel MBS' ehrfürchtige Bewunderung für Putin auf. «Er war von ihm fasziniert. Er schien ihn zu bewundern. Er mochte, was Putin getan hatte.»[55] Je länger Putins Regierungszeit im Kreml dauerte, desto größer wurde die Zahl seiner ausländischen Bewunderer. Rodrigo Duterte, der Präsident der Philippinen, hat öffentlich erklärt: «Putin ist mein Lieblingsheld.» Rudy Guiliani, enger Berater und Anwalt von Donald Trump, hat seine Bewunderung für Putins Annexion der Krim zum Ausdruck gebracht: «Er fällt eine Entscheidung, er führt sie schnell aus. Und dann reagieren alle. So jemanden nenne ich einen

Anführer.»[56] Nigel Farage, ehemaliger Parteiführer von UKIP und der Brexit-Partei und ein Freund Donald Trumps, nannte einst Putin den Staatsmann, den er am meisten bewundere, und fügte hinzu: «Wie er das ganze Ding mit Syrien gemacht hat. Brillant. Nicht dass ich politisch mit ihm übereinstimmte …»[57] Matteo Salvini, der Anführer der rechtspopulistischen Lega in Italien, zeigte seine Bewunderung für den russischen Präsidenten, indem er sich mit einem Putin-T-Shirt auf dem Roten Platz und im Europäischen Parlament fotografieren ließ. 2017 unterzeichnete seine Partei ein Kooperationsabkommen mit Putins Partei Einiges Russland.[58]

Wie das Lob von Figuren wie Farage und Salvini nahelegt, geht die Bewunderung Putins im Westen weit über Stilfragen hinaus: sie hat auch einen ideologischen Aspekt. Für rechtsgerichtete Politiker, die ein Spektrum von kulturellen Konservativen bis hin zu ausgesprochenen Rassisten abdecken, ist Putin zu einer Ikone geworden. Er ist ein Symbol für den Widerstand gegen das westliche liberale Establishment, verkörpert von Politikerinnen wie Hillary Clinton und Angela Merkel, die Einwanderung, Rechte für sexuelle Minderheiten, Feminismus und Multikulturalismus befürworten. Wie die Autorin Anne Applebaum feststellte, ist die idealisierte Version von Putins Russland zur Inspiration von «rechtsgerichteten Intellektuellen geworden, die sich zutiefst kritisch über ihre eigenen Gesellschaften äußern und Diktatoren Respekt zollen, die Amerika nicht mögen».[59]

Wenn diese westlichen Reaktionäre «Globalismus» und «Liberalismus» verdammen, werden ihre Ideen ihrerseits von nationalen Zirkeln in Russland aufgenommen und verstärkt. 2019 traf ich in Moskau Konstantin Malofejew, einen vollbärtigen Milliardär und Intellektuellen, der sein Vermögen mit Investment-Banking machte, bevor er zum Emissär zwischen dem Kreml und rechtsextremen Gruppen in Europa und Amerika wurde. Seine Verdammung des «Globalismus» und die Verteidigung der Nation und traditioneller

Geschlechterrollen hätte leicht auch aus dem Munde eines Salvini, Farage oder Steve Bannon kommen können. Tatsächlich hatte Malofejew dabei geholfen, einen Kredit über zwei Millionen Euro für Jean Marie Le Pen einzufädeln, den Gründer des Front National in Frankreich, und Konferenzen gesponsert, die führende Vertreter der französischen, italienischen, österreichischen und russischen Rechtsaußen zusammenbrachte.[60]

Malofejew setzte sich auch dafür ein, in Russland die Monarchie wieder einzuführen, und zeigte mir stolz ein Porträt seines Lieblingszars, des zutiefst reaktionären Alexander III. Er war natürlich hocherfreut, als ein paar Monate später verkündet wurde, Russland werde seine Verfassung ändern, um Putin zwei weitere Amtszeiten von jeweils sechs Jahren zu erlauben. So könnte Putin potenziell bis 2036 im Amt bleiben, er wäre dann 84 Jahre alt — und hätte damit Stalin als am längsten regierender Führer weit übertroffen.

Als Putin im Jahr 2000 an die Macht kam, wäre der Gedanke absurd erschienen, er könnte Russland auch 36 Jahre später noch regieren. Die Vorstellung, dass Putin der «starke Mann» sei, den das Land brauche, wurde zunächst für innenpolitische Zwecke erfunden. Doch als die antiliberale und nationalistische Welle in der ganzen Welt stärker wurde, wurde Putin zum Vorbild eines anderen Führungsstils. Putins Sprecher Dmitri Peskow gab nicht einfach eine Propagandalosung aus, als er 2018 bemerkte: «Es gibt auf der Welt eine Nachfrage nach besonderen, souveränen Führern, nach solchen, die entscheidungsstark sind und die nicht in die üblichen Rahmen passen und so weiter. Putins Russland war der Ausgangspunkt.»[61]

Die Beispiele, die Peskow zu dem Zeitpunkt hätte anführen können, waren zahlreich: Orbán in Ungarn, Duterte auf den Philippinen, Trump in Amerika. In den Augen seiner Bewunderer übernahm der russische Präsident ein Land, das mit dem Zusammenbruch der Sowjetunion gedemütigt worden war. Mit Stärke und List habe er

Russlands Status als Weltmacht wieder aufgebaut und Territorien zurückerlangt, die mit dem Untergang der UdSSR verlorengegangen waren. Zudem entzückte er Antiamerikanisten und Populisten in aller Welt, indem er sich selbstgerechten amerikanischen Liberalen wie Hillary Clinton und Barack Obama entgegenstellte.

Aber die Behauptung, dass Putins *strongman*-Führung von Erfolg gekrönt sei, ist ziemlich fragwürdig. Die rücksichtslosen Rechtsbrüche — einschließlich der Invasion seiner Nachbarn und Attentate im Ausland — hat zur Verhängung internationaler Sanktionen geführt und Russland in die Nähe eines internationalen Parias gerückt. Die Morde und die Inhaftierungen von Putins russischen Kritikern unterstreichen, dass seine Herrschaft am Ende nicht auf Erfolg oder populärer Unterstützung fußt, sondern auf Gewalt und Repression. Und Russlands langfristige Zukunft sieht düster aus. Die Bevölkerung ist überaltert und schrumpft. Russlands Territorium ist riesig, aber seine Wirtschaft ungefähr genauso groß wie die Italiens. Die Welt wendet sich von der Nutzung fossiler Brennstoffe ab, während Russlands nationaler Wohlstand gefährlich stark von Erdöl und -gas abhängt.

Barack Obama sorgte für Empörung und Wut in Moskau, als er 2014 erklärte, Russland sei nicht mehr als eine «regionale Macht».[62] Die Reaktionen waren aber auch deshalb so empfindlich, weil die Aussagen ein Körnchen Wahrheit enthielt. Wladimir Putin hat stets vorsichtig darauf geachtet, nicht mit Xi Jinping in Konflikt zu geraten, dem *strongman* des Ostens, während China seinen Einfluss auf Eurasien ausgedehnt hat und in Einflusssphären vorgedrungen ist, die Moskau als die eigenen betrachtet. Stattdessen hat Putin versucht, Russlands Weltmachtansprüche durch Militäreinsätze im Nahen Osten und Nordafrika zu untermauern. Das aber hat ihn in Konflikt mit einem anderen regionalen *strongman* gebracht, der ebenfalls darauf bedacht ist, den Ruhm der imperialen Vergangenheit seines Landes wiederzuerrichten: Recep Tayyip Erdoğan in der Türkei.

# 2

## RECEP TAYYIP ERDOĞAN

### VOM REFORMER ZUM AUTOKRATEN (2003)

Der für Recep Tayyip Erdoğan errichtete Präsidentenpalast ragt hoch über dem Westen der türkischen Hauptstadt Ankara. Das enorme Bauwerk — errichtet auf einem Hügel, der einst von geschützten Wäldern bedeckt war — beherbergt eine Kunstgalerie, ein Tagungszentrum sowie einen Atombunker und besteht insgesamt aus mehr als 1000 Räumen.

Die Gesamtfläche des Gebäudes ist größer als die des Kremls oder des Schlosses Versailles. Als Erdoğan seine neue Residenz im Oktober 2014 bezog, bestätigte dies die wachsende Megalomanie des türkischen Herrschers. Nach mehr als einem Jahrzehnt an der Macht war von der Fassade eines bescheidenen und unprätentiösen Spitzenpolitikers kaum etwas übrig; dahinter offenbarte sich sein Streben, im Stil eines osmanischen Sultans zu herrschen.

Die Parallelen zwischen den Karrieren Putins und Erdoğans sind erstaunlich. Beide kamen in den ersten Jahren des 21. Jahrhunderts an die Macht; Erdoğan wurde erstmals 2003 Ministerpräsident.* Beide wurden im Westen zunächst als Reformer betrachtet, die die Grenzen demokratischen Regierens nicht überschreiten würden. Beide erlangten im Inneren immer größere Kontrolle über Staat und Gesellschaft, während sie auf internationaler Bühne die Stärke ihres Staates wieder geltend machten. Auch wurden beide zu entschiedenen Gegnern des

* Zu der Zeit war das Amt des Ministerpräsidenten der einflussreichste Posten des Landes. Erst durch Erdoğans spätere Verfassungsreformen wurde das Präsidentenamt gestärkt.

Westens und Kritikern des Liberalismus. Innen- wie außenpolitisch folgten Putin und Erdoğan einem ähnlichen Pfad.

In gewisser Weise ist der Aufstieg eines autokratischen Herrschers in der Türkei wenig überraschend. Der Gründer der türkischen Republik war Kemal Atatürk, ein charismatischer Staatsführer, dessen Personenkult bis heute, Jahrzehnte nach seinem Tod 1938, anhält. Vor Erdoğan war die moderne Geschichte der Türkei von Putschen und Perioden der Militärherrschaft durchzogen. Doch hat die Türkei für die Entstehung der Welt der Autokraten eine wichtige Rolle gespielt. Nach den Terroranschlägen vom 11. September 2001 gerieten die politischen Probleme des Nahen und des Mittleren Ostens sowie der islamischen Welt stärker ins Blickfeld des Westens. Westliche Meinungsmacher waren auf der Suche nach «moderaten» islamischen Politikern, die den Islam mit der Demokratie und dem Westen versöhnen könnten. Erdoğan schien der Mann zu sein, den sie suchten.

Die Türkei war bereits ein NATO-Mitgliedstaat, und obwohl Erdoğan weit religiöser war als für die traditionell säkulare türkische Politik üblich, hatte er sich doch dem Kapitalismus zugewandt und seinen Aufstieg mit demokratischen Mitteln gemeistert. Auch ist die Türkei mit ihren mehr als 80 Millionen Einwohnern als Staat und Wirtschaft groß genug, um ein glaubwürdiges Vorbild für andere islamisch geprägte Gesellschaften abzugeben. Der einflussreiche amerikanische Journalist Robert Kaplan traf 2004 den Zeitgeist, als er schrieb: «Erdoğans moderater, reformerischer Islam ist derzeit unsere größte Hoffnung darauf, Muslime mit den sozialen und politischen Realitäten des 21. Jahrhunderts zu versöhnen.»[63]

Erstmals erlebte ich Erdoğan 2004 in Brüssel in Aktion, als er auf einer Pressekonferenz um Unterstützung für das Bestreben der Türkei warb, der EU beizutreten. Dass er bereit war, in einem Hinterzimmer des Europäischen Parlaments zu sitzen und geduldig die Fragen ausländischer Journalisten über die Eignung der Türkei für einen EU-Beitritt zu beantworten, unterstrich seine Außenwirkung als Regierungschef, der sich in den Abläufen demokratischer Politik pudelwohl fühlt. Als ich ihn fragte, ob er sich wegen der Gegner eines türkischen EU-Beitritts Sorgen mache, gab er eine perfekt auf liberale Empfindsamkeiten zugeschnittene Antwort: «Wenn die Europäische Union ein christliches Bündnis sein will, statt ein Bündnis geteilter Werte, soll sie es bitte sagen.»[64] Der für das Beitrittsgesuch der Türkei zuständige EU-Kommissar Olli Rehn erzählte mir, wie Erdoğan und er über ihre gemeinsame Fußballleidenschaft warm geworden waren. Was könnte es Europäischeres geben!

Im damaligen geopolitischen Kontext galt die Bewerbung der Türkei für einen EU-Beitritt als äußerst wichtig. Würde die Türkei ein Mitgliedstaat werden, so meinte man, würde die doppelte Gefahr von Islamismus und Militärputsch endgültig der Vergangenheit angehören. Der damalige deutsche Innenminister Otto Schily war der Auffassung, «ein EU-Beitritt der Türkei könnte der Welt zeigen, dass es Muslimen und dem Westen möglich ist, auf Grundlage der Werte der Aufklärung zusammenzuleben».[65] Eine Zeitlang verkörperte niemand diese Hoffnungen so sehr wie Recep Tayyip Erdoğan.

Auch waren es nicht bloß europäische Politiker und amerikanische Hauptstadtjournalisten, die ein großes Vertrauen in den türkischen Regierungschef setzten. Als US-Präsident entschied Barack Obama, seine erste große außenpolitische Rede in Ankara zu halten; während seiner ersten Amtszeit sprach er mit keinem anderen ausländischen Spitzenpolitiker so viel wie mit Erdoğan.[66] Nach dem Irak-Krieg war es Obamas zentrales außenpolitisches Anliegen, ein neues Verhältnis zwischen den USA und der islamischen Welt zu begründen — dabei erschien der türkische Regierungschef als Schlüsselfigur.

Tatsächlich ließen Erdoğans politische Geschichte und seine ersten Jahre als Ministerpräsident die betörende Hoffnung zu, er könne ein Modell für die Versöhnung von Islam, Demokratie und Moderne liefern. Der 1954 in einem armen Viertel Istanbuls als Sohn eines Küstenschiffers geborene Erdoğan trat als Jugendlicher in die Nationale Heilspartei (MSP) ein. Nach Zeiten als halb-professioneller Fußballspieler und als Fabrikarbeiter gab er sich ganz der Politik hin und wurde Vorsitzender seiner Partei in Istanbul. Sein Charisma und seine Fähigkeiten als Organisator an der Basis legten 1994 den Grundstein für seine Wahl zum Bürgermeister von Istanbul. Doch 1998 ordneten türkische Gerichte das Verbot der Wohlfahrtspartei (zu der die MSP umbenannt worden war) wegen ihres islamistischen Charakters an. Im selben Jahr musste Erdoğan als Bürgermeister Istanbuls zurücktreten und wurde inhaftiert, weil er ein Gedicht rezitiert hatte, das — so die Richter — religiösen Hass angefeuert hatte. Es enthielt die Zeilen: «Die Moscheen sind unsere Baracken, die Kuppeln unsere Helme, die Minarette unsere Bajonette und die Gläubigen unsere Soldaten.»

Statt seine politische Karriere zu beenden, wie das türkische säkulare Establishment es beabsichtigt hatte, katapultierten seine viereinhalb Monate hinter Gitter Erdoğan auf nationaler Ebene an die Macht.[67] Viele gläubige Muslime betrachteten ihn nunmehr als Helden, der sich nicht vom Staat einschüchtern ließ. Nach seiner Entlassung aus dem Gefängnis gründete er die neue abtrünnige islamistische Partei Gerechtigkeit und Aufschwung (AKP) und gewann mit ihr 2002 die Parlamentswahlen. Nachdem seine Sperre für politische Ämter endete, wurde er durch eine Nachwahl ins Parlament und 2003 zum Ministerpräsidenten gewählt.

Zu dieser Zeit unterstützten sogar viele türkische Demokraten Erdoğan, der — wie es schien — einem Versuch, die Demokratie zu unterminieren, getrotzt hatte. Liberale fühlten sich durch seine Ablehnung der Militärherrschaft sowie seine betonte Unterstützung für Demokratie und Pluralismus ermutigt. Der neue türkische Regierungschef schien sich strikt vom Konzept der *strongman*-Politik abgrenzen zu wollen, als er verkündete, «die Zeit der Ego-Politik ist vorüber».[68] Auch bestärkten einige seiner frühen Amtshandlungen die Hoffnung, er würde sich als Demokrat und Reformer erweisen. Neben dem weiter vorangetriebenen Bestreben, der EU beizutreten, verabschiedete seine Regierung Gesetze zur Stärkung der Rechte von Minderheiten sowie der Unabhängigkeit der Justiz und schaffte die Todesstrafe ab.[69] Dies trug dazu bei, dass die Türkei in seinen ersten Amtsjahren einen Investitions- und Bauboom erlebte, angetrieben von der Aussicht auf eine baldige EU-Mitgliedschaft. Dieser Wirtschaftsaufschwung stärkte Erdoğans Glaubwürdigkeit bei türkischen Wählern wie ausländischen Investoren.

Einige Skeptiker wiesen auf Erdoğans Vergangenheit hin, in der sich Hinweise zuhauf fanden, dass er kein Liberaler war. Als junger Aktivist spielte er in den 1970er Jahren nicht nur die Hauptrolle in einem verschwörerischen Theaterstück namens *Mas-Kom-Yah* (kurz für «Freimaurer, Kommunist, Jude»), sondern war auch dessen Co-Regisseur und schrieb Teile des Drehbuchs.[70] Als Bürgermeister Istanbuls hatte er 1996 gesagt: «Die Demokratie ist wie eine Straßenbahn. Du steigst ein, bis du am Ziel bist. Und dann steigst du wieder aus.»[71] Das Ziel, so darf man annehmen, ist eine Türkei, in der der islamische Glaube wieder eine zentrale Rolle spielt und so der von Atatürk in der Verfassung verankerte Säkularismus rückabgewickelt wird. Es war bemerkenswert, dass die meisten Liberalisierungsschritte der frühen Erdoğan-Jahre auch dabei halfen, die Stellung der Islamisten in der Gesellschaft zu stärken. Westliche Liberale begrüßten es, als Erdoğan das Verbot für Frauen aufhob, mit Kopftuch an Universitäten zu studieren und sahen darin einen Fortschritt für Freiheit und Frauenrechte;[72] Islamisten begrüßten dieselbe Maßnahme als Schritt hin zu mehr Frömmigkeit.

Während die Jahre verstrichen, Erdoğan die Macht immer fester in den Händen hielt und seine Konflikte mit dem Militär andauerten, traten seine autokratischen Instinkte mit immer größerer Deutlichkeit hervor. Nachdem die türkische Polizei 2007 behauptet hatte, Hinweise auf einen geplanten Putsch gefunden zu haben, wurden zahlreiche Generäle und Militärbeamte verhaftet und vor Gericht gebracht. Erneut war mancher Liberaler einverstanden, der die Armee als historischen Feind der türkischen Demokratie betrachtete — doch befürchtete man auch, ein Großteil der Hinweise könnte gefälscht gewesen sein.

Im Westen dämmerte die Erkenntnis, wie stark Erdoğans antidemokratische Tendenzen tatsächlich waren, nur sehr langsam. Bei einem Besuch in der Türkei 2011 überzeugten mich Unterhaltungen mit Freunden und Kontakten davon, dass Erdoğans dunkle Seite nicht länger ignoriert werden konnte.* In einem Artikel mit dem (zugegebenermaßen zaghaften) Titel «Seien Sie nicht blind für Erdoğans Fehler», bemerkte ich, der türkische Ministerpräsident sei zwar fraglos beliebt und charismatisch; er hatte bereits drei Wahlen in Folge gewonnen, die sogar von seinen Gegnern im Großen und Ganzen als fair bewertet worden waren. Doch wies ich auch darauf hin, «dass heute in der Türkei deutlich mehr Journalisten inhaftiert sind als in China». Auch der persönliche Stil des Ministerpräsidenten wurde zusehends diktatorischer. Während eines Besuchs bei den Vereinten Nationen in New York kam es 2011 zu einer Prügelei zwischen Erdoğans Bodyguards und dem Sicherheitspersonal der UN. Es verhieß zudem nichts Gutes, als Erdoğan ankündigte, einen Wechsel ins Präsidentenamt zu beabsichtigen, nachdem er die Verfassung so geändert hätte, dass die größte Macht beim Präsidenten liegt. Er bereitete sich offenkundig darauf vor, ein weiteres Jahrzehnt an der Macht zu verbringen; ein Jahrzehnt, das ihn, wie ich

* Einige meiner Kontakte wurde später inhaftiert, vor Gericht gebracht oder sind ins Exil gegangen. Daher möchte ich ihre Namen nicht offenlegen.

in meinem Artikel schrieb, «zur türkischen Antwort auf Wladimir Putin machen würde».[73]

Politischer Widerstand im Inland — ob friedlich oder gewalttätig — schien Erdoğans Paranoia und seine Entschlossenheit, jegliche Opposition niederzuschlagen, nur zu stärken. 2013 gingen viele türkische Liberale und Säkulare bei den Gezi-Park-Protesten auf die Straße. Ausgelöst wurden diese von der Nachricht, Erdoğan wolle einen der wenigen Parks in Istanbuls Zentrum bebauen lassen, um eine alte osmanische Kaserne wiederzuerrichten, die einst die Basis eines Aufstands islamistischer Offiziere gewesen war. Erdoğan plante auch, eine Moschee auf dem Taksim-Platz — dem symbolischen Herzen Istanbuls, direkt neben dem Gezi-Park — zu bauen.

Die Macht der sozialen Netzwerke half dabei, einen Umweltprotest in eine massive Anti-Regierungs-Bewegung zu verwandeln, zu deren Höhepunkt eine Million Menschen auf Istanbuls Straßen protestierten. Die Demonstrierenden, die ich bei einer Reihe von Protestaktionen auf dem Taksim-Platz versammelt sah, waren liberale Großstädter, die sich ganz natürlich ins Stadtbild von New York oder London einfügen würden. Wenige der Frauen, die an den Protesten teilnahmen, trugen Kopftücher — im Gegensatz zu den Ehefrauen aller hochrangigen AKP-Politiker. Diese Proteste waren ein türkischer Kulturkampf, der Erdoğan zu einem Ausbruch von Paranoia und Bitterkeit provozierte. Er warf den Protestierenden vor, ein Werkzeug ausländischer Mächte und des jüdischen Finanziers George Soros zu sein.

Doch auch Paranoide haben echte Feinde. Nachdem die Gezi-Proteste im Sande verlaufen waren, wandten sich Teile des Militärs im August 2016 gegen Erdoğan. Soldaten drangen in sein Ferienhotel ein, um ihn zu verhaften oder möglicherweise zu töten. Doch sie mussten feststellen, dass Erdoğan einen Hinweis erhalten hatte und eine Stunde zuvor abgereist war. Als Militärflugzeuge das türkische Parlament bombardierten, erschien Erdoğan via FaceTime im Fernsehen und drängte die Türkinnen und Türken, auf die Straßen zu gehen, um den Putsch zu blockieren. Nach 24 Stunden hatte der türkische Staatschef die Kontrolle zurückerlangt. Doch rund 250 Menschen waren getötet worden. Und Erdoğan selbst war tief erschüttert.[74]

Nach dem gescheiterten Putsch erklärte Erdoğan einen Ausnahmezustand, der zu massiven Eingriffen in bürgerliche Freiheiten führte. Der Präsident machte Anhänger des in den Vereinigten Staaten lebenden Predigers Fethullah Gülen, mit dem er einst verbündet gewesen war, für den Putsch verantwortlich. Tatsächlich gibt es Belege dafür, dass Anhänger Gülens in das Komplott verwickelt waren.[75] In der Folge wurden Zehntausende Beamte — angebliche «Gülenisten» — verhaftet, die Personalausweise von 50 000 Personen wurden eingezogen, 4000 Richter und Staatsanwälte wurden entlassen und über einhundert Medien wurden eingestellt.[76] Die Säuberungen gingen weit über die Gülenisten hinaus und räumten auch unabhängige Stimmen sowie liberale Kritiker der Erdoğan-Regierung aus dem Weg. Eine der wichtigsten im Nachspiel des Putschversuchs verhafteten Personen war Selahattin Demirtas, kurdischer Politiker und Schlüsselfigur der parlamentarischen Opposition. Demirtas führte seine Partei bei den Wahlen 2015 zu einem historischen Erfolg, als die HDP genug Stimmen gewann, um Erdoğans AKP erstmals seit ihrer Machtübernahme 2002 die Parlamentsmehrheit zu nehmen. Die HDP war die erste kurdische Partei, der der Einzug ins türkische Parlament gelang. Doch sie gewann auch die Zustimmung einer breiteren Öffentlichkeit, die Demirtas als eloquente und prinzipientreue Figur schätzte — fähig, Erdoğan Paroli zu bieten.

In der Folge des Putschversuchs wurde Demirtas verhaftet und der Unterstützung des Terrorismus, insbesondere der militanten kurdischen Bewegung PKK, beschuldigt. Er wurde in einem abgelegenen

Gefängnis festgehalten und wegen verschiedener terrorismusbezogener Straftatbestände zu einer Gesamtstrafe von 142 Jahren verurteilt. Ausländische Juristen, die sich den Fall ansahen, waren nicht überzeugt. In einem vernichtenden Urteil aus dem Jahr 2020 verlangte der Europäische Gerichtshof für Menschenrechte (EGMR), Demirtas müsse unverzüglich freigelassen werden, und stellte fest, dass die Maßnahmen des türkischen Staates «ein bloßer Vorwand für ein dahinterstehendes politisches Ziel waren».[77] Doch der EGMR wurde ignoriert. Erdoğan hatte zu einem beliebten Mittel autokratischer Herrscher gegriffen: der Verhaftung gefährlicher Gegner. Es war dieselbe Taktik, die Wladimir Putin bei Alexej Nawalny und Michail Chodorkowski anwandte und von der Xi Jinping bei den Anführern der Hongkonger Demokratiebewegung — Joshua Wong, Agnes Chow oder Jimmy Lai — Gebrauch machte.

Als ich ein Jahr nach dem gescheiterten Putsch erneut in die Türkei reiste, herrschte eine Atmosphäre der Angst in meinem Bekanntenkreis aus Akademikern und Journalisten. Jeder kannte jemanden, der den Job verloren hatte, verhaftet worden oder ins Ausland geflohen war. Viele derer, die noch frei waren, sorgten sich um ihre Existenz oder ihre Freiheit. Ein international renommierter Wissenschaftler brachte es so auf den Punkt: «Dinge, die für mich früher unvorstellbar waren, geschehen nun täglich.»

Dies war eine bemerkenswerte Einschätzung, die weit über die türkischen Staatsgrenzen hinaus auf Resonanz stieß. Ähnliche Klagen hörte ich von Mitgliedern der liberalen Intelligenzija in so unterschiedlichen Städten wie Delhi, Peking und Budapest. Tatsächlich begegnete mir dieselbe Mischung aus Ungläubigkeit und Angst um die Zukunft der Demokratie sogar in Washington und New York. Die Trump-Präsidentschaft hatte die einstigen Hoffnungen amerikanischer Experten in ironischer Weise auf den Kopf gestellt: 2004 meinten sie, Erdoğan würde sein Land — in der selbstgewissen Formulierung Robert Kaplans — hin zur liberalen Demokratie und den «Realitäten des 21. Jahrhunderts» lenken. Nun aber sorgte Trump dafür, dass sich vielmehr die USA zusehends der Türkei anglichen.

Im Mai 2017 aus der Türkei betrachtet, schienen die Vergleiche einigermaßen verblüffend. Sowohl Trump als auch Erdoğan waren Nationalisten, die dafür sorgen wollten, dass man ihre Länder wieder mit Respekt und Furcht betrachtete. Beide hatten die Regierung zum Familiengeschäft gemacht und ihre Schwiegersöhne befördert — das türkische Äquivalent zu Jared Kushner war Berat Albayrak, den Erdoğan erst zum Energieminister und dann zum Finanzminister machte. Beide Präsidenten gewannen ihre politische Stärke aus Kleinstädten und ländlichen Regionen. Beide beschuldigten ihre Verwaltung, sich gegen sie zu verschwören. Tatsächlich hatte die Idee eines feindlichen, selbstgerechten *deep state*, die Trump in den Vereinigten Staaten verbreitete, ihre Ursprünge in der Türkei.[78]

Beide Präsidenten nutzten auch die bitteren sozialen Verwerfungen in ihren Ländern als Mittel, um ihre politische Unterstützung zu stärken. In der Türkei schienen gläubige Muslime und die Basis der AKP bereit, Erdoğans Drift in die Autokratie mitzutragen, weil sie ihn als Verteidiger des Glaubens und der Nation gegen die Feinde im säkularen Establishment ansahen. Auf ähnliche Weise stammte Trumps loyalste Unterstützung von weißen Evangelikalen, die den Präsidenten als ihren Streiter gegen das liberale Amerika betrachteten. In einem tief gespaltenen Land lassen sich die eigenen Anhänger leichter davon überzeugen, die Erosion bürgerlicher Freiheiten zu tolerieren, wenn im Gegenzug der Sieg über innenpolitische Feinde in Aussicht steht.

Die Ähnlichkeiten in Trumps und Erdoğans Umgang mit Medien und Justiz waren ebenfalls schaurig. 2017 gelang es Erdoğan, eine Vielzahl an Journalisten zu inhaftieren und Richter zu entlassen. Trump war darauf beschränkt, die «*Fake-News*-Medien» und «sogenannten Richter» verbal durch den Dreck zu ziehen. Den Umgang der beiden Präsidenten beobachtend kamen einige von Trumps Vertrauten zu dem Schluss, dass ihr Chef Erdoğan um dessen Straflosigkeit beneidete.[79]

Was Trump an Erdoğan sicherlich beneidete, war dessen schiere politische Langlebigkeit. Im März 2018 wurde er der Dienstälteste Staats- oder Regierungschef der türkischen Republik überhaupt — addiert brachte er es als Premierminister und Präsident auf 5500 Amtstage, womit er den Gründervater der Republik, Kemal Atatürk, überholte. Doch es war nicht Erdoğans Ziel, einfach eine längere Zeit an der Macht zu erreichen als Atatürk. In vielen zentralen Bereichen strebte er danach, dessen säkulares Erbe zu unterminieren. Indem er den türkischen Staat wieder mit dem Islam verband, ging es Erdoğan im Kern darum, die türkische Republik neu zu gründen. Statt ein «kemalistischer» Staat zu sein, sollte die Republik nach Erdoğans Bild geformt werden.

Ein symbolischer Moment fand 2020 statt, als die Erdoğan-Regierung die Hagia Sophia wieder in eine Moschee umwidmete. Von Kaiser Justinian im Jahr 536 errichtet, wurde sie nach dem Fall Konstantinopels 1453 eine Moschee. Unter Atatürk wurde das Gebäude 1935 in ein Museum umgewandelt und war 2020 der meistbesuchte Ort der Türkei. Für türkische Islamisten war es ein langjähriges Ziel, die Hagia Sophia wieder zur Moschee zu machen. Nach siebzehn Jahren an der Macht erreichte Erdoğan es endlich. Als Vorbeter in der Hagia Sophia verkündete er am 24. Juli 2020: «Dies war der größte Traum unserer Jugend, und nun wurde er erfüllt.» Für Erdoğan war dies ein Moment von globaler Bedeutung. «Die Auferstehung der Hagia Sophia», so behauptete er, «war der Wille der Muslime auf der ganzen Welt.»[80]

Die Behauptung, ein Verfechter des Glaubens zu sein, ist unter der neuen Generation autokratischer Herrscher weit verbreitet. Wladimir Putin betrachtet sich als Verteidiger von 800 Millionen Christen auf der ganzen Welt, wie er einmal José Manuel Barroso in dessen Funktion als Präsident der EU-Kommission erzählte.[81] In Indien regiert mit Narendra Modi ein stolzer Hindu-Nationalist. Tatsächlich legte Modi, nur eine Woche nachdem Erdoğan die Hagia Sophia umgewidmet hatte, den Grundstein eines neuen Hindutempels in Ayodhya, wo bis zu ihrer Zerstörung durch militante Hindus 1992 eine Moschee gestanden hatte. Für Modi wie für Erdoğan war dies die Verwirklichung eines jahrzehntelang gehegten Traums. Wären die autokratischen Herrscher der Türkei und Indiens Rivalen in einem Kampf der Kulturen — der eine ein Verfechter des Islam, der andere ein Hindu-Nationalist —, würden sie erstaunlich ähnliche kulturelle und politische Projekte verfolgen: Sie rücken die Religion wieder in die Mitte der Nation und des Staates und drängen den säkularen Liberalismus zurück.

Die Gläubigen hinter sich zu versammeln ist in Zeiten ökonomischer Krisen ein besonders beliebter Kunstgriff. Die Türkei befand sich inmitten einer tiefgreifenden, von vielen Jahren des ökonomischen Missmanagements und der Covid-19-Pandemie hervorgerufenen Krise, als Erdoğan seinen triumphalen Moment in der Hagia Sophia inszenierte. Das wirtschaftliche Verständnis des türkischen Staatschefs ist allerdings äußerst wacklig. Oftmals behauptete er beispielsweise, eine Erhöhung der Zinssätze würde Inflation hervorrufen. Schon vor Beginn der Coronaviruskrise stand die Türkei an der Schwelle einer Schuldenkrise. Als die türkische Wirtschaft immer tiefer in diesem Sumpf versank, überwarf sich Erdoğan mit seinem Schwiegersohn; Albayrak musste im November 2020 vom Amt des Finanzministers zurücktreten.

Es ist eine durchschaubare Taktik eines im Inland vor wirtschaftlichen Problemen stehenden autokratischen Herrschers, zur Ablenkung Kulturkämpfe anzuzetteln. In gleicher Weise lassen sich

Nationalismus und Militärabenteuer im Ausland nutzen, um daheim den Patriotismus anzufeuern — Wladimir Putin setzte diese Taktik bei der Annexion der Krim 2014 erfolgreich ein. Und während die türkische Wirtschaft nach dem Putschversuch in Schwierigkeiten steckte, wurde auch Erdoğans Außenpolitik zusehends aggressiver.

Dass eine türkische Mitgliedschaft in der EU während seiner Amtszeit immer unwahrscheinlicher geworden ist, hat es für Erdoğan erleichtert, autokratische Methoden im In- und Ausland anzuwenden. Zwar hat Erdoğan das Beitrittsgesuch formal ebenso wenig zurückgezogen wie die EU ihre Einladung. Doch setzte während seiner langen Jahre an der Macht ein Prozess gegenseitiger Desillusionierung ein. Während die Türkei immer autokratischer wurde, entfernte sie sich auch immer weiter von den demokratischen Standards, die die EU von angehenden Mitgliedstaaten verlangt. Auch wird Erdoğan in einigen Mitgliedstaaten der EU nunmehr mit großer Skepsis betrachtet — so etwa in den Niederlanden und Deutschland, wo er beschuldigt wird, sich in innere Angelegenheiten eingemischt zu haben, indem er sich dort direkt an ethnische Türken wandte. 2017 wurde es Ministern aus Erdoğans Regierung untersagt, auf niederländischem Boden (wo rund 400000 Türken leben) für Unterstützung beim türkischen Referendum über eine Verfassungsänderung zu werben. Im Gegenzug bezeichnete Erdoğan die Niederländer als «Faschisten» und zog Verbindungen zum Nationalsozialismus.[82] Gelegentlich entgleiste Erdoğans Rhetorik auch bei Äußerungen über die griechische, französische, zypriotische oder deutsche Regierung. Seine Bereitwilligkeit, derart gegen EU-Mitgliedstaaten auszuteilen, ist Ausdruck seiner wachsenden Bitterkeit gegenüber der EU insgesamt — und seines Bestrebens, den Nationalisten in seiner Heimat zu gefallen. In Brüssel, Paris und Berlin betrachtet man Erdoğan inzwischen nicht mehr als einen Politiker, der sein Land zu einer Zukunft in der EU führen könnte. Stattdessen hält man ihn für autokratisch, unberechenbar und potenziell gefährlich.

Während seiner ersten Amtsjahre, als man über die Türkei noch ernstlich als zukünftigem Mitgliedstaat der Union sprach — und man Erdoğan in Washington noch als reformerischen Liberalen betrachtete —, fuhr er außenpolitisch einen vermittelnden Kurs. Der von dem hyperaktiven türkischen Außenminister Ahmet Davutoglu verwendete Slogan dafür war: «Null Probleme mit den Nachbarn.» 2020 war Davutoglu indes lange nicht mehr im Amt, und die Türken scherzten, die neue Außenpolitik stehe unter dem Motto: «Null Nachbarn ohne Probleme.» Um zu verteidigen, was er als nationale Interessen der Türkei betrachtete, zeigte sich Erdoğan zunehmend willens, Risiken einzugehen und Gewalt anzuwenden. Wie Putin strebte er — mit gewissem Erfolg — danach, die Macht seiner Nation jenseits ihrer Grenzen geltend zu machen. Dies stärkte im Gegenzug sein Prestige im Inland.

Die Zersplitterung Syriens und die amerikanische Allianz mit den Kurden befeuerten türkische Ängste vor kurdischem Separatismus. Darauf antwortete Erdoğan, indem er 2016 türkische Truppen in Syrien stationierte, um so eine Art Pufferzone zu kreieren. Die Türkei intervenierte auch mit Truppen und logistischer Unterstützung zugunsten der international anerkannten libyschen Regierung und wendete so das Blatt gegen eine von Frankreich, Russland und den Golfstaaten unterstützte Rebellenoffensive. Außerdem ließ die türkische Marine im östlichen Mittelmeer die Muskeln spielen, um griechische Gasexplorationen in von der Türkei beanspruchten Gewässern zu verhindern. 2020 intervenierte die Türkei entscheidend in einem Krieg zwischen Aserbaidschan und Armenien über den Status von Bergkarabach. Militärdrohnen der Türkei waren entscheidend, um den seit langem schwelenden Streit zugunsten Aserbaidschans zu entscheiden. Im Dezember 2020 besuchte Erdoğan als Ehrengast die Siegesparade in der aserbaidschanischen Hauptstadt Baku. Von türkischen und aserbaidschanischen Flaggen umgeben, verkündete er: «Heute ist für uns alle ein Tag des Sieges und ein Tag des Stolzes. Für die gesamte türkische Welt.»[83] Ebenso wie viele andere autokratische Herrscher — wie Putin, Xi und Modi — betrachtet Erdoğan sein Land nicht nur als Staat, sondern ebenso sehr als Repräsentant einer Zivilisation und Kultur.

Diese Politik der Militärabenteuer führt notwendig dazu, dass Erdoğan komplizierte und gefährliche Beziehungen mit vielen der anderen Autokraten in seiner Nachbarschaft pflegt. Sowohl mit Bashar al-Assad aus Syrien als auch mit Benjamin Netanjahu aus Israel stand er lange Zeit auf Kriegsfuß. Auch in Riad betrachtet man den türkischen Staatschef mit großer Skepsis, gilt er den Saudis doch als Unterstützer der mit ihnen verfeindeten Muslimbruderschaft. Die Abneigung beruht auf Gegenseitigkeit, weswegen Erdoğan freudig Aufnahmen türkischer Geheimdienste veröffentlichte, die die Ermordung des Journalisten Jamal Khashoggi im saudischen Konsulat 2018 dokumentierten.[84] Zudem geriet Erdoğan wegen des Umgangs mit Libyen, dem Islam oder dem östlichen Mittelmeer immer wieder mit dem französischen Staatspräsidenten Macron aneinander. Einmal legte er sogar nahe, der französische Präsident sei psychisch labil.

Erdoğans Verhältnis zu Wladimir Putin ist besonders kompliziert. Gelegentlich schienen sich die *strongmen* aus Russland und der Türkei sehr nahezustehen. Erdoğan war dankbar für das sofortige Hilfsangebot Putins beim Putschversuch 2016. Tatsächlich geht in Ankara das Gerücht um, Putin habe Erdoğan in der Nacht des Putsches angerufen und militärische Hilfe angeboten. Putin überzeugte Erdoğan auch davon, ein russisches Luftverteidigungssystem zu kaufen, was bei den Verbündeten der Türkei in der NATO für großen Ärger sorgte. Andererseits kollidierten türkische und russische Interessen in der gesamten Region, ob in Libyen, Syrien oder Bergkarabach. Die türkische Intervention in dieser Region war besonders heikel, denn Moskau betrachtet die ehemalige Sowjetrepublik als eigenen Vorgarten. Erneut hatte der Konflikt eine religiöse und kulturelle Dimension: muslimische Aserbaidschaner standen mit türkischer Unterstützung orthodoxen Armeniern gegenüber, die ihrerseits Russland näherstanden.

Als die Türkei 2015 ein russisches Flugzeug an der syrisch-türkischen Grenze abschoss, entschuldigte sich Erdoğan für den Vorfall. (Später insinuierte er, die beteiligten türkischen Piloten seien Verräter und Gülenisten gewesen.) 2020 wurden 34 türkische Soldaten in Syrien von einem Luftschlag der syrischen Armee getötet — möglicherweise unter Mitwirkung Russlands. Doch erneut gaben die Autokraten in Moskau und Ankara Acht, dass die Situation nicht eskalierte.

Für einen autokratischen Herrscher bergen internationale Konflikte stets auch Risiken. Ideal ist ein schneller Sieg, gefolgt von Militärparade und mitreißender Rede. Aber militärische Abenteuer können schiefgehen. Die Invasion der Falklandinseln sollte der Propaganda General Leopoldo Galtieris in Argentinien einen Anschub verpassen und endete mit seiner militärischen Niederlage und seinem Sturz. Wenn ein Konflikt zu lange andauert, kann die politische Unterstützung versiegen. 2020 waren türkische Truppen bereits seit vier Jahren in Syrien gewesen; es gab hunderte Opfer zu beklagen, aber keine klare Perspektive für ein Ende des Einsatzes.

Weder Repressionen im Inland noch Verstrickungen im Ausland konnten bisher Erdoğans politische Position vollends stabilisieren. Der türkische Staatschef kann viele seiner politischen Gegner einsperren lassen und schikanieren, hat einen wachsenden Einfluss auf Gerichte, Medien und Wirtschaft — doch die Wahldemokratie hat er nicht ausgelöscht.

Klar erkennbar wurde dies 2019, als Erdoğans AKP die Bürgermeisterwahlen in Istanbul und damit die ursprüngliche Machtbasis des Präsidenten verlor. Wie Donald Trump ein Jahr später, war auch Erdoğan nicht in der Lage, die Niederlage einzugestehen: Er prangerte die Wahl als gefälscht an. Im Gegensatz zu Trump gelang es dem türkischen Staatschef, eine Wiederholung der Wahl zu erzwingen. Doch die AKP verlor erneut, und der Oppositionskandidat Ekrem Imamoglu gewann im zweiten Anlauf sogar mit einem noch größeren Vorsprung.

Die türkische Opposition jubilierte. Die Zeitung *Cumhuriyet*, deren Redakteure 2018 vielfach wegen Terrorvorwürfen verhaftet worden waren, verkündete auf ihrer Titelseite eine «Abreibung für die Ein-Mann-Herrschaft».[85] Die Wahlen in Istanbul von 2019 waren sicherlich Ausdruck der Verwundbarkeit Erdoğans — und des Umstands, dass die Türkei ein eigentümliches und beunruhigendes Hybrid bleibt, in der Schwebe zwischen Autoritarismus und Demokratie.

Doch wie wir sehen werden, befinden sich von den Philippinen bis Ungarn viele andere Staaten weltweit in einer ähnlichen Situation. Tatsächlich schwankten sogar die Vereinigten Staaten unter Trump an der Klippe und hätten beinahe den Halt ihrer demokratischen Institutionen verloren. Als der in Washington arbeitende türkische Journalist Soner Cagaptay «Erdoğans zehn Schritte zur Macht» auflistete, entdeckten amerikanische Leser viel Bekanntes: «‹Korrupte Eliten› angreifen; Wohlstand schaffen; ‹*Make Turkey Great Again*›; *fake news* produzieren; die Opposition der Lüge bezichtigen; Medien und Justiz dämonisieren; Gegner als Terroristen hinstellen; Freiheiten einschränken; Verfassung unterlaufen und ändern.»[86] Der zehnte Schritt war ein Kronen-Emoji.

Erdoğan hat ein Modell geliefert, wie sich eine fragile Demokratie hin zum Autoritarismus verschieben lässt. Die Größe und der Einfluss der Türkei haben gemeinsam mit Erdoğans Langlebigkeit im Amt und seiner forschen Rhetorik aus dem türkischen Staatschef auf globaler Ebene eine wichtige Figur gemacht. Er hat geholfen, allzu bequeme Hoffnungen auf die Versöhnung des Islams mit dem Liberalismus zu zerstören. Und er hat die Türkei zu einem Akteur von wachsender Bedeutung in der Politik des Nahen und des Mittleren Ostens sowie Europas gemacht.

Doch während die Türkei ein wichtiges Mitglied der G20-Gruppe wirtschaftlich führender Staaten ist, so ist sie doch keine Supermacht und wird es auch niemals sein. Um die Welt zu verändern, musste sich die *strongman*-Politik über Moskau und Istanbul hinaus verbreiten und in einer der bedeutendsten aufsteigenden Mächte der Welt Fuß fassen. Genau das geschah 2012 in Peking.

# 3

## XI JINPING

### CHINA UND DIE RÜCKKEHR DES PERSONENKULTS (2012)

«Das Argument, dass starke Länder dazu verdammt sind, eine Hegemonie anzustreben, trifft auf China nicht zu», erklärte Xi Jinping. Sein Ton war streng und lud nicht zur Debatte ein. Das war im November 2013, fast genau ein Jahr nachdem Xi zu Chinas Anführer ernannt worden war. Ich war Teil einer kleinen Gruppe von Ausländern, die eingeladen waren, ihn in der Großen Halle des Volkes in Peking zu treffen.

Der chinesische Führer ließ unsere Gruppe ein paar Minuten warten, bevor er in den Saal schritt, ein paar Hände schüttelte und für ein Gruppenfoto posierte. Nachdem er in einem bequemen Sessel Platz genommen hatte, eröffnete Xi unser Treffen mit der Bemerkung, er sei «zutiefst berührt von der Ernsthaftigkeit, die Sie an den Tag gelegt haben». Die ausgeschmückten Höflichkeiten von Chinas neuem Präsidenten standen im starken Kontrast zu der Angespanntheit und Bedrohlichkeit, die ich ein paar Jahre zuvor an Putin in Davos beobachten konnte. Xi sprach bedacht und ohne Notizen. Er strahlte ruhige Autorität aus, die von der Grandeur der Umgebung unterstrichen wurde. Ein gewaltiges Wandgemälde hinter ihm zeigte Chinas Große Mauer. Direkt vor uns lag der Platz des Himmlischen Friedens, das zeremonielle Herz Pekings. Um ihn gruppiert lauschte aufmerksam eine Gruppe früherer Premierminister, darunter der Brite Gordon Brown und der Australier Kevin Rudd, Unternehmenschefs wie Eric Schmidt von Google und einige Akademiker und Journalisten.

In einer kurzen Ansprache, gefolgt von Fragen und Antworten, erläuterte Xi seinen Plan, die Armut auszurotten und China als «moderat wohlhabendes Land» zu etablieren. Selbstbewusst sagte er voraus, dass die chinesische Wirtschaft weiterhin um sieben Prozent pro Jahr wachsen würde, angetrieben von der fortgesetzten Urbanisierung des Landes. Allerdings versprach Xi auch, dass China seine Macht nie einsetzen würde, um die Welt zu bedrohen. Das Ganze klang beruhigend technokratisch und rational. Verglichen mit seinem Vorgänger Hu Jintao — der oft roboterhaft von Zetteln ablas — erschien Xis Bereitschaft, Fragen zu beantworten, erfrischend spontan.

Nicolas Berggruen, der deutsche Geschäftsmann, der das Treffen organisiert hatte, fasste den allgemeinen Eindruck der Gruppe später folgendermaßen zusammen: Chinas neuer Präsident stehe in der Tradition Deng Xiaopings, der das Land ab 1978 geöffnet und die Wirtschaft liberalisiert habe. Wie Berggruen und der Journalist Nathan Gardels formulierten: «Xi ist ein wahrer Schüler Deng Xiaopings, der allerdings in weniger harschen, moderateren Zeiten herrscht.»[87]

Andere westliche Beobachter wagten es, sich noch optimistischer zu äußern. John Simpson, langgedienter Auslandskorrespondent der BBC, verglich im Sommer 2013 Xis Aufstieg mit der Ernennung Michail Gorbatschows zum Führer der Sowjetunion und sagte voraus: «In den kommenden fünf bis sieben Jahren wird sich in China alles ändern.» Dazu zähle auch ein direkt gewähltes Parlament.[88]

Das war ein berauschender Gedanke. Doch im Rückblick hätten westliche Kommentatoren Xi nicht mit Gorbatschow und Deng, sondern besser mit Mao Zedong verglichen. Als ich später die Beschreibung Maos des Historikers Frank Dikötter las, erinnerte mich das an meine ersten Eindrücke von Xi: «Er ging und sprach langsam, stets mit großer Gravitas. Er lächelte oft und gutwillig.»[89] Während sich Xi in der Macht einrichtete, wurde deutlich, dass seine Bewunderung für den «Großen Steuermann» tief und aufrichtig war. Wie Mao konsolidierte Xi seine Macht um ihn herum, lancierte einen Personenkult und setzte die Kontrolle der Kommunistischen Partei Chinas über jedes Detail der chinesischen Entwicklung durch. 2017 sprach er bereits in unmissverständlich maoistischen Begriffen, als er erklärte: «Die Regierung, das Militär, die Gesellschaft, die Schulen, Norden, Süden, Osten, Westen — die Partei ist die Führerin aller.»[90] Und der Führer der Partei ist niemand anderes als Xi Jinping.

Xi machte diese Feststellung im Oktober 2017, auf dem 19. Parteitag der KPCh. Ich nahm zur gleichen Zeit an einer Konferenz in Schanghai teil, die mir einen Eindruck von der Intensität des Personenkults um Xi vermittelte und von den Ängsten, die dieser auslöste. Auf dem Parteitag werde eine neue maßgebliche Ideologie verabschiedet, genannt «Xi Jinpings Ideen des Sozialismus chinesischer Prägung für eine neue Ära». Sie wurde in die Parteistatuen aufgenommen. Damit war Xi der erste lebende Parteiführer, dessen Gedankengut in den Grundsatzdokumenten der Partei festgeschrieben wurde.

Die Dauer von Xis Rede gab einen weiteren Hinweis auf seine wachsende Megalomanie. Der chinesische Führer sprach drei Stunden und 23 Minuten lang — und das ganze Land, bis hin zur Kindergartengruppe, war angehalten, sie im Fernsehen zu verfolgen. Ein befreundeter Akademiker erzählte mir, dass an einer der führenden Universitäten des Landes die Häupter aller Fakultäten in einem Raum auf dem Campus zusammengerufen wurden, um der Ansprache zu lauschen. Diejenigen, die nicht auftauchten, wurden danach von Parteifunktionären zur Rede gestellt; in einem Fall mussten sie ein Selfie schicken, das sie beim Verfolgen der Ansprache Xis zeigte. Der Duktus der Rede zeigte Xis Entschlossenheit, sich mit Chinas wachsender Stärke zu identifizieren. «Die chinesische Nation ist aufgestanden, sie ist reicht geworden, sie ist stark geworden — und nun ergreift sie die großartige Gelegenheit der Erneuerung … In dieser Ära wird China stärker in den Mittelpunkt rücken.»[91]

Ein paar Monate später zementierte Xi seine Macht noch weiter. Im März 2018 wurde verkündet, dass die Begrenzung der Amtszeit chinesischer Präsidenten aufgehoben würde — was Xi den Weg zu lebenslanger Herrschaft eröffnete. Die praktische und die symbolische Bedeutung der Entscheidung war enorm. Deng hatte die Beschränkung 1982 eingeführt, um sich von der personalisierten Herrschaft Maos und der Konzentration aller Macht in einem Mann zu verabschieden. Nun drehte Xi ganz bewusst die Uhr zurück.

Jahr um Jahr schien sich der Xi-Kult zu intensivieren. Als ich das Land Anfang 2020 besuchte, beobachtete ich mit entsetzter Faszination, wie ein Freund mir die «Xi Jinping Ideen»-App vorführte, die zu dem Zeitpunkt bereits auf über 100 Millionen Smartphones installiert war. Allen Parteimitgliedern, Studenten und Beschäftigten staatseigener Betriebe war vorgeschrieben, jeden Tag Xis Ideen zu studieren; die Zeit, die sie darauf verwendeten, wurde aufgezeichnet und ihr Wissen in Quizzen getestet. Wie sich ein berühmter Akademiker in Peking mir gegenüber beklagte: «Wir leben in einem immer totalitäreren Staat.»* Die Anzeichen des Personenkults hatten sich vervielfältigt: Auf den Straßen der Stadt waren Spruchbänder mit Auszügen von Xis Ideen gespannt, Poster in Schanghai zeigten den Kopf des großen Anführers, von dem Sonnenstrahlen ausgingen.

Chinesische Liberale und Intellektuelle waren irritiert und beunruhigt über die Geschwindigkeit des Wandels, und sie versuchten zu ergründen, an welchem Punkt diese Fehlentwicklung begonnen hatte. Ein bekannter Ökonom sagte mir, der Moment, als er bemerkt habe, dass etwas im Argen war, sei 2013 gewesen, als Xi in einer Rede argumentiert habe, es sei falsch zu glauben, Dengs Führung habe einen scharfen Bruch mit Mao markiert. Ganz im Gegenteil, so hatte Xi insistiert, habe Deng auf Maos Erbe aufgebaut.

* Die Anzahl von Zitaten ohne Zuordnung in diesem Kapitel zeugt von der Notwendigkeit, chinesische Freunde vor Repressalien zu schützen.

Sowohl mit Blick auf die Fakten wie auch auf Xis persönliche Geschichte war dies eine erstaunliche Behauptung. Das Land, das Deng 1978 übernahm, war von Mao heruntergewirtschaftet worden. Es herrschte verzweifelte Armut, und Millionen Chinesen waren infolge von Maos politischen und ökonomischen Experimenten gestorben, der Große Sprung nach vorn (1958–61) und die Kulturrevolution (1966–76). Deng hatte die Vorstellung zurückgewiesen, alle Weisheit sei in Maos «kleinem roten Buch», der «Mao-Bibel», zu finden; stattdessen versprach er, «die Wahrheit von Fakten abzuleiten». Sein Pragmatismus führte dazu, dass Auslandsinvestitionen in China erlaubt wurden; zugleich wurde freies Unternehmertum entfesselt. Die wirtschaftlichen Folgen waren spektakulär und wohl ohne Beispiel in der Geschichte der Menschheit. Das Land, das Xi 2012 übernahm, war über 50-mal wohlhabender als das, das Deng 1978 übernommen hatte — mit einem Bruttoinlandsprodukt, das von bloßen 150 Milliarden Dollar und 8277 Milliarden Dollar geklettert war.[92]

Auch persönlich hatte Xi gute Gründe, Maos Vermächtnis mit Vorsicht zu begegnen. Er wurde 1953 geboren, vier Jahre nach Gründung der Volksrepublik China. Sein Vater, Xi Zhongxun, war ein Militärkommandeur und Genosse Maos aus den 1930er Jahren, der 1952 die Leitung der Propagandaabteilung der KPCh übernahm. Der junge Xi war ein Kind der Elite, er ging auf die Schule des 1. August, die in einem ehemaligen Palast untergebracht war und als «Wiege der Führer» bekannt war.[93] 1959 wurde sein Vater Vize-Premierminister.

Doch dann, typisch für diese Ära, folgte sein Sturz wegen eines obskuren ideologischen Disputes. Xi senior wurde unter Hausarrest gestellt und war 15 Jahre lang eine Unperson. Über lange Zeiten war er inhaftiert oder musste als Hilfsarbeiter in Fabriken arbeiten. Xi Jinping wurde gezwungen, sich von seinem Vater loszusagen. Eine seiner Schwestern beging Selbstmord. Als seine Schule 1968 geschlossen wurde, wurde Xi aufs Land ins Exil geschickt, als Teil einer

Arbeitsbrigade in der Provinz Shaanxi. Solche Verbannungen waren für Angehörige der chinesischen Elite während der Kulturrevolution eine gängige Erfahrung, und wie viele andere wurde der junge Xi gezwungen, seine Studien aufzugeben und sich stattdessen als Erntehelfer und Bauarbeiter zu betätigen.

Doch 1975, in dem Jahr, in dem sein Vater rehabilitiert wurde, ging auch Xi Jinpings Zeit im Exil zu Ende. Der zukünftige chinesische Führer kehrte nach Peking zurück und wurde zur Tsinghua-Universität (dem chinesischen Gegenstück zu Harvard und Oxford) zugelassen, als Teil eine Kohorte für Plätze, die für «Arbeiter, Bauern und Soldaten» reserviert waren. Wie viele andere zukünftige KPCh-Führer studierte er Ingenieurswissenschaften.[94]

Xis offizielle Biografen haben Xis Exil auf dem Land — einschließlich einer Periode, in der er angeblich in einer Höhle lebte — genutzt, um ihn als einen Menschen darzustellen, der mit den Härten des Landlebens vertraut ist. Xi selbst hat von seiner Exilzeit als prägendem, positivem Lebensabschnitt gesprochen. In einem langen Aufsatz, den er 2002 verfasste und der offenkundig dazu gedacht war, sein Image aufzupolieren, während er die KP-Karriereleiter emporklomm, schrieb er: «Ich kam auf der gelben Erde [d. h. auf dem Land] an, als ich 15 Jahre alt war. Ich war verloren, unentschlossen; als ich sie wieder verließ, hatte ich klare Lebensziele und Selbstbewusstsein. Im nördlichen Plateau der Provinz Shaanxi liegen meine Wurzeln als Diener des Staates.»[95]

Liberale Kritiker des chinesischen Präsidenten rücken diese Periode des Exils auf dem Lande in ein weniger schmeichelhaftes Licht. Sie weisen darauf hin, dass Xi ein wichtiges Jahrzehnt seiner Ausbildung verpasste, und legen nahe, dass dies zu seinem primitiven und wenig inspirierten Ansatz in Sachen Regierung geführt habe. Xi selbst neigt dazu, etwas prahlerisch auf seine eigene Belesenheit hinzuweisen. Bei einem Frankreichbesuch behauptete er, die Werke von

19 führenden französischen Schriftstellerinnen und Schriftstellern gelesen zu haben, darunter Diderot, Voltaire und Sartre.[96] Auf einer Russlandreise gab er zum Besten, er haben nicht nur die Werke Tolstois und Dostojewskis gelesen, sondern auch die Puschkins, Gogols und einer Reihe weiterer russischer Autorinnen und Autoren.

Allem Mythologisieren von Xis Jugend zum Trotz kann wenig Zweifel daran bestehen, dass die Erfahrung, dass seine Familie in Ungnade fiel, einschneidend für ihn gewesen sein muss. Xis Reaktion auf die Not, der das maoistische System ihn aussetzte, war allerdings bezeichnend. Anstatt die Kommunistische Partei abzulehnen, bemühte sich der junge Xi wieder und wieder um seine Rehabilitierung, stellte einen Wiederaufnahmeantrag nach dem anderen, bis er mit seinem siebten Versuch 1974 schließlich erfolgreich war.

1978 begann seine lange Karriere als KPCh-Funktionär; vier Jahre lang arbeitete er als Sekretär von Geng Biao, einem Mitglied der Zentralen Militärkommission. Dies machte den späteren Parteiführer mit militärischen Angelegenheiten vertraut, was Jahrzehnte später von Bedeutung werden sollte, als Xi ein rapides Aufrüstungsprogramm und den Bau neuer Militärstützpunkte auf umstrittenen Inseln im Südchinesischen Meer in Gang setzte. 1982 allerdings ließ Xi Peking und das Militär zunächst hinter sich, um als Parteifunktionär in der Provinz zu dienen – der traditionelle, aber auch steinige Weg für kommunistische Kader, die die Topjobs in Peking im Auge hatten. Zwischen 1985 und 2002 war Xi in der Küstenprovinz Fujan tätig, ein Teil des Landes, der bei der rasanten wirtschaftlichen Transformation Chinas eine wichtige Rolle spielte und über boomende Handelsbeziehungen zum kapitalistischen Taiwan verfügte. Wie der britische Chinaexperte Kerry Brown festgestellt hat, bildeten Xis Jahre in Fujan «das Rückgrat seiner Karriere, bevor er in die zentrale Führung vorrückte».[97] Von Fujan, dessen Gouverneur er am Ende war, wechselte Xi an die Spitze der Parteiorganisation in Zhejang, eine weitere ökonomisch schnell wachsende Küstenprovinz, und von dort 2007 nach Schanghai. Im gleichen Jahr wurde Xi in den Ständigen Ausschuss des Politbüros der KPCh aufgenommen, ein siebenköpfiges Gremium, das ganz oben an der politischen Spitze Chinas stand. Er war nun klar als zukünftiger Führer Chinas ausersehen. Dieser Eindruck verstärkte sich noch, als Xi die Leitung des Komitees übernahm, das die Olympischen Spiele von 2008 vorbereitete.

Aufstrebende politische Stars in China geben für gewöhnlich nicht allzu viel über ihr Privatleben preis — und solche, die es tun, erleben oft ein schnelles Ende ihrer Karriere. Doch schon bevor Xi in die höchsten Ämter aufstieg und die Parteipropagandisten ans Werk gingen, einen Führermythos zu kreieren, wiesen ihn Elemente seiner Biografie als jemanden aus, der kein farbloser Apparatschik war, allem voran seine Ehe mit einer berühmten chinesischen Sängerin. Während seiner Zeit in Fujan heiratete Xi seine zweite Frau, Peng Liyuan, die sowohl eine ehemalige Generalin der Volksbefreiungsarmee als auch ein Fernsehstar in China ist. Ihre Auftritte in Uniform, bei denen sie patriotische Lieder singt, finden sich auf YouTube und in chinesischen sozialen Medien. Das Paar hat eine Tochter, Xi Mingze, die 1992 geboren wurde, eine französischsprachige Schule in Peking besuchte und einen Studienabschluss an der Harvard-Universität machte, wo sie unter einem Pseudonym bis 2014 studierte. Ein chinesischer Dissident sagte mir, dass die einzige Sache, die ihn positiv über Xi denken lasse, ein Treffen mit seiner Tochter gewesen sei. Sie war nicht das verwöhnte Einzelkind, das er erwartet hatte, sondern schien offen und interessiert an der Welt. Ein europäischer Staatschef, der zu einem Essen bei der Xi-Familie in Peking eingeladen war, erzählte mir, wie beeindruckt er von der Tochter des Präsidenten gewesen sei.

Xis Bereitschaft, sein einziges Kind zum Studieren in die Vereinigten Staaten zu schicken, legt eine Aufgeschlossenheit nahe. Andere

Einblicke zeugen allerdings von einer starken nationalistischen Seite. So klagte er 2009 bei einem Besuch in Mexiko über «Ausländer mit vollen Bäuchen, die mit ihren Fingern auf China zeigen». Dies zeigte, dass hinter der Fassade eines ruhigen, staatsmännischen Auftretens, die der chinesische Führer der Welt gern zeigt, ein Anflug von Ärger steckt, der seine Weltsicht prägt.

Während China sich anschickte, ihn 2012 zum neuen Parteichef und danach auch zum Präsidenten zu machen, wurde auch viel über einen Gegenkandidaten diskutiert, Bo Xilai, der charismatische und ambitionierte Führer der gigantischen Stadt Chongking, dessen Nationalismus und Hang zu Slogans aus der Mao-Ära chinesische Liberale beunruhigte. Bo wurde im gleichen Jahr unter dramatischen Umständen verhaftet und später wegen eines Mordkomplotts zu einer langen Haftstrafe verurteilt wurde. China schien nur knapp am Cäsarismus vorbeigeschrammt zu sein. Denn statt seiner wurde Xi im November 2012 in das mächtigste Amt berufen, das des Generalsekretärs der KPCh. Der Nationale Volkskongress wählte ihn dann im März 2013 zum Präsidenten Chinas. 2952 der Delegierten stimmten für ihn, einer dagegen, drei enthielten sich.

Xis erste Initiative als Parteiführer legte seine populistische und unbarmherzige Seite offen. Seine Antikorruptionskampagne kostete einige der mächtigsten Personen in China ihre Posten, darunter eine außergewöhnlich hohe Zahl an hochrangigen Parteifunktionären. Nach Schätzungen wurde 14 Prozent der höchsten Parteikader verhaftet und zu Gefängnisstrafen verurteilt. Xis enger Vertrauter Wang Qishan, der die Antikorruptionskampagne dirigierte, jagte ausländischen Besuchern gern einen Schreck ein, indem er mit der Zahl derjenigen angab, die er hinter Gitter gebracht hatte. Ein Besucher seines Büros erzählte mir, Wang habe die Unterredung mit der Bemerkung eröffnet: «Man sagt über mich, ich hätte Hunderttausende eingesperrt. Aber es sind viel mehr, über eine Million.» Dies war keine Übertreibung. Wie der Zeithistoriker Richard McGregor 2019 schrieb: «Seit 2012 haben die Behörden über 2,7 Parteifunktionäre überprüft und über 1,5 Millionen bestraft. Darunter sind sieben Funktionäre auf höchster Ebene (Politbüro und Kabinett) und zwei Dutzend hochrangiger Generäle.»[98]

Verhaftungen und Verurteilungen von solcher Zahl schaffen ein generelles Gefühl der Unsicherheit und Angst. Selbst nach außen hin treue Gefolgsleute Xis ließen mir gegenüber beizeiten solche Gefühle durchblicken. Ein Crash des Aktienmarktes 2015 führte zu einer Reihe Festnahmen derjenigen Funktionäre, die mit der Finanzregulierung befasst waren. Darüber brach unter manchen Bankern, die vorher mit ihnen zu tun gehabt hatten, Panik aus.[99] Eine Managerin einer westlichen Großbank sagte mir, ihr sei aufgefallen, dass einige ihrer Beschäftigten nicht mehr reisen wollten wegen der Furcht, am Flughafen verhaftet zu werden. Ein paar Jahre später erzählte mir ein bekannter Geschäftsmann geschockt, dass einer seiner engen Freunde, ein aufstrebender Politikstar, der stellvertretender KPCh-Chef in Chongqing gewesen sei, sich vom Dach eines Hotels in Peking gestürzt habe, nachdem er auf einem Parteitreffen der Korruption bezichtigt worden sei. «Ich nehme an, er konnte einfach den Gedanken nicht ertragen, den Rest seines Lebens hinter Gitter zu verbringen», meinte mein Freund, der glaubte, der wahre Grund für den Selbstmord Ren Xuefengs sei eine politische Säuberung gewesen, infolge von ideologischen Differenzen mit Präsident Xi.[100] Selbst chinesische Offizielle, die international bekannt waren, konnten plötzlich kaltgestellt werden. Meng Hongwei, der 2016 als erster Chinese Präsident von Interpol geworden war, wurde bei einem Heimatbesuch 2018 verhaftet. Ein paar Monate später erschienen in den chinesischen Medien Berichte, denen zufolge Meng Korruptionsvergehen eingestanden habe, wenngleich seine Familie darauf bestand, er sei wegen seiner reformerischen Ansichten zur Zielscheibe geworden.[101]

Parteifunktionäre und Apologeten, die zuvor Berichte über grassierende Korruption unter Partei- und Staatsdienern als völlig übertrieben zurückgewiesen hatten, übernahmen schnell die neue Linie der Xi-Ära: Das chinesische System sei durch die Korruption praktisch existenziell bedroht gewesen und Xi habe entschlossen gehandelt. Jede Anspielung, dass auch die Familie Xi mysteriöse Reichtümer angehäuft habe, wurde drakonisch unterbunden. Als Bloomberg News ein paar Zeilen in diese Richtung veröffentlichte, wurde die Nachrichtenagentur hinter die «Große Firewall» verbannt, die das chinesische Internet abschirmt und kontrolliert.[102]

Viele haben Xis Antikorruptionskampagne unweigerlich als Methode interpretiert, um alte Rechnungen zu begleichen und seine Macht zu konsolidieren. Das mag durchaus so sein. Aber Xi scheint wirklich die Sorge umzutreiben, die Kommunistische Partei könnte wegen der Korruption die Macht in China verlieren. Und er glaubt, dass das Ende der Parteiherrschaft für sein immer wieder formuliertes Ziel der «großen Erneuerung» des chinesischen Volkes fatale Folgen hätte.

Xi hat dabei insbesondere den Zusammenbruch der Sowjetunion vor Augen. 2013, im ersten vollen Jahr seiner Herrschaft, wurden KPCh-Mitglieder im ganzen Land zur Vorführung eines Dokumentarfilms über den Untergang der UdSSR eingeladen. Der Film beschreibt die Vorgänge als Tragödie; der Übeltäter in diesem Stück ist Michail Gorbatschow, der letzte sowjetische Führer, dessen Reformpolitik der Offenheit und wirtschaftlicher Umstrukturierungen nicht nur als irregeleitet, sondern auch als unmoralisch und unpatriotisch beschrieben werden. In einer Rede von dem Zentralkomitee des KPCh im gleichen Jahr stellte Xi die Frage: «Warum brach die Sowjetunion zusammen? Warum verlor die Kommunistische Partei die Macht?» Seine Antwort lautete: «Die Geschichte der UdSSR und der Partei wurden völlig negiert. … Lenin wurde abgelehnt, Stalin ebenso. …

Überall herrschte ideologische Konfusion. … Die Armee stand nicht mehr unter der Kontrolle der Partei. Schließlich wurde die Kommunistische Partei der Sowjetunion auseinandergejagt wie eine Schwarm Spatzen. Die Sowjetunion, eines der größten sozialistischen Länder, brach zusammen. Das ist die Lehre, die wir verinnerlichen müssen; das müssen wir aus den Fehlern der Vergangenheit lernen.»[103]

Xi glaubt nicht, dass der Untergang der Sowjetunion einfach das Ergebnis von Fehlern war, die die sowjetische Führung begangen hatte. Vielmehr steckt für ihn der Westen hinter diesem Prozess, durch das Propagieren liberaler, subversiver Ideen, und er ist entschlossen, etwas Ähnliches in China zu verhindern. Dass dies seine Denkweise ist, wurde schon in der frühen Phase seiner Herrschaft sehr deutlich, als an Parteikader die Schrift «Kommuniqué über den gegenwärtigen Zustand der ideologischen Sphäre» ausgeteilt wurde. In dem Traktat, auch als «Dokument 9» bekannt und später im Ausland bekannt geworden, werden feindliche westliche Kräfte beschrieben, gegen die sich China wappnen müsse. Dazu zählten Vorstellungen wie die von «universalen Werten» und einer «Zivilgesellschaft» sowie «westliche Vorstellungen von Journalismus».[104]

Xi und seine Gefolgsleute halten solche Ideen für gefährliche Importe, die China völlig fremd sind. Aber sie wissen auch, dass sie für viele chinesische Intellektuelle und manchen in der aufstrebenden Mittelklasse attraktiv sind. Liberale Intellektuelle spielten in der chinesischen Debatte in den Jahren, bevor Xi an die Macht kam, eine wichtige Rolle. Zu denen, die international die größte Bekanntheit hatten, zählen der Künstler Ai Weiwei und der Friedensnobelpreisgewinner Liu Xiaobo, aber dahinter stand eine viel größere Gruppe von Akademikern, Rechtsanwälten und Journalisten, die allesamt hofften, China würde sich allmählich zu einem mehr demokratischen Land entwickeln, mit unabhängigen Gerichten und größerer Meinungsfreiheit.

Chinesische Bürgerinnen und Bürger, die mutig genug waren, sich für solche Ideen einzusetzen, mussten stets mit Verfolgung rechnen. Liu Xiaobo wurde 2009 verhaftet (er starb 2017 im Gefängnis). Ai Weiwei wurde 2011 eingesperrt und 2015 schließlich ins Exil gezwungen. Aber zu Beginn des 21. Jahrhunderts wagten chinesische Liberale noch zu hoffen, dass sich die Dinge nach und nach in die von ihnen vertretene Richtung entwickeln würden. Die Idee des Konstitutionalismus — der zufolge sich alle Teile der Gesellschaft, einschließlich der KPCh, der Herrschaft der Gesetze zu fügen hätten — wurde in akademischen Journalen und manchen mutigen Zeitungen wie *Southern Weekly* offen diskutiert. Aber solche Debatten wurden in der Xi-Ära alsbald unterbunden. 2015 wurde eine große Gruppe von Menschenrechtsanwälten verhaftet. Allerdings wurden nicht nur liberale Stimmen zum Verstummen gebracht. Studierende, die sich in marxistischen Gesellschaften an Pekings führenden Universitäten zusammengeschlossen hatten, wurden ebenfalls verfolgt — ein höchst ironischer Vorgang, hatte doch Xi Marx als «größten Denker moderner Zeiten» gepriesen. Ihr Vergehen lag wohl darin begründet, dass sie Marx' Klassenkampftheorien allzu ernst genommen und versucht hatten, Niedriglohnarbeiter gewerkschaftlich zu organisieren.[105]

Als regelmäßiger Besucher des Landes fiel einem das Unterbinden jeder Debatte stark auf. In den Jahren, bevor Xi an die Macht kam, nahm ich an einem Abendessen in einem Pekinger Restaurant teil, bei dem sich konservative und liberale Akademiker bereitwillig öffentlich darüber stritten, ob China eine Demokratie werden sollte. So etwas ist heute unvorstellbar. Tatsächlich hat China aufgehört, auch nur zu bekunden, es befürworte die Freiheit der Forschung. Anfang 2019 strich die Fudan-Universität, die prestigereichste Hochschule Schanghais, den Passus zur Meinungsfreiheit aus ihren Statuten. Ein paar Wochen später interviewte ich Eric Li, Kuratoriumsmitglied des China-Instituts von Fudan und bekannter Pro-Xi-Intellektueller. Li fand an der Streichung nichts auszusetzen. Tatsächlich begrüßte er sie als Teil des notwendigen Siegs über liberale Vorstellungen in China. «Mehrere Jahrzehnte lang hat die chinesische Nation darüber debattiert, was für eine Gesellschaft sie sein will und welche Regierungsform sie bevorzugt. … Es gibt Leute, die sind Liberale, die ein liberales China wollen. Ich denke, die Debatte ist beendet.»[106]

Doch fast zur gleichen Zeit brach die Debatte über freie Meinungsäußerung und das Xi-Modell autoritärer *strongman*-Regierungsführung wieder auf. Auf meiner Reise zu dem Mittagessen mit Li in Schanghai hatte ich Berichte über ein neues mysteriöses, hochansteckendes Virus gelesen, das in der Stadt Wuhan ausgebrochen sei, über 800 Kilometer entfernt. Damals schien es nicht bedeutend genug zu sein, um es gegenüber Li anzusprechen. Aber ein paar Wochen später hatte sich das Virus ausgebreitet, Hunderte und dann Tausende getötet sowie zu Massenquarantänen und Lockdowns in China geführt.

Von Beginn an war die Regierung in Peking bemüht, Covid-19 als Naturkatastrophe zu beschreiben, ohne dass die Zentralregierung oder gar Präsident Xi irgendeine Schuld traf. Doch diese Darstellung wurde schwerer aufrechtzuerhalten, als die Epidemie immer größere Ausmaße annahm — und erst recht nach dem Covid-Tod von Li Wenliang, einem jungen Arzt in Wuhan. Bei der Suche nach den Ursprüngen des Ausbruchs wurde bekannt, dass Dr. Li in den frühen Tagen der Krise in einer Online-Chatgruppe Alarm geschlagen hatte. Das brachte ihm den Besuch der Polizei ein, die ihn zu der Zusage zwang, nicht weiter «Gerüchte zu verbreiten», und ein Geständnis unterschreiben ließ. Die Erklärung, die Dr. Li auf seinem Todesbett abgab, ging dann um die Welt: «Ich denke, eine gesunde Gesellschaft sollte mehr als eine Art von Stimme haben.» Es war leicht, dies als Anklage von Xi Jinpings *strongman*-Stil zu verstehen.

Einige heimische Kritiker Xis wurden danach noch direkter. Im März 2020 veröffentlichte Ren Zhiqiang, Parteimitglied und Immobilientycoon, einen offenen Brief, in dem er der Kommunistischen Partei Unfähigkeit vorwarf und die «Dummheit des großen Anführers» verurteilte.[107] Wie andere auch wurde Ren zum Schweigen gebracht. Im September 2020 wurde er wegen Korruption zu 18 Jahren Haft verurteilt.

Die vielen Emotionen, die nach Dr. Lis Tod in den sozialen Medien hochschwappten, bedeuteten wohl den Moment der größten Gefahr für Xi während der Coronavirus-Krise. In den Wochen danach erlangte die chinesische Regierung wieder die Kontrolle über das Narrativ. Die offizielle Linie lautete, dass Xi keineswegs in der ersten Phase der Krise Fehler gemacht hätte; vielmehr hätte er entschieden gehandelt, die Nation mobilisiert und die Krankheit eingedämmt. Nicht nur China, die ganze Menschheit schuldete demnach Xi Dankbarkeit, habe dies doch dem Rest der Welt erlaubt, sich auf das Virus vorzubereiten. Wenn der Westen diese Zeit dann nicht genutzt habe — nun ja, das bewies einmal mehr die Überlegenheit des chinesischen Systems. Chinas Propaganda-Bemühungen wurden von überbordendem Lob durch die Weltgesundheitsorganisation (WHO) befördert, deren Generaldirektor, Tedros Ghebreyesus, mit Xi am 28. Januar zusammentraf und danach Peking für «das Setzen neuer Standards bei der Kontrolle von Virusausbrüchen» sowie für die «Offenheit beim Teilen von Informationen» dankte.[108]

Diese Xi-freundliche Erzählung gewann im Verlauf von 2020 immer weitere Verbreitung, während China die Pandemie unter Kontrolle brachte und westliche Staaten unter ihren Folgen litten. Der erste Todesfall, der dem Coronavirus zugeschrieben wurde, wurde Ende Februar in den Vereinigten Staaten registriert — zu einem Zeitpunkt, als der Höhepunkt der ersten Welle in China schon überstanden war. Ein Jahr später überschritt die Zahl der Todesfälle in

Amerika die 500000er Marke. Laut offiziellen Zahlen starben in der Volksrepublik weniger als 5000 Menschen.[109]

Aus einem potenziellen Desaster für Präsident Xi war ein PR-Triumph geworden. Bei einer Zeremonie, bei der er einfachen Bürgerinnen und Bürgern Medaillen für ihre Arbeit gegen Covid-19 dankte, erklärte er: «Die Pandemie beweist einmal mehr die Überlegenheit des sozialistischen Systems chinesischer Prägung».[110] Ein Jahr, nachdem über Wuhan panisch ein Lockdown verhängt worden war, eröffnete die Stadt eine Ausstellung über Chinas erfolgreichen Kampf gegen Covid-19. Die BBC berichtete über «Models medizinischer Hilfskräfte in Schutzanzügen … Wo man auch hinschaut, überall hängen gigantische Porträts Xi Jinpings.» Zur gleichen Zeit startete die chinesische Regierung eine Kampagne, der zufolge Covid-19 womöglich gar nicht zuerst in China ausgebrochen sei. Wie auf den Tafeln der Ausstellung in Wuhan zu lesen war, sei das Covid-19 hervorrufende Virus gleichzeitig «an verschiedenen Orten überall auf der Welt» aufgetaucht.[111]

Doch während die chinesische Regierung in der Lage war, das Pandemie-Narrativ innerhalb Chinas zu kontrollieren, hatte das internationale Ansehen Xis stark gelitten. Einer Umfrage des Pew Center vom Sommer 2020 zeigte, dass negative Wahrnehmungen des chinesischen Führers in Europa und Nordamerika stark angestiegen waren. In Deutschland waren beispielsweise nun 78 Prozent der Befragten der Meinung, man könne nicht darauf vertrauen, dass Xi international das Richtige tun würde — 17 Prozent mehr als im Vorjahr. Das Misstrauen gegenüber Xi lag in den Vereinigten Staaten und Großbritannien auf einem ähnlich hohen Niveau, in Japan und Südkorea noch höher.[112]

Die Covid-19-Pandemie war allerdings nicht der einzige Faktor, der Xis Image eintrübte. Auch Chinas Vorgehen in Hongkong und in der Provinz Xinjiang hatten die Härte und Intoleranz seiner

Herrschaft offengelegt. Im Sommer 2019 brachen in Hongkong Proteste aus, ausgelöst von einem Gesetzentwurf, der in Kürze verabschiedet werden sollte und der es erlauben würde, Bürgerinnen und Bürger Hongkongs an das chinesische Festland auszuliefern. Die Agenda der Protestbewegung weitete sich bald auf generelle Sorgen aus, was den Schutz der Autonomie des Territoriums gegenüber Festland-China anging — einschließlich liebgewonnener Freiheiten wie unabhängige Gerichte und freie Medien. Zu ihrem Höhepunkt brachten die Proteste über zwei Millionen Demonstranten auf die Straße, bei einer Gesamtbevölkerung von 7,4 Millionen. Die Aktionen zogen sich über Monate hin und führten oft zu Straßenschlachten mit der Polizei. Die Rückkehr Hongkongs 1997 wird von Peking als Schlüsselmoment in der »großen Erneuerung« angesehen — der Moment, in dem endlich ein Schlussstrich unter die Kolonialzeit gezogen wurde, die wiederum mit dem «Jahrhundert der Demütigungen» verbunden ist, das damit begann, dass man Hongkong 1842 an Großbritannien abtrat. Dass Xi anfänglich diese beinahe-anarchischen Zustände auf chinesischem Boden nicht unter Kontrolle bekam — oder gar einen Besuch in Hongkong riskierte —, drohte Chinas *strongman* schwach aussehen zu lassen.

Wie beim Coronavirus waren die chinesischen Propagandisten bemüht, zwischen Xi und den Problemen in Hongkong Distanz zu schaffen. So hieß es, das vorgeschlagene Auslieferungsgesetz, das die Demonstrationen ursprünglich ausgelöst hatte, sei eine lokale Initiative und keine Idee der Führung in Peking gewesen. Doch bei meinen Besuchen in Hongkong merkte ich, dass Xis autokratischer Stil ein wichtiger Hintergrundfaktor war, der zu der Rebellion in Hongkong geführt hatte. Angesichts der Tatsache, dass das Festland nun die ultimative Souveränität über Hongkong innehatte, flößte die illiberale Wende in der chinesischen Politik und die immer kleiner werdenden

Freiräume für Widerspruch vielen Hongkongern Angst ein. Selbst Pro-Peking-Politiker waren frustriert darüber, dass es ihnen nicht gelang, Xi von einem flexibleren Vorgehen zu überzeugen — und fragten sich, ob ihre Ratschläge überhaupt Xis Schreibtisch erreichten. Viele fürchteten, Xi würde der eigenen Propaganda glauben: dass die Probleme in Hongkong das Produkt von Agitation durch feindliche ausländische Kräfte seien.

Im Sommer 2020, als der Rest der Welt mit der Pandemie und den bevorstehenden Präsidentschaftswahlen in den Vereinigten Staaten beschäftigt war, handelte Xi und unterdrückte die Demokratiebewegung in Hongkong. Ein neues «nationales Sicherheitsgesetz», das auf dem Festland entworfen worden war, wurde dem Territorium übergestülpt. Parteifunktionäre wurden aus Peking entsandt, um das neue System durchzusetzen. Binnen Monaten waren die bekanntesten Gesichter der Hongkonger Demokratiebewegung in Haft und sahen langen Haftstrafen entgegen. Die Proteste hätten jeden chinesischen Präsidenten vor Probleme gestellt, berührten sie doch die empfindlichsten Fragen, die sich der KPCh stellen — Demokratie und nationale Einheit. Nichtsdestoweniger war Xis überzogene Reaktion typisch für seinen Umgang mit jeglichem Widerspruch in China.

Chinas Unterdrückung der muslimischen Uighuren in der entfernten nordwestlichen Provinz Xinjiang war ein Thema, das in meinen Diskussionen mit Hongkonger Protestlern häufig aufkam. Sie sahen Pekings Entscheidung, über eine Million Uighuren in Umerziehungslagern einzusperren, als abschreckende Bestätigung für Xis erbarmungslose Entschlossenheit, seine Vision nationaler Einheit allen chinesischen Bürgerinnen und Bürgern aufzuerlegen, was immer es auch kosten möge.

Im Rückblick erschien die Woche, in der ich Xi im November 2013 in Peking begegnet war, als einschneidender Moment in der Geschichte der Provinz Xinjiang. Fünf Tage zuvor hatten uighurische Separatisten ein Auto in eine Fußgängergruppe auf dem Platz des Himmlischen Friedens gesteuert und damit fünf Menschen getötet.[113] Ein Terroranschlag im Herzen der Volksrepublik China war die Art von Herausforderung, die Xi niemals unbeantwortet lassen würde, erst recht mit Blick auf andere gewalttätige Vorgänge in anderen Landesteilen. Im folgenden Jahr startete China die Anti-Terrorismus-Kampagne «Harter Schlag». Es wurde allerdings ziemlich schnell deutlich, dass dies keine übliche Operation von Sicherheitsorganen war. Vielmehr ging es darum, die gesamte Bevölkerungsgruppe der Uighuren zur Assimilation mit der chinesischen Kultur und somit zur Akzeptanz des Willens der KPCh zu zwingen.

Unter Xis Aufsicht wurde ein Netzwerk von Lagern quer durch Xinjiang errichtet und eine Masseninternierung gestartet. 2018 schätzte ein UN-Ausschuss, dass über eine Million Menschen interniert worden seien — etwa ein Zehntel der uighurischen Bevölkerung.[114] Die chinesische Regierung leugnete anfänglich die Existenz der Lager und beschrieb sie später als «Lehrlings- und Trainingscamps», die den Extremismus bekämpfen und den Uighuren bei der Jobsuche helfen sollten. Doch Zeugenaussagen und Berichte von Exilanten und Geflüchteten malten ein anderes, grauenhaftes Bild. Zu den Vorwürfen gehörten die erzwungene Trennung Hunderttausender Kinder von ihren Eltern, Folter und sexueller Missbrauch ebenso wie die verpflichtende Beschäftigung mit Xi Jinpings Ideen des Sozialismus chinesischer Prägung als Teil eines Programms der Massenindoktrinierung. Berichte über Zwangssterilisierungen und Abtreibungen kamen außerdem ans Licht. Chinesische Regierungsstatistiken, die einen 60prozentigen Rückgang in der Geburtenrate in Xinjiang aufzeigten, führten zu Vorwürfen, das Vorgehen gehe über brutale Unterdrückung hinaus und sei auf einen kulturellen Völkermord ausgelegt.[115]

Die Entscheidung der Trump-Administration, die chinesische Politik in Xinjiang als Genozid zu kategorisieren, wurden in Peking als Aktion einer um sich schlagenden, unglaubwürdigen Regierung abgetan. 2021 bestätigte die Biden-Regierung dieses Urteil allerdings, das kanadische Parlament ebenso. In einem Rechtsgutachten, von Menschenrechtsanwälten in Großbritannien auf den Weg gebracht, hieß es, der Völkermord-Vorwurf sei «plausibel» unter Völkerrechtsgesichtspunkten. Außerdem wurde festgehalten: «Herr Xi kontrolliert die generelle Linie staatlicher Politik und hat eine Reihe von Reden gehalten, in denen er zu einer bestrafenden Behandlung der Uighuren aufgerufen hat.» Die Implikation war klar: Xi war persönlich für einen Völkermord verantwortlich.[116]

Chinesische Nationalisten weisen den immer schärferen Fokus, den der Westen auf Xinjiang legt, als verlogenes Bemühen zurück, Kritikpunkte an China zu finden, um den Aufstieg des Landes zu blockieren. Doch hat Xis Formel von Autoritarismus daheim und Auftrumpfen in aller Welt es unausweichlich gemacht, dass China international stärker unter Beobachtung steht. Die Tatsache, dass China die aufstrebende Supermacht des 21. Jahrhunderts ist, macht es der Führung des Landes schwerer zu argumentieren, seine «inneren Angelegenheiten» gingen Außenstehende nichts an.

Unter Xi begann die chinesische Führung außerdem, die frühere Zurückhaltung abzulegen, was Werbung für die Vorzüge des eigenen Regierungssystems angeht. Frühere chinesische Regierungen hatten versucht, westlichen Druck wegen Menschenrechtsverletzungen mit dem Argument zurückzuweisen, jedes Land habe das Recht, seinen eigenen Entwicklungspfad zu wählen. Der Westen solle China gegenüber nicht predigen, und umgekehrt würde China auch nicht dem Rest der Welt predigen. In der Xi-Ära haben chinesische Regierungsvertreter das «chinesische Modell» zur Entwicklung und als Alternative zu «westlicher» Demokratie angepriesen, die für Entwicklungsländer passender sei.

2018 hielt Xi selbst eine Rede, in der er Chinas «neue Form eines parteipolitischen Systems» als Vorbild für andere Länder in der ganzen Welt pries; diese Idee wurde dann von den Staatsmedien energisch promoted.[117] Während die EU den Brexit verkraften musste und die Vereinigten Staaten die bittere Polarisierung der Trump-Zeit erlebten, fand das Xi-Modell mit seiner politischen Stabilität, wirtschaftlicher Kraft und nationalem Selbstbewusstsein eine Reihe internationaler Bewunderer in Afrika, Lateinamerika und sogar in Europa.

China hat seinen internationalen Einfluss außerdem durch Xis «Belt and Road Initiative» ausgeweitet, auch «Seidenstraßen-Initiative» genannt; sie umfasst Milliarden Dollar schwere Kredite und Investitionen, um Infrastrukturprojekte in Asien, Europa und Afrika zu fördern. Chinesischer Einfluss und Investitionen haben sogar Lateinamerika erreicht, eine Region, die einst als Hinterhof der Vereinigten Staaten galt. Als ich den kolumbianischen Präsidenten Iván Duque 2021 interviewte, beteuerte er mir gegenüber zwar die Freundschaft seines Landes mit Amerika. Aber er bestand auch darauf, dass chinesische Firmen auch weiterhin die Untergrundbahn von Bogotá bauen würden, denn die böten den besten Deal.[118] Kolumbien steht dabei keineswegs allein da, sondern hängt eher hinter anderen Ländern in Lateinamerika zurück, wenn es um das Willkommenheißen chinesischer Investitionen geht.

Auf diese Art und Weise Freunde in aller Welt zu gewinnen ist für die Ausweitung chinesischer Macht von zentraler Bedeutung. Doch werden diese Bemühungen dadurch verkompliziert, dass die Xi-Regierung immer mehr bereit ist, auf Gewalt und Bedrohung zu setzen, wenn sie sich mit internationalen Rückschlägen konfrontiert sieht. Pekings Antwort auf selbst die leiseste Kritik in Sachen Coronavirus ist stets wütend ausgefallen. Nachdem die australische Regierung eine internationale Untersuchung des Ausbruchs vorgeschlagen hatte, verhängte China im Gegenzug Strafzölle auf australische Exporte.

Unterdessen hat Peking auch bei seinen zahlreichen territorialen Streitigkeiten den Druck erhöht. Drohungen an die Adresse Taiwans haben stark an Schärfe zugenommen, was zu Befürchtungen in Washington geführt hat, dass China sich stark genug fühlen könnte, eine Invasion der blühenden Demokratie mit 23 Millionen Einwohnern zu wagen, die Peking als abtrünnige Provinz ansieht. Der Streit um Taiwan geht bis zu den Ursprüngen der Volksrepublik China zurück. Die Kräfte der Kuomintang, 1949 von Mao besiegt, flüchteten über die See auf die Insel und etablierten dort ihr eigenen Regime. Seitdem ist Peking entschlossen, Taiwan mit dem Festland «wiederzuvereinigen», wenn nötig mit militärischer Gewalt. In typisch pragmatischer Art hatte Deng Xiaoping angedeutet, die Taiwan-Frage könne offengelassen werden, damit zukünftige Generationen sie lösen würden. Aber Xi hat die chinesische Linie geändert; taiwanesischen Regierungsmitgliedern sagte er spitz, die Frage können nicht länger von Generation zu Generation weitergegeben werden. Militärübungen in der Straße von Taiwan sind seitdem intensiviert worden.

Chinas immer aggressivere Politik gegenüber Taiwan reflektiert zum Teil Veränderungen in Sachen globaler Machtbalance. In den jüngsten Jahrzehnten hat Peking viel Geld in seine Streitkräfte gesteckt. Die chinesische Kriegsmarine verfügt heute über mehr Schiffe als die amerikanische. Angesichts Xis offenkundiger Beschäftigung mit seinem Platz im Pantheon chinesischer Führer scheint Taiwan ein verlockendes Ziel. Wenn Mao der Held war, der die Volksrepublik begründete und Deng derjenige, der das Land auf den Weg des wirtschaftlichen Erfolgs führte, könnte Xi seine Rolle darin sehen, den Beweis zu erbringen, dass China nun eine führende Weltmacht ist — indem es den Vereinigten Staaten in Sachen Taiwan die Stirn bietet. Sollte Xi der Führer sein, der endlich die «Wiedervereinigung» der Nation herbeiführt, indem er Taiwan erobert, wäre sein Platz in der Geschichte gesichert.

Allerdings wäre eine Invasion Taiwans ein immens riskantes Unterfangen. Die Volksbefreiungsarmee würde auf starken Widerstand stoßen, und womöglich wären für eine Eroberung eine Million Soldaten notwendig. Ein chinesischer Angriff auf Taiwan könnte zudem leicht zu einem Krieg mit den Vereinigten Staaten führen. Nichtsdestoweniger ist es heute in nationalistisch gesinnten Kreisen in China gang und gäbe, offen von der Eroberung Taiwans zu träumen. Hu Xijin, der Chefredakteur der nationalistischen *Global Times*, schrieb in einem typischen Kommentar im Oktober 2020: «Der einzige Weg vorwärts besteht darin, dass sich das Festland vollkommen auf einen Krieg vorbereitet, um in der Lage zu sein, die taiwanesischen spalterischen Kräfte jederzeit zu bestrafen. Je stärker die Arroganz der spalterischen Kräfte wächst, desto näher rückt der nationale Wendepunkt.»[119] Diese Art überhitzte Rhetorik mag nicht das Denken der chinesischen Führung widerspiegeln. Aber in dem engmaschig kontrollierten Medienumfeld, das Xi ins Leben gerufen hat, sind Drohungen gegen Taiwan, die das Blut gefrieren lassen, zumindest toleriert. Als *strongman* eigener Schöpfung könnte Xi sich in Zugzwang sehen, den nationalistischen Gefühlen seines Landes entsprechend zu handeln.

In den vergangenen Jahren hat sich die westliche Diskussion über eine mögliche chinesische Aggression auf Taiwan und das Südchinesische Meer konzentriert. Aber die erstaunlichste Entwicklung 2020 spielte sich in den Höhen des Himalaja-Gebirges ab. Bei einem Zusammenstoß militärischer Einheiten in einem umstrittenen Grenzgebiet verloren 20 indische und eine unbekannte Zahl chinesischer Soldaten ihr Leben.

Dieser tödliche Disput warf die Frage auf, ob die beiden aufstrebenden Supermächte des 21. Jahrhunderts, China und Indien, sich auf Konfliktkurs befinden. In Indien und dem Westen wurde der Zusammenstoß auch als Streit zwischen einem autoritären Giganten und der größten Demokratie der Welt bezeichnet. Und das stimmte auch. Allerdings war das Bild komplizierter. Denn von einem sehr unterschiedlichen Ausgangspunkt aus hat sich das demokratische Indien ebenfalls auf das *strongman*-Modell zubewegt.

# 4

## NARENDRA MODI

### DER AUTOKRAT AN DER SPITZE DER GRÖSSTEN DEMOKRATIE DER WELT (2014)

In Lutyens Delhi ist die Macht in Indien zuhause. Der Bezirk ist nach dem britischen Architekten Sir Edwin Lutyens benannt, der den weitläufigen Distrikt entworfen hat, mit sorgfältig gepflegten Rasenflächen, imposanten Gebäuden und Springbrunnen, die die Gegend vom Gewühl der restlichen Stadt abgrenzen. Dort liegen die wichtigsten Regierungsgebäude Indiens, darunter auch der Amtssitz des Premierministers sowie die Ministerien für Verteidigung, Finanzen und Auswärtige Angelegenheiten. Besuche zu diesen wichtigen Amtssitzen werden manchmal dadurch belebt, dass man eine Kolonie Affen dabei beobachten kann, wie sie über den gelben Sandstein der Fenstersimse klettern.

Indiens führende Politikerinnen und Politiker, Beamtinnen und Beamte regieren aus diesen Gebäuden heraus ein Land mit 1,4 Milliarden Menschen. Doch seit dem Wahlsieg von Narendra Modi, der 2014 Premierminister wurde, klingen manche der mächtigsten Personen Indiens mehr nach populistischen Aufständischen denn nach Regierungselite. Ein Minister, der sich im Herzen von Lutyens Delhi eingerichtet hatte, ließ sich mir gegenüber dennoch zu einer verbitterten Verdammung der «Lutyens-Elite» hinreißen. Diese Gruppe hätte das Land seit der Unabhängigkeit Indiens traditionell beherrscht, so sagte er, doch sei sie verdienterweise von Modi aus dem Weg gefegt worden. Die alte Elite habe den Kontakt zum «wahren Indien» verloren. Es klang wie die indische Version einer Predigt, die ich in Washington von Vertretern der Trump-Regierung gehört hatte und in London von triumphierenden Brexit-Anhängern.

In Indien wurden das Evangelium von Politikern gepredigt, die einen hervorragenden Leumund als «Globalisten» hatten, wie Luftfahrtminister Jayant Sinha, ein früherer McKinsey-Berater mit einem betriebswirtschaftlichen Harvard-Abschluss. Wie mir Sinha halbspöttisch sagte: «Ich kann mit Ihnen auch den ganzen Tag Davos sprechen, wenn Sie mögen.»[120] Wie Steve Bannon nutzte Sinha «Davos» als Chiffre für heimatlosen Globalismus, den zurückzuweisen er behauptete. Seiner Argumentation nach stand Modi mit dem Indien des Glaubens und der Spiritualität in Verbindung – im Gegensatz zur oppositionellen Kongress-Partei. Modis Projekt bestehe darin, den Fehler der Gründungsväter des modernen Indiens, insbesondere Jawaharlal Nehrus, zu korrigieren, der darin bestanden habe, westliche Werte aufzunehmen in der Annahme, es seien universelle. Stattdessen gründe Modi Indiens Regierungsweise auf die eigene spezifische Kultur des Landes. «In unserer Sicht geht das indische Erbe dem indischen Staat voraus», erklärte Sinha. «Unsere Sicht auf die Welt basiert auf unserem Glauben, im Gegensatz zu einer rational-wissenschaftlichen Sicht.»

Wie überall sonst auch ist der Aufstieg des Populismus in Indien eng mit dem *strongman*-Führungsstil verbunden. Wie Xi und Putin — und eben auch Trump in den Vereinigten Staaten und Erdoğan in der Türkei — präsentiert sich Modi als ein Mann, der im direkten Kontakt mit seinem Volk steht. Er verspricht, den korrupten Eliten an der Spitze des Staates die Stirn zu bieten und den einfachen Leuten Gerechtigkeit und Wohlstand zu bringen. Um die Mächtigen auf Linie zu bringen, muss der Anführer stark sein — moralisch wie physisch. Im Wahlkampf 2014 wurde der 64 Jahre alte Modi buchstäblich als «starker Mann» präsentiert — und viel über seinen Brustumfang von 142 Zentimeter geschrieben.

Modis Wahlsieg markiert einen wichtigen Punkt im Zeitalter der Autokraten. Zwei Jahre zuvor war Xi Jinping in China an die Macht gekommen. Nun brachte Modi den *strongman*-Stil nach Indien. Beide Länder, mit ihren jeweils 1,4 Milliarden Einwohnern, stehen für grob gerechnet 40 Prozent der Weltbevölkerung und sind die aufstrebenden Supermächte des «asiatischen Jahrhunderts».* Binnen zweier Jahren waren beide dem autokratischen Führungsstil anheimgefallen.

Manche mögen hinterfragen, ob es legitim oder zweckmäßig ist, einen demokratisch gewählten Spitzenpolitiker wie Modi mit Xi zu vergleichen, der an der Spitze eines Ein-Parteien-Staates steht, oder selbst mit Putin. Verliert die Idee eines *strongman*-Stils nicht jede Bedeutung, wenn man sie auf Regierungschefs anwendet, die in solch unterschiedlichen politischen Konditionen und Kulturen operieren? Xi und Putin haben beispielsweise die Verfassungen ihrer Länder geändert, um ihr ganzes Leben lang an der Macht bleiben zu können, während Modi sich alle fünf Jahre den indischen Wählerinnen und Wählern stellen muss. Es ist auch richtig, dass indische Intellektuelle und manche Medienvertreter den Premierminister mit schneidender Kritik überziehen, in einer Art und Weise, die in China undenkbar wäre und auch in Russland kaum noch möglich ist.

Nichtsdestoweniger gibt es eine Reihe Charakteristika autokratischer Führung, die sich gleichermaßen in Demokratien und Diktaturen finden lassen und in Modis Indien besonders hervorstechen. An erster Stelle und am offensichtlichsten ist die Beförderung eines Personenkults. Modi, der ein charismatischer Redner ist, ist ganz in seinem Element, wenn er vor großen Menschenmengen spricht – und er lässt nur sehr selten Journalistenfragen zu, die nicht vorher abgesprochen

* In absoluten Zahlen ist Chinas Volkswirtschaft derzeit fünfmal so groß wie die Indiens und die zweitgrößte der Welt. An der Kaufkraft gemessen ist China die größte und Indien die drittgrößte Volkswirtschaft.

sind. Dabei geht es darum, seine Stärke gegenüber den Feinden Indiens zu demonstrieren. Aber Modis Imagemacher haben auch sorgfältig daran gearbeitet, dass der indische Führer als religiöse und asketische Figur erscheint, der es allein um das Wohl des Volkes geht.

Modi hat gestattet, dass Monumente nach ihm benannt werden – was für einen im Amt befindlichen Regierungschefs eines demokratischen Landes ungewöhnlich ist. 2021 wurde das größte Cricket-Stadion des Landes in Narendra-Modi-Stadion umbenannt. Das Social-Media-Team des Premierministers tweetete triumphierend: «Das größte Stadion der Welt ist nun der größten Persönlichkeit der Welt gewidmet.»[121] Ein paar Tage später wurde ein Satellit mit einem eingravierten Konterfei Modis in seine Erdumlaufbahn geschossen. Lob für den Premierminister aus den Reihen seiner Partei klingt oft übertrieben liebedienerisch. Shivraj Singh Chouhan, der Regierungschef des indischen Bundesstaates Madhya Pradesh, nannte Modi «Gottes Geschenk an Indien». Es gibt eine Reihe populärer Filme über Modis Leben, in denen der Premierminister in das Licht eines Heiligen getaucht wird. Suresh Prabhu, Mitglied des Regierungskabinetts, nannte den Film *Come Let Us Live* über Modis Kindheit «motivierend und inspirierend».[122]

Der indische Regierungschef nutzt viele populistische und nationalistische Themen, die auch anderswo die Anziehungskraft von *strongmen* untermauern. Auf unterschiedliche Weise versprechen alle, ihre Länder zurück in eine Ära nationaler Größe zu führen, die verloren gegangen war; ein spezieller indischer Dreh ist Modis Verfechtung einer Ideologie des «Hindutva» oder hinduistischen Nationalismus. Er verspricht, nicht nur Indien wieder groß zu machen, sondern, spezifischer, die Hindus. Sie machen rund 80 Prozent der Bevölkerung Indiens aus. Doch Modi und viele seiner Anhänger hängen einer Version der indischen Geschichte an, wonach die Hindus historisch eine unterdrückte Bevölkerungsgruppe gewesen seien. In einer Rede vor dem indischen Parlament im Juni 2014, kurz nach seinem Wahlsieg, sprach Modi davon, dass seine Landsleute unter einer «1200 Jahre lang anhaltenden Sklavenmentalität» litten.[123] Die Idee, die dahintersteckte, war, dass die Inderinnen und Inder nicht nur während der ungefähr 200 Jahre britischer Herrschaft «versklavt» gewesen seien, die Mitte des 18. Jahrhunderts begann. Stattdessen reiche die Unterdrückung viel weiter zurück und umfasse auch die tausend Jahre zuvor, in denen die wichtigsten Herrscher des Landes zuerst Buddhisten und dann Muslime gewesen seien; beide werden als ausländische Eindringlinge dargestellt.

In der Sicht vieler Modi-Anhänger beendete selbst die indische Unabhängigkeit 1947 nicht die Unterwürfigkeit der Hindus. Die längste Zeit seit der Unabhängigkeit regierte die Kongress-Partei; dieser werfen Modi und seine Bharatiya-Janata-Partei (BJP) vor, sie hätte sich auf eine muslimische «Stimmenbank» verlassen und im Gegenzug Indiens rund 200 Millionen Muslimen besondere Privilegien gewährt.* Subramanian Swamy, ein BJP-Abgeordneter der Rajya Sabha, Oberhaus des indischen Parlaments, spielte auf dieses Gefühl des hinduistischen Grolls an, als er darüber klagte: «Wir sind 80 Prozent der Bevölkerung, aber wir werden behandelt, als seien wir 10 Prozent.»[124] In einem riesigen Land, in dem stark um Arbeitsplätze, Bildungschancen und Ressourcen gerungen wird, ist jeder Anwurf, Minderheiten würden unfaire Privilegien genießen, von politischer Bedeutung. Die BJP-Identität als Hindu-Partei wird durch die Tatsache unterstrichen, dass unter den 282 BJP-Abgeordneten, die in die Lok Sabha, das mächtigere Unterhaus des indischen Parlaments, einzogen, nicht ein einziger Muslim war.

* Die Klage erinnert an Versuche Donalds Trump, weiße Amerikanerinnen und Amerikaner gegen die «*affirmative action*», die positive Diskriminierung von Minderheiten, zu mobilisieren.

Modis Leben und Karriere sind eng mit der hindu-nationalistischen Bewegung verwoben. Modi wurde 1950 in dem kleinen Ort Vadnagar im Bundesstaat Gujarat geboren und trat einer hindu-nationalistischen Organisation namens Rashtriya Swayamsevak Sang (RSS) bei, als er acht Jahre alt war; er ist bis heute Mitglied. Die 1925 gegründete RSS wird von der Vorstellung getragen, dass Indien im Kern eine Nation der Hindus ist. Ihr Gründer, K. B. Hedgewar, war ein Bewunderer europäischer Faschisten wie Italiens Benito Mussolini und ahmte deren Faszination mit Uniformen und paramilitärischer Ausbildung nach.

Es war ein früherer RSS-Aktivist und Hindu-Nationalist, Nathuram Godse, der Mahatma Ghandi 1948 ermordete, kurz nach Erlangen der indischen Unabhängigkeit. Dank Gandhis gewaltfreier Kampagne für die Freiheit von britischer Herrschaft gilt er gemeinhin als «Vater der Nation». Doch viele in der RSS verachten Gandhi, weil er darauf bestand, dass «Hindus mit dem Islam keinen Streit haben». Die Teilung Indiens, die mit der Unabhängigkeit einherging, begründete zwei Staaten, Indien und Pakistan, letzter mehrheitlich muslimisch. Die erzwungenen Bevölkerungstransfers und Gewalt zwischen den Religionsgruppen, die die Teilung begleiteten, brachten an die zwei Millionen Menschen den Tod. In diesem Kontext wurde Gandhis Beharren auf sein Ideal von friedlicher Koexistenz mit dem Islam von der RSS als «Appeasement» denunziert,[125] was dem Mord an ihm den vergifteten Hintergrund bereitete. Das militaristische Ethos des RSS hob sich zudem stark von Ghandis Pazifismus ab.

Heute unterstützen Modi und der RSS nach außen die konventionelle Ansicht, wonach Gandhi ein Nationalheld und «Vater der Nation» ist. Doch manche BJP-Parlamentsabgeordnete sind bereit, auch radikal andere Meinungen zu äußern: denen zufolge Gandhis Mörder ein Nationalheld ist — und dass Modi, als Hindu-Nationalist, als wahrer Gründer der indischen Nation gelten sollte.[126] Modis fortgesetzte persönliche und politische Verbindung mit dem RSS ist bis heute Gegenstand zahlreicher Vermutungen, aber es gibt keinen Zweifel, dass seine Mitgliedschaft in der Organisation sein Sprungbrett war, um von einfachen Verhältnissen in der Provinz zur nationalen Führungspersönlichkeit aufzusteigen.

Er wurde in eine niedrige Kaste geboren und half als Teenager seinem Vater, die familieneigene Teehandlung nahe des Bahnhofs in Vadnagar zu betreiben. Seine Anfänge als einfacher Teehändler sind heute zentral für Modis Image und heben sich stark von den hochgeborenen Gandhis ab, die bis heute die Kongress-Partei dominieren — und deren politische Dynastie drei Premierminister hervorgebracht hat: Nehru, Indira Gandhi und Rajiv Gandhi.* Im Alter von 13 Jahren heiratete Modi, aber die arrangierte Ehe brach schnell auseinander. Stattdessen machte Modi den RSS zu seiner Familie und stieg schnell in der Bewegung auf. Bis zum heutigen Tag ist Modi unverheiratet geblieben und (so wird behauptet) enthaltsam.[127] Modis Mangel an Familienbanden ist ein wichtiger Vorteil in einem Land, dessen politische Klasse häufig, und oft zu Recht, der Vetternwirtschaft bezichtigt wird. Wenn man mit seinen glühenden Anhängern spricht, hört man häufig, Modi sei ein selbstloser und asketischer Mann, der sein Leben der Wohlfahrt der einfachen Leute verschrieben habe.

1987 trat Modi der BJP bei, der Partei, die eng mit dem RSS verbunden war. Es war ein guter Zeitpunkt. Die BJP zählte nur zwei Parlamentsabgeordnete; bis 1996 wuchs sie zur größten Partei im indischen Parlament an. Ihren meteorischen Aufstieg verdankte sie auch ihrer Unterstützung für die Zerstörung einer Moschee in der Stadt Ayodhya, die angeblich auf einer Stätte stand, die Hindus heilig

* Indira Gandhi, Premierministerin von 1966 bis 1977 und erneut 1980 bis zu ihrer Ermordung 1984 war nicht mit Mahatma Gandhi verwandt. Sie war allerdings die Tochter des ersten indischen Premierministers, Jawarharlal Nehru, und die Mutter Rajiv Gandhis.

war. Die Auseinandersetzungen um Ayodhya führten in ganz Indien zu Zusammenstößen zwischen Hindus und Muslimen, was wiederum der BJP Auftrieb verlieh. Damals war Modi noch ein unbekannter Parteifunktionär. Aber sein Ehrgeiz und sein Charisma ließen ihn schnell aufsteigen; 2001 wurde er Generalsekretär der Partei. Im gleichen Jahr wurde er Ministerpräsident in seinem Heimatstaat Gujarat, nachdem der Amtsinhaber aus gesundheitlichen Gründen zurückgetreten war.

Gujarat ist ein Bundesstaat mit über 60 Millionen Einwohnern, an der Westküste Indiens gelegen. Während Modis Amtszeit als Ministerpräsident wuchs die Wirtschaft Gujarats viel schneller als der indische Durchschnitt, was seinen Ruf als pragmatischer und wirtschaftsfreundlicher Politiker festigte. Diese Wirtschaftsbilanz ebnete auch Modis Weg zum Griff nach der Macht auf nationaler Ebene. So konnte sich der BJP-Anführer vor allem als Wirtschaftsreformer statt als Hindu-Nationalist präsentieren.

Tatsächlich hat Modi ein weiteres Charakteristikum mit vielen anderen Autokraten gemein, nämlich dass er anfänglich in westlichen Medien als just der energiegeladene Reformer gepriesen wurde, den das Land gerade brauche. Ich selbst schrieb einen dieser Pro-Modi-Artikel. Bei einem Besuch Indiens 2013 hatte mich der weit verbreitete Pessimismus und Zynismus, auf den ich traf, schockiert. Der Premierminister zu der Zeit war Manmohan Singh — den ich bereits in den 1990er Jahren getroffen hatte und den ich als mutigen und prinzipientreuen Reformer bewunderte.[128] Aber der gelehrte, introvertierte Singh schien 2013 seine Energie verloren zu haben, und die Kongress-Partei stand einmal mehr unter dem Daumen der Gandhi-Dynastie. Das Wirtschaftswachstum schwächte sich ab, indische Geschäftsleute klagten, und in den Straßen Delhis und anderer indischer Städte kam es zu Großdemonstrationen gegen die Korruption. Viele derjenigen, die sich für Veränderungen einsetzten, sprachen sich für Narendra Modi aus, der versprach, das «Wirtschaftswunder von Gujarat» auf ganz Indien zu übertragen.

Aber es gab auch eine sehr viel beängstigendere Seite, was Modis Ruf anging. Er war Ministerpräsident, als anti-muslimische Unruhen 2002 in Gujarat ausbrachen und zum Tod von rund 1000 Menschen führten. Seitdem wurde Modi vorgeworfen, die Pogrome gegen die Muslime stillschweigend unterstützt zu haben. Die indischen Gerichte kamen 2012 zu dem Schluss, dass die Beweislage nicht ausreiche, um ihn deshalb anzuklagen. Aber sein Leumund stand in dem Maße in Abrede, dass er keine Einreiseerlaub in die Vereinigten Staaten mehr erhielt, bis zu seinem Wahlsieg 2014.

Nichtsdestoweniger argumentierte ich in einem Artikel, der kurz vor den Wahlen erschien, dass Indien «einen Ruck» brauche und Modi ein «Risiko» sei, das man eingehen sollte.[129] Modis einfache Herkunft aus der indischen Provinz stand in einem erfrischenden Kontrast zu der Rahul Gandhis, dem Hoffnungsträger der Kongress-Partei, dem das Regieren in die Wiege gelegt zu sein schein und dessen Vater, Großmutter und Urgroßvater allesamt Premierminister Indiens gewesen waren. Modis Aufstieg, so schrieb ich, «würde eine Botschaft der Erneuerung aussenden in einem Land, in dem die Lebenschancen zu vieler Menschen weiterhin von Armut, Klassen- oder Kastenzugehörigkeit begrenzt werden.» Und die Gujarat-Massaker lägen ja schließlich «schon mehr als ein Jahrzehnt zurück». Seitdem habe sich «die Amtsführung von Herrn Modi durch seinen Fokus auf Wirtschaftsreformen ausgezeichnet statt auf interkonfessionelle Streitigkeiten».[130]

Heute bin ich von meinen Worten doch etwas peinlich berührt. Allerdings kamen zu der Zeit weit distinguiertere Persönlichkeiten zu ähnlichen Urteilen über Modi. 2015 lobte US-Präsident Barack Obama im TIME-Magazin den neuen indischen Premierminister als jemanden, der «die Dynamik und das Potenzial des Aufstiegs

Indiens» verkörpere.[131] Viele berühmte Liberale und Intellektuelle in Indien waren ebenfalls bereit, Modi eine Chance zu geben. Nach einigem Nachdenken entschied sich der bekannte Ökonom Raghuram Rajan, der 2013 seinen Lehrstuhl an der Universität von Chicago verlassen hatte, um indischer Zentralbankchef zu werden, dazu, auf seinem Posten zu verbleiben und der Modi-Regierung zu dienen.

Und in aller Fairness gilt festzuhalten, dass Modi in den ersten Jahren seiner Amtszeit nicht die schlimmsten Befürchtungen seiner Kritiker bestätigte. Es gab wenig interkonfessionelle Gewalt; die schlimmsten Beispiele stammten weiterhin aus der Zeit vor Modi, wie die Anti-Sikh-Unruhen und -Morde von 1984.

Als ich allerdings Indien erneut im Mai 2018 besuchte, fand ich eine Menge Anzeichen für eine Verrohung der nationalen Debatte und eine Kultur von Gewalt und Hass innerhalb der regierenden BJP-Partei. In einem Fall — der damals in Delhi viel diskutiert wurde — war ein acht Jahre altes Mädchen von einer Gruppe Männer in Nordindien vergewaltigt und ermordet worden. Einige lokale BJP-Führer hatten an Demonstrationen und Aufmärschen für die angeklagten Mörder teilgenommen, die Hindus waren. Der Premierminister selbst hatte auffällig lange gebraucht, um sich zu dem Fall zu äußern. Daraufhin schrieben 49 im Ruhestand befindliche hohe Beamte einen offenen Brief an Modi und warfen ihm vor, «ein Klima des Hasses, der Furcht, und der Brutalität in Indien» zu schaffen; dies sei «die schwärzeste Stunde Indiens» seit der Unabhängigkeit.[132]

Die Verzweiflung der Liberalen in Delhi schien die Unterstützer der BJP und Pro-Modi-Intellektuelle eher abzustoßen, wenn nicht gar zu amüsieren. Wie Trumps Befürworter in Washington argumentierten sie, dass sie die Gefühle der hart arbeitenden, gewöhnlichen Leute repräsentierten, nicht die händeringende liberale Elite in der Hauptstadt. S. Jaishankar, Indiens Außenminister, der selbst in die indische Elite hineingeboren worden war — sein Vater war der Vater des indischen Atomwaffenprogramms – sagte mir, Modis aus- und inländische Kritiker müssten verstehen, wie tief die Beziehung reiche, die den Premierminister mit dem Indien fern der Hauptstadt verbinde.[133]

Andere waren ungleich offener und extravaganter in ihrer Zurückweisung «westlicher liberaler Werte». Subramanian Swamy, der an der Harvard-Universität in Wirtschaftswissenschaften promoviert hatte, sprach sich gar dafür aus, indischen Muslimen das Wahlrecht zu entziehen, falls sie nicht eingestehen wollten, «dass ihre Vorfahren Hindus waren». (Innerhalb der BJP ist es gang und gäbe zu argumentieren, dass die meisten indischen Muslime ursprünglich Hindus waren, die während der Herrschaft der Mughals zur Konvertierung gezwungen wurden.) In Swamys Augen führte der aktuelle Zustand der internationalen Politik vor Augen, dass «es dort, wo es große muslimische Bevölkerungen gibt, immer Probleme gibt».[134] Während sich Modi selten so unverblümt äußert, hat er offenkundig nichts dagegen, wenn Spitzenpolitiker und Parteisoldaten der BJP solche Töne anschlagen. Wie mir ein Journalist in Delhi sagte: «Modi sagt die schlimmsten Dinge nicht selbst. Er posiert nur für Selfies mit denjenigen, die es tun.»

Aber würde Modi die schlimmsten Dinge auch *tun*? Als ich Delhi 2018 verließ, war ich unschlüssig. Modi war offensichtlich populär. Er hatte für solides wirtschaftliches Wachstum gesorgt und wichtige Sozialreformen auf den Weg gebracht, darunter die Ausstattung von Hunderten Millionen indischen Haushalten, die ohne Grundversorgung lebten, mit Toiletten. Allerdings hatten einige der Wirtschaftsreformen sein Faible für willkürliche und dramatische Gesten offengelegt. 2016 hatte er plötzlich 80 Prozent der indischen Währung aus dem Verkehr gezogen. Die Regierung behauptete, dies sei Teil einer effektiven Korruptionsbekämpfung, unter Verweis auf weit verbreitete Vorstellungen, die korrupten Reichen würden ihre unverdient erworbenen Vermögen als Bargeld in ihren Häusern stapeln.

Tatsächlich waren es die Armen, die auf Bargeld angewiesen waren, während die Superreichen viel wahrscheinlicher eher ausländische Bankkonten bevorzugten. «Demonitarisierung» war ein klassischer populistischer Schachzug, der die Wirtschaft belastete, aber Modis Popularität nicht langfristig beschädigte.

Unglücklicherweise haben *strongmen* die Tendenz, immer autokratischer und willkürlicher zu agieren, je länger sie im Amt sind.[135] Putin und Erdoğan wurden in ihren zweiten und dritten Amtszeiten immer radikaler. Ein ähnliches Muster war nach Modis Wiederwahl zu beobachten.

Der Premierminister sah sich im Wahlkampf von 2019 von der Kongress-Partei und Indiens zahlreichen Regionalparteien ernsthaft herausgefordert. Aber die Lage änderte sich zu Modis Gunsten aufgrund einer militärischen Konfrontation mit Pakistan, mit dem Indien seit der Unabhängigkeit drei Kriege geführt hat. Am 14. Februar 2019 tötete ein Selbstmordattentäter in Kaschmir 40 indische Polizisten; eine islamistische Gruppe, die in Pakistan beheimatet ist, bekannte sich zu dem Anschlag. 2008 hatte die Regierung von Manmohan Singh auf einen militärischen Gegenschlag gegen die benachbarte Atommacht verzichtet, nachdem in Pakistan ausgebildete Terroristen bei einem Überfall auf ein Hotel in Mumbai, Indiens größte Stadt, 166 Menschen umbrachten. Modis Regierung schlug einen aggressiveren und mutigeren Weg ein und autorisierte am 26. Februar Luftschläge gegen die in Pakistan gelegenen Ausbildungslager der Terroristen. Laut indischer Regierung kamen bei Bombardierung des Lagers von Jaish-e-Mohammed Hunderte Terroristen ums Leben — eine Behauptung, die die pakistanische Regierung in Zweifel zog.

Was auch immer genau passiert war, die Luftschläge wurden von Indiens Medien weitestgehend ekstatisch gefeiert. Der Angriff ging den Wahlen um ein paar Monate voraus und war insofern ideal getimt, um Modis *strongman*-Image aufzupolieren. Bei einem seiner letzten Wahlkampfauftritte erklärte er: «Wenn Sie den Lotus [das Symbol seiner Partei] wählen, dann geben Sie nicht nur Ihre Stimme ab, sondern drücken den Abzug, um Terroristen in den Kopf zu schießen … Halten Sie diesen Ansatz für gut? Sind Sie froh darüber? Denken Sie darüber erhobenen Hauptes nach? Ist Ihre Brust nicht mit Stolz erfüllt?»[136] Es war eine sehr effektive Botschaft. Bei den Wahlen am 11. April baute die BJP ihre Parlamentsmehrheit deutlich aus, gewann 55 Prozent der Sitze auf der Basis von 37 Prozent der Stimmen (gegenüber 31 Prozent 2014). Der Luftangriff auf Balakot war der Wendepunkt gewesen.

Jede Welle eines gegen Pakistan gerichteten Volkszorns in Indien mündet zwangsläufig in größere Animositäten gegenüber der indischen muslimischen Minderheit, die von glühenden Hindu-Nationalisten oft als «fünfte Kolonne» diffamiert wird. Und tatsächlich verschärfte die BJP nur wenige Monate nach den Wahlen ihre «Hindutva»-Agenda und wurde in ihren Forderungen expliziter und radikaler. Im August 2019 hob die Modi-Regierung den speziellen verfassungsmäßigen Status für den einzigen Bundesstaat mit muslimischer Bevölkerungsmehrheit, Jammu und Kaschmir, auf und schränkte bürgerliche Freiheitsrechte stark ein. Dazu gehörte auch die Inhaftierung führender kaschmirischer Politikerinnen und Politiker ohne Gerichtsverfahren. Auslandskorrespondenten mit Sitz in Delhi und Oppositionspolitiker durften nicht in die Region reisen. Die indische Regierung lud mich zu einer speziellen «*Fact-Finding*»-Tour in den Bundesstaat ein, aber ich lehnte ab, da der Delhi-Korrespondent der *Financial Times* weiterhin keinen Zugang zu Jammu und Kaschmir erhielt. Eine Gruppe, die die Einladung annahm, bestand aus Abgeordneten des Europaparlaments — die überwiegend aus Vertreterinnen und Vertretern rechtsgerichteten Parteien bestand; Frankreich, Polen und Großbritannien waren überproportional vertreten.[137]

Die Modi-Regierung verteidigte die Abschaffung des Sonderstatus von Kaschmir als die Korrektur einer verfassungsmäßigen Anomalie. Ihr Argument besagt, dass nunmehr alle Inderinnen und Inder tatsächlich gleichbehandelt würden. Doch tatsächlich sah es so aus, als seien Musliminnen und Muslime nunmehr für eine Sonderbehandlung vorgesehen, wenn nicht gar Schlimmeres. Im Bundesstaat Assam, der an das muslimische Bangladesch grenzt, wurde eine Bürgerregistrierung durchgeführt und rund zwei Millionen muslimische Einwohner zu «illegalen Einwanderern» gestempelt, die kein Recht hätten, in Indien zu leben.

Danach führte die Modi-Regierung Bürgerregistrierungen im ganzen Land durch. Millionen Menschen drohte potenziell die Aberkennung ihrer Staatsbürgerschaft, wenn sie keine Papiere vorlegen konnten, die bewiesen, dass sie zu Recht in Indien lebten. In einem Land mit geringer Alphabetisierungsrate, schwacher Bürokratie und einem knirschenden Rechtssystem war eine solche Drohung schreckenerregend. Die Errichtung von Inhaftierungslagern im ganzen Land fachte die Furcht weiter an, Modi würde Xis China nacheifern wollen und Millionen Muslime einsperren lassen. Das Gefühl, dass Muslime nunmehr Bürger zweiter Klasse waren, wurde durch ein Gesetz mit dem Titel Staatsbürgerschaftsergänzungsgesetz (*Citizenship Amendment Act*) noch verstärkt, das im Dezember 2019 verabschiedet wurde, das jedem Hindu, der im Ausland verfolgt wurde, automatisch die indische Staatsbürgerschaft zuerkannte — ein Recht, dass Muslimen unter gleichen Umständen verwehrt wurde. (Die BJP argumentierte, es gebe nur ein Land in der Welt, in das Hindus fliehen könnten, während Muslime Asyl in einer Reihe von mehrheitlich von Muslimen bewohnten Ländern suchen könnten.)

In Demokratien sind eine unabhängige Justiz, freie Medien und lebendige Nichtregierungsorganisationen traditionell die Wächter über staatsbürgerliche Rechte. In Modis Indien sind diese Institutionen allerdings immer stärker bedroht. Regierungsdruck auf die Eigentümer und Redakteure von Medien – der durch Anzeigenboykotte, gezielte Entlassungen und Belästigungen via soziale Medien verstärkt wird – lassen den Raum für Kritik an der Regierung schrumpfen. Ökonom und Nobelpreisträger Amartya Sen, der heute in den Vereinigten Staaten lebt, erzählte, dass seine Freunde in Indien vorsichtig seien, am Telefon die Regierung zu kritisieren, und fügte hinzu: «Die Leute haben Angst, ich habe so etwas noch nicht erlebt.»[138]

Spricht man mit Intellektuellen in Delhi oder Mumbai, erinnern die Unterhaltungen immer stärker an solche mit ihren Gegenstücken in Istanbul oder Moskau. Es gibt immer noch tapfere und prinzipientreue Menschen, die bereit sind, die Regierung auch scharf zu kritisieren. Aber sie sind sich bewusst, dass solche Kritik Karrieren – und sogar persönliche Freiheit und Sicherheit – aufs Spiel setzt. Es gibt Fälle von prominenten Chefredakteuren und Nachrichtenmoderatorinnen, die ihre Posten verloren, nachdem sie sich kritisch über die BJP geäußert hatten. Pratap Bhanu Mehta, ein berühmter indischer Akademiker und lauter Kritiker der Regierung, schrieb 2019: «Die Schlinge um alle unabhängigen Institutionen in Indien zieht sich immer weiter zu.»[139] Wie zur Bestätigung trat Mehta überraschend im gleichen Jahr von seinem Posten als Vizekanzler der privaten Ashoka-Universität zurück und verließ die Institution 2021, was über 150 Akademikerinnen und Akademiker dazu veranlasste, einen Brief gegen den «politischen Druck» zu verfassen, der zu seinem Abgang geführt habe.

Amnesty International war 2021 gezwungen, seine Arbeit in Indien einzustellen, nachdem die Konten der Organisation eingefroren worden waren, mit der Begründung, Amnesty habe illegal Geld aus dem Ausland erhalten. Die Menschenrechtsorganisation argumentierte dagegen nachvollziehbar, der wahre Grund sei die Dokumentation des Umgangs mit Muslimen und mit Kaschmir gewesen.[140]

Nichtregierungsorganisationen anzugreifen, weil sie angeblich Instrumente ausländischer Mächte sind, ist auch in China und Russland allgemeine Praxis.

2014 verstarb Brijgopal Loya, der Richter, der dem Verfahren gegen Amit Shah, einem engen politischen Verbündeten Modis, vorsaß, unter mysteriösen Umständen. Loyas Familie behauptete, sein Leichnam sei von Blut überströmt gewesen, als er ihr übergeben worden sei. Sie beantragte eine offizielle Untersuchung des Falles, was abgelehnt wurde. Der neue Richter stellte das Verfahren gegen Shah zügig ein, der heute Innenminister ist.[141] Shah selbst scheut nicht davor zurück, zu Gewalt aufzurufen. Als es an indischen Universitäten zu Protesten gegen Modis diskriminierendes neues Staatsbürgerschaftsrecht kam, meinte Shah, die Studierenden, die an ihnen teilnahmen, sollten «eine Lehre erteilt bekommen und bestraft werden». Bald danach rührte die Polizei von Delhi keinen Finger, als ein gewalttätiger, bewaffneter Mob Studentinnen und Studenten der Jawaharlal-Nehru-Universität zusammenschlugen.

In dieser Atmosphäre greifen einige prominente Inder auf eine verschlüsselte Sprache zurück. Shivshankar Menon, Indiens ehrwürdiger ehemalige Diplomat, der einst der oberste Sicherheitsberater seines Landes war, schien diese zu bemühten, als er das Buch *How to Be a Dictator* von Frank Dikötter besprach. Menon hob hervor, die Diktatoren des 20. Jahrhunderts, die Dikötter studiert hatte, «vermengen alle die Person des Führers mit der Nation, nutzen Ultranationalismus und Fremdenfeindlichkeit, … Rasse und Ethnizität, um Feinde wie Juden und Muslime zu identifizieren, und stellen den Anführer als bescheiden, spartanisch und hart arbeitend dar». Ohne Namen zu nennen, beendete Menon seine Besprechung mit dem Verweis auf die «Resonanz» des Buches «mit der Gegenwart, in unserer Politik des Hasses, des Ultranationalismus und des Personenkults. … Darin steckt eine Warnung für uns alle.»[142]

Für die Modi-Regierung — wie auch für die Trump-Regierung in den Vereinigten Staaten — war Kritik von im Ruhestand befindlichen Beamten oder Universitätsprofessorinnen einfach nur ein weiterer Beleg für die Verdorbenheit der intellektuellen Elite des Landes. Indiens Universitäten gelten ihr als suspekte Institutionen voller unzuverlässiger Liberaler, die ihre vermeintliche moralische Überlegenheit vorführen wollen.[143] Laut Shruti Kapila, einer an der Universität Cambridge lehrenden Historikerin, stand Modi nun «im Epizentrum eines weltumspannenden Rings des Antagonismus und des Zorns gegenüber traditionellen Eliten, den Medien und den Intellektuellen, während sich die Demokratie in einen autoritären Populismus verwandelt».[144]

Das Ausmaß, in dem sich die Dinge in Indien verändert hatten, war in dem 2021 veröffentlichten Report «Freedom in the World» abzulesen, den Freedom House herausgibt, eine in den Vereinigten Staaten ansässige Nichtregierungsorganisation. Zum ersten Mal seit 1997 wurde Indien von einem «freien» zu einem «teilweise freien» Land herabgestuft. Freedom House begründete dies mit einem «seit Jahren zu beobachteten Muster» der Erosion von Freiheitsrechten und beklagte, «dass Modi und seine Partei tragischerweise Indien in den Autoritarismus treiben». Da Indien für etwa 20 Prozent der Weltbevölkerung steht, hat die Herabstufung automatisch Folgen für das globale Kräfteverhältnis von Demokratien und Autokratien.

Die ideologische und persönliche Nähe zwischen Trump und Modi und den Bewegungen, die sie unterstützen, wurde von zwei gemeinsamen Auftritten der beiden Regierungschefs in Indien und den Vereinigten Staaten unterstrichen. Im September 2019 sprach Modi vor einer großen und ekstatischen Menge, die weitgehend aus ausgewanderten Inderinnen und Indern bestand, in Houston im US-Bundesstaat Texas — ein Ereignis, das als «Howdy Modi» bekannt wurde. Ein paar Monate später besuchte Trump Indien und sprach vor 125000 Menschen in Modis Heimatbundesstaat Gujarat. Beide hatten den Kampf gegen den «islamistischen Terrorismus» in den Mittelpunkt ihrer Wahlreden gestellt. Eine von Trumps ersten Maßnahmen als Präsident 2016 war der Versuch, einen «Muslimen-Bann» ins Werk zu setzen, der Staatsbürger mehrerer mehrheitlich von Muslimen bewohnten Staaten die Einreise in die Vereinigten Staaten untersagte. Modis Anstrengungen in seiner zweiten Amtszeit, den Zugang von Muslimen zur indischen Staatsbürgerschaft möglichst einzugrenzen, sprachen von einem ähnlichen Denken. Jason Stanley, der Philosophie an der Yale-Universität lehrt und Trumps Besuch 2020 beobachtete, argumentierte, dass Trump und Modi, indem sie beide den Ethno-Nationalismus betonten, mit faschistischen Elementen spielten. Stanley schrieb: «Der Kern faschistischer Ideologie ist dann berührt, wenn Staatsbürgergesetze geändert werden, um die einzelne ethnische Gruppe zu privilegieren. … Trumps triumphaler Besuch Indiens führt vor, wie global Ethno-Nationalismus geworden ist.»[145]

Allerdings sind Faschismusvorwürfe, die liberale Akademiker in Richtung Trump oder Modi schleudern, von ihren Adressaten nicht unbedingt unwillkommen. Beiden nützt die politische Polarisierung ihrer jeweiligen politischen Landschaften. Das Trump-Modi-Treffen in Delhi im Februar 2020 fand statt, während es zu tödlichen Zusammenstößen zwischen Hindus und Muslimen in anderen Teilen der Stadt kam, die von den Protesten gegen das neue Staatsbürgerschaftsrecht ausgelöst worden waren. In Indien, wie auch später in Amerika, wurde der Polizei vorgeworfen, an der Gewalt gegen Minderheiten beteiligt gewesen zu sein.

Im Gegensatz zu Trumps war allerdings Modis innenpolitische Stellung 2020 praktisch unangefochten. Das parlamentarische System seines Landes erlaubte es dem indischen *strongman*, seine Position auf Grundlage von nur etwas mehr als einem Drittel der abgegebenen

Stimmen weiter auszubauen. Im Unterschied zu Trump überließ es Modi seinen politischen Fürsprechern, die am stärksten polarisierenden Äußerungen zu tun, während er an seinem Image als selbstloser Mann des Volkes polierte, der über den politischen Streitigkeiten stand. Die indischen Medien und Gerichte waren zudem auch viel gefügiger als die Kräfte, die sich Trump in den Weg stellten. Während der Oberste Gerichtshof formal weiterhin unabhängig von der Regierung blieb, schienen einige Richter Modi beunruhigend nahezustehen. Einer beschrieb den Premierminister als «international gefeierten Visionär», ein anderer nannte ihn «unseren höchst populären, geliebten, energiegeladenen und visionären Anführer».[146]

Mit der Coronavirus-Krise falsch umzugehen – was Trumps Ansehen stark beeinträchtigte – erwies sich für Modi als weit weniger folgenreich. Lockdowns oder Mindestabstände durchzusetzen war in einem so armen, dicht besiedelten Land wie Indien von vornherein äußerst schwierig. Nichtsdestoweniger verpatzte Modi Indiens Antwort auf das Virus – nicht nur einmal, sondern zweimal. Seine einsame Entscheidung, im März 2020 einen harschen Lockdown zu verhängen, und dies nur mit vier Stunden Vorlauf, hatte einen kontraproduktiven Effekt, denn er führte dazu, dass Tagelöhner, die ihre Jobs verloren, die großen indischen Städte verließen und zurück in die ländlichen Gebiete gingen. Auf diese Weise verbreitete sich das Virus viel schneller im ganzen Land. Als sich der Lockdown aus wirtschaftlichen und sozialen Gründen nicht durchhalten ließ, erlebte Indien eine der schwersten Epidemien im internationalen Vergleich.

Modis Popularität tat dies allerdings kaum einen Abbruch. Mitte Juni 2020, während die Pandemie weiter wütete, lagen die Zustimmungsraten für den indischen Regierungschef bei haushohen 74 Prozent. Gilles Verniers, ein Politikwissenschaftler von der Ashoka-Universität, kommentierte: «Die Leute glauben, dass es der

Premierminister gut meint. Sie vertrauen auf ihn, dass er starke und mutige Entscheidungen trifft, und sie machen ihn für die Konsequenzen nicht verantwortlich.»[147]

Im Februar 2021 feierte die BJP Modi dafür, das Land von Covid-19 befreit zu haben. Die Regierungspartei verabschiedete eine Resolution, in der es triumphierend hieß: «Es kann mit Stolz gesagt werden, dass Indien unter der kompetenten, klugen, engagierten und visionären Führung von Premierminister Modi Covid-19 besiegt hat. … Die Partei lobt ihre Führung uneingeschränkt dafür, Indien der Welt als stolze und siegreiche Nation im Kampf gegen Covid-19 präsentiert zu haben.»[148] Um die Botschaft noch zu verstärken, dass es sich um Modis Sieg handelte, wurden die Impfzertifikate, die an Inderinnen und Indern ausgegeben wurden, mit dem Konterfei des Premierministers versehen.

Doch die Siegesfeier erwies sich als tragisch verfrüht. Im Frühjahr 2021 wurde Indien von der massiven zweiten Welle der Pandemie getroffen, die unter anderem noch dadurch verschlimmert wurde, dass die Modi-Regierung große Wahlkampfveranstaltungen in West Bengal erlaubte, bei der sogar der Regierungschef selbst sprach. Zuvor war bereits das Hindufest Kumbh Mela zugelassen worden, bei dem Millionen Gläubige zu einem einzigen Ort pilgerten. Als die zweite Welle zuschlug, gingen Indiens Krankenhäusern die Betten und der Sauerstoff aus; Massenfeuerbestattungen fanden in öffentlichen Parks und sogar auf Parkplätzen statt. Die tragischen Fernsehbilder gingen um die Welt und machten Indien zum Symbolbild für Pandemie-Missmanagement. Dennoch sank die Zustimmung für Modi nur minimal. Im Sommer 2021, als die Pandemie wütete, lag sie bei 64 Prozent. Zynischen Beobachtern fiel auf, dass der Premierminister sein Erscheinungsbild veränderte und sich einen langen Bart im Stile eines hinduistischen Asketen hatte wachsen lassen, und sie spekulierten, ob Modi versuchte, sich als spiritueller Anführer zu positionieren, der über dem täglichen Politikmachen und der Pandemiebekämpfung stand.[149]

Der Appell an den Nationalstolz, wenn nicht gar der Anspruch auf spirituelle Führung, waren für die Modis anhaltende politische Stärke zentral – was deutlich wurde, als seine Regierung mit großen Bauernprotesten konfrontiert war. Der Auslöser waren drei Gesetze, die im September 2020 verabschiedet wurden und darauf abzielten, den Agrarsektor zu liberalisieren. Die Regierung schlug vor, das alte System abzuschaffen, unter dem Bauern ihre Erzeugnisse dem Staat zu festen Preisen verkauften. Stattdessen sollten die Produzenten direkt an private Abnehmer verkaufen. Diese Art von Liberalisierung gefällt üblicherweise Ökonomen und Technokraten in Organisationen wie der Weltbank. In Indien aber erzeugte es eine Gegenreaktion, mit der die BJP-Führung, die so stolz auf ihre Verbundenheit mit dem «wahren Indien» ist, nicht gerechnet hatte.

Rund die Hälfte der indischen Bevölkerung lebt weiterhin von der Landwirtschaft, und viele Bauern waren alarmiert über die Idee, dass die bisherigen Preisgarantien gekippt werden könnten. Über eine halbe Million Demonstranten marschierten nach Delhi und kampierten am Stadtrand. Diverse Verhandlungsrunden und Versprechungen, dass die Einführung der neuen Bestimmungen verschoben werden würde, brachten kein Ende der Protestbewegung. Die Modi-Regierung war offensichtlich aus dem Konzept gebracht und erklärte, die Proteste würden von «anti-nationalen» oder ausländischen Kräften geschürt. Disha Ravi, eine 22 Jahre alter Klimaaktivistin, wurde gar dafür verhaftet, dass sie Flugblätter mit Tipps verteilt hatte, wie Aktivisten die Bauern unterstützen könnten. Ravi wurde vorgeworfen, mit Greta Thunberg, der schwedischen Klimaaktivistin, unter einer Decke zu stecken. Zu weiteren Ausländerinnen, denen vorgeworfen wurde, sich in innerindische Angelegenheiten einzumischen, gehörte Popstar Rihanna, die über ihre Sorge um die indischen Bauern getweetet hatte. Solcherart Anwürfe aus den Reihen der BJP sorgen außerhalb Indiens in der Regel für Unverständnis und Spott. Doch innerhalb des Landes ist Nationalstolz ein effektives Instrument, um Unterstützung für die Modi-Regierung zu gewinnen und ihre Kritiker einzuschüchtern.

Westlichen Kritikern wird häufig vorgeworfen, dem Kolonialismus verhaftet zu sein. Aber der Westen ist nicht länger eine glaubwürdige Gefahr für Indien. Im Gegensatz dazu schockte der tödliche Zusammenstoß zwischen indischen und chinesischen Soldaten das Establishment in Delhi ebenso wie die indische öffentliche Meinung insgesamt. Die Hyperparteilichkeit der indischen Politik war kurzzeitig außer Kraft gesetzt, Modi traf zu Konsultationen mit den Oppositionsführern zusammen. Die indische Regierung bemühte sich, die wirtschaftlichen Abhängigkeiten gegenüber China zu verringern, indem sie einige beliebte chinesische Apps verbot. Indische Strategen machten sich ans Werk, die militärischen und diplomatischen Bande mit den Vereinigten Staaten, Japan und Australien zu stärken.

Während die Spannungen mit China stiegen — und die Diskussionen über einen zweiten Kalten Krieg intensiver wurden —, konzentrierten sich die Vereinigten Staaten immer stärker auf Indien als wichtiges Mitglied einer sich abzeichnenden Allianz der Demokratien, die sich gegen Chinas Expansionismus stellen könnte. Als strategischer Schachzug ergab dies Sinn. Aber wer sich mit der ideologischen Strömung Modis und seiner Partei auskannte, wusste auch, dass die westliche Politik Gefahr lief, einem allzu einfachen Weltbild zu folgen — in dem ein demokratisches Indien als Bollwerk gegen ein autoritäres China agiert. In Wahrheit konnte man allerdings genauso gut argumentieren, dass Indiens Abrutschen in den Illiberalismus tatsächlich den globalen Trend zum Autokratismus beförderte.

Diese unbequemen Nuancen waren in westlichen Hauptstädten allerdings nicht willkommen. In Washington, das sich immer stärker auf die Rivalität mit Peking konzentrierte, sah man in Modi einen unverzichtbaren Alliierten. In London betrachtete man Indien einmal mehr als «Kronjuwel» — nicht mehr für das Britische Weltreich, sondern für die Post-Brexit-Strategie eines «Globalen Britanniens». Und selbst innerhalb der Europäischen Union gab es einflussreiche Bewegungen, die Modis tiefsitzenden Argwohn gegenüber dem Islam teilten. Tatsächlich beförderte die Furcht vor Muslimen und Einwanderern auch den Aufstieg von *strongmen*-Politikern in der EU.

# 5

## VIKTOR ORBÁN UND JAROSŁAW KACZYŃSKI

### DER AUFSTIEG DES ILLIBERALEN EUROPAS (2015)

«Hallo, Diktator!» An den Regierungschef eines EU-Mitgliedsstaats gerichtet ist das eine ungewöhnliche Begrüßung. Doch waren dies die Worte, die EU-Kommissionspräsident Jean-Claude Juncker gebrauchte, als er den ungarischen Ministerpräsidenten Viktor Orbán bei einem EU-Gipfel 2015 willkommen hieß.

Es war der Versuch, mit schwarzem Humor eine äußerst unangenehme Situation zu überspielen: Die Europäische Union soll eine Gemeinschaft liberaler Demokratien sein. Sie rühmt sich, dabei geholfen zu haben, die politische Freiheit in den Staaten Mittel- und Osteuropas zu sichern, nachdem diese so viele Jahre als Teil des sowjetischen Blocks ertragen hatten. Um der EU beizutreten, mussten Ungarn und andere Neulinge wie Polen oder Rumänien die Kopenhagener Kriterien erfüllen, zu deren Kernbestand politische Werte wie Demokratie und Rechtsstaatlichkeit zählen.

Doch im Sommer 2015 war klar, dass sich Ungarn unter Viktor Orbán in die entgegengesetzte Richtung bewegte. Mit einer Zweidrittelmehrheit auf seiner Seite erodierte Orbán stetig unabhängige Institutionen, indem er Gerichte, Medien, Beamtenschaft, Universitäten und Kulturinstitutionen unter die Kontrolle seiner Fidesz-Partei brachte. Nichtregierungsorganisationen, die sich Orbáns immer stärker autoritärem Stil widersetzten, wurden Steuerrazzien unterzogen oder verboten. Derweil ließen sich die Kumpane des Ministerpräsidenten mit Spitzenjobs und lukrativen öffentlichen Aufträgen ausstatten.

Das alles waren Dauerbrenner aus dem Repertoire des *strongman*. Doch Orbán hatte auch Ambitionen als Theoretiker: Ihm ging es darum, der liberalen Lehre aus Washington und Brüssel eine alternative Ideologie gegenüberzustellen. In einer Reihe von Reden und politischen Interventionen entwickelte er seine Vorstellung von «Illiberalismus». Der ungarische Regierungschef zeichnete darin eine Karikatur des Liberalismus als einer elitären Ideologie, die von «Globalisten» befördert danach strebt, nationale Grenzen und Kulturen aufzulösen. Im Jahr vor Junckers unorthodoxer Begrüßung hatte Orbán in Brüssel die Alarmglocken schrillen lassen, als er in einer Rede versprach, «in der Europäischen Union einen neuen Staat auf illiberalem und nationalem Fundament zu errichten».[150]

Junckers spitze Begrüßung könnte als versteckte Warnung an den ungarischen Ministerpräsidenten gemeint gewesen sein; dann verhallte sie jedoch wirkungslos. Das Projekt Orbán war bereits startklar. Befeuert wurde es von der Flüchtlingskrise, die Europa im Sommer 2015 traf, und von islamistischen Terroranschlägen, die den Kontinent das ganze Jahr über in Schock versetzten.

Der mörderische Terroranschlag auf das französische Satiremagazin *Charlie Hebdo* im Januar 2015 eröffnete Orbán eine erste Gelegenheit, sich als eine der lautesten Stimmen Europas gegen Immigration aus der islamischen Welt zu etablieren. Gemeinsam mit vielen anderen Spitzenpolitikern nahm er an einem Trauermarsch in Paris teil, um Solidarität mit den Franzosen zum Ausdruck zu bringen. Doch er ging noch weiter und erklärte eine Haltung von «Null Toleranz gegen Immigranten». Er sagte: «Wir wollen in unserer Mitte keine Minderheiten sehen, deren kultureller Hintergrund sich von unserem unterscheidet. Wir wollen ein Ungarn der Ungarn.»[151]

Aus dem Mund des ungarischen Regierungschefs war eine solch schroffe Ablehnung von Einwanderung etwas sonderbar: Weniger als fünf Prozent der Einwohner seines Staats sind außerhalb Ungarns geboren — und die meisten davon sind ethnische Ungarn, die aus Rumänien eingewandert sind.[152] (Zum Vergleich: In Frankreich und den Vereinigten Staaten sind 12 Prozent der Bevölkerung im Ausland geboren, im Vereinigten Königreich sogar 14 Prozent.) Doch trotz der kulturellen Homogenität im Land gelang es Orbán, die nationale Kultur als existenziell bedroht hinzustellen, indem er auf die kleine Bevölkerung von bloß rund 10 Millionen Einwohnern und die Geschichte Ungarns Bezug nahm. Während seiner gesamten politischen Karriere kam er in geradezu obsessiver Weise immer wieder auf die Ungerechtigkeiten des Friedensvertrags von Trianon (1920) zu sprechen, aufgrund dessen Ungarn als einer der Verlierer des Ersten Weltkrieges zwei Drittel seines Gebiets abgeben musste.

Für Orbán ist es der zentrale Fehler des Brüsseler Liberalismus, die Bedeutung der Nation zu verkennen. Er behauptete, dass das angebliche Bestehen der EU auf offenen Grenzen für Ungarn ein Trianon mit anderen Mitteln bedeuten könnte: «Nicht mit einem Federstrich, wie es vor hundert Jahren in Trianon geschah; nun wollen sie, dass wir unser Land im Laufe weniger Jahrzehnte freiwillig an andere abgeben …, an Fremde, die von anderen Kontinenten kommen und unsere Sprache nicht sprechen.»[153]

Nachdem er Anfang 2015 seine brachiale Kritik an Einwanderung aus nicht-ungarischen Kulturkreisen geäußert hatte, war Orbán perfekt positioniert, um aus der Flüchtlingskrise politisches Kapital zu schlagen. Durch vier Jahre eines verheerenden Bürgerkriegs in Syrien und mehr als ein Jahrzehnt des Konflikts im Irak und in Afghanistan waren Millionen Menschen an Europas Grenzen auf der Flucht. Die meisten vertriebenen Syrer hatten sich in der Türkei angesammelt; als Ankara 2015 seine Grenzkontrollen lockerte, machten sich viele Syrer und andere Glücklose aus Afghanistan, dem Irak und weiteren Staaten auf den Weg über den Balkan nach Westeuropa.

Ungarn lag mitten auf ihrem Weg. Und obwohl nur sehr wenige der Flüchtenden beabsichtigten, dort zu bleiben, wurden sie von der Orbán-Regierung übel drangsaliert. Bei chaotischen und bedrückenden Szenen nahe dem Budapester Hauptbahnhof wurde Syrern und anderen wenig Sympathie entgegengebracht; häufig verweigerte man ihnen Lebensmittel und Obdach. Auch beeilte sich die ungarische Regierung, einen Stacheldrahtzaun von 175 Kilometern Länge entlang Ungarns Grenze zu Serbien und Kroatien zu errichten.

Die Entscheidung von Bundeskanzlerin Angela Merkel, die Grenzen ihres Staates für mehr als eine Million Flüchtlinge offen zu halten, war wesentlich von den Schreckensbildern motiviert, die man in Orbáns Ungarn gesehen hatte. Die Bilder gehetzter Familien in überfüllten Zügen auf der Flucht vor Krieg waren für viele Deutsche nach dem Holocaust zu schmerzhaft und klangen zu sehr nach, um sie ignorieren zu können.

Doch während Orbán für Liberale zum Monster wurde, betrachteten ihn neurechte Populisten und traditionelle Konservative — alarmiert von der Vorstellung eines Kontrollverlusts der EU an ihren Grenzen — als Helden. Im September 2015 wurde er demonstrativ von der CSU, der bayerischen Schwesterpartei der Merkel-CDU, zum Parteitag eingeladen. Das «C» steht bei beiden Parteien für christlich; der ungarische Ministerpräsident erklärte den versammelten deutschen Konservativen: «Die Krise eröffnet die Chance für nationale christliche Ideologien, nicht nur in Ungarn, sondern in ganz Europa wieder vorherrschend zu werden. ... Wir erleben das Ende des liberalen Geschwätzes. Eine Ära geht zu Ende.»[154]

Dem Eindruck, die Zukunft Europas könnte tatsächlich nationalistischen Populisten gehören, leisteten politische Veränderungen in Polen weiteren Vorschub. Im Mai 2015 gewann Andrzej Duda, Kandidat der Partei Recht und Gerechtigkeit (PiS), die polnischen Präsidentschaftswahlen. Im Oktober desselben Jahres baute die Partei — angeführt von Jarosław Kaczyński — ihre Stellung in Polen aus und gewann die Parlamentswahlen mit einer Kampagne, die Ängste vor muslimischen Migranten schürte. Recht und Gerechtigkeit war die Partei kleiner Städte und ländlicher Gegenden. Ihre Politik war nationalistisch und reaktionär, verpackt in die Klage, korrupte Eliten verkauften das Land an Ausländer. Auch machte PiS sich die konservativste Form des Katholizismus zu eigen.

Das Werben für erzkonservative soziale Werte war zentral für die Absage an den westlichen Liberalismus — und ein Verbindungsstück der Projekte Orbáns und Kaczyńskis. Wie Ivan Krastev und Stephen Holmes es formulierten, waren diese beiden politischen Figuren Repräsentanten einer «anti-westlichen Gegenelite vorwiegend provinzieller Prägung», die ihre Unterstützung aus Regionen «außerhalb der global vernetzten Metropolen» gewann.[155] Orbán wie Kaczyński haben ihre Politik als «konterrevolutionär» bezeichnet und argumentiert, traditionelle Werte gegen eine neue Form des Totalitarismus zu unterstützen, die keine Opposition dulde: den Liberalismus.

Diese Geschehnisse in Europa wurden von der nationalistischen Rechten in den Vereinigten Staaten auf Webseiten wie Breitbart oder Drudge Report begeistert aufgegriffen. Sie fanden in einer Zeit statt, in der ein Außenseiter seine unwahrscheinliche Kandidatur für die US-Präsidentschaft startete, in dessen Zuge er versprach, einen «totalen und vollständigen Stopp» für alle in die Vereinigten Staaten einwandernden Muslime zu verhängen.[156] Steve Bannon, der 2016 Trumps Wahlkampfmanager wurde, beschrieb Orbán als «Helden» und als «den wichtigsten Mann der Szene».[157]

Die Trumpisten hatten nichts als Verachtung für die vorsichtige, einwanderungsfreundliche Merkel übrig. Das Europa, mit dem sie sich identifizierten, war der Kontinent von Orbán und Kaczyński. Im Wesentlichen teilte Kaczyński Orbáns Illiberalismus, ebenso wie seinen Nationalismus und seine konservativen sozialen Werte.

Als faktischer Herrscher in Polen, einer der sechs wichtigsten europäischen Nationen, spielte er jedoch auf einer größeren Bühne als Orbán.

Kaczyński ist die dominante Figur in der regierenden Partei — viel mehr als Präsident Duda. Doch ist er auch ein Einsiedler, der kein Englisch spricht und sich zuhause bei seinen Katzen und seinen Büchern wohler fühlt als auf der Weltbühne. Als er zwischen Juli 2006 und November 2007 kurzzeitig polnischer Ministerpräsident war, wohnte Kaczyński bei seiner Mutter — nicht in der offiziellen staatlichen Residenz — und spendete 20 Prozent seines Gehalts für ein Katzenhilfswerk.[158]

Als er an die Macht zurückkehrte, stellte er sich bereitwillig als Schüler Orbáns dar, indem er dem ungarischen Ministerpräsidenten 2016 sagte: «Viktor Orbán hat gezeigt, dass in Europa vieles möglich ist. Sie haben ein Beispiel gegeben, und wir lernen davon.»[159] Diese bescheidenen Worte verhüllten eine recht düstere Wirklichkeit. Wie Orbán hatte auch Kaczyński die Lektionen aus seiner ersten Amtszeit gelernt. Beide waren zur Einsicht gekommen, dass sie, um wirklichen, langanhaltenden kulturellen und politischen Wandel zu erreichen, die Institutionen in ihren Ländern kontrollieren müssten — insbesondere die Gerichte, Medien und Schulen. Allerdings fand der zynische Taktiker Orbán seinen mystischen polnischen Verbündeten einigermaßen schräg. Nachdem die beiden Männer ein eintägiges Treffen an der polnisch-slowakischen Grenze abgehalten hatten, sagte Orbán angeblich einem Vertrauten: «Ich habe den Tag mit einem Verrückten verbracht.»*

Da Kaczyński kein Interesse daran hatte, außerhalb Polens in Erscheinung zu treten, war es an Orbán, das Gesicht illiberaler *strong-*

* Diese Geschichte hat mir ein Freund Orbáns erzählt. Ich habe keine unabhängigen Belege dafür. Aber ich schreibe sie auf, weil sie mich zum Lachen gebracht hat.

*man*-Politik in der EU zu werden. Sein während der Flüchtlingskrise 2015 erworbener globaler Ruf blieb ihm erhalten. Vier Jahre später war er unter dem Titel «Autokratie jetzt» («*Autocracy Now*») auf dem Cover der *Foreign Affairs* abgebildet und wurde dem amerikanischen Establishment so bei der Nachmittagslektüre erneut in Erinnerung gerufen. Dass Orbán neben Putin und Xi sowie den Staatschefs der Türkei und der Philippinen auf dem Cover zu sehen war, ist Ausdruck eines erstaunlichen Maßes an Anerkennung für den Regierungschef eines Staates mit 10 Millionen Einwohnern.

Die Erfahrung, eine globale Zuhörerschaft zu generieren und wohlhabende Westeuropäer über die Zukunft der Politik zu belehren, war für Orbán berauschend. In den Jahrzehnten seit dem Fall der Berliner Mauer waren die postsowjetischen Staaten in der Rolle von Schülern und Bittstellern gefangen gewesen, die von der EU darüber unterrichtet wurden, wie sie ihre Volkswirtschaften und politischen Systeme zu reformieren hätten. Nun waren sie es, die die Lektionen erteilten. Bei seiner Rede zur Lage der Nation Anfang 2020 erklärte Orbán: «Früher dachten wir, Europa sei unsere Zukunft. Heute wissen wir: Wir sind Europas Zukunft!»[160] Doch die Fähigkeit des ungarischen Ministerpräsidenten, globale Aufmerksamkeit als Europas führender populistischer Autokrat zu erregen, war auch der ironische Höhepunkt einer politischen Reise, die 1989 begonnen hatte, als die kommunistische Herrschaft in Ungarn endete.

Orbán kam 1963 in einem Dorf etwa 50 Kilometer außerhalb der Hauptstadt Budapest zur Welt. Er wuchs in ärmlichen Verhältnissen in einem Haus ohne fließendes Wasser auf; später beschrieb er die «unvergessliche Erfahrung» seines ersten Kontakts mit einem modernen Badezimmer im Alter von 15 Jahren.[161] Doch obwohl er aus einer armen Familie von Landarbeitern stammte, hatte sein Vater einen Universitätsabschluss, und Viktor selbst war ein guter Schüler, der einen Platz an einem Gymnasium und später an der Universität bekam. Als Spitzenpolitiker bewahrte Orbán sich die Verbindung zu seinen Wurzeln — und zu seiner Leidenschaft für Fußball: Beispielsweise leitete er den Bau eines großen neuen Fußballstadions in seinem Heimatort Felcsút. An der juristischen Fakultät in Budapest fiel Orbán mit seiner herrischen und charismatischen Persönlichkeit auf. Er wurde Teil eines engen Zirkels liberaler Studierender und profitierte von Praktika, Zuschüssen und Stipendien, die ihm von dem ungarisch-jüdischen Philanthropen George Soros verliehen wurden.

Der Wendepunkt in Orbáns Leben und Karriere kam im Sommer 1989, als die sowjetische Kontrolle über Zentraleuropa nachließ. Am 16. Juni organisierten ungarische Oppositionelle eine Demonstration auf dem Budapester Heldenplatz, die über 200000 Menschen anzog. Die Reden wurden live im Fernsehen übertragen, und ein junger, bärtiger 26jähriger Aktivist ergriff die Gelegenheit. Als letzter Redner auf der Bühne machte sich Orbán in nur sieben Minuten einen Namen. «Wenn wir in unsere eigene Stärke vertrauen, werden wir es schaffen, die kommunistische Diktatur zu beenden», rief er. «Wenn wir genug Mut haben, können wir die herrschende Partei zwingen, sich freien Wahlen zu stellen.»

Dieses Plädoyer für Demokratie hat die Jahre überdauert und wurde ein historischer Meilenstein. Es half auch dabei, Orbán als führende politische Figur im postkommunistischen Ungarn zu etablieren. Eine Meinungsumfrage listete Orbán bereits 1991 als drittbeliebtesten Politiker des Landes.[162] Zwei Jahre später wurde er Parteichef von Fidesz, einer liberalen Partei, deren junge, lockere und informelle Führungsriege einen beeindruckenden Kontrast zu den ehemaligen Apparatschiks der Kommunistischen Partei bildete.

Doch die ungarischen Wahlen 1994 waren eine herbe Enttäuschung für Fidesz — und sie waren ein Wendepunkt für Orbán. Er begann mit den älteren, urbanen, häufig jüdischen Liberalen aus Budapest zu brechen und sich einer konservativeren und nationalistischeren Politik zuzuwenden, die in Kleinstädten und auf dem Land gut ankam. Diese neue Strategie wendete das Blatt für die Partei: 1998 gewann Fidesz die Wahlen, und Orbán wurde für vier Jahre Ministerpräsident. Sein Rechtsdrift hatte außerhalb des Landes noch keine hohen Wellen geschlagen. Als ich in den frühen 2000er Jahren nach Ungarn reiste, um den Bewerbungsprozess des Landes für die EU zu verfolgen, traf ich in dem festen Glauben ein, Orbán sei noch immer der liberale Held von 1989. Ich sollte schnell bemerken, dass die Realität eine andere war.

Orbáns endgültiger Durchbruch kam 2010. Nach acht Jahren in der Opposition sollten sich die Geschicke der Partei erneut wandeln: Auslöser waren dieses Mal einerseits ein Korruptionsskandal, der die regierenden Sozialisten ruinierte, andererseits die Auswirkungen der Finanzkrise von 2008. Bei den Wahlen rauschte die Partei an die Macht. Es war entscheidend, dass sie eine Zweidrittelmehrheit im Parlament errang und Orbán so Verfassungsänderungen ermöglichte.

Nach einem mittlerweile allzu bekannten Muster nutzte der ungarische Ministerpräsident sein demokratisches Mandat, um die Demokratie auszuhöhlen — und er reizte seine rechtmäßigen Möglichkeiten aus, um die Rechtsstaatlichkeit abzuwickeln. 2011 wurde eine neue Verfassung durchs Parlament gejagt, die der Parlamentsmehrheit die Möglichkeit gab, Richter am Verfassungsgericht zu ernennen. Das Gericht wurde schrittweise mit Orbán-nahen Richtern besetzt, während ihm gleichzeitig einige Kontrollbefugnisse entzogen wurden. Die öffentlichen Medien wurden in die Hände verlässlicher Fidesz-Beamter gegeben und Orbáns Freunde und Geschäftskumpel begannen, den Rest der Medien aufzukaufen.

Einige meiner Freunde in den ungarischen Medien erzählten mir bald Horrorgeschichten über dreistes Verbreiten von Lügen und Regierungspropaganda. Einige gingen ins Exil. Attila Mong, einer der angesehensten Journalisten des Landes, protestierte 2010 gegen ein neues Mediengesetz mit einer Schweigeminute in seiner öffentlich-rechtlichen Radiosendung. Er wurde gefeuert und verließ letztlich das Land.

Doch andere ehemalige Liberale machten ihren Frieden mit dem Regime und lernten, davon zu profitieren. Bei einem Besuch in Budapest kurz nach Orbáns Rückkehr an die Macht im Jahr 2010 traf ich György Schöpflin, den ich erstmals im Kalten Krieg getroffen hatte, als er noch im Exil in London lebte. Der Akademiker von der London School of Economics war regelmäßiger Gast in den Studios des BBC World Service und ein eiserner Gegner der kommunistischen Herrschaft in Ungarn. Mittlerweile war er Fidesz-Abgeordneter im Europäischen Parlament und verteidigte Orbáns Politik in einem teuren Budapester Restaurant geschmeidig als Notwendigkeit zur Verteidigung der ungarischen Nation.

Je länger er an der Macht war und je selbstsicherer er wurde, desto radikaler wurden die Taktiken, die Orbán einzusetzen bereit war, um seine Vorstellung von Ungarn und seine politische Stellung zu verteidigen. Im Gefolge der Flüchtlingskrise entschied Orbán sich dazu, seinen ehemaligen Wohltäter George Soros zu dämonisieren. Die Anprangerung eines vermeintlichen «Soros-Plans», der Ungarn mit muslimischen Migranten überschwemmen sollte, war ein zentrales Element seiner Wahlkampagne im Jahr 2017 — ein grinsender Soros wurde auf Wahlplakaten abgedruckt, mit denen ganz Ungarn gepflastert wurde. Einen solchen Plan gab es nicht. Auf dem Höhepunkt der Flüchtlingskrise im Jahr 2015 hatte Soros bloß einen Meinungsbeitrag verfasst, in dem er dafür eintrat, die EU solle ihre Asylpolitik so umgestalten, dass pro Jahr eine Million Flüchtlinge zugelassen und über die Mitgliedstaaten verteilt würden.[163] Er war auch ein großzügiger Sponsor für Flüchtlingshilfswerke. Während der Wahlen von 2017 wurde Soros, der für kein Amt kandidierte, zum Gesicht einer zwielichtigen internationalen Verschwörung gemacht, deren Ziel es angeblich sei, Ungarn mit Muslimen zu fluten.

Das dunkle Wesen der Anti-Soros-Kampagne wurde ein Jahr später noch deutlicher, als Orbán in einer Rede der 1848er-Revolutionen in Europa gedachte. Er spielte dabei auf Soros an und nutzte eine klassische antisemitische Bildsprache, als er erklärte, Ungarn sehe sich «einem Gegner gegenüber, der anders ist als wir». Weiter sagte er: «Ihre Gesichter sind nicht sichtbar, sondern versteckt. … Sie sind nicht national, sondern international. Sie glauben nicht an echte Arbeit, sondern spekulieren mit Geld. Sie haben keine Heimat, sondern denken, die Welt würde ihnen gehören.»[164]

Nach einem weiteren Wahlsieg setzte Orbán seinen Rachefeldzug fort. Eine von Soros' großzügigsten Gesten für sein Geburtsland war 1991 die Gründung der Central European University (CEU) in Budapest gewesen. In den folgenden Jahrzehnten baute die CEU einen globalen Ruf auf und zog begabte Studierende und Dozierende aus aller Welt an; darunter waren Isaiah Berlins Biograf Michael Ignatieff und Tim Crane, der seine Position als Vorsitzender des Fachbereichs für Philosophie in Cambridge verließ, um zur CEU zu wechseln. Doch die Offenheit der Universität für Ideen aus aller Welt und ihre Verbindung zu Soros machten sie zu einem Ziel für Orbán, der sie mit seinen Gesetzen dazu zwang, 2019 von Budapest nach Wien umzuziehen.

Je länger Orbán an der Macht war, desto fester hielt er die staatlichen und zivilgesellschaftlichen Institutionen in seiner Hand. Im Jahr 2019 beobachtete der ungarische Journalist Paul Lendvai, dass «jedes einzelne Medienhaus mittlerweile vom Regime kontrolliert wird».

Wie so häufig öffnete die Zerstörung von unabhängigen Medien und Justiz der Korruption Tür und Tor. Viele alte Freunde Orbáns wurden reiche Geschäftsleute. Im Jahr 2018 schätzte Transparency International, dass rund 40 Prozent der öffentlichen Aufträge in

Ungarn nach einem Auswahlprozess mit nur einem Bewerber vergeben wurden.[165] Bereits 2017 empfahl eine Untersuchung von OLAF, der Antikorruptionsbehörde der EU, gegen Orbáns Schwiegersohn István Tiborcz zu ermitteln, weil dessen Firmen Ausschreibungen für EU-Verträge über städtische Beleuchtung in Höhe von zig Millionen Euro manipuliert hatten. Wenig überraschend ignorierte Ungarn diesen Vorschlag, wogegen OLAF nichts unternehmen konnte.[166] Tiborcz ist nun einer der einhundert reichsten Ungarn. Der zweitreichste Mann des Landes ist mutmaßlich Lorinc Meszaros, ein Kindheitsfreund von Orbán.

Allerdings hinderte der den ungarischen Regierungschef umgebende Gestank der Korruption ihn nicht daran, die Rolle eines Philosophenkönigs zu spielen. Als Student hatte er eine Abhandlung über den italienischen marxistischen Philosophen Antonio Gramsci geschrieben, demzufolge politische Macht oft der Kontrolle wichtiger kultureller Institutionen entspringt. Als Ministerpräsident versuchte er sich an einer gesellschaftlichen Transformation im Geiste Gramscis. Sein erklärtes Ziel war es, «eine neue kulturelle Ära» einzuläuten. Sogar das Curriculum ungarischer Kindergärten wurde umgestaltet, um «nationale Identität, Werte christlicher Kultur und Patriotismus» zu fördern.[167]

Orbán verbreitete seine Idee einer «illiberalen» Demokratie weiterhin auch außerhalb Ungarns und war voll des Lobes für andere Autokraten wie Wladimir Putin. Er war der erste Spitzenpolitiker der EU, der sich bei den US-Präsidentschaftswahlen 2016 für Donald Trump aussprach. Er fand warme Worte für Xis China und schmiedete eine enge Partnerschaft mit Israels Ministerpräsidenten Benjamin Netanjahu. Der israelische Regierungschef sah über Orbáns antisemitische Wahlkampfrhetorik hinweg, um im Gegenzug einen wertvollen Verbündeten im Kreis der EU-Regierungschefs zu gewinnen. In der EU trat Orbán gegen Russland-Sanktionen ein – die EU müsse anerkennen, dass «Putin Russland wieder groß gemacht» habe.[168] Wie Putin, Xi und Erdoğan hat auch Orbán nicht die Absicht, sich in absehbarer Zeit aus der Politik zurückzuziehen. «Ich werde in den nächsten 15 bis 20 Jahren in der Politik bleiben», erklärte er im Jahr 2016.[169] Als Angela Merkel im Herbst 2021 aus dem Amt der Bundeskanzlerin ausschied, wurde Orbán dienstältester Regierungschef der 27 EU-Mitgliedstaaten.

Das Erscheinen eines *strongman* in ihrer Mitte war für die EU eine gewaltige Herausforderung. Es war ein recht peinliches offenes Geheimnis, dass die deutsche Bundesregierung Orbán toleriert hatte, weil er ihr nützlich war. Für den Großteil der Orbán-Merkel-Zeit sicherten die Stimmen der Fidesz der von Merkels CDU dominierten Europäischen Volkspartei (EVP) die Mehrheit im Europäischen Parlament. Aus Furcht, dass ein Kräftemessen mit Orbán die EVP ihre kostbare Parlamentsmehrheit kosten könnte, tat die CDU ihr Äußerstes, um die Augen vor der Erosion der Demokratie in Ungarn zu verschließen. Ich fragte den Fraktionsvorsitzenden der EVP, Manfred Weber, kurz nach der Flüchtlingskrise bei einer Veranstaltung in Brüssel danach, warum seine Partei weiterhin mit Fidesz kooperierte; Weber, dem die Frage unangenehm zu sein schien, informierte mich, Orbán habe noch keine roten Linien überschritten.

Ein Wendepunkt wurde 2019 erreicht, als Orbán den Kommissionspräsidenten Jean-Claude Juncker beschuldigte, gemeinsam mit dem verhassten George Soros einen Plan auszuhecken, Ungarn Flüchtlinge aufzuzwingen. Im Europäischen Parlament ist Juncker eine hochgeschätzte Figur — eine rote Linie war nunmehr eindeutig überschritten. Als Fidesz 2021 kurz vor dem Rauswurf aus der EVP stand, entschied sich Orbán, die Gruppe selbst zu verlassen.[170]

Doch die Mitgliedschaft in der wichtigsten Parlamentsgruppierung der rechten Mitte in der EU war nicht der einzige Schutzmantel für Orbán und seine Fidesz. Es gab auch verfahrensrechtliche Gründe, die es den Demokratien der EU erschwerten, gegen den *strongman* aus Ungarn vorzugehen. Die naheliegendste vom Unionsrecht bereitgestellte Sanktion wäre gewesen, Ungarns Stimmrechte zu suspendieren — oder den Geldhahn zuzudrehen, an dem sich Orbáns Freunde so lange gütlich getan hatten. Das Problem liegt jedoch darin, dass nach den komplizierten EU-Regeln solcherlei weitreichende Entscheidungen einstimmig gefällt werden müssen. Und im Jahr 2016 hatte Orbán mit der polnischen PiS-Regierung einen entscheidenden Verbündeten gewonnen. So entstand in der EU eine informelle Achse: Polen deckte Ungarn, Ungarn deckte Polen — und Europas Liberalen blieb nichts übrig, als wutqualmend zuzusehen.

In Polen brachte die neue PiS-Regierung unabhängige Institutionen rasch unter Kontrolle. Entwicklungen in Orbáns Ungarn kopierend — und Ereignisse in Trumps Amerika vorwegnehmend — nahm die Regierung den polnischen Verfassungsgerichtshof ins Visier. Nach ihrem Wahlsieg 2015 weigerte sie sich, von der abgewählten Bürgerplattform ernannte Richter anzuerkennen, und ernannte stattdessen fünf regierungsfreundliche Richter. Auch wurden Gesetze geändert, so dass der Verfassungsgerichtshof künftig Regierungsvorhaben kaum noch blockieren könnte. Kaczyński hielt mit seinen Motiven nicht hinter dem Berg. Ohne diese Veränderungen, erklärte er, «könnten alle unsere Maßnahmen infrage gestellt werden.» In einer Parlamentsrede, die von Abgeordneten der PiS stehende Ovationen erntete, verkündete Kornel Morawiecki, ein regierungsfreundlicher Abgeordneter: «Das Wohl der Nation steht über dem Gesetz!»[171] In den Augen von Recht und Gerechtigkeit lag das «Wohl der Nation» darin, Polen unwiderruflich in eine nationalistischere und kulturell konservativere Richtung zu bewegen — und so den kosmopolitischen Liberalismus Brüssels und dessen Befürwortung von Internationalismus und Rechten Homosexueller abzuwehren.

Kurz vor Jahresende wurden 2015 neue gesetzliche Bestimmungen durchs Parlament gedrückt, die es der Regierung erlaubten,

Spitzenbeamte und Angestellte der Staatsmedien zu feuern. Erneut sprachen die regierungstreuen Abgeordneten ihre Motive offen aus. Die PiS-Abgeordnete Elzbieta Kruk behauptete: «Statt einen medialen Schutzschild für das polnische nationale Interesse zu errichten, sympathisieren Journalisten allzu oft mit negativen Meinungen über Polen.»[172] Die qualitative Verschlechterung der Berichterstattung in den staatlichen Medien war rapide und erschreckend. Bei einem Besuch in Polen Ende 2017 erzählte mir ein prominenter Akademiker, seiner Einschätzung nach seien die Staatsmedien nunmehr noch sklavischer regierungstreu als in den 1970er Jahren — einer Zeit, in der die Kommunistische Partei die Zügel der Macht noch fest in den Händen hielt. Diese düstere Einschätzung musste allerdings insofern eingeschränkt werden, als unabhängige Zeitungen und andere Medien weiterarbeiteten und die Regierung kritisierten. Doch die Stammwählerschaft der Regierungspartei außerhalb der großen Städte bezieht ihre Informationen oftmals direkt von den großen Fernsehkanälen.

Für all jene, die dem Gedanken angehangen hatten, Polen sei ein Modell für einen Einparteienstaat, der den Übergang zu einer liberalen Demokratie erfolgreich gemeistert hatte, waren dies deprimierende Entwicklungen. Im Rückblick waren jedoch Warnzeichen bereits weit in der Vergangenheit zu erblicken. Erstmals bemerkte ich beunruhigende Entwicklungen unter der Oberfläche der polnischen Politik bei einem Besuch in Krakau 2013, zwei Jahre bevor Recht und Gerechtigkeit die Präsidentschafts- und Parlamentswahlen gewann.

Beim Abendessen wurde mir über die Beliebtheit der Verschwörungstheorie zu «Smolensk» berichtet. Das Flugunglück von Smolensk hatte sich 2010 ereignet, als ein Flugzeug mit dem polnischen Präsidenten Lech Kaczyński — dem eineiigen Zwilling seines Bruders Jarosław — über Russland abgestürzt war; der Präsident und andere hochrangige Regierungsvertreter, der Chef der Zentralbank, Militärs und 18 Parlamentsabgeordnete kamen ums Leben. Mehrere Untersuchungen, durchgeführt unter anderem von der polnischen Regierung selbst, kamen zum Ergebnis, dass der Absturz ein tragischer Unfall war. Ursachen waren dichter Nebel und ein Fehler des Piloten.

Doch Jarosław Kaczyński – entweder von Trauer geblendet oder politische Vorteile witternd – akzeptierte nie, dass es sich bei dem Flugunglück um einen bloßen Unfall handelte. Stattdessen verbreiteten er und seine Gefolgsleute die Theorie, Russland stecke hinter der Ermordung eines großen Teils der polnischen Elite und die polnische Regierung habe die Belege verheimlicht. Manchmal legte Kaczyński sogar nahe, seine polnischen politischen Gegner seien direkt für den Tod seines Bruders verantwortlich. Im Parlament rief er den Oppositionsbänken zu: «Ihr habt ihn zerstört. Ihr habt ihn getötet!»[173]

Angesichts der langen Geschichte russischer Aggressionen gegen Polen – und in Erinnerung an das Massaker von Katyn, bei dem die Sowjetunion 1940 Tausende Mitglieder der polnischen Elite umbrachte – ist es keine Überraschung, dass viele Polen bei einem Unfall auf russischem Boden, durch den ein großer Teil der Regierung umkam, skeptisch reagierte. Doch fand keine der Untersuchungen irgendeinen Beleg für ein falsches Spiel – ganz zu schweigen von einem gemeinschaftlichen Vorgehen der Polen mit den Russen. Nichtsdestotrotz berichtete man mir 2013 in Krakau, dass diese haltlose Verschwörungstheorie in der polnischen Politik zusehends um sich griff und bereits ein Drittel der Polen glaube, Smolensk sei eine vertuschte Massenermordung gewesen.

Damals war die Versuchung groß, derlei Umfrageergebnisse als unwichtig abzutun. Vielleicht war dies bloß ein Symptom einer unreifen Demokratie: Schließlich war Polen nur eine Generation von einer Einparteienherrschaft entfernt. Allerdings sollte sich herausstellen, dass nicht allein Polen für von unverantwortlichen Politikern und äußerst rechten Parteien verbreitete Verschwörungstheorien empfänglich war.

Zur selben Zeit, als PiS die Wahlen in Polen nach ihrer Verbreitung von Verschwörungstheorien über Smolensk gewann, startete Donald Trump in den Vereinigten Staaten seine Präsidentschaftskampagne; Trump wiederum hatte die «*Birther*»-Verschwörungserzählung verbreitet, der zufolge Barack Obama nicht in den Vereinigten Staaten geboren sei. Und einige Jahre später gelang es Donald Trump und den Republikanern, rund 70 Prozent ihrer Wähler — etwa ein Drittel der gesamten Wählerschaft — davon zu überzeugen, dass die Präsidentschaftswahlen 2020 gestohlen worden seien. Im selben Jahr belegten Meinungsumfragen aus Polen die Überzeugung von 45 Prozent der Bevölkerung, dass «ausländische Mächte gezielt zur Verbreitung von Covid-19 beitragen».[174] Weder für Kaczyński noch für Trump waren Verschwörungstheorien ein zufälliges Detail — sie standen im Mittelpunkt ihrer Politik. Wie ein Vertrauter des polnischen Strippenziehers es formulierte: «In seinem politischen Denken gibt es keine Unfälle. … Wenn etwas Derartiges passiert, war es das Werk eines Fremden. Verschwörung ist sein Lieblingswort.»[175]

Anders als Trump oder Orbán hielt sich Kaczyński weiter im Hintergrund. In der ersten Reihe stand Andrzej Duda, der 2015 die Präsidentschaftswahlen gewann und 2020 wiedergewählt wurde. Duda erschien umgänglich und gewöhnlich. Bei Konferenzen in Davos und Tallinn nahm ich 2020 an Podiumsdiskussionen mit ihm teil, bei denen er recht freundlich wirkte. In Davos nahm er sich vor unserer Veranstaltung viel Zeit, seine Krawatte zu richten und sich im Spiegel anzulächeln, so dass wir kaum mehr als ein paar Worte wechseln konnten. In Estland beschränkte er sich darauf, selbstbewusst (und auf Englisch) um Auslandsinvestitionen in Polen zu werben und schüttelte beim anschließenden Getränkeempfang freundlich meine Hand. (Ich war einige Tage später etwas beunruhigt, als ich erfuhr, dass Duda zu dem Zeitpunkt mit dem Coronavirus infiziert war; glücklicherweise blieb ich aber verschont.)

Doch während Duda im Ausland um einen gewöhnlichen Auftritt bemüht war, fochten er und seine Parteikollegen zuhause einen ausgewachsenen Kulturkrieg aus und setzten äußerst reaktionäre politische Maßnahmen durch. Oft beschuldigte man PiS der Nähe zum Antisemitismus, doch bei den Wahlen im Jahr 2020 waren Schwule die erklärten Gegner. Bei einer Wahlkampfveranstaltung bezeichnete Duda den Kampf für LGBT-Rechte als eine Ideologie, die «schlimmer als der Kommunismus» sei. Wie stets erfuhr die Parteilinie treue Unterstützung von staatlichen Fernsehsendern, die Berichte mit Überschriften wie «LGBT-Ideologie zerstört die Familie» ausstrahlten.[176] Nach der Wiederwahl trieb die PiS-Regierung ein Gesetz voran, das Abtreibungen fast vollständig untersagte. Dies provozierte Hunderttausende zum Protest auf den Straßen Warschaus.[177]

Die globale Bedeutung dessen, was in Ungarn und Polen geschah, war zum Zeitpunkt des Durchbruchs Orbáns und Kaczyńskis 2015 noch nicht zu erkennen. Rückblickend betrachtet waren diese Ereignisse eine Warnung an andere westliche Demokratien. Die *strongman*-Politik würde sich nicht länger auf Asien oder Staaten am Rande Europas wie Russland oder die Türkei beschränken – sie hatte sich nun in der Europäischen Union etabliert. Im Folgejahr sollte der populistischen *strongman*-Politik in den zwei Staaten, die weitgehend als stabilste liberale Demokratien der Welt betrachtet wurden, ein schockierender Durchbruch gelingen: im Vereinigten Königreich und in den Vereinigten Staaten.

# 6

## BORIS JOHNSON

### BREXIT-BRITANNIEN (2016)

Zum ersten Mal traf ich Boris Johnson bei einer Hochzeit auf dem Land. Zu der Zeit war er bereits ein politischer Medienstar, dem eine Note der Ruchlosigkeit und der Gefahr anhing. «Boris», wie er gemeinhin genannt wurde, war ein Jahr zuvor als Abgeordneter ins Parlament gewählt worden; außerdem war er Chefredakteur des *Spectator*, ein Magazin mit kleiner Auflagenzahl, das in Kreisen der Konservativen Partei, den Tories, hoch angesehen war. Auch besaß er eine vielköpfige, leidenschaftliche Anhängerschaft bei den Europa-skeptischen Rechten, was sich auf seine Zeit als Korrespondent in Brüssel für den *Daily Telegraph* von 1989 bis 1994 zurückführen ließ. Mit einer Mischung aus Humor, Wortgewandtheit und Fantasie hatten Johnsons Berichte bei den Konservativen für Aufruhr gesorgt, wobei er die europäischen Absichten als vermeintlichen Plan ausmalte, einen europäischen Superstaat zu schaffen, der die uralte Unabhängigkeit und Freiheit Großbritanniens untergraben würde.

2002 hatte auch ich als Auslandskorrespondent für den *Economist* in Brüssel gearbeitet, meine Unterhaltung mit Johnson kreiste daher um gemeinsame Freunde in der Hauptstadt der EU. Einige Monate zuvor hatte ich einen Artikel für das Magazin *Prospect* geschrieben, in dem ich argumentierte, dass es für Großbritannien ein Fehler wäre, der neu gegründeten Währungsunion des Euro beizutreten. Unter dem Festzelt des Hochzeitsempfangs und mit einem Glas Champagner in der Hand, erzählte mir Johnson, er habe meinen Artikel gelesen und sehe das genauso.[178] Ich dankte ihm und sagte: «Aber wissen Sie, eine Menge Ihrer Freunde in Brüssel glauben, dass Sie heimlich auf Seiten der EU stehen und Sie gut finden.» Johnson erwiderte meinen Blick mit einem leicht verletzten Ausdruck in den Augen. «Aber natürlich bin ich für die EU», sagte er, «wie könnte man es nicht sein?»

Es war eine Bemerkung die sich im Nachhinein als besonders ironisch herausstellen sollte. 2016, also ungefähr 14 Jahre nach dieser Unterhaltung, sollte Johnson erfolgreich die «*Leave*»-Kampagne anführen, die zu Großbritanniens Austritt aus der EU führte. Der Brexit war der härteste Schlag gegen das europäische Projekt seit dessen Gründung in den 1950er Jahren. Johnsons zentrale Rolle bei der Umsetzung des Brexit bedeutet, dass er für immer in die Geschichte als derjenige eingehen wird, den man in einem Atemzug mit Donald Trump und der populistischen Revolte nennen wird, die 2016 über die anglo-amerikanische Welt hinwegfegte. Zufälligerweise war Trump gerade am 23. Juni, dem Tag des Referendums, in Großbritannien und spielte in seinem Ferienressort im schottischen Turnberry Golf. Er klammerte sich sofort an das Ergebnis und sah voraus, dass Amerika bei den US-Präsidentschaftswahlen im November seinen «eigenen Brexit» erleben würde.[179] Steve Bannon, Trumps Wahlkampfmanager, bemerkte später, er sei sich in dem Moment sicher gewesen, dass Trump gewinnen würde, als die Britinnen und Briten für den Brexit stimmten. Aus Bannons Sicht waren Trumps Sieg und die von Johnson angeführte Brexit-Kampagne beide Teil einer populistischen Revolte gegen den «Globalismus».

Trump verstand sich am besten mit Nigel Farage, dem Anführer der UK Independence Party, die dazu beigetragen hatte, Brexit auf die politische Agenda zu setzen, noch viele Jahre bevor Johnson sich der Bewegung anschloss. Tatsächlich schaffte es Farage, der erste ausländische Politiker zu sein, der Trump nach seinem unverhofften Sieg einen Besuch abstattete. Doch kaum dass Johnson Premierminister wurde und als Fackelträger des Brexit galt, nahm Trump ihn als «einen von uns» unter seine Fittiche und taufte ihn sogar «Britain Trump». Die amerikanische Linke sah dies genauso und setzte Johnson automatisch mit ihrem Feind gleich. Wie Joe Biden bemerkte, bestand zwischen beiden Anführern sogar eine gewisse physische Ähnlichkeit. Auch ihre Privatleben ähnelten sich. Trumps dritte Frau, Melania, ist 24 Jahre jünger als er; Johnsons dritte Frau, Carrie, 23 Jahre jünger.

Wohin ich in den vergangenen Jahren auch reiste — von Delhi über Peking bis Moskau —, überall sah man bei der politischen Analyse «Trump und Brexit» als Einheit. Aber viele leidenschaftliche Boris-Unterstützer empfinden es als ungerecht, dass man ihren Helden mit Trump über einen Kamm schor, ganz zu scheigen davon, ihn mit Wladimir Putin oder Xi Jinping zu vergleichen. Ihrer Ansicht nach ist es eine haltlose Beleidigung, Johnson als *strongman* zu bezeichnen; dies täten nur *Remainer* — die einen Verbleib Großbritanniens in der EU befürwortet hatten —, um über ihre Niederlage hinwegzukommen.

Seinen Fans gilt Johnson als Demokrat durch und durch, dessen Kampagne für den Brexit sichergestellt hat, dass der Wille des Volkes über den der Elite triumphiert hat. Viele der erbittertsten Gegner Johnsons würden den Gedanken, Johnson sei ein politischer Anführer vom *strongman*-Typus genauso weit zurückweisen, allerdings aus anderen Gründen. Sie halten Johnson für unentschlossen und nicht in der Lage, den Anforderungen des Amtes gerecht zu werden. Solche Vorwürfe gewannen an Fahrt, als Großbritannien zu Beginn der Coronavirus-Pandemie in eine Krise schlitterte. Johnsons Kritiker bezeichneten ihn als zu schwach, um der Situation Herr zu werden. Alle diese Einwände haben in einem gewissen Maß ihre Berechtigung. Dennoch gibt es deutliche Übereinstimmungen zwischen Johnson und Trump mit Blick auf Themen und Methoden. Beide Männer erklärten sich zum Repräsentanten des Volkes gegenüber der Elite. Diese hätte Einwanderer über ihre eigenen Landsleute gestellt, argumentierten beide. Trumps Wahlspruch lautete «*America First*»: Zuerst Amerika. Während der Brexit-Kampagne bereiste Johnson Großbritannien in einem Bus, an dessen Seiten die Forderung prangte, Großbritannien solle die Zahlungen an die EU, die 350 Millionen Pfund wöchtenlich betrügen (eine stark umstrittene Zahl), einstellen. Weiter wurde verlangt: «Lasst uns das Geld stattdessen in unser Gesundheitssystem NHS stecken.» In ihrer der Außenpolitik wandten sich beide gegen die traditionellen Verbündeten ihrer jeweiligen Länder. Johnsons wichtigster Schritt war, Großbritannien aus der EU zu führen. Trump machte deutlich, dass er die NATO als gegen Amerikas Interessen ansah, und er spielte mit dem Gedanken, aus der transatlantischen Allianz auszutreten. Die «liberale internationale Ordnung», von vorherigen Generationen amerikanischer und britischer Staatsmänner und -frauen aufgebaut, wurde durch das Doppelereignis «Brexit und Trump» in ihren Grundfesten erschüttert.

Und beide, sowohl Trump als auch Johnson, schlugen aus der Feindseligkeit gegenüber Masseneinwanderung politischen Profit. Johnson betrat damit Neuland. Als Londoner Bürgermeister zwischen 2008 und 2016 hatte er sich stets demonstrativ begeistert darüber gezeigt, eine multikulturelle Stadt anzuführen, in der ein Drittel der Einwohner aus Ländern in aller Welt stammen. Als ich Johnson bei der Londoner Wahlkampfkampagne 2008 begleitete, konnte ich ihn dabei beobachten, wie er einer Einbürgerungszeremonie für neue Britinnen und Briten beiwohnte, in deren Anschluss er mir gegenüber verkündete, wie berührt er davon gewesen sei. Ohne Zweifel hatte er das Gefühl, dies sei genau die Art von Statement, das man gegenüber dem Vertreter einer der Einwanderung gegenüber positiv eingestellten Zeitung geben sollte. Und wenngleich er dafür bekannt ist, hin und wieder einen unpassenden und rassistischen

Witz zu erzählen, zog ich seine positiven Gefühlsbeteuerungen, was Einwanderung anging, nicht wirklich in Zweifel. Schließlich waren diese Ansichten in den liberalen Zirkeln Londons, in denen wir uns beide bewegten, die Norm.

Johnsons Brexit-Kampagne schlachtete dagegen die Ablehnung von Masseneinwanderung systematisch aus. Der Brexit-Slogan «*Take Back Control*» («Hol dir die Kontrolle zurück») wurde weithin vor allem als Forderung verstanden, die Kontrolle über Großbritanniens Grenzen zurückzuerlangen. Einer der kontroversesten Aspekte der EU-Mitgliedschaft Großbritanniens war die Freizügigkeit von EU-Bürgerinnen und -Bürgern. Nach dem Beitritt Polens und anderer ähnlich armer mittel- und osteuropäischer Staaten 2004 kamen mehr als zwei Millionen Europäerinnen und Europäer nach Großbritannien. Dies führte zu einer Gegenreaktion und der Sorge, Großbritannien würde mit Immigranten überschwemmt werden.

Die Brexit-Kampagne, konzipiert und umgesetzt von Dominic Cummings — der als Philosoph und Stratege eine ähnlichen Rolle wie Bannon spielte —, zielte darauf, diese Ängste bewusst auszunutzen, in dem sie behauptete, die Türkei, ein muslimischer Staat, wäre im Begriff, der EU beizutreten. Wahlkampfposter behaupteten schlicht: «Die Türkei (Bevölkerung 76 Millionen) tritt der EU bei.» «Da die Geburtenrate in der Türkei so hoch ist», teilte ein *Leave* mit, «können wir damit rechnen, dass noch eine weitere Million Menschen alleine aus der Türkei in den kommenden acht Jahren zur Bevölkerung des Vereinigten Königreichs dazukommen werden.»[180] Tatsächlich war die Türkei keineswegs in der Position, der EU beizutreten. Die Bewerbung um den Eintritt des Landes hängt seit der formalen Eröffnung der Beitrittsverhandlungen 2004 in der Luft. Dennoch, auf den letzten Metern der Brexit-Kampagne, konzentrierte sich die *Vote-Leave*-Kampagne auf die Themen Türkei und Einwanderung. Vor dem Hintergrund einer Million syrischer Flüchtlinge, die Deutschland im vorhergehenden Jahr aufgenommen hatte, war diese Abschreckungstaktik besonders effektiv.

Johnsons Bereitschaft, sich dieser Taktiken zu bedienen, zeugte von seinem festen Willen, ganz nach oben zu kommen, koste es, was es wolle. Bei anderen Gelegenheiten hatte er stolz die türkische Abstammung seiner Vorfahren herausgestrichen. Sein Urgroßvater Ali Kemal war ein liberaler türkischer Journalist gewesen, der kurze Zeit ein Ministeramt bekleidet hatte. Insidern der Brexit-Kampagne zufolge hatte Johnson hinter verschlossenen Türen sogar Zweifel an der Kampagne gegen die Türkei geäußert und sei «vor Wut geplatzt».[181] In der Öffentlichkeit jedoch meldete er nie Bedenken an. Er war gewillt, alles zu tun, um zu gewinnen, auch wenn dies Lügen und kleine Übertretungen in Sachen rassistische Hetze miteinschloss. Das Kalkül von *Vote Leave*, Einwanderungsängste zu schüren, war clever. Die *Remain*-Kampagne konzentrierte sich fast ausschließlich auf die wirtschaftlichen Vorteile der britischen Mitgliedschaft in der EU. Umfragen sollten später hingegen zeigen, dass wirtschaftliche Erwägungen für *Leave*-Wähler nicht ausschlaggebend waren. Wie Roger Eatwell und Matthew Goodwin später in einer Referendum-Analyse argumentierten: «*Remainers* sprachen die ganze Zeit vom wirtschaftlichen Risiko, während *Leavers* sich hauptsächlich in ihrer Identität und Zugehörigkeit zu einer Nationalität bedroht sahen. Sechs von zehn *Leave*-Wählern äußerten, ein bedeutender Schaden für die britischen Wirtschaft sei «ein Preis, den es sich für den Brexit zu zahlen lohne».[182] Infolge der Brexit-Volksabstimmung konzentrierte sich die Aufmerksamkeit auf wirtschaftlich «abgehängte» Gegenden Großbritanniens, die für *Leave* gestimmt hatten, insbesondere Teile Nordenglands, die von der Deindustrialisierung schwer betroffen waren. Die Unterstützung für den EU-Austritt Großbritanniens war aber — genau wie die Unterstützung für Trump im amerikanischen *Rust Belt* — in ihrer Motivation komplexer und nicht nur einfach ein Aufschrei von Menschen mit Existenzangst. Die *Leave*-Kampagne zielte erfolgreich auf Leute ab, die über Einwanderung und sozialen Wandel aufgebracht waren und die oft eine Verbindung zwischen Einwanderung und wirtschaftlichem Verfall sahen. Rund 64 Prozent derjenigen, die für *Leave* stimmten, waren überzeugt, dass Einwanderung schlecht für die britische Wirtschaft sei, und eine noch größere Zahl, 72 Prozent, glaubten, sie habe die britische Kultur untergraben. Viele, die für *Leave* stimmten, hatten aufgehört, an den landesweiten Parlamentswahlen teilzunehmen. Beim Referendum ergriffen sie dann aber die Möglichkeit, wie sie es sahen, «das System» zu ändern. Die Wahlbeteiligung bei der Volksabstimmung lag bei 72 Prozent, höher als bei jeder Wahl der vergangenen 25 Jahre.[183] Diese Mobilisierung von Nichtwählerinnen und Nichtwählern war es, die mehr noch als alles andere die Strategie der *Remain*-Kampagne über den Haufen warf.

Als Londoner Bürgermeister hatte Johnson Dynamik und Vielfalt gelobt; London wählte mehrheitlich *Remain*. Er trug mit *Leave* vor allem deshalb den Sieg davon, weil er die Unzufriedenheit des nichtmetropolen Großbritanniens mobilisierte. Johnsons Verwandlung in einen Vertreter des «abgehängten» Großbritanniens war nicht die einzige Art, wie er mit der Unterstützung für den Brexit seine eigene Vergangenheit leugnete. Vielleicht auf einzigartige Weise in der höchsten Stratosphäre britischer Politiker war sein Leben mit Brüssel und dem europäischen Projekt persönlich verquickt. Johnsons Vater Stanley hatte für die EU gearbeitet. Zwei Jahre lang ging der junge Johnson auf die Europäische Schule in Brüssel, eine Institution für Kinder von EU-Beamtinnen und -Beamten. Es war an der Europäischen Schule, in dem Vorort Uccle, dass er zum ersten Mal Marina traf, die seine zweite Frau werden sollte und mit der er 25 Jahre verheiratet war. Der Großteil der Johnson-Familie besteht aus überzeugten Pro-Europäern. Sein jüngerer Bruder Jo besuchte das College Europe in Bruges, eine Schule für die EU-Elite, und trat später von seinem Amt in der Johnson-Regierung aus Protest gegen die Brexit-Politik seines Bruders zurück. Seine Schwester Rachel machte sich gegen Brexit stark und schloss sich der pro-europäischsten Partei, den Liberaldemokraten, an.

Obwohl also Brüssel Teil seines Lebens und Hintergrunds war, verbrachte Boris Johnson seine wirklich prägenden Jahre an den traditionellsten britischen Elite-Institutionen. Seine weiterführende Schule war Eton College, das vor Johnson 19 weitere britische Premierminister hervorgebracht hatte. Zeitgenossen erinnern sich an Boris als einen gesellschaftlichen und intellektuellen Star, weitaus eindrucksvoller als sein Schulkamerad in Eton, David Cameron. Aber einige von Johnsons Lehrern sahen auch seine Fehler. In einem Brief an die Eltern schrieb Martin Hammond, einer seiner Lehrer: «Boris scheint beleidigt, wenn man ihn damit konfrontiert, worauf es letztlich hinausläuft: einem groben Versagen bei der Übernahme von Verantwortung. ... Ich denke, er ist ernstlich der Überzeugung, dass es unverschämt von uns sei, ihn nicht als Ausnahme wahrzunehmen; als jemanden, der über dem Netz der Verpflichtungen stehen sollte, das uns alle bindet.»[184]

Es war eine kluge Einsicht. Johnson scheint zu meinen, große Männer und Persönlichkeiten müssten sich nicht an die gleichen Regeln halten wie die anderen. In einem Artikel von 2003 im *Spectator* drückte er seine Sympathie für den italienischen Premierminister Silvio Berlusconi aus, einem Millionär, dessen Aufstieg an die Macht als populistischer Außenseiter Trumps späteren Aufstieg vorwegnahm. Berlusconi wurde der Korruption und des Machtmissbrauchs angeklagt; später wurde er der Steuerhinterziehung überführt und zu einer Haftstrafe verurteilt. Johnson fand ihn jedoch charmant und im Vergleich zu den «Chefallüren» der «Brüssel-Bürokraten» angenehmer. Sein abschließendes Urteil: Berlusconi sei «besser als der ganze verdammte Haufen zusammengenommen».[185] Nach Eton studierte Johnson *Classics* (Latein, Altgriechisch und Alte Geschichte) am Balliol College in Oxford und wurde Präsident der Oxford Union, ein Initiationsritus für einige bisherige Premierminister wie Edward Heath, Herbert Henry Asquith und William Gladstone. Ein berühmtes Foto zeigt Johnson, wie er in weißer Fliege und Frack mit anderen Mitgliedern des Bullingdon Clubs posiert. Mit dabei ist ein weiterer ehemaliger *Etonian* und zukünftiger Premierminister, David Cameron. Der Bullingdon Club ist berühmt für seine Art von betrunkenem Hooliganismus in seiner Oberschicht-Variante. Einer der Mitglieder beschrieb mir später seine Initiation durch Boris Johnson in den Club: «Sie stürmten alle mein Studentenzimmer und nahmen es auseinander. Dann drehte sich Boris um, schüttelte mir die Hand und sagte: ‹Glückwunsch, Mann, du bist drin.›»

Als sein journalistischer und politischer Aufstieg begann, setzte Johnson seinen Charme und seinen Sinn für Humor ein, sein Image umzumodeln, vom Oberschichts-Rüpel zum fröhlichen Mann des Volkes. Genau wie Trump baute Johnson sein Bild in der Öffentlichkeit durch ein beliebtes Fernsehprogramm aus, in seinem Fall die satirische Fernsehquizshow *Have I Got News for You*. Zeigte *The Apprentice* Trump als gnadenlos und entschieden, so kultivierte Johnson das Bild einer komischen und zerstreuten Person. Indem er Menschen zum Lachen brachte, kam er als das ganze Gegenteil des üblichen konturlosen Politikers rüber. Sein Schopf an wilden, blonden Haaren machte ihn zu einer Figur mit direktem Wiedererkennungsfaktor, der schnell das große Ziel eines jeden Politikers erreichte: dass ihn jeder mit Vornamen kennt. (Eigentlich ist Boris sein zweiter Name; sein wirklicher Name ist Alexander. Einige seiner Familienangehörigen nennen ihn noch immer «Al».)

Johnsons Image als Anti-Politiker hat es ihm ermöglicht, peinliche Vorfälle und Begebenheiten politisch zu überleben, die andere ihre Karriere gekostet hätten. Ähnlich einem anderen rechten Charmeur, US-Präsident Ronald Reagan, scheint Johnson so etwas wie eine «Teflon»-Beschichtung zu besitzen. 2004 musste er aus dem Schattenkabinett der Konservativen zurücktreten, nachdem er Parteiführer Michael Howard über eine außereheliche Affäre belogen hatte. Bei einer Werbeaktion während der Olympischen Spiele in London fand sich Johnson 2012 an einem Drahtseil über der Themse hängend wieder, hilflos ein paar britische Flaggen wedelnd, bis er geborgen werden konnte. Wie David Cameron, damals Premierminister, halb warmherzig, halb entnervt feststellte: Für jeden anderen Politiker wäre dies ein PR-Desaster gewesen. Aber Johnson verkehrte solche Situationen irgendwie stets in einen Triumph. Tatsächlich wurde es zu einem der berühmtesten Bilder von Johnson. Es förderte sein Image, ein liebenswerter und urkomischer Patriot zu sein.

Angesichts seiner Beliebtheit und seines geschickten Wahlkampfes entpuppte sich Johnsons Haltung zum Brexit 2016 als ausschlaggebend für die Volksabstimmung, die David Cameron angesetzt hatte. Und doch war noch wenige Monate vor der Wahl unklar, welche Seite er unterstützen würde. Zu der Zeit fragte ich Christopher Lockwood — den gemeinsamen Freund, auf dessen Hochzeit ich Boris Johnson zum ersten Mal getroffen hatte —, wie Boris Johnson wirklich über Europa denke. Lockwood, der als Johnsons Stellvertreter im Brüsseler *Telegraph*-Büro gearbeitet hatte, zuckte die Achseln. «Ich glaube, er ist, was das Thema angeht, wirklich schizophren.» Diese gespaltene Persönlichkeit trat in Erscheinung, als die Zeit näher rückte, sich zu entscheiden. Nicht in der Lage, sich auf die eine oder die andere Seite zu schlagen, schrieb Johnson zwei Kolumnen für den *Daily Telegraph*: eine, in der sich für den Brexit aussprach, und eine dagegen. Der Legende nach habe ihm die Pro-Brexit-Kolumne besser gefallen — und was folgte, ist nunmehr Geschichte.

In Wirklichkeit stand ein viel größeres Kalkül hinter seiner Entscheidung. Hinweise, wozu sich Johnson durchringen würde, finden sich der Biografie, die er über seinen politischen Helden schrieb, Winston Churchill. Darin heißt es: «Zu einem gewissen Grad sind alle Politiker Spieler, was die Geschehnisse angeht. Sie versuchen vorauszusehen, was passieren wird, damit sie auf der richtigen Seite stehen.» Johnson bewertete selbst Churchills Kampf gegen den Nationalsozialismus in diesem doch sehr zynischen Licht, als er schrieb, dass in den 1930er Jahren, als Churchills Karriere auf dem Tiefpunkt stand, er sein letztes Hemd auf ein Pferd namens Anti-Nationalsozialismus setzte; seine Wette ging dann «auf spektakuläre Weise auf». Ich musste an diese Textstelle denken, als Boris im Februar 2016 verkündete, er würde für den Brexit kämpfen. Damals schrieb ich in einem Artikel: «Herr Johnson hat auf ein Pferd gesetzt, das sich Europaskepsis nennt. Offensichtlich hofft er, dass auch diese Wette auf spektakuläre Weise aufgehen wird und ihm, wie Winston Churchill, direkt einen Platz in Nummer 10 Downing Street sichert.»[186]

Johnsons Engagement verhalf der *Vote-Leave*-Kampagne tatsächlich zu einem unerwarteten Sieg: 51,89 Prozent stimmten im Referendum für den Brexit, 48,11 Prozent dagegen. Als er jedoch am Morgen nach der Wahl aus seinem Haus trat, sah er eher geschockt und beunruhigt aus als begeistert. Die Tatsache, dass er von einer Menge aufgebrachter junger *Remainer* begrüßt wurde, verunsicherte einen Mann, der es gewohnt war, beliebt zu sein — und der immer erwartet und vielleicht auch gehofft hatte, dass *Vote Leave* knapp verlieren würde. David Cameron offenbarte später, dass Johnson, als er ihn per SMS darüber informierte, dass er die *Leave*-Kampagne unterstützen werde, schnell eine weitere Textnachricht hinterherschickte: Er erwarte, dass «Brexit im Keim erstickt werden» würde. Cameron zog die Schlussfolgerung, dass Johnson wirklich geglaubt habe, *Leave* würde verlieren, «aber er wollte sich die Chance nicht entgehen lassen, auf der romantischen, patriotischen und nationalistischen Seite zu stehen»[187] Der unerwartete *Leave*-Sieg hatte für beide Männer Konsequenzen. An demselben Morgen trat Cameron als Premierminister zurück. Johnson wurde sofort bei den Buchmachern als der wahrscheinlichste Nachfolger gehandelt. Der Weg in die Downing Street, den er lange schon ins Auge gefasst hatte, war freigeräumt; schon als Kind hatte er verkündet, er wolle «Weltkönig» werden. Aber dann wurde ihm der große Preis in letzter Sekunde unter der Nase weggeschnappt. Michael Gove, der die *Leave* Kampagne zusammen mit Johnson angeführt hatte, erklärte, seine enge Zusammenarbeit mit Johnson habe ihn davon überzeugt, dass dieser für das höchste Amt des Landes nicht geeignet sei. Auf der Suche nach einem besseren Kandidaten schaute Gove in den Spiegel und fand darin genau den Richtigen. Johnsons Reaktion auf diese Herausforderung durch einen engen Kollegen war nicht das, was man von einem «Mann für Schicksalsstunden» oder einem *strongman* auf dem Weg nach oben erwartet hätte. Er knickte ein. Anstatt seinen Platz zu verteidigen, überschlug Johnson schnell, wie groß die Unterstützung für ihn innerhalb der Unterhausfraktion der Konservativen Partei sein würde; die Rechnung ging zu seinen Ungunsten aus, und er zog seine Kandidatur zum Parteiführer und Premierminister zurück. Aber seinem spektakulären Dolchstoß hatte sich Gove keinen Gefallen getan. Stattdessen wurde die recht farblose bisherige Innenministern Theresa May, die für *Remain* gestimmt hatte, zur Chefin der Konservativen gewählt und wurde die nächste Premierministerin.

May war klar, dass sie den Brexit umzusetzen hatte; dazu musste sie die *Leave*-Unterstützer in den Reihen der Konservativen davon überzeugen, dass sie ab jetzt eine von ihnen sei. Daher berief sie flugs Johnson als ihren neuen Außenminister. Was erst wie ein schlauer Kompromiss wirkte, funktionierte für beide nicht. Johnson wurde weithin als ineffektiver Außenminister wahrgenommen, und May als hilflose Premierministerin. Wenig überraschend war es ihr nicht möglich, mit der EU einen Austritt des Vereinigten Königreichs auszuhandeln, der das unmögliche Versprechen der *Leave*-Kampagne einlösen konnte: einen reibungslosen Handel zwischen beiden sicherzustellen ohne die Umstände einer EU-Mitgliedschaft. Innerhalb der Konservativen Partei wurde dieses Versagen nicht auf die unrealistischen Versprechungen der *Leave*-Kampagne zurückgeführt. Stattdessen argumentierten unglückliche *Leaver*, May habe nie wirklich an ihre Agenda geglaubt und sei daher durch ein «*Remain*-Establishment» im britischen Regierungsapparat an der Nase herumgeführt worden, was zu desaströsen Kompromissen geführt habe.

Die wachsende Unzufriedenheit mit May bot Johnson die Möglichkeit eines zweiten Anlaufs auf das höchste Amt. Im Sommer 2018 legte er das Amt des Außenministers nieder und brachte sich noch einmal als wahrer Garant der konservativen Euroskeptiker in Position. Johnsons Argument war, dass May zu schwach gewesen in den Verhandlungen mit der EU und gegenüber dem «*Remain*-Establishment» in Großbritannien. Nur er habe die Kraft, den Brexit umzusetzen. Kurz bevor er als Außenminister zurücktrat, sagte Johnson vor einer Gruppe von gleichgesinnten konservativen Abgeordneten: «Ich bewundere Donald Trump mehr und mehr … Stellt euch vor, wie Trump das mit dem Brexit machen würde. Er würde da beinhart reingrätschen … Es gäbe eine Menge Zusammenbrüche und jede Art von Chaos. Jeder würde denken, er ist total durchgedreht. Aber am Ende würde man etwas erreichen. Das ist ein sehr, sehr guter Gedanke.»[188]

Seiner ministerialen Verantwortung entbunden, versuchte sich Johnson an Verschwörungstheorien im Stile Trumps und legte nahe, sollte der Brexit nicht umgesetzt werden, «denke ich, dass die Menschen sich verraten fühlen werden. Sie werden empfinden, dass eine große Verschwörung im Gange ist, und zwar des *deep state* im Vereinigten Königreich; also von den Leuten, die in Wirklichkeit dieses

Land regieren, mit der Absicht, den Ausgang des Referendums umzudrehen.» Er deutete auch an, dies könnte zu Gewalt auf den Straßen führen, und sprach davon, dass die, die den Brexit vereiteln wollten, «mit dem Feuer spielen» und «den Sturm ernten werden, den sie säen».[189]

Im Mai 2019 war die Unzufriedenheit mit Theresa May innerhalb der Konservativen Partei so weit angewachsen, dass sie aus dem Amt als Premierministerin gedrängt wurde. Mit mehr Vorbereitungszeit für den innerparteilichen Kampf um die Parteispitze und einer Mannschaft aus ambitionierten Mitstreitern erreichte Johnson schließlich sein Ziel. Im Alter von 55 Jahren war er nun Vorsitzender der Konservativen Partei und Premierminister des Vereinigten Königreichs von Großbritannien und Nordirland.

Nach dem Einzug in Nummer 10 Downing Street und dem erneuten Zusammenschluss mit Dominic Cummings, der sein Chefberater wurde, begann Johnson, sein Versprechen einzulösen, ein starker und rücksichtsloser Anführer zu sein. May war nicht imstande gewesen, ihren Brexit-Vertrag durchs Parlament zu bekommen, weil zu viele Brexit-Hardliner in der Konservativen Partei auf Seiten Johnsons systematisch dagegen gestimmt hatten; sie waren überzeugt davon, dass Mays Vertrag die Bande zwischen der EU und Großbritannien noch zu eng schloss. Johnsons Problem war das Gegenteil. Sollte er einen zu harten Brexit-Kurs einschlagen und drohen, die EU ohne vertragliche Grundlage zu verlassen, würde er seine parlamentarische Mehrheit verlieren, weil zu viele einstige *Remainer* in der Konservativen Partei sich weigern würden, ihn dabei zu unterstützen. Angetrieben von Dominic Cummings, tat Johnson es den *strongmen* gleich: Ende August 2019 «vertagte» er das Parlament bis zu einer neuen Regierungserklärung («Queen's Speech») im späten Herbst. Das bedeutete, dass das Unterhaus bis dahin nicht mehr zusammentreten würde. Es war der Versuch, zu verhindern, dass sich das Unterhaus einem «harten Brexit» in den Weg stellte. Als mehrere führende Mitglieder seiner eigenen Partei gegen diese Taktik Einspruch erhoben, fällte Johnson die rücksichtslose Entscheidung: 21 Parlamentarier wurden aus der Fraktion der Konservativen gestoßen, darunter Sir Nicholas Soames, Churchills Enkelsohn, und Kenneth Clarke, ein Veteran der Thatcher-Ära und das Parlamentsmitglied mit den meisten Dienstjahren im Unterhaus.[190]

Empörte *Remainer* hinterfragten die Legalität der Entscheidung Johnsons, das Parlament nicht tagen zu lassen; ihrer Klage wurde vom höchsten Gericht Großbritanniens stattgegeben und Johnsons Schritt rückgängig gemacht. Die Tatsache, dass die Gerichtsentscheidung an genau dem Tag fiel, als das Repräsentantenhaus in Washington ankündigte, es würde ein Impeachment-Verfahren gegen US-Präsident Donald Trump einleiten, diente dazu, noch einmal die Parallelen zwischen Johnson und Trump aufzuzeigen. Diesseits wie jenseits des Atlantiks braute sich eine Rechtstaatlichkeitskrise zusammen.

Cummings war unverhohlen verächtlich gegenüber den rechtlichen Zwängen, unter denen eine normale Regierung zu agieren hatte. In einem Eintrag auf seinem Blog vom März 2019 — typischerweise in Großbuchstaben und und mit wahllosen literarischen und wissenschaftlichen Anspielungen durchsetzt — hatte Cummings den *Brexiters* geraten, die von der May-Regierung gegenüber der EU gemachten Zusagen zu ignorieren. Er schrieb: «Eine ernsthafte Regierung, eine, die nicht von Regierungsbeamten und deren Mist an juristischem Rat eingeschüchtert ist, ... wird sich über diese Verbindlichkeiten hinwegsetzen und über jedes heimische Gesetz, das diese durchsetzt.»[191]

Johnsons Bereitschaft, das Gesetz zu brechen, um den Brexit durchzusetzen, war vom Obersten Gerichtshof zurückgewiesen worden und empörte das liberale Großbritannien, aber sie stand im Einklang mit der Volksstimmung. Eine Umfrage Anfang 2019 zeigte, dass 54 Prozent der Befragten mit der Aussage übereinstimmten, dass «Großbritannien einen starken Führer braucht, der gewillt ist, das Gesetz zu brechen.» Bur 23 Prozent stimmten dem nicht zu.[192] Die öffentliche Duldung, ja sogar das Verlangen nach einem irgendwie gearteten Autokraten, stand in deutlicher Diskrepanz zu dem Bild einer toleranten, gesetzestreuen Nation, wie sie die britische Elite hochhält. Aber sie passte in den globalen Trend.

Auf dem Parteitag der Konservativen im gleichen Jahr, der kurz nach dem Urteil des Höchsten Gerichtshof gegen Johnson abgehalten wurde, wurde der Premierminister wie ein siegreicher Kriegsfürst begrüßt. In den Fluren des Konferenzzentrums in Manchester lief ich einem Unterhaus-Abgeordneten und *Brexiter* über den Weg, der fassungslos wirkte, als er die Versammlung der regionalen Parteiorganisation verließ. «Da drinnen herrscht eine Stimmung wie bei einem verdammten Nürnberg-Aufmarsch», sagte er in Anspielung auf die NSDAP-Reichsparteitage und berichtete, Johnson sei nach nur zwei Sätzen seiner Rede unterbrochen worden mit donnernden Rufen wie «Boris, Boris». Der Personenkult, ein wesentliches Element des *strongman*-Stils, hatte sich etabliert.

Oberflächlich betrachtet war die Niederlage vor dem Obersten Gerichtshof ein Rückschlag für Johnson. Im Großen und Ganzen jedoch spielte sie der Strategie Cummings' in die Hände, Neuwahlen in Großbritannien zu erzwingen, die es ihm ermöglichen würden, die erfolgreiche «Das Volk gegen die Elite»-Strategie der *Vote-Leave*-Kampagne von 2016 wiederzubeleben. Die Idee war, die Schwierigkeiten, den Brexit vor den Gerichten und im Parlament durchzusetzen, so darzustellen, als wären sie die Folge eines Komplotts der Elite, den Willen des Volkes zu vereiteln. Unvorhergesehenerweise, und mit desaströsem Ergebnis für beide Parteien, gab die Opposition, die Labour-Partei und die Liberaldemokraten, dem Wunsch Johnsons nach und stimmten einer zeitlich ungewöhnlichen Winterwahl im Dezember 2019 zu. Cummings, der Meister des Drei-Worte-Slogans, erfand den Schlachtruf «*Get Brexit Done*» («Lasst uns den Brexit durchziehen») für die Wahlkampfkampagne. Hilfreich für Johnson war auch, dass Labour von Jeremy Corbyn angeführt wurde, ein ältlicher, extrem linker Aktivist, dem Vorwürfe von Antisemitismus anhingen.

Die Wahl, die am 12. Dezember abgehalten wurde, bescherte Johnson einen Moment des großen politischen Triumphes; er führte nun eine Konservative Partei an, die über eine Mehrheit von 80 Sitzen im Unterhaus verfügte. All die politischen und moralischen Kompromisse, die er auf seinem Weg an die Macht eingegangen war, alle Rückschläge und Demütigungen wirkten wie weggefegt. Als siegreicher Premierminister mit neuem Mandat handelte er einen neuen «harten» Brexit-Vertrag aus, der Großbritannien sowohl aus dem europäischen Markt katapultierte als auch aus der europäischen Zollunion.

In Wirklichkeit enthielt der Deal auch einige große Konzessionen mit Blick auf den Status von Nordirland. Um eine «harte Grenze» zwischen der Republik Irland und Nordirland zu vermeiden, die das Karfreitags-Friedensabkommen bedrohen könnte, hatte Johnsons Regierung zugestimmt, dass Güter auf dem Weg von Großbritannien nach Nordirland und umgekehrt einer Zollkontrolle unterliegen würden – was so viel hieß wie, dass eine interne Grenze im Vereinigten Königreich, die in der Irischen See lag, gezogen wurde. Das bedeutete eine außerordentliche Abgabe der Kontrolle des Vereinigten Königreichs über das eigene Territorium, das jedem in den Kategorien der Souveränität denkenden Nationalisten hätte zuwider sein müssen. Tatsächlich hatte Theresa May hatte in ihrer Amtszeit verkündet, dass kein britischer Premierminister je einem solchen Handel zustimmen könne. Aber Johnson weigerte sich schlicht, die Realität dessen, was er unterzeichnet hatte, anzuerkennen; er leugnete, dass es irgendwelche Warenkontrollen auf dem Weg vom übrigen Vereinigten Königreich nach Nordirland geben würde. Wie so oft in seinem Leben kam er damit durch — fürs Erste. Unbequeme Details des Deals gingen im Trubel der «Vertagung» des Parlaments und der Neuwahlen weitgehend unter.

Ende 2020 verließ Großbritannien dann endgültig die EU. Johnson hatte sein «*Get-Brexit-Done*»-Versprechen eingelöst. Mit einer großen Parlamentsmehrheit im Rücken und Dominic Cummings an der Seite schien Johnson in einer starken Position, Großbritannien bis zu den nächsten Wahlen in spätestens vier Jahren zu regieren und dabei das Land und seinen Platz in der Welt zu verändern.

Aber der 31. Januar 2020, an dem der Austritt Großbritanniens aus der Europäischen Union schließlich vollzogen wurde, war auch der Tag, an dem Großbritannien seinen ersten Coronavirus-Fall meldete. Johnsons libertäre Rhetorik, die bei der Kampagne gegen die EU so gepasst hatte, war gefährlich deplatziert, wenn es darum ging, mit Covid-19 umzugehen. Während andere Länder in Europa und Asien Lockdowns verhängten, reagierte Johnson nur langsam. Dabei spielte nicht nur die Sorge um wirtschaftliche Einbußen eine Rolle, sondern auch die Schwierigkeit, die Britinnen und Briten bitten zu müssen, nicht in die Pubs zu gehen. Auch als sich deutlich zeigte, dass das Coronavirus zum globalen Problem geworden war, war Johnson vor allem mit seiner bevorstehenden Scheidung und der Schwangerschaft seiner zukünftigen dritten Frau beschäftigt und verpasste die drei Sitzungen des Cobra-Komitees, einem Regierungsausschuss, der bei nationalen Notlagen und Katastrophenfällen die Verantwortung trägt. In den ersten Märztagen, als das Coronavirus schon in Italien fußgefasst hatte, brüstete sich Johnson damit, bei einem Krankenhausbesuch «jedem die Hand zu schütteln». Vollbesetzte Sitzungen des Unterhauses fanden weiterhin statt, und Politiker saßen wie immer auf engsten Raum gequetscht. Bis es dazu kam, dass Johnson für sein Land einen Lockdown befahl, hatten Italien, Spanien, Frankreich und Deutschland längst reagiert.

Die Langsamkeit, mit der Johnsons Regierung vorging, trug maßgeblich zu der hohen Zahl an Coronavirus-Todesfällen in Großbritannien bei, der höchsten in Westeuropa. Im Unterschied zu Donald Trump oder Brasiliens Jair Bolsonaro machte Johnson viel Aufhebens davon, dem wissenschaftlichen Rat zu folgen, nachdem er erstmal den Lockdown ausgerufen hatte — wenngleich er sich auch manchmal im Privaten darüber aufregte.* Nichtsdestotrotz zahlen das Land und Johnson einen hohen Preis für seine anfängliche Nonchalance. Anfang April 2020 war Johnson der erste Regierungschef weltweit, der mit Covid-19 ins Krankenhaus eingeliefert wurde. Kurz drauf wurde er auf die Intensivstation verlegt, und für ein paar Tage schien es so, als hinge sein Leben am seidenen Faden. Die Reaktion einiger seiner glühendsten Anhänger ging weit über das übliche Maß an Schock und Mitgefühl hinaus und verdeutlichte das Ausmaß, in dem Teile Großbritanniens dem Führerkult verfallen waren. Allison Pearson, eine prominente Zeitungskolumnistin, schrieb im *Daily Telegraph*: «Boris wird geliebt — wahrhaft geliebt, auf eine Art und Weise, die die Journalistenklasse in der Metropole noch nicht einmal im Ansatz begreift. Keine Frage, Boris Johnsons Gesundheit spiegelt die der Politik wider und damit die Gesundheit der ganzen Nation.»[193]

Als Johnson aus dem Krankenhaus entlassen wurde, hofften seine Anhänger (und ein Großteil des Landes), seine Genesung hätte ihn in seinem charakteristischen Optimismus bestärkt und ihm neue Energie verliehen, Großbritanniens Kampf gegen das Coronavirus anzugehen. Stattdessen erschien der Premierminister geschwächt — krank, unsicher, richtungslos und ohne Elan. Sir Humphrey Wakefield, Dominic Cummings' Schwiegervater, verglich Johnson wenig

* Sein Berater Dominic Cummings enthüllte später, wie Johnson hinter den Kulissen gegen den Lockdown gekämpft habe; er gab Johnson die Schuld an Tausenden Todesfällen, die man hätte verhindern können.

hilfreich mit einem chronisch verletzten Pferd: «Wenn man ein Pferd zu früh wieder einspannt, wird es sich nie mehr erholen.»

Allerdings war es dann Cummings, dessen politische Karriere ein vorzeitiges Ende fand. Im Mai 2020 kam heraus, dass er die Lockdown-Vorschriften der Regierung gebrochen hatte. Trotz Infektion mit dem Coronavirus hatte er sich entschieden, Frau und Kind 200 Meilen in Richtung Norden zu chauffieren, damit sie auf dem Bauernhof seiner Eltern im Landstrich Durham genesen könnten. Cummings überlebte den folgenden Skandal, wurde aber nach etlichen Streitigkeiten mit Kolleginnen und Kollegen schließlich Ende 2020 aus der Downing Street gedrängt. Er avancierte schnell zum freimütigsten Kritiker Johnsons und bezeichnete ihn als gänzlich ungeeignet, das Amt des Premierministers auszufüllen.

Nun, da der Brexit erledigt war und Cummings auch, bot sich Johnson die Gelegenheit, seinen *strongman*-Stil aufzugeben und zu einem konventionelleren Premierminister zu werden. Nach dem ersten Fehlschlag beim Umgang mit dem Coronavirus erholte sich Johnsons Beliebtheitsgrad im Zuge der relativ erfolgreichen britischen Impfkampagne gegen Covid-19. Die Schnelligkeit bei der Durchimpfung der britischen Bevölkerung im Vergleich zu EU-Ländern wurde von Johnson als rückblickender Rechtfertigungsgrund für den Brexit verkauft.

Aber Johnson war nicht ganz bereit, seinen autokratischen Stil aufzugeben. Das Hauptproblem dabei war, dass die unweigerlichen Widersprüche und Belastungen des Brexit-Abkommens, das er ausgehandelt hatte, ihn nun heimsuchten. Obwohl er stets das Gegenteil behauptete, bedeutete der Brexit einen nicht unerheblichen Mehraufwand an Bürokratie und Handelshemmnisse für britische Exporte. Im Januar 2021, dem ersten Monat, mit dem das neue europäisch-britische Handelsabkommen vollständig in Kraft trat, sanken britische Ausfuhren in die EU um 41 Prozent. Ein Teil davon konnte den

Auswirkungen der Pandemie zugeschrieben werden. Aber der größte Teil dieses Rückgangs war das Ergebnis von Brexit. In Nordirland machten sich die neuen Zollkontrollen gar bei der Belieferung der Supermärkte bemerkbar.

Die Antwort der Johnson-Regierung war die Suche nach einem Feind und die Androhung, die eben erst unterzeichneten Verträge und damit internationales Recht zu brechen. Lord David Frost, Johnsons EU-Unterhändler, argumentierte, die Wurzel des Problems sei, dass die EU die demokratische Entscheidung Großbritanniens, auszutreten, nicht habe akzeptieren wollen. Darüber hinaus ging das Vereinigte Königreich dazu über, bestimmte Teile des Nordirland-Protokolls unilateral auszusetzen, was letztlich hieß, dass man ein internationales Abkommen brach, das der Premierminister erst kürzlich ausgehandelt hatte.

Johnsons persönlicher Stil blieb nach außen hin freundlich und nett. Er vermied die kühle Bedrohlichkeit eines Putin oder die sich ereifernde Paranoia eines Erdoğan. Aber auf sehr englische Art hat er wichtige Elemente des *strongman*-Stils der Politik in Großbritannien eingeführt. Er hat Bereitschaft gezeigt, sowohl britische als auch internationale Gesetze zu brechen. Er hat Gegner als elitäre Feinde des Volkes verteufelt. Seine politischen Verbündeten haben dieselben Formulierungen auf die britische Justiz ausgeweitet und wiederholt die Überparteilichkeit anderer wichtiger nationaler Institutionen infrage gestellt, zum Beispiel die der BBC und des öffentlichen Dienstes. Johnson hat bei der Brexit-Kampagne die Wahrheit so verzerrt, dass dies über das übliche Hin und Her des Politikgeschäfts weit hinausging. Dazu hatte er einen Personenkult in der eigenen Konservativen Partei etabliert, der Parlamentarier zwang, ihre Prinzipien aufzugeben, um ihre Karriere zu retten.

Auf gewisse Weise ist Großbritannien für den autokratischen Politikstil besonders anfällig. Das Land verfügt über keine geschriebene

Verfassung und hat sich immer auf ein, wie es der Zeithistoriker Peter Hennessy nennt, «*Good-Chap*»(«anständiger Kerl»)-Modell der Regierungsführung gestützt, auf den Glauben also, dass alle Politikerinnen und Politiker sich mit einem «Gefühl für Zurückhaltung» und mit Respekt gegenüber den altbewährten Konventionen verhalten. Äußerlich sieht Boris Johnson wie die Verkörperung des «anständigen Kerls» aus. Aber in Wirklichkeit fühlt er sich wie sein Hauslehrer aus Eton genau beobachtete, losgelöst «von dem Netz der Verpflichtungen, das uns alle bindet».

Nimmt man Großbritanniens Rang als eine der ältesten Demokratien der Welt, so bedeutet die Wahl eines populistischen Gesetzesbrechers zum Premierminister des Vereinigten Königreichs eine Verlagerung in europäischer Politik und der Welt. Rush Doshi, Direktor für China-Politik in Bidens Weißem Haus, argumentiert, dass Xi Jinping und sein Kreis das Brexit-Referendum sehr ernst genommen haben; sie sahen es als eine Art «Dreigestirn» der Rückschläge für die westlich geführte Weltordnung an, die »aus dem Brexit, der Wahl Donald Trumps und der zunächst schlechten Antwort des Westens auf die Coronavirus-Pandemie bestand».[194]

Johnson und seine Anhänger blieben dabei, dass Großbritanniens Entscheidung, die EU zu verlassen, in den britischen liberalen, demokratischen Instinkten ihren Ursprung hatte, wie zum Beispiel der Unterstützung des Freihandels und einer nationsgebundenen Demokratie. Aus diesem Grund, so argumentieren sie, sollte der Brexit als eine Berufung auf den Kern liberaler Prinzipien gesehen werden. Wenn ich diese Ansicht jedoch Politikexpertinnen und -experten außerhalb Britanniens unterbreite — sei es in Moskau, Washington oder Peking —, trifft sie so gut wie immer auf Unverständnis oder Spott. Außerhalb des Vereinigten Königreichs sah man den Brexit als das, war er war: ein schwerer Schlag gegen die Macht und Kohärenz des Westens und die liberalen demokratischen Werte, die die westlichen Verbündeten traditionell hochgehalten haben.

Großbritannien ist aber nur eine Mittelmacht. Ein Brexit allein kann die Weltpolitik nicht auf den Kopf stellen. Das Erstarken des autokratischen Stils in den Vereinigten Staaten, der mächtigsten Nation der Welt, war der wirklich transformative Einschnitt in der globalen Politik.

# 7

## DONALD TRUMP

### AMERIKAS AUTOKRAT (2016)

Im November 2015, ein Jahr vor dem Wahlsieg Donald Trumps, besuchte ich Washington. Ich wollte ein Gefühl für die bevorstehenden Präsidentschaftswahlen gewinnen. Aber ich kehrte verwirrt zurück. Die Umfragen zeigten, dass Trump der klare Favorit für die Nominierung als Kandidat der Republikaner für das Präsidentschaftsrennen 2016 war. Ein Demokrat hatte acht Jahre lang im Weißen Haus gesessen, somit war es vernünftig, davon auszugehen, dass nun die Republikaner an der Reihe sein würden. Aber selbst in konservativen Thinktanks konnte ich niemanden finden, der glaubte, dass Trump nominiert werden würde — oder gar Präsident werden würde. Niemand unter meinen republikanischen Gesprächspartnern hatte sich bei der Trump-Kampagne gemeldet, um für sie tätig zu werden. In einer Stadt voller ambitionierter Leute war das ein klares Zeichen, dass es sich um einen hoffnungslosen Fall handelte. Die allgemeine Neigung dazu, Trumps Chancen abzuschreiben, fanden in einem Fernsehclip ihre Entsprechung, der später die Runde machte: Zu sehen waren Moderator George Stephanopoulos und seine Gäste, wie sie sich vor Lachen krümmten, als jemand von der Möglichkeit sprach, dass Trump gewinnen könnte.[195]

Schon damals schien es mir etwas vorschnell, sich darin so sicher zu sein. In einem Artikel über radikale Politik im Westen und ihre wachsende Popularität schrieb ich jenen November, es sei nachlässig, Trumps Chancen nicht ernst zu nehmen. «Viele Demokraten glucksen, wenn die Republikaner so verrückt sein sollten, Trump als Kandidaten aufzustellen, würde er unweigerlich gegen Hillary Clinton verlieren. Allerdings kann man selbst davon nicht ausgehen. Die jüngsten Umfragen zeigen, dass bei einer Wahl Trump gegen Clinton Herr Trump fünf Prozentpunkte Vorsprung hätte.»[196] Es war nicht schwer, die Faktoren zu identifizieren, die dem Kandidaten Trump Auftrieb gaben. Zu ihnen gehörten «der Vertrauensverlust in die traditionellen politischen Eliten», kombiniert mit wachsender wirtschaftlicher Unsicherheit, eine gegen Einwanderer gerichtete Stimmung, die Furcht vor Terrorismus und der Niedergang traditioneller Medien».[197]

All das war bereits ein Jahr vor Trumps Wahlerfolg ersichtlich. Deshalb ist es rückblickend interessant zu fragen, warum das amerikanische Establishment so unwillig war, ein politisches Phänomen anzuerkennen, das ihm ins Gesicht starrte. Die Antwort liegt, so denke ich, im amerikanischen Exzeptionalismus begründet – die Vorstellung, dass die amerikanische Politik und Gesellschaft gegenüber politischen Pathologien immun ist, die andere, weniger glückliche Länder geplagt haben. Die Quintessenz der Idee wurde im (ironisch gemeinten) Titel des Romans *It Couldn't Happen Here* (*Bei uns ist das nicht möglich*) von Sinclair Lewis festgehalten, der 1935 erschien und den Aufstieg eines Diktators beschrieb. Nach Trumps Wahlsieg fand das Buch viele neue Leserinnen und Leser.

Solcher Exzeptionalismus ist nicht nur auf die Vereinigten Staaten beschränkt: eine ähnliche Selbstgefälligkeit ist auch im britischen Establishment weit verbreitet. Wie in Amerika sind die Menschen in Großbritannien stolz auf ihre lange Geschichte demokratischer Stabilität – politischer Extremismus und Anfälligkeit für Diktaturen gelten als kontinentaleuropäische Untugenden, die dem Vereinigten Königreich fremd sind. Doch Länder mit einem zu großen Glauben an ihre eigenen politischen Tugenden können genau aus diesem Grund anfällig für politische Laster werden. Die Franzosen bekamen bei einer Kandidatin wie Marine Le Pen immer den Dunst von Vichy-Frankreich mit. Die Deutschen sind immer auf der Hut vor allem, das an den Nationalsozialismus erinnert. Aber die amerikanischen Kommentatorinnen und Kommentatoren betrachteten Donald Trump und mussten einfach lachen. Der Mann war ein Witz, ein Entertainer. Bei uns ist das nicht möglich.

Aber viele politische und soziale Kräfte, die in anderen Ländern der Welt *strongmen* befördert hatten, waren auch in den Vereinigten Staaten virulent. Fiona Hill, die unter Trump im Weißen Haus als Russland-Beraterin arbeitete,* sagte später: «Wir waren arrogant genug anzunehmen, dass das, was der Ukraine und der Republik Moldau passierte, uns nicht passieren könnte.»[198] Hill bezog sich dabei auf die Beeinflussung der Wahlen. Aber, wie sie weiter ausführte, enthielten die Erfahrungen mit Russland auch weiterführende Lehren für den Westen. Der Schmerz wirtschaftlicher Entwurzelung half, die Sehnsucht nach einem starken Führer anzutreiben — jemand, der Russland wieder groß machen könnte.

Von der amerikanischen Elite weitgehend ignoriert, stiegen die Zahlen von «Verzweiflungstodesfällen», die an das Russland der 1990er Jahre erinnerten, in den Vereinigten Staaten in den Jahren vor Trumps Wahlsieg an. Im November 2015, während ich meine Tour durch die Washingtoner Thinktanks unternahm, berichteten die Ökonomen Angus Deaton und Anne Case von einem erstaunlichen Anstieg der Todeszahlen unter Angehörigen der weißen Arbeiterklasse. Die Sterberaten für Weiße ohne Hochschulabschluss waren zwischen 1999 und 2014 um 22 Prozent gestiegen. Im gleichen Zeitraum waren ihre inflationsbereinigten Einkommen um 19 Prozent zurückgegangen.[199] Signifikanterweise gab es unter den Weißen mit

* Sie spielte später während der Impeachment-Anhörungen gegen Trump eine wichtige Rolle. Siehe dazu auch Susan B. Glasser, *Briefe aus Trumps Washington*, das bei WELT-KIOSK erschienen ist.

Hochschulabschluss einen solchen Rückgang der Lebenserwartung nicht. Deaton und Case zufolge erklärte sich die steigende Sterblichkeit innerhalb der weißen Arbeiterklasse mit «einer Epidemie an Selbstmorden und Erkrankungen, die durch Sucht verursacht werden, wie Alkoholismus, Lebererkrankungen sowie Überdosen von Heroin und verschreibungspflichtigen Opiaten».[200]

Die soziale Gruppe, die von dem betroffen war, was Deaton und Case als «Tod aus Verzweiflung» beschrieben, wählte in großer Zahl 2016 Donald Trump. Angesichts der Zahlen fragte ich mich, ob die vielen Kommentatoren (ich eingeschlossen) nicht verstanden, worum es ging, als wir uns über die vielen Lügen aufregten, die Trump im Munde führte. Denn seinen glühendsten Anhängern zufolge sprach Trump eine größere Wahrheit aus: dass die Dinge in den Vereinigten Staaten schlecht standen und sich verschlechterten und dass die amerikanische Elite korrupt und nur aufs eigene Wohl bedacht war.

In Gesprächen mit Trump-Wählern während des Wahlkampfs von 2016 hörte ich viele Variationen dieser Themen. Bei einer Massenveranstaltung in Portsmouth, New Hampshire, machte ich meine erste Erfahrung mit dem zusammenhanglosen, wirren Redestil eines «Trump *unplugged*» auf Wahlkampftour. Danach kam ich mit einem seiner Anhänger ins Gespräch, der aus Michigan angereist war, um seinen Helden reden zu hören. Als ich versuchte, darauf hinzuweisen, dass Trump eine Menge Lügen erzählte, lautete die Antwort: «Er ist der Einzige, der sagt, wie es ist.» Ein paar Monate später führte ich wenige Wochen vor dem Referendum Unterhaltungen in Großbritannien mit britischen Wählern, die für den Brexit waren und für «*Leave*» stimmen wollten. Als ich darauf hinwies, dass der Austritt aus der EU die britische Wirtschaft beschädigen würde, lautete die Antwort: «Für mich kann es nicht schlimmer werden. Es muss sich etwas ändern. Und vielleicht ist es das.» Die Verzweiflung derjenigen, die ökonomisch «abgehängt» waren, war ein gemeinsamer Faktor von Trumps Aufstieg und populistischer und autokratischer Politik anderswo auf der Welt. Ein weiterer, ungleich stärkerer Faktor waren ethnische Spannungen.

In Ländern wie Indien, Israel und Ungarn war der Aufstieg von Autokraten eng mit der Furcht einer traditionell gesellschaftlich dominanten Bevölkerungsmehrheit verbunden, die diese Stellung durch demographischen Wandel und Einwanderung bedroht sah. Die glühendsten Anhänger von Narendra Modi argumentieren, dass Indiens hinduistische Kultur von der muslimischen Minderheit untergraben würde. In Israel unterstützte Premierminister Benjamin Netanjahu die am Ende erfolgreichen Bemühungen, Israel als jüdischen Staat zu deklarieren, ein Schritt, der mit Befürchtungen vor dem wachsenden Anteil arabischer Israelis zusammenhing. In Ungarn hat Viktor Orbán vielfach behauptet, das bloße Überleben der ungarischen Nation sei von muslimischer Einwanderung bedroht. Sowohl Netanjahu als auch Orbán haben Mauern bauen lassen, um ihre Länder vor Eindringlingen zu schützen – Trump spiegelte dies wider mit seiner berühmten Forderung «*Build the Wall*» von 2016, an der Grenze zu Mexiko eine Mauer errichten zu lassen.

In Ungarn, Israel und Indien ist der Mehrheitsstatus ethnischer Ungarn, von Juden und Hindus tatsächlich nicht bedroht. Ethnische Ungarn stellen 85 Prozent der Bevölkerung; der Anteil der jüdischen Bevölkerung liegt in Israel knapp unter 75 Prozent; Hindus stehen für 80 Prozent der Bevölkerung Indiens. Im Gegensatz dazu wird der Bevölkerungsanteil von Weißen in den Vereinigten Staaten Mitte der 2040er Jahre bei unter 50 Prozent liegen, wenngleich sie die größte Gruppe sein werden.[201] In der jüngsten Altersgruppe, derjenigen unter 18 Jahren, liegt der Anteil der Weißen bereits heute unter 50 Prozent. Die größte Minderheitengruppe in Amerika werden die Hispanics, deren Anteil für 2045 mit 24,6 Prozent prognostiziert wird, gegenüber 49,7 Prozent Weißen, 13,1 Prozent Schwarzen und 7,9 Prozent Asiaten.

Furcht vor demographischem Wandel und Einwanderung waren wichtige Elemente bei Trumps Wahlerfolg 2016. Diese Besorgnis fand ihren Ausdruck in einem Artikel mit dem Titel «Die Flug-93-Wahl»[27] von Michael Anton, der später in den National Security Council in Trumps Weißem Haus berufen wurde. Anton regte sich über «den unablässigen Import von Dritte-Welt-Ausländern in die Vereinigten Staaten» auf. Er pries Trump als den einzigen Kandidaten, der gewillt sei, die Einwanderung zu stoppen und damit zu sagen: «Ich will, dass mein Land lebt. Ich will, dass mein Volk lebt. Ich will diesen Wahnsinn beenden.»[202] Für diejenigen, die Antons Weltsicht teilten, waren Trumps Forderungen nach einer Grenzmauer entlang der US-mexikanischen Grenze und nach einem «totalen und kompletten Stopp» muslimischer Einwanderung in die Vereinigten Staaten überzeugende Beweise, dass Trump just jener *strongman* war, den Amerika brauchte, um «den Wahnsinn zu beenden».

Trump gewann sowohl 2016 als auch 2020 die Mehrheit der weißen Wählerinnen und Wähler für sich. Wie das Meinungsforschungsinstitut Pew Research Center kurz nach den Wahlen von 2016 festhielt, erzielte Trump den größten Vorsprung eines Kandidaten unter Weißen ohne College-Abschluss, der seit 1980 gemessen wurde. Vier Jahre später gewann Trump die Mehrheit der Weißen erneut spielend, wenngleich die leichte Verkürzung des Vorsprungs den unterschiedlichen Ausgang der Wahlen 2016 und 2020 ausgemacht haben mag.[203]

Die Tatsache, dass Trump die meisten weißen Wählerinnen und Wähler für sich gewinnen konnte, bedeutet für sich genommen noch nicht, dass rassistische Furcht und Antagonismen für seinen Erfolg ausschlaggebend waren. Aber die sozialwissenschaftliche Forschung deutet in diese Richtung. *Identity Crisis,* eine umfassende Studie der

Wahl von 2016, kam zu dem Schluss, dass die Einstellung zu Fragen nach Ethnizität der verlässlichste Indikator war, um eine Wahlentscheidung für Trump vorherzusagen.[204] Trump wurde zum Champion jener weißer Wählerinnen und Wähler, die sich wirtschaftlich oder sozial unsicher fühlten und die, und das war entscheidend, dafür ethnischen Minderheiten die Schuld gaben. John Tides, Michael Tesler und Lynn Vavrick weisen in *Identity Crisis* darauf hin, dass Umfragen unter republikanischen Wählerinnen und Wählern zeigen, dass Aussagen wie «Ich habe Sorge, meinen Arbeitsplatz zu verlieren» weniger stark mit einer Wahlentscheidung für Trump verbunden waren als «Ich habe Sorge, meinen Arbeitsplatz an eine Person zu verlieren, die den Bevölkerungsminderheiten angehört».[205]

Als Trump mit seiner Kampagne durchstartete, waren solche Befürchtungen unter Republikanerinnen und Republikanern bereits weit verbreitet: Zwei Drittel stimmten der Aussage zu, dass «die Diskriminierung von Weißen heute ein genauso großes Problem ist wie die Diskriminierung von Schwarzen».[206] Trump zog diejenigen an, die glaubten, Amerika sei in seinem Wesen bedroht und dass Weiße unfair behandelt wurden. Wirtschaftliche Schwierigkeiten waren lediglich ein Teilaspekt. Viele Trump-Wählerinnen und -Wähler waren auch von dem Gefühl motiviert, an sozialem Status zu verlieren, ebenso wie direktem Einkommen. Cameron Anderson, der Sozialpsychologie an der Berkeley-Universität lehrt, formulierte es so: «Es fällt den Individuen und Gruppen sehr, sehr schwer, damit klarzukommen, dass sie an Status und Macht verlieren … Sie reagieren auf diese Befürchtung mit Stress, Angst, Ärger und in manchen Fällen sogar mit Gewalt.»[207]

Die Furcht, dass die Weißen die Kontrolle über die Vereinigten Staaten verlieren könnten, sorgte dafür, dass sich die Stimmung sogar gegen die Demokratie an sich drehte und Rufe nach einem *strongman* lauter wurden. Laut einer Studie der republikanischen Wählerschaft von Larry Bartels, einem Politikwissenschaftler an der Vanderbilt-Universität, stimmten 50,7 Prozent mit der Aussage überein: «Der traditionelle amerikanische *way of life* verschwindet so schnell, dass wir vielleicht Gewalt anwenden müssen, um ihn zu retten.» Weitere 47,3 Prozent stimmten zu, «dass starke politische Führer manchmal die Regeln brechen müssen, um Dinge in die Tat umzusetzen». Die Ergebnisse der Studie antizipierten die Bereitschaft einer Mehrheit der Republikaner, Trumps Angriff auf die Demokratie zu akzeptieren, der in dem Sturm auf das Kapitol im Januar 2021 kulminierte. Ihre Bereitwilligkeit, Trumps unbegründete Anschuldigungen in Sachen Wahlfälschung hinzunehmen, spiegelte ihre Überzeugung wider, dass er im Interesse eines höheren Ziels handelte: der Bewahrung des traditionellen amerikanischen *way of life*, den sie mit einem mehrheitlich weißen Amerika verbanden.[208] Mit anderen Worten waren große Teile des amerikanischen Wahlvolks bereit und warteten auf einen *strongman*. Sie fanden ihn in Donald Trump.

Trumps politische Ansichten waren seit Jahrzehnten klar. Das wohl ausführlichste Interview, das er dazu gab, erschien 1990 in dem Magazin *Playboy*. Zu der Zeit war er nichts anderes als ein protziger Geschäftsmann, bekannt dafür, dass er Spielkasinos baute, seine Frau betrog und im Fernsehen herumtönte. Dieses Interview wurde später Pflichtlektüre für Mitglieder des diplomatischen Korps und für Korrespondenten, die in Trumps Amerika entsandt wurden, ganz so wie eine frühere Generation versuchte hatte, China oder die Sowjetunion zu verstehen, indem sie die «Mao-Bibel» oder Lenins *Was tun?* las.

Trumps instinktiver Autoritarismus war bereits 1990 in ganzer Breite sichtbar. Damals war Michail Gorbatschow, Führer der Sowjetunion, Held vieler Amerikanerinnen und Amerikaner, weil er den Kalten Krieg beendet und das sowjetische System liberalisiert hatte. Aber Trump hatte für Gorbatschow nur Verachtung übrig. «Er hat außerordentliche Schwäche gezeigt», klagte er, «er zerstört die Sowjetunion.»[209] Trumps Vorhersage des Untergangs der UdSSR bewahrheitete sich dann Ende 1991. Trump kontrastierte die Niederschlagung der im Entstehen begriffenen Demokratiebewegung durch die Kommunistische Partei Chinas lobend mit Gorbatschows Schwäche. Das Tiananmen-Massaker hatte nur neun Monate vor Trumps *Playboy*-Interview stattgefunden, und mit seinen Kommentaren zu dem Ereignis nahm er eine für einen bekannten Amerikaner ungewöhnliche Haltung ein: «Sie waren gemein, sie waren schrecklich, aber sie haben es mit Stärke unterdrückt. Das zeigt Ihnen die Macht von Stärke. Unser Land gilt heute weithin als schwach.»[210]

Andere Themen, die während Trumps Präsidentschaft nur allzu bekannt werden sollten, waren 1990 auch schon angelegt. Da war die selbstmitleidige Paranoia: «Wir werden vom Rest der Welt ausgelacht.» Und der Protektionismus: «Ich würde jeden Mercedes-Benz, der in dieses Land eingeführt wird, und alle japanischen Produkte mit Zöllen belegen.» Aber Trump konnte seine eigenen potenziellen politischen Stärken gut einschätzen: «Ich weiß, was sich verkauft, und ich weiß, was die Leute wollen.»

2016 zeigte er dann sein intuitives Verständnis dafür, «was sich verkauft» und «was die Leute wollen». Immer wieder gab Trump Statements ab, die das politische Establishment empörten und viele voraussagen ließ, nun sei er erledigt: Barack Obama sei nicht in den Vereinigten Staaten geboren; John McCain, republikanischer Präsidentschaftskandidat von 2008, sei kein Kriegsheld; Frauen in den Schritt zu fassen sei nur «ein schlüpfriger Witz». Aber die Statements zerstörten Trumps Chancen nicht; tatsächlich könnten sie die Unterstützung für ihn noch gestärkt haben. Für einen großen Teil der Öffentlichkeit, die überzeugt war, dass Amerika auf dem falschen Pfad war, und die sich nach einem *strongman* sehnten, der «die Regeln bricht, um Dinge zu erledigen», war Trumps tabubrechendes Gerede das Signal, dass er der Mann war, auf den sie warteten.

Zudem waren 2016 einige soziale und wirtschaftliche Bedingungen in den Vereinigten Staaten erfüllt, die anderswo in der Welt für den Aufstieg von Autokraten gesorgt hatten. Mit Donald Trump brachte Amerika einen Politiker hervor, der mit seiner Ideologie und politischen Instinkten diesen latenten Wunsch nach einem *strongman* ausnutzen konnte. Glücklicherweise für die Vereinigten Staaten verfügt das Land über Institutionen und politische Konventionen demokratischer Politik, die sich über Jahrhunderte entwickelt haben. Die Geschichte der Trump-Präsidentschaft ist in vielerlei Hinsicht die des Ringens zwischen dem autokratischen Regierungsstil des Präsidenten und den demokratischen *checks and balances*, die amerikanisches Recht, Institutionen und Präzedenzfälle geschaffen haben.

Von Anfang bis Ende seiner Präsidentschaft war es Trumps Instinkt, wie ein autoritärer *strongman* zu regieren statt wie ein demokratisch gewählter Präsident. Seine Politik entstand durch einen Personenkult um ihn. In seiner Rede, in der er die Nominierung auf dem Parteitag der Republikaner annahm, verdammte Trump die Korruptheit des amerikanischen Systems und erklärte: «Ich allein kann es wieder richten.» Vier Jahre später war die Republikanische Partei so komplett in seinen Bann geschlagen, dass sie auf die Veröffentlichung eines Wahlprogramms verzichtete und stattdessen erklärte: «Die Republikanische Partei unterstützt begeistert die *America-First*-Agenda des Präsidenten und wird dies auch weiterhin tun.»

Als Präsident machte Trump schnell deutlich, dass diejenigen, die er in Ämter berief, ihm persönlich gegenüber loyal sein sollten, statt sich an Recht und Gesetz zu halten. Als James Comey, der Direktor der Bundespolizei FBI, zu einem Dinner unter vier Augen mit dem neuen Präsidenten geladen wurde, forderte ihn Trump wiederholt auf, ihn seiner «Loyalität» zu versichern. Comey lehnte ab und wurde ein paar Monate später gefeuert.[211] Sein Entlassungsschreiben wurde ihm persönlich von einem Mann ausgehändigt, der verstand, was der Präsident mit Loyalität meinte — Keith Schiller, Trumps früherer Leibwächter. Bei der ersten Kabinettssitzung seiner Regierung presste Trump seinen Ministern vor laufender Kamera hochnotpeinliche Versicherungen ihrer Loyalität ab. Vizepräsident Mike Pence gab den sklavischen Ton vor, indem er erklärte: «Das größte Privileg meines Lebens ist, als Vizepräsident dem Präsidenten zu dienen, der sein Wort gegenüber dem amerikanischen Volk hält.» Reince Priebus, Stabschef des Weißen Hauses, dankte dem Präsidenten und erklärte, es sei «ein Segen, Ihrer Agenda zu dienen». «Es ist eine Ehre, in der Position zu sein, Ihnen zu dienen», bekundete Jeff Sessions, der Justizminister.[212]

All diese Männer mussten erfahren, dass die Loyalität nicht auf Gegenseitigkeit beruhte und dass Selbsterniedrigung vor Trump nicht bedeutete, dass ihr Job sicher wäre. Einen Monat später wurde Priebus entlassen. Sessions, der erste republikanischer Senator, der die Präsidentschaftskandidatur Trumps unterstützt hatte, verärgerte seinen Boss, als er sich bei Fragen der «Russland-Untersuchung» über eine mögliche Zusammenarbeit zwischen der Trump-Kampagne und dem Kreml für potenziell befangen erklärte und die Zuständigkeit an seinen Stellvertreter abgab. Sessions wurde im November 2018 entlassen. Pence hielt bis zum sehr bitteren Ende durch, aber wurde ebenfalls vom Präsidenten diffamiert – Trump warf ihm Verrat vor, da er Trumps Versuche, den Ausgang der Präsidentschaftswahl von 2020 zu kippen, nicht unterstützte. Pence musste sich an einen sicheren Ort retten, während ein Pro-Trump-Mob durch das Kongressgebäude stürmte und «Hängt Mike Pence» rief.

Bei seinem dramatischen, wenn auch späten Bruch mit Trump weigerte sich Pence, Trumps Lügen in Sachen Wahlbetrug mitzutragen. Aber Pence war nur zu bewusst, dass Lügen in Trumps politischer Karriere von Anfang an eine zentrale Rolle spielten. Einmal mehr ist dies ein Charakteristikum der neuen Ära autokratischer Politik.

Wladimir Putin und seine Propagandisten etablierten die Technik des «Feuerwehrschlauchs der Falschbehauptungen» (*firehose of falsehoods*) als grundlegendes politisches Instrument. Die Idee, die dahintersteckte, besagte, dass man so viele Verschwörungstheorien und «alternative Fakten» (um einen Begriff der Trump-Beraterin Kellyanne Conway zu gebrauchen) verbreitete, dass die Wahrheit nur noch eine Version von Ereignissen unter vielen war.[213]

Für *strongmen* diente der «Feuerwehrschlauch der Falschbehauptungen» vielen wichtigen Zwecken. Mit am wichtigsten ist, dass er es leichter macht, der Verantwortung zu entgehen. Alle Hinweise mögen darauf hindeuten, dass Covid-19 seinen Ursprung in China hatte oder dass russische Raketen den Flug MH17 abgeschossen haben, aber chinesische und russische Regierungssprecher verbreiten eine Vielzahl alternativer Theorien, um die Realität dessen, was tatsächlich passiert ist, zu verwischen. «Falsche Narrative» zu etablieren gehört zum Rüstzeug der meisten *strongmen* unserer Zeit — ob das Viktor Orbán ist, der darauf beharrt, dass George Soros Ungarn mit Flüchtlingen überfluten will; Jarosław Kaczyński , der die Flugzeugkatastrophe von Smolensk als eine russische Verschwörung hinstellt; Recep Tayyip Erdoğan, der behauptet, die «Zins-Lobby» habe sich gegen die Türkei verschworen; oder Boris Johnson, der erklärt, der *deep state* wolle den Brexit stoppen. Unter den Anhängerinnen und Anhängern wird es immer solche geben, die diese Theorien dankbar aufnehmen, denn sie wollen glauben, dass ihr Anführer oder ihr Land nur die besten Absichten hat. Es ist ein Phänomen, das Psychologen «motivated reasoning» nennen: eine Form des voreingenommenen Denkens, das Menschen dazu bringt, Schlüsse zu ziehen, die sie emotional befriedigend finden, statt solche, die von den Fakten gestützt werden.

Trump verstand instinktiv die Kraft solchen Wunschdenkens – vielleicht deshalb, weil er selbst in einer Fantasiewelt lebte, in der alles, was er berührte, zu Gold wurde und er stets «ein Sieger» war, trotz seiner wiederholten Bankrotte. Diejenigen Amerikanerinnen und Amerikaner, die die Vorstellung eines schwarzen Präsidenten nicht ertragen konnten, bekamen die emotional zufriedenstellende Lüge serviert, dass Barack Obama gar nicht in den Vereinigten Staaten geboren worden sei und daher auch kein legitimer US-Präsident sei. Trump-Loyalisten, die die Vorstellung nicht akzeptieren wollten, dass er die Wahl 2020 verloren hatte, wurde stattdessen gesagt, ihr Held sei Opfer eines Wahlbetrugs. Senator Ted Cruz, der Trump einmal zutreffend als «pathologischen Lügner» bezeichnet hatte, verteidigte am Ende Trumps größte und folgenschwerste Lüge von der gestohlenen Wahl, in der Halle des Senats.

Trumps Präsidentschaft endete mit einer großen Lüge, und sie begann auch mit einer: der offenkundig falschen Behauptung, zu seiner Amtseinführung hätte sich eine Volksmenge in Rekordgröße in Washington eingefunden, um das Ereignis zu bejubeln. Über seine gesamte Amtszeit hinweg flirtete der Präsident mit offenkundigen Lügen, unterstützte viele offen und retweetete Verschwörungstheorien auf Twitter, zum Beispiel die Behauptung, Osama bin Laden sei noch am Leben. Auch pries der die «Patrioten», die der QAnon-Verschwörungstheorie anhingen, die glaubten, der Präsident führe einen Kampf gegen eine Bande aus der Politikelite von Pädophilen und Sexualstraftätern; sie waren prominenter Teil der Menge, die 2021 das Kapitol stürmte. Tatsächlich gab es keine Verschwörungstheorie, die zu verrückt oder zu geschmacklos war, um von Trump befördert zu werden. Im Dezember 2015 trat er sogar in der Talkshow von Alex Jones auf, der wiederholt behauptet hatte, dass das Sandy-Hook-Massaker von 2012, bei dem 20 Kinder — im Alter von sechs und sieben Jahren — ermordet wurden, gar nicht stattgefunden habe. «Ihr Ruf ist großartig», sagte er zu Jones, «ich werde Sie nicht hängen lassen.»[214] Alles in allem zählte die *Washington Post* rund 22000 falsche oder irreführende Erklärungen in den vier Jahren der Trump-Präsidentschaft.[215]

Ein echter Diktator kann eine ganze Gesellschaft zwingen, seine Lügen zu akzeptieren. Er tut dies zu einem großen Teil dadurch, dass er seine absolute Autorität über alle Institutionen des Landes etabliert. Trump unternahm Schritte in diese Richtung, feuerte wiederholt Regierungsmitglieder und Beamte, die ihm nicht ausreichend gefügig schienen, und versuchte, sie durch treue Anhänger zu ersetzen. Doch am Ende hielten Amerikas Institutionen stand. Die Falschbehauptungen, die das Trump-Team per besagtem «Feuerwehrschlauch» in die Welt setzte und die belegen sollten, dass das Wahlergebnis von 2020 gefälscht sei, wurden von einem Gericht nach dem anderen zurückgewiesen. Beweise und Fakten gaben im US-Rechtssystem immer noch den Ausschlag. Zu ihrer Schande und gefährlicherweise unterstützte die Mehrheit der republikanischen Abgeordneten im Repräsentantenhaus Trumps «große Lüge» über die Wahl von 2020, elf Senatoren ebenso.

Während seiner Amtszeit war stets klar, dass Trump andere *strongmen* der Welt beneidete — genuine Autokraten, die tatsächlich in der Lage waren, Oppositionelle einzusperren und sich die Institutionen des Staates gefügig zu machen. Trump war in seiner Kritik an demokratisch gewählten Regierungschefs oft vernichtend — Kanadas Justin Trudeau nannte er «sehr unehrlich und weich», und aus seiner Abscheu gegenüber Bundeskanzlerin Angela Merkel machte er keinen Hehl. Im Gegensatz dazu lobt Trump Xi noch, als seine Regierung längst einen Handelskrieg gegen China führte, als einen «großen Anführer» und «sehr guten Mann».

Die Memoiren von John Bolton, Trumps Nationaler Sicherheitsberater 2018–19, und Fiona Hill, für die Russland-Politik zuständige Direktorin im Nationalen Sicherheitsrat 2017–19, bieten beide bemerkenswerte Einblicke in Trumps kollegiale und von Bewunderung geprägte Beziehungen zu Xi und anderen Autokraten wie Putin und Erdoğan. Die genaue Beobachtung ihres Bosses überzeugte Hill, dass Trump an «Autokraten-Neid» litt. Ihrer Beschreibung nach nannte Trump Erdoğan «den Sultan» und «scherzte oft mit ihm darüber, wie er, Trump, eifersüchtig darauf war, dass Erdoğan daheim in der Türkei offenbar unbegrenzt seinen Willen durchsetzen konnte.»[217] Zu Boltons Irritation kam Trump sehr gut mit Viktor Orbán aus, als der ungarische Premierminister ihn im Mai 2019 im Weißen Haus besuchte. David Cornstein, Trumps Botschafter in Ungarn und ein alter Freund des Präsidenten, sagte später, «Trump wäre gern in der gleichen Situation wie Viktor Orbán, aber das ist er nicht».[218]

Folgerichtig angesichts seiner eigenen autoritären Tendenzen ließ Trump nicht nur den traditionellen Druck auf China wegen Menschenrechtsverletzungen fallen, sondern bestärkte Xi auch noch in den schwersten Übertretungen. Bolton hält fest, dass während des G20-Gipfels «Xi Trump erklärte, dass er im Grunde Konzentrationslager in Xinjiang bauen lasse. Laut unserem Übersetzer sagte Trump, Xi solle diese Lager bauen, das wäre genau das Richtige, was zu tun sei».[219] Als das Weiße Haus eine Erklärung entwarf, die an den 30. Jahrestag des Tiananmen-Massakers von 1989 erinnerte, wurde sie von Trump persönlich geblockt.[220]

Sehr ähnlich agierte Trump gegenüber Wladimir Putin. Eine Stellungnahme, die Russland zum zehnten Jahrestag der Invasion in Georgien kritisierte, wurde von Trump einkassiert. Auch wollte Trump zunächst keine Sanktionen gegen Moskau verhängen, nachdem es einen geächteten chemischen Kampfstoff in Großbritannien eingesetzt hatte, im Zuge des missglückten Attentats auf den früheren russischen Agenten Sergei Skripal. Keine Beziehung, die Trump mit ausländischen Staatschefs unterhielt, wurde so stark beäugt wie die mit Putin. Die klaren Beweise, dass Russland bei den US-Präsidentschaftswahlen von 2016 die Finger mit im Spiel hatte, führten zu einer langwierigen Untersuchung einer möglichen geheimen Zusammenarbeit zwischen Moskau und der Trump-Wahlkampagne, die Trump durchweg als «den Russland-Trick» bezeichnete. Selbst Trumps Mitarbeiter gestanden ein, dass sie sich manchmal nicht sicher waren, was die wahre Natur der Beziehung zwischen dem amerikanischen und dem russischen Präsidenten anging. Bolton schreibt enigmatisch, dass «Trumps persönliche Einstellung gegenüber dem russischen Führer ein Geheimnis blieb».[221] Ein britischer Regierungsmitarbeiter, der bei Treffen mit Trump anwesend war, sagte mir später: «Da geht sicherlich irgendetwas vor. Trump wird unglaublich ausweichend, wenn es um Putin und Russland geht.»[222]

Es ist möglich, dass es einen versteckten Aspekt der Trump-Putin-Beziehungen gibt, der bislang noch nicht ans Licht gekommen ist. Aber eigentlich bedarf es keiner besonderen Erklärung für Trumps besonders nachsichtiges Verhalten. In Wort wie in Taten hatte Trump immer wieder deutlich gemacht, dass er *strongmen* bewunderte, dass er ihre Politik und Gesellschaft der lascher Liberaler vorzog. Wie er Bob Woodward sagte: «Je härter und gemeiner sie sind, desto besser verstehe ich mich mit ihnen.»[223]

Tatsächlich kam Trump nicht nur glänzend mit autoritären Herrschern zurecht — er beneidete sie in vielerlei Hinsicht dafür, dass sie sich rechtlicher und institutioneller Schranken entledigt hatten, die den US-Präsidenten weiterhin banden. Bolton berichtet, dass Trump Erdoğan versichert habe, er würde ein von einer New Yorker Staatsanwaltschaft eröffnetes Untersuchungsverfahren gegen das türkische Geldhaus Halkbank stoppen, dem vorgeworfen wurde, Iran-Sanktionen verletzt zu haben. «Es war so, als versuchte Trump zu zeigen, dass er ebenso viel willkürliche Macht besaß wie Erdoğan.»[224] Trumps Vorstellung von Diplomatie kreiste um die Idee, dass *strongmen* einander Gefallen taten und auf diese Weise ihre Macht und ihren Großmut bewiesen. Chris Ruddy, der Chef von Newsmax und ein

Freund des Präsidenten, sagte mir, dass Trump sich ganz besonders über eine Unterhaltung mit Xi gefreut habe, in deren Verlauf der US-Präsident um die Freilassung dreier amerikanischer Basketballspieler gebeten hatte, die in China in Schwierigkeiten geraten waren. «Xi sagte: Es wird geschehen – und Trump mochte das.»[225] Fiona Hill kam zu dem Schluss, dass Trump sich danach sehnte, in den exklusiven Club der superreichen Autokraten aufzusteigen, «eine Elite in einer eigenen Liga, sehr reich, sehr mächtig und sehr berühmt. … Er wollte regieren wie sie. Er wollte die blanke Macht ohne irgendwelche Einschränkungen und Gegengewichte.»[226]

Es war nicht nur die willkürliche Macht, um die Trump Xi, Putin und Erdoğan beneidete. Es war auch ihre Fähigkeit, jahrzehntelang an der Macht zu bleiben. Bei einem Treffen mit Xi 2018 behauptete Trump fälschlicherweise, es gebe in den Vereinigten Staaten Bemühungen, die in der Verfassung festgeschriebene Begrenzung auf zwei Amtszeiten aufzuheben, damit er unbegrenzt im Amt bleiben könne. Xi erwies sich als gewieft darin, mit Trumps Eitelkeit zu spielen, indem er dem Präsidenten später am Telefon sagte, er hoffe, dass die US-Verfassung geändert würde.[227] Diese privaten Unterhaltungen werfen ein bezeichnendes Licht auf Trumps öffentliche Bekundungen, in denen er davon sprach, es China in Sachen Aufhebung der Amtszeitbeschränkung gleichtun zu wollen. «Ich denke, es ist großartig», sagte Trump zur Verlängerung von Xis Amtszeit, «vielleicht versuchen wir das eines Tages auch einmal.» Trump-Apologeten taten das dann als Scherz ab.[228] Aber die Unterhaltungen mit Xi — und seine Versuche, die Präsidentschaftswahl von 2020 zu kippen — legen nahe, dass Trump tatsächlich danach trachtete, Herrscher auf Lebenszeit zu werden. Fiona Hill glaubt nicht, dass der Präsident einfach nur Witze machte, wenn er über Xis unbegrenzte Amtszeit sprach. «Die Frequenz der Anspielungen darauf sprach eine andere Sprache. Trump war es todernst damit.»[229]

Während seiner Amtszeit und insbesondere während des desaströsen Endpunkts seiner Präsidentschaft hatte Trump wahre Freude an einer Rhetorik der Stärke. In seiner Rede vom 6. Januar 2021, in der er seine Anhänger zum Sturm auf das Kapitol aufforderte, erklärte er: «Ihr werdet euer Land nie durch Schwäche zurückgewinnen. Ihr müsst Stärke zeigen und stark sein.»[230] Die Ansprache enthielt viele für Trumps Marke von *strongman*-Politik typische Facetten. Da war die große Lüge: «Wir haben diese Wahl gewonnen und sogar einen Erdrutschsieg eingefahren.» Da waren die Verschwörungstheorien über die «Fake-News-Medien». Und da war der charakteristische Versuch, die von Rassismus getriebenen Unsicherheiten und Gefühle des Grolls seiner fast ausschließlich weißen Zuhörerschaft anzusprechen: «Ihr seid das wahre Volk. Ihr seid diejenigen, die diese Nation aufgebaut haben. Ihr seid nicht diejenigen, die unsere Nation in den Schmutz ziehen.»[231] Trump warf seinen Gegnern vor, die Nation einzureißen, während er selbst am Gefüge der amerikanischen Demokratie riss. Und seine Anhänger skandierten «Stoppt den Diebstahl» bei dem Versuch, Trump zu helfen, die Wahl zu stehlen.

Deshalb markierte das Ende der Trump-Präsidentschaft 2020 nicht das Ende der amerikanischen Verstrickung mit der Welt der Autokraten. Die autoritären Themen, die Trump in den amerikanischen politischen Diskurs eingeführt hatte, überdauerten seine Amtszeit. Dazu gehört der Glaube, dass das amerikanische System so verdorben ist, dass ein *strongman*, der bereit ist, «die Regeln zu brechen», gebraucht wird, um es wieder zu richten. Tatsächlich dürften die Furcht und der Widerwillen vieler weißer Wählerinnen und Wähler, die dem Trumpismus Auftrieb gaben, von Trumps Niederlage noch verstärkt worden sein — auch weil sie mit dem Wiedererstarken von Forderungen nach einem faireren Umgang mit schwarzen Amerikanerinnen und Amerikanern einherging, die mit der Bewegung Black Lives Matter verbunden sind. Die Frage scheint nicht zu sein, ob der

Trumpismus weiterleben wird, sondern ob Trump selbst ihr Anführer bleiben wird oder ob ein Familienmitglied oder andere ambitionierte Republikaner den Staffelstab übernehmen.

Die Krise, die Trump in der führenden Demokratie der Welt geschaffen hat, ist ein Segen für China und Russland und autokratische Staatschefs überall. Wie kann Amerika den Kampf gegen den Autoritarismus anführen, wenn seine eigene Demokratie so schweren Schaden genommen hat? Angesichts der militärischen, politischen und kulturellen Macht der Vereinigten Staaten setzt das, was in Amerika passiert, den Ton für die Politik in der ganzen Welt. Die Vereinigten Staaten waren keinesfalls das erste Land, das den Versuchungen der *strongman*-Politik anheimfiel – wie wir gesehen haben, geschah dies in Russland, der Türkei, in China, Indien und in Teilen Europas schon früher. Aber die Wahl eines amerikanischen *strongman* 2016 gab populistischem Autoritarismus auf der ganzen Welt Auftrieb. Von Brasilia bis Riad und Manila fühlten sich Möchtegern-Trumps ermuntert und zogen ihre Schlüsse.

# 8

## RODRIGO DUTERTE

### DER ZERFALL DER DEMOKRATIE IN SÜDOSTASIEN (2016)

«Ich wollte Ihnen nur gratulieren, denn ich höre, Sie gehen ganz ausgezeichnet mit dem Drogen-Problem um. … Viele Länder haben das Problem, wir haben das Problem, aber Sie machen das wirklich großartig, und ich wollte Sie einfach nur anrufen und Ihnen das sagen.»[232] Donald Trumps Gratulation an Rodrigo Duterte im April 2017 gehörte zum Muster seines kumpelhaften Umgangs mit *strongmen*. Kim Jong-un war «sehr offen, großartig»[233] und Xi Jinping «ein starker Kerl».[234] Aber mit Duterte hatte Trump sich entschlossen, die berüchtigte und brutale Politik des Präsidenten der Philippinen zu loben, zu der die standrechtliche Hinrichtung von Menschen gehörte, die des Drogenhandels oder -konsums bezichtigt wurden.

Rodrigo Duterte wurde im Mai 2016 zum philippinischen Präsidenten gewählt, sechs Monate vor Trumps Wahlsieg in den Vereinigten Staaten. Der neue Führer der Philippinen wurde am 30. Juni 2016 im Alter von 71 Jahren vereidigt; kurz darauf wurden die Todesschwadronen in Marsch gesetzt. In seiner Rede zur Amtseinführung versicherte Duterte seinen Zuhörerinnen und Zuhörern, dass er vorhabe, sich an Recht und Gesetz zu halten. Doch nur wenige Tage später rief er eine Menschenmenge in Manila dazu auf, das Gesetz in die eigene Hand zu nehmen: «Wenn ihr Drogenabhängige kennt, geht los und bringt sie selbst um.»[235] Nach Angaben von Amnesty International wurden in den ersten sechs Monaten von Dutertes Amtszeit über 7000 Menschen im Zuge des «Kriegs gegen Drogen» ermordet.[236]

Die Abläufe wurden in zahlreichen journalistischen Berichten[237] und denen von Menschrechtsgruppen[238] beschrieben: Duterte nannte öffentlich die Namen von Hunderten Verdächtigen.[239] Dann begann das Töten. Manche Verdächtige wurden von der Polizei erschossen, während sie «Widerstand leisteten». Bei anderen Gelegenheiten kidnappten maskierte Vigilanten auf Motorrädern die Bezichtigten und ermordeten sie. Die Opfer wurden auf der Straße, daheim vor ihren Familien und in einem Fall sogar auf dem Operationstisch eines Krankenhauses vor den Augen des entsetzten Personals umgebracht, nachdem ein vorheriges Attentat fehlgeschlagen war. Dutzende Kinder wurden von verirrten Pistolenkugeln getötet, Duterte sprach von «Kollateralschäden».[240] Wie viele Menschen beim «Krieg gegen Drogen» ums Leben kamen, bleibt umstritten: Offizielle Stellen bezifferten sie im Juli 2020 auf 6000,[241] die philippinische Menschenrechtskommission sprach von 27000 Toten.[242] Aus Furcht um ihr Leben ergaben sich Tausende Verdächtige den Behörden, so dass die Philippinen heute mit die am stärksten überlasteten Gefängnisse der Welt aufweisen.[243] Nach der ersten großen Welle, die Dutertes Amtsübernahme folgte, ging das Tempo der Tötungen zurück. Aber die Politik der staatlich sanktionierten Morde wurde nie zurückgenommen.

In der Welt der Autokraten ragt Duterte als der öffentlich am klarsten verbrecherisch auftretende *strongman* hervor. Während Trump scherzte, dr könne auf New Yorks Fifth Avenue jemanden niederschießen, ohne dafür an Zustimmung seiner Wählerinnen und Wähler einzubüßen, testete Duterte diese Theorie aus. Er prahlte offen damit, Menschen umgebracht zu haben: Er habe jemanden bei einer Schlägerei unter Betrunkenen am Strand erstochen;[244] einen verdächtigen Mörder erschossen;[255] einen anderen Mörder aus einem Hubschrauber geworfen.[266] Die Prahlereien kosteten ihn nicht nur keine Stimmen, sie waren sogar wichtiges Element seiner Popularität. Ihm gefiel sein Spitzname «Duterte Harry», nach dem zur Selbstjustiz greifenden Polizisten, den Clint Eastwood in den *Dirty-Harry*-Filmen verkörpert.

Duterte machte aus seiner Absicht, Todesschwadronen loszuschicken, vor seiner Wahl auch keinen Hehl. Im Gegenteil war dies eines seiner Kernversprechen: «Ihr alle, die ihr mit Drogen zu tun habt, ihr Hurensöhne, ich werde euch umbringen. Ich habe keine Geduld.»[247] Brutale Herrscher gab es natürlich schon immer. Aber zusätzliche drei Aspekte machen Duterte zu einer international bedeutenden Figur in der Welt der Autokraten. Erstens perfektionierte er politische Techniken und bereitete ihnen in manchen Fällen den Weg, die dann erfolgreich von Trump und anderen übernommen wurden: Attacken auf die Elite, innovative Nutzung sozialer Medien, kontinuierliches Lügen und «simplistische» Politik. Zweitens zeigte er nach seinem Wahlsieg, wie ein populistischer *strongman* seine Macht festigen und die Demokratie untergraben kann, indem er dem Personenkult Vorschub leistet, Gegner systematisch einschüchtert und ins Gefängnis sperrt sowie die Unabhängigkeit der Medien und der Justiz untergräbt. Diese Techniken kamen auch unter anderem in Russland, Ungarn und Indien zum Einsatz — und Trump versuchte, sie in den Vereinigten Staaten anzuwenden. Drittens spielen die Philippinen und Südostasien insgesamt im globalen Ringen zwischen Autokratie und Demokratie eine wichtige Rolle, sicherlich in den vergangenen 40 Jahren. Die Tatsache, dass China Südostasien als seinen «Hinterhof» betrachtet, wird die Bedeutung der Region als Indikator der Stärke von Demokratien in den kommenden Jahren noch vergrößern.

Für Amerikaner und Europäer ist 1989, das Jahr, als die Berliner Mauer fiel, das *annus mirabilis* im Triumph der Demokratie über den Autoritarismus. Die Massendemonstrationen, die die Ein-Parteien-Diktaturen in Ostdeutschland, der Tschechoslowakei und Rumänien zu Fall brachten, wurden als Volksrevolutionen bekannt. Die Macht des Volkes wurde auf den Philippinen allerdings bereits 1986 sichtbar, als große Demonstrationen zum Sturz des Militärdiktators Ferdinand

Marcos und seiner für ihre Vorliebe für Schuhe bekannte Frau Imelda sorgten.

Nach 20 Jahren an der Macht untergruben Proteste nach massiven Wahlfälschungen bei der Präsidentschaftswahl und der Ermordung des Oppositionspolitikers Benigno Aquino Marcos Herrschaft. Nachdem die Vereinigten Staaten ihm die langjährige Unterstützung entzogen, floh er aus dem Land. Aquinos Witwe Corazon wurde an seiner Stelle Präsidentin. Die Volksrevolution auf den Philippinen war die erste einer Reihe der Übergänge hin zu demokratischen Systemen in Ostasien — Südkorea (1987), Taiwan (1987–96) und Indonesien (1998) folgten. Wie auf den Philippinen waren die Hochzeiten der Autokratien mit den Namen autoritärer Herrscher verbunden: Park Chung-hee in Südkorea, Chiang Kai-Tschek in Taiwan und Suharto in Indonesien.

Die Philippinen sind allerdings das dramatischste Beispiel eines ostasiatischen Landes, das sich auf dem politischen Weg zurück befindet. Eine von Dutertes ersten Handlungen als Präsident war die hochsymbolische Neubestattung des Leichnams von Ferdinand Marcos auf dem nationalen Heldenfriedhof. Er löste auch die Arbeitsgruppe auf, die damit befasst war, den Milliarden an Dollar nachzuspüren, die Marcos aus den Staatsschatullen geplündert hatte. Duterte drehte für alle sichtbar die Uhr zurück in autokratische Zeiten — und er tat dies mit Unterstützung eines bedeutenden Teils der philippinischen Bevölkerung. Wie die Politikwissenschaftlerin Sheila Coronel 2019 festhielt, genoss Duterte nach der Hälfte seiner Amtszeit Zustimmungsraten von beinahe 80 Prozent.[248] Teilweise war seine Popularität auf großzügige Ausgabenprogramme zurückzuführen: So wurden die Löhne und Gehälter für Staatsbedienstete angehoben und kostenlose Ausbildungsgänge an staatlichen Colleges eingeführt. Aber der «Krieg gegen Drogen» und seine *strongman*-Verachtung für den Rechtsstaat kommen in Umfragen ebenfalls gut an.

Die Furcht, dass die Rückkehr zum Autokratismus zum regionalen Trend werden könnte, ist durchaus berechtigt. Als ich in den frühen 1990er Jahren aus Thailand als Südostasien-Korrespondent des *Economist* berichtete, baute das Land nach einem Militärputsch 1991 gerade seine Demokratie neu auf; sie festigte sich im Laufe des Jahrzehnts. Doch seit einem neuerlichen Putsch 2014 wird Thailand erneut vom Militär regiert. Im benachbarten Myanmar setzte die Demokratisierung später ein; sie begann mit der Freilassung von Aung San Suu Kyi 2010. Doch im Februar 2021 übernahm das Militär erneut die Kontrolle, und Suu Kyi wurde erneut unter Hausarrest gestellt.*

Indonesien, das größte Land der Region und die nach Bevölkerung viertgrößte Nation der Welt, wird von dem eher unbekannten zivilen Präsidenten Joko Widodo geführt. Als ich Jokowi (wie er allgemein genannt wird) 2016 in London traf, hob er sich wohltuend ab von dem majestätischen Suharto, der Indonesien seit den 1960er Jahren eine Generation lang als Kopf einer brutalen Militärdiktatur regiert hatte. Tatsächlich schien mir Jokowi der bescheidenste Staatsmann, den ich je getroffen hatte. Er überließ das Gespräch die meiste Zeit seinem Handelsminister Tom Lembong und lenkte ansonsten von schwierigen Fragen nach historischen Menschenrechtsverletzungen durch das Militär ab. Jokowis Bescheidenheit und seine einfache Herkunft haben seinen Ruf als Mann des Volkes gefestigt, dessen oberste Sorge dem Wohlergehen der einfachen Indonesierinnen und Indonesier gilt. Doch im Laufe der Zeit ist selbst Jokowi autokratischer geworden. Um seine Position politisch abzusichern, hat er sich islamistischen Hardlinern und Militärs aus der Suharto-Zeit angenähert.

* Nach ihrer Freilassung wurde Suu Kyi Komplizin bei der brutalen Verfolgung der Bevölkerungsminderheit der Rohinya, was viele internationale Beobachter desillusionierte. Aber Myanmar blieb eine Demokratie. Erst die Verärgerung des Militärs über den Ausgang der Wahlen 2020, begleitet von Trump-ähnlichen Anschuldigungen von Wahlbetrug, führte 2021 zum Umsturz.

Jokowi ist kein Duterte, aber die früheren atemlosen Beschreibungen eines «Obamas Indonesiens» erweisen sich heute als vorhersehbar naiv.[249]

Im Gegensatz zu dem zurückhaltenden Jokowi ist Duterte zu einer weltweit bekannten Figur geworden. Zum Teil hat das mit seinem bewusst schockierenden Stil zu tun. Aber es gibt auch Gründe jenseits seines grotesken öffentlichkeitswirksamen Auftretens, warum die internationale Öffentlichkeit Duterte Aufmerksamkeit schenkt. Denn Duterte war der erste *strongman*, der bewies, dass jemand, der laut der Elitenmeinung völlig ungeeignet war, das mächtigste Amt in einem Staat gewinnen konnte, dank einer neuen Form populistischer Politik.

Dutertes erfolgreiche Kampagne 2016 bewies die Kraft einer großen Lüge, die bei den Wählerinnen und Wählern einen Nerv trifft – weil sie sich «wahr anfühlt». In Dutertes Fall war es die Behauptung, dass die Philippinen kurz davorstanden, sich in einen «Drogen-Staat» zu verwandeln. Nach Expertenmeinung war das völlig lächerlich. Sicherlich gibt es auf den Philippinen ein Drogenproblem, insbesondere, was den Missbrauch von Methamphetaminen, bekannt als «Shabu», in den ärmsten Ecken des Landes angeht. Doch laut UN-Angaben liegt der Drogenkonsum unterhalb des globalen Durchschnitts; rund ein Prozent der Bevölkerung konsumierte 2016 Methamphetamine.[250]

Aber wie bei Trumps diversen falschen Behauptungen in Sachen Einwanderung, dass beispielsweise Immigranten überdurchschnittlich stark für Verbrechen verantwortlich seien, wurde Dutertes angebliche Drogenepidemie zum Fokuspunkt für allgemeinere Gefühle der Angst und Unsicherheit. Wie Trump spezialisierte sich Duterte auf empörende Statements, die dafür sorgten, dass die Aufmerksamkeit stets auf ihn gerichtet blieb und die Konkurrenz im Vergleich langweilig und vorsichtig wirkte.

In einer weiteren Parallele zu Trump profitierte Duterte von Eigenheiten des Wahlsystems. Beide gewannen die Präsidentschaft, ohne die Mehrheit der abgegebenen Stimmen zu erringen. In Trumps Fall sorgte das Wahlmännergremium für seinen knappen Sieg von 2016. In Dutertes Fall war es eine Präsidentenwahl, bei der eine relative Mehrheit in einem Wahlgang ausreichte. Am 6. Mai 2016 schlug Duterte vier Mitbewerber mit rund 39 Prozent der Stimmen. Sein nächster Rivale, Mar Roxas, gewann 23,5 Prozent.

Der Sieg war allerdings groß genug für ein eindeutiges Mandat. Wie so oft in der Ära des populistischen Nationalismus fragten sich liberale Internationalisten, wie es denn dazu kommen konnte. Vielen Beobachtern schien es so, als hätten die Philippinen in den Aquino-Jahren einen Aufschwung erlebt. Laut *The Economist* war das Land «erfolgreich und langweilig» geworden, mit einem durchschnittlichen Wirtschaftswachstum von 6 Prozent pro Jahr.[251]

Doch Duterte fand seine Wählerbasis in der prekär lebenden Mittelschicht, die sich vor Kriminalität fürchtete und über die Unfähigkeit des politischen Establishments verärgert war, sie zu bekämpfen. Wie Modi und Trump nutzte Duterte das Misstrauen gegenüber Politikerinnen und Politkern und die Empörung über Korruption aus. Drei Viertel der Abgeordneten im Nationalkongress der Philippinen entstammen traditionellen politischen Dynastien, die mit einigem Recht als korrupt und gleichgültig gelten.[252] Gloria Macapagal Arroyo, Präsidentin zwischen 2001 und 2010, wurde vorgeworfen, die Staatslotterie geplündert zu haben, während ihr Vorgänger Joseph «Erap» Estrada, ein ehemaliger Filmstar, wegen der Veruntreuung öffentlicher Gelder verurteilt wurde. (Er war auch ein starker Trinker, der mir immer in Erinnerung bleiben wird als der einzige Politiker, der tatsächlich einschlief, während ich ihn interviewte.)

Duterte gewann die Wahl, indem er gegen die verdorbene Elite des «Imperialen Manila» ins Feld zog. Er erklärte, sich in ihrer Gegenwart unwohl zu fühlen, angesichts seiner provinziellen Herkunft und seines Akzentes. Während seines Jura-Studiums in Manila, so behauptete er, habe er einen Kommilitonen angeschossen und verwundet, weil sich dieser über seine Ausdrucksweise lustig gemacht habe.[253] (Er schloss das Studium trotzdem ab.) Stets bestand er darauf, einen Teil der Woche in seiner Heimatstadt Davao zu verbringen, die er jahrzehntelang regierte, und er bevorzugte seinen alten Titel «Bürgermeister» gegenüber dem «Präsidenten».

Bei Duterte vermischen sich Bodenständigkeit und Primitivität. Seine Reden sind unzusammenhängende Bewusstseinsströme, die mit Vulgaritäten gepfeffert werden und in denen er zwischen Bisaya, Tagalog und gebrochenem Englisch hin- und herwechselt. Wie bei Trump und Bolsonaro unterscheidet ihn sein rüpelhaftes Verhalten vom korrekteren politischen Establishment. Doch während sich Duterte bewusst ist, dass sein Stil ein politischer Pluspunkt ist, ist sein Verhalten offenkundig nicht aufgesetzt. Eine psychologische Einschätzung, der er sich im Rahmen seines Scheidungsprozesses 1998 unterziehen musste, erkannte «eine durchgehende Tendenz, andere zu erniedrigen und zu demütigen», und auch eine narzisstische Persönlichkeitsstörung.[254] Insgesamt scheint sein Auftreten – seine Wut, seine Frauenfeindlichkeit, seine Verbitterung – authentisch, weil es authentisch ist. In einem Land, in dem die politische Klasse als zutiefst doppelzüngig gilt und die Elite dem täglichen Lebenskampf der einfachen Leute völlig entrückt, teilen viele seinen Groll.

Trotz seines Anti-Establishment-Appeals zeigte sich Duterte nach Amtsantritt erwartungsgemäß durchaus geneigt, Angehörigen der Manila-Elite Gefallen zu tun. So unterhielt er eine enge Beziehung zu Senator Bongbong Marcos, dem Sohn Ferdinand Marcos'. Als Ex-Präsidentin Arroyo in den ersten Monaten von Dutertes Amtszeit von den Bereicherungsvorwürfen freigesprochen wurde, bedankte sie sich öffentlich bei dem Präsidenten, für «die Atmosphäre» gesorgt zu haben, die ihren Freispruch möglich gemacht habe.[255] Im November 2020 ernannte Duterte sie zur Präsidentenberaterin.

Solche Arrangements mit den Arroyos und den Marcoses sind nicht sonderlich überraschend, denn wie sie entstammt Duterte der philippinischen politischen Elite. Entgegen seinem sorgfältig kultivierten Image als einfacher Mann war sein Vater Vicente Provinzgouverneur, der später Marcos' Kabinett angehörte. Duterte war ein schwacher Schüler, der diverser Schulen verwiesen wurde. Doch dank der Verbindungen seiner Mutter wurde er 1986, kurz vor dem Ende des Marcos-Regimes, Vizebürgermeister von Davao, der drittgrößten Stadt des Landes. Zwei Jahre später wurde er zum Bürgermeister gewählt und verblieb auf dem Posten, mit ein paar kurzen Unterbrechungen, über 20 Jahre lang.[256]

Wie Putin und Erdoğan startete Duterte in der Großstadtpolitik. Dort baute sich Duterte eine Machtbasis auf und erprobte politische Techniken auf kleinerer Bühne. In den 1980er Jahren lang Davao inmitten eines Kriegsgebiets. Die New People's Army (NPA), eine kommunistische Guerillagruppe, die auf der Südinsel Mindanao aktiv war, ermordete Polizisten. Bürgerwehren machten Jagd auf Linke. Muslimische Separatisten, die der Volksgruppe der Moro angehörten, führten eine Terrorkampagne. Hinzu kam noch eine Welle der Kriminalität, die mit Drogenbanden in Verbindung gebracht wurde. Um die Kontrolle zu erlangen, setzte Duterte auf eine Teile-und-herrsche-Strategie. So nahm er Ex-Kommunisten in seine Regierung auf; sein Kampagnenleiter und Stabschef Leoncio Evasco Jr. war ein ehemaliges NPA-Mitglied. Er berief auch einen Vizebürgermeister, der die Interessen der Moro vertreten sollte, und versprach den Separatisten eine Amnestie, sollten sie die Waffen niederlegen. Die Gruppen aber, die sich Dutertes neuer Ordnung nicht eingliederten, wurden rücksichtslos verfolgt, insbesondere diejenigen, die in den Drogenhandel verstrickt waren.

2009 betrat ein Team der philippinischen Menschenrechtskommission einen stillgelegten Steinbruch vor den Toren Davaos. Dort fanden sie Tausende menschliche Knochen. Die sterblichen Überreste waren eine Hinterlassenschaft der Davao Death Squad (DDS); die Todesschwadron hatte über 1400 Drogenhändler und -konsumenten während Dutertes Zeit als Bürgermeister ermordet.[257] Die Untersuchung, die von der Duterte-Kritikerin Leila de Lima angeführt wurde, wurde schnell von Vitaliano Aguierre II, einem Freund Dutertes aus den Tagen des gemeinsamen Jurastudiums, eingestellt; Duterte berief ihn später als Justizminister.

Im September 2016, kurz nach Dutertes Wahl zum Präsidenten, führte de Lima, die mittlerweile Senatorin geworden war, eine neuerliche Untersuchung der DDS an, die explosive Zeugenaussagen zutage förderte. Ehemalige Mitglieder der Todesschwadronen sagten vor dem Rechtsausschuss des Senats aus, dass Duterte persönlich ihre Operationen geleitet und auch selbst Drogenverdächtige exekutiert hätte. Sie behaupteten außerdem, dass die Gruppe finanziert worden sei, indem die Gehälter von nichtexistierenden Angestellten der Stadtverwaltung abgezweigt wurden. Dutertes Rache an de Lima war schnell und brutal. Nach Druck des Präsidenten wurde sie aus dem Justizausschuss entfernt. Im Februar 2017 wurde sie aufgrund von fabrizierten Vorwürfen verhaftet, die auf Aussagen von Polizisten und Gefängnisinsassen beruhten. Die Vorwürfe waren gravierend genug, dass eine Freilassung gegen Kaution nicht möglich war. Sie wartete jahrelang auf ihr Verfahren, trat im Mai 2022 aus dem Gefängnis heraus erneut als Senatorin an, verlor aber ihr Mandat.

Obwohl Duterte die Anschuldigungen, die im Rechtsausschuss laut geworden waren, zurückwies und sein Äußerstes tat, um die Untersuchung zu diskreditieren, ist seine öffentliche Position zur DDS kompliziert. Er hat ihre Aktionen wiederholt gelobt und damit angegeben, eigenhändig Drogendealer getötet zu haben. Einmal während seiner

Zeit als Bürgermeister, in einer morgendlichen TV-Sendung, schien er zu gestehen: «Es wird gesagt, ich sei die Todesschwadron gewesen? Stimmt, ja das stimmt.» Später erklärte er, das sei ein Witz gewesen. Aber die Absicht schien gewesen zu sein, die Lorbeeren für die DDS-Morde einzuheimsen, ohne seine Rolle klar zuzugeben. «Ich bin eure letzte Spielkarte», rief er auf einer Wahlkampfveranstaltung während der Präsidentschaftswahlen. «Ich verspreche euch, ich werde mir die Hände schmutzig machen, um Dinge zu erledigen.»[258] Es war das klassische *strongman*-Versprechen: Das System war gestört, er allein war in der Lage, die Ordnung wiederherzustellen, indem er Maßnahmen ergreifen würde, die niemand sonst wagen würde. Davao, und implizit die DDS, waren Dutertes Beweis. Die Ironie seines Versprechens, die Philippinen wie seinen Heimatort zu regierten, ist, dass Davao weiterhin dysfunktional und die Mordhochburg des Landes ist.[259] Und wenn Davao heute sicherer und reicher ist als in den 1980er Jahren, so trifft das für den überwiegenden Teil des Landes zu.

Dutertes Ausschmückung seiner politischen Bilanz war aber nur ein Teil der Desinformationen, die seine Präsidentschaftskampagne in die Welt setzte. Da seine Rivalen mehr Geld zur Verfügung hatten, war Dutertes Soziale-Medien-Team klar, dass es neue Wege finden musste, um seine Botschaften zu verbreiten, ohne sich allein auf bezahlte Anzeigen zu stützen. Dutertes empörende Erklärungen, wie verlogen auch immer, waren perfekt geeignet, um zum «Teilen», «Liken» und «Kommentieren» zu animieren und sich so rasend schnell zu verbreiten. Ohne Geld auszugeben, konnte die Kampagne mehr als 70 Millionen Philippinerinnen und Philippiner erreichen (von einer Gesamtbevölkerung von 100 Millionen), die Facebook nutzen. Aber die Kampagne nahm Geld in die Hand, um ihre Reichweite in den sozialen Medien noch zu vergrößern; 200000 Dollar wurden für eine Armee an Bots und Trolls ausgeben, um Falschmeldungen zugunsten Dutertes in Umlauf zu bringen. Dazu gehörten

Geschichten, wonach er von der britischen Königsfamilie oder dem Papst gelobt worden sei, bis hin zu gefälschten Sex-Videoaufnahmen, die angeblich seine Kontrahenten zeigten, und schonungslose Gewaltbilder. Eines, das eine um ihr Kind trauernde philippinische Mutter zeigen sollte, das von einer Bande ermordet worden war, stammte tatsächlich aus Brasilien.[260]

Die Philippinen standen an der Spitze der «Fake-News»-Epidemie — der «Urpatient», wie ein hochrangiger Facebook-Manager es ausdrückte.[261] Dennoch tat das Unternehmen wenig, um das Problem vor den Wahlen im Mai 2016 anzugehen. Nach Dutertes Sieg versuchte Maria Ressa, eine bekannte Journalistin und Geschäftsführerin der unabhängigen Nachrichten-Website Rappler, im August 2016 auf das Ausmaß der Manipulationen aufmerksam zu machen. Sie übersandte dem Facebook-Management Beweise über gefälschte Accounts, die Pro-Duterte-Propaganda verbreiteten, und warnte, dass die US-Präsidentschaftswahlen im November in ähnlicher Weise Zielscheibe werden würden. Sie sollte alsbald recht behalten.

Nach den US-Wahlen schritt Facebook schließlich ein und löschte die Pro-Duterte-Accounts, die Ressa identifiziert hatte. Aber der Schaden war da bereits angerichtet. Dutertes Ausnutzung Sozialer Medien hatte ihm zum Sieg in den Philippinen verholfen. Wie sich Falschmeldungen für politische Zwecke nutzen ließen, diente danach als Vorlage für *strongmen* in der ganzen Welt. Wie Ressa argumentiert hat, «wurden die Taktiken, wie sich Amerika manipulieren lässt, in unserem Land getestet. Sollte es funktionieren, würden sie im Rest der Welt zu Anwendung kommen.»[262]

Wenig überraschend hat Duterte ein angespanntes Verhältnis zu all denjenigen, die seine Versionen der Geschichte anzweifeln. Er drohte im September 2020, Facebook zu verbieten, sollte es ein Falschmeldungs-Netzwerk blockieren, das sich zur philippinischen Polizei und zum Militär zurückverfolgen ließ. Er warf Rappler, die das Netzwerk identifiziert hatte, vor, von der CIA finanziert zu werden, und merkte an, dass unverschämte Journalistinnen und Journalisten «nicht vor Ermordungen geschützt» seien. Seine Pressesprecher kritisierten die Medienvertreter dafür, den einmaligen Humor des Präsidenten nicht zu verstehen, den man «ernst nehmen, aber nicht wortwörtlich verstehen» solle (eine Wendung, die auch die Verteidiger Donald Trumps übernahmen). Und Duterte hat es nicht bei Worten belassen. Seine Kritiker in den Medien wurden erbarmungslos verfolgt. Allein gegen Ressa wurden zehn Haftbefehle ausgestellt aufgrund erfundener Vergehen, meist Verleumdung und Steuerhinterziehung, und sie könnte einer langen Haftstrafe entgegensehen.[263]

Duterte hat auch ABS-CBN ins Visier genommen, den größten Nachrichtensender der Philippinen, den er für seine Berichterstattung über den «Krieg gegen Drogen» heftig kritisierte. Nachdem die Sendelizenz im Mai 2020 auslief, wurde der Sender an der landesweiten Ausstrahlung gehindert. Das philippinische Repräsentantenhaus, das von Dutertes Verbündeten kontrolliert wird, stimmte dann gegen einer Lizenzverlängerung, und wegen des massiven Rückgangs an Werbeeinnahmen mussten auch alle lokalen Ableger von ABS-CBN den Betrieb einstellen. Auch das eine bekannte *strongman*-Taktik: Jair Bolsonaro drohte 2019, dem größten brasilianischen Sender die Lizenz zu entziehen, während die Medien in Ungarn, wie wir gesehen haben, weitestgehend unter Viktor Orbáns Kontrolle gebracht wurden.

Dutertes Vorgehen gegen Widerspruch hat auch vor der Justiz nicht haltgemacht. Nachdem Conchia Carpio Morales, die oberste Korruptionsbekämpferin des Landes, eine Untersuchung eröffnete, um Dutertes persönliche Finanzen zu durchleuchten, drohte der Präsident ihr mit Amtsenthebung und wies sie an, ihren Stellvertreter Arthur Carandang zu entlassen. Morales weigerte sich, doch nachdem ihre Amtszeit ausgelaufen war, ersetzte Duterte sie mit einem Gefolgsmann und feuerte Carandang. Am Obersten Gerichtshof wurde Richterin Maria Lourdes Sereno durch einen obskuren juristischen Kniff ihres Amtes enthoben, nachdem sie die Legalität von Dutertes «Krieg gegen Drogen» und seine Erklärung des Kriegsrechts in Mindanao angezweifelt hatte. Ihr wurde vorgeworfen, ihre Vermögensverhältnisse nicht vollständig offengelegt zu haben — etwas, das Duterte nie getan hat. Mit einer weitgehend gefügigen Justiz zu seiner Verfügung wurde Duterte für die Menschenrechtsverletzungen im Zusammenhang mit seinem Drogen- und «Anti-Terror-Krieg» in Mindanao, der auf Grundlage des Kriegsrechts geführt wurde, nie zur Rechenschaft gezogen.

Was Duterte von anderen Autokraten wie Orbán, Putin oder Xi unterscheidet, ist die fehlende ideologische Dimension. Er vertritt einen unausgegorenen Nationalismus und verachtet die gebildeten, linksliberalen Schichten. Aber er hat nie versucht, seinen Taten einen intellektuellen Anstrich zu geben, oder erklärt, sich als Teil eines anti-liberalen Projekts zu verstehen, das andere Autokraten antreibt. Dies lässt Duterte näher an Trump und Bolsonaro rücken. Wie diese beiden operiert er auf Grundlage seines Instinkts und seiner Patronage; er beruft Regierungsmitglieder auf Grundlage von Loyalität und persönlicher Freundschaft. Ein Freund aus Kindheitstagen, Carlos Dominguez II, wurde in seiner Regierung Finanzminister; ein anderer Klassenkamerad, Bingbong Medialdea, wurde geschäftsführender Sekretär, der höchste Posten im Präsidialamt. Ein anderer Schulfreund wurde Außenminister. Seine Tochter Sara Duterte — die er als potenzielle Nachfolgerin ins Spiel brachte — wurde Bürgermeisterin von Davao, sie vertrat ihren Vater auch bei internationalen Anlässen; Sohn Paolo wurde Vizebürgermeister.

Der instinktive, unsystematische Stil des Präsidenten erstreckt sich auch auf die Außenpolitik. Bald nach Amtsantritt sorgte Duterte für Bestürzung in Washington, indem er Peking besuchte und dort die

«Trennung» seines Landes von der traditionellen Allianz mit den Vereinigten Staaten verkündete. Vor äußert angetanen Zuhörern in der Großen Halle des Volkes erklärte der philippinische Präsident: «Ich habe mich ihrem ideologischen Strom angeglichen, und vielleicht reise ich auch nach Russland, um mit Putin zu reden und ihm zu sagen, dass wir zu dritt sind gegen die Welt: China, die Philippinen und Russland. Es geht gar nicht anders.» In Dutertes Worten spiegelte sich auch sein persönlicher Ärger gegenüber US-Präsident Barack Obama wider, dessen Regierung sich über Dutertes Menschenrechtsbilanz besorgt gezeigt hatte. Als Antwort hatte Duterte Obama einen «Hurensohn» genannt und ihm gesagt: «Fahren Sie zur Hölle.»[264]

Für die Philippinen ungewöhnlich, war Duterte seit langem antiamerikanisch eingestellt, aus persönlichen wie politischen Gründen. 2002 wurde ihm die Einreise verwehrt, als er seine Freundin, Honeylet Avancena, in den Vereinigten Staaten besuchen wollte, wegen Bedenken, was seine Verbindungen zu den Todesschwadronen anging. Schon vor seiner Tirade gegen Obama hatte er den US-Botschafter einen «schwulen Hurensohn» genannt, nachdem dieser sich kritisch zu einer Bemerkung Dutertes während des Wahlkampfs geäußert hatte, in der Duterte implizit sein Bedauern zum Ausdruck gebracht hatte, nicht an der Gruppenvergewaltigung einer Missionarin teilgenommen zu haben, die 1989 nach einem Gefängnisausbruch ermordet worden war. Nach den Verbalien gegen Obama sagte Duterte für kurze Zeit gemeinsame Marinemanöver im Südchinesischen Meer ab, wo China aggressive territoriale Ansprüche stellt.

Aber für jeden philippinischen Präsidenten ist es schwer, auf Dauer eine antiamerikanische Haltung einzunehmen. Internationale Umfragen zeigen, dass die Philippinen eines der proamerikanischsten Länder der Welt sind. Statt zu anhaltender Verbitterung geführt zu haben, sorgte die Geschichte des Landes als US-Kolonie von 1898 bis 1946 für enge kulturelle Verbundenheit. Über die Hälfte der Philippinerinnen und Philippiner sprechen Englisch, eine große Gemeinschaft von US-Staatsbürgerinnen und -Bürgern lebt im Land, und Basketball ist der populärste Sport. Die US-Pazifikflotte nutzt Basen in den Philippinen und die Kriegsmarinen der beiden Länder halten häufige gemeinsame Manöver ab. Die beiden ausländischen Staatsmänner, die Duterte in seiner Rede zur Amtseinführung zitierte, waren Franklin D. Roosevelt und Abraham Lincoln.

Zudem besteht zwischen den Philippinen und China seit langem ein Territorialstreit im strategisch wichtigen Südchinesischen Meer, durch das ein Drittel des weltweiten maritimen Warenverkehrs läuft. Diese Frage schien Duterte zu beschäftigen, der — für ihn etwas ungewöhnlich – Reportern ein Sachbuch empfahl, *Asia's Cauldron* von Robert Kaplan, um Einblicke zu gewinnen. Von Zeit zu Zeit hat Duterte antichinesische oder nationalistische Haltungen in der Frage eingenommen. Während seiner Präsidentschaftskampagne schlug er kriegerische Töne an und erklärte, er würde auf Wasserski zu den künstlichen Inseln fahren, die China in den umstrittenen Gewässern errichtet, und dort die philippinische Fahne hissen.

Duterte spürte auch den Druck des philippinischen Militärs, das angesichts der langjährigen engen Zusammenarbeit mit den Vereinigten Staaten strikt proamerikanisch ist. Und die philippinische Öffentlichkeit ist stark für die Verteidigung der maritimen Ansprüche des Landes. Deshalb nahm Duterte im Laufe der Zeit wieder eine härtere Haltung gegenüber Peking ein. Vielleicht auch, weil es sich wegen Dutertes anfänglichen Avancen zu sicher fühlte, überzog China. Im April 2019, nachdem chinesische Marineverbände um die umstrittene Insel Thitu aufgezogen waren, kritisierte Duterte dies scharf und drohte, Einheiten auf «Selbstmordmission» gegen die Chinesen auszusenden, sollten sich diese nicht zurückziehen. Vor der Vollversammlung der Vereinten Nationen im September 2020 verwies er auf ein internationales Schiedsurteil zugunsten der Philippinen, was die Ansprüche im Südchinesischen Meer anging, und ordnete im folgenden Monat an, dass Erdöl- und Erdgaserkundungen in den Gewässern wieder anliefen.

Dennoch ist es bemerkenswert, dass in den ersten vier Jahren seiner sechsjährigen Präsidentschaft Duterte sechsmal mit Xi Jinping zusammentraf — und mit Donald Trump nur einmal. Wenngleich der US-Präsident deutlich machte, dass für ihn persönlich die Menschenrechtsverletzungen keine Rolle spielten, so hatte er doch keine volle Kontrolle über die US-Außenpolitik. Die Möglichkeit, dass Mitglieder seiner Entourage an der Einreise in die Vereinigten Staaten gehindert würden, führte dazu, dass Duterte Trumps Einladungen ins Weiße Haus nie annahm.

Aber die beiden verstanden sich gut. Auf dem Gipfeltreffen der ASEAN-Staaten in Manila im November 2017 gab Duterte Trump ein Ständchen, basierend auf einem populären philippinischen Popsong. «Sie sind das Licht meiner Welt/die Hälfte meines Herzens», sang er. Die Episode war typisch für die Beziehungen unter *strongmen*: Kitsch und gegenseitige Schmeicheleien in der Öffentlichkeit verbanden sich mit Gewalt und Rechtsbruch hinter den Kulissen. Diese Kombination aus öffentlichem Glitzern und nichtöffentlicher Brutalität war charakteristisch für einen weiteren Autokraten, der mit mehr Recht als die meisten darauf verweisen konnte, dass er Spezialbeziehungen zu Trumps Weißem Haus aufgebaut hatte: Saudi-Arabiens Mohammed bin Salman.

# 9

## MOHAMMED BIN SALMAN

### MBS UND DAS PHÄNOMEN BENJAMIN NETANJAHU (2017)

Als Donald Trump im Januar 2017 als US-Präsident vereidigt wurde, hegten viele in Europa düstere Vorahnungen. Aber die Führer der beiden engsten Verbündeten Amerikas im Nahen Osten — Israel und Saudi-Arabien — waren begeistert. Benjamin Netanjahu, der Ministerpräsident Israels, und der saudische Kronprinz Mohammed bin Salman hielten die Politik der Obama-Regierung in der Region für gefährlich naiv. Mit Trump im Weißen Haus hatten sie es mit einem US-Präsidenten zu tun, der die regionale Stabilität über die Demokratie stellen und die politische Gangart gegenüber dem Iran verschärfen würde.

Bibi und MBS — um ihre Spitznamen zu verwenden — sind Schlüsselfiguren in der Welt der Autokraten. Beide verkörperten die Politik ihrer Länder so umfassend wie keiner ihrer jüngsten Vorgänger. Im Juli 2019 wurde Netanjahu nach 13 Jahren Amtszeit Israels dienstältester Premierminister und übertraf damit den Gründervater des Landes, David Ben-Gurion.

Mohammed bin Salman trat erst vor relativ kurzer Zeit auf den Plan: 2015 wurde er in die saudische Regierung berufen, 2017 offiziell zum Kronprinzen ernannt. Aber auch er ist eine bedeutende Figur. In der modernen Ära war die Führung Saudi-Arabiens noch nie so eng mit einer einzelnen, charismatischen Person verbunden. Der neue starke Mann Saudi-Arabiens hat das alte System der kollektiven königlichen Führung hinweggefegt, das auf Seniorität, Konsens und einer Aufteilung der Ressorts unter den Prinzen beruhte. Schon 2018, so schreibt sein Biograf Ben Hubbard, hatte MBS dieses (traditionelle) System zerstört und die Kontrolle «über das Militär, die Ölindustrie, die Nachrichtendienste, die Polizei und die Nationalgarde» übernommen.[265]

Die Zentralisierung der Macht und die Identifikation von Führer und Nation — sowohl im Inland als auch im Ausland — ist ein Merkmal der Welt der Autokraten. Bibi und MBS sind stark nationalistisch geprägte Führungspersönlichkeiten mit einem starken Anflug von Paranoia, was die Außenwelt angeht. Ihre gemeinsame Antipathie gegenüber dem Iran und ihr Eifer, mit der Trump-Regierung zusammenzuarbeiten, haben die Geopolitik des Nahen Ostens zwischen 2016 und 2020 neu gestaltet.

Trotz der Ähnlichkeit ihrer strategischen Ziele und ihres Temperaments unterscheiden sich die politischen und sogar physischen Umgebungen, in denen saudische und israelische Regierungschefs agieren, deutlich voneinander. Die Opulenz der Lebensbedingungen des saudischen Königshauses ist unübertroffen. Mohammed bin Salman hat sich unter anderem ein 300 Millionen Dollar teures Schloss außerhalb von Paris gekauft.[266] Besucher, die der Kronprinz in Riad empfängt, sind von der königlichen Pracht seiner Umgebung oft überwältigt, und das soll auch so sein. Im Vergleich dazu sind die Arbeitsräume des israelischen Premierministers in Jerusalem ausgesprochen spartanisch. Als ich Netanjahu 2013 dort besuchte, befand sich sein Büro in einem unattraktiven, aber gut bewachten Häuserblock am oberen Ende einer Steintreppe. Der Raum, in dem er arbeitete, war nicht besonders groß oder prunkvoll. Der einzige Hinweis auf einen gehobenen Lebensstil war die dicke Zigarre, an der der israelische Premierminister zog, während er bequem von seinem Sofa aus über die Weltpolitik referierte. Netanjahus Vorliebe für Zigarren und rosafarbenen Champagner war schließlich Gegenstand eines lange hinausgezögerten Korruptionsprozesses, der seine politische Karriere zu beenden und ihn sogar ins Gefängnis zu bringen drohte. Im Gegensatz dazu operiert MBS in einem Klima völliger Straflosigkeit; er hat seine politischen Gegner inhaftiert und sogar ermordet.

Aber Bibi und MBS hatten einen gemeinsamen Feind und einen gemeinsamen Freund. Der Feind war Iran und der Freund war Jared Kushner, Donald Trumps Schwiegersohn.

Netanjahu hat einen Großteil der vergangenen 20 Jahre damit verbracht, düstere Warnungen vor den Gefahren eines nuklearen Irans von sich zu geben. Aus Furcht vor dem iranischen Einfluss hat MBS Saudi-Arabien Krieg im Jemen führen lassen und versucht, das benachbarte Katar zu isolieren.

Sobald Trump Präsident wurde, wurde klar, dass er seine Familie — insbesondere seine Tochter Ivanka und ihren Ehemann, Jared Kushner — als engste Berater wollte. Diese dynastische Herangehensweise an das Regieren erschien vielen im Washingtoner Establishment als seltsam und unangemessen; für die saudische Königsfamilie war sie jedoch selbstverständlich. In ihrem jeweiligen Umfeld waren sowohl Kushner als auch MBS Prinzen: extrem reiche Männer in ihren Dreißigern, die ihre Stellung ihren Familien verdankten. Zu Beginn von Trumps Amtszeit wurden die beiden Männer von Geschäftspartnern Trumps einander vorgestellt, und sie kamen schnell miteinander ins Gespräch.[267] Der häufige Austausch von WhatsApp-Nachrichten und Emojis zwischen MBS und Kushner faszinierte und beunruhigte die amerikanischen Geheimdienste gleichermaßen.

Bei Netanjahu lief das Generationenspiel etwas anders ab. Der israelische Premierminister war ein enger Freund von Kushners Vater, dem Immobilienentwickler Charles Kushner. In den 1980er Jahren übernachtete er einmal bei der Kushner-Familie in New Jersey, wobei der junge Jared dem aufstrebenden israelischen Politiker sein Bett überließ.[268]

Für Jared Kushner, einen orthodoxen Juden, der sich seit langem für Israel engagierte, war der Nahe Osten ein natürliches Interessengebiet. Im Sommer 2020 gelang es ihm, die gemeinsame saudisch-israelische Angst vor Teheran zu nutzen, um einen historischen diplomatischen Durchbruch zu erzielen: die Aufnahme diplomatischer Beziehungen zwischen Israel und den Vereinigten Arabischen Emiraten. Die VAR sind eine kleine, wohlhabende Föderation, die eng mit den Saudis verbündet ist. Es wurden direkte Flugverbindungen zwischen Dubai, Abu Dhabi und Tel Aviv eingerichtet, und zum ersten Mal wurde israelischen Flugzeugen dank MBS erlaubt, Saudi-Arabien zu überfliegen. In Israel hoffte und erwartete man, dass Saudi-Arabien nach dem Tod von König Salman und der Thronbesteigung MBS' selbst diplomatische Beziehungen zu Israel aufnehmen und damit den arabischen Boykott Israels, der mit der Gründung des neuen Staates im Jahr 1948 begonnen hatte, endgültig beenden würde.

Der VAE-Deal war ein dringend benötigter politischer Triumph für Netanjahu. 2020 war er nach drei unentschiedenen Wahlen in Folge nur noch ein Schatten seiner selbst und musste sich zudem wegen Korruption und Betrugs vor Gericht verantworten. Nun konnte er sich eines neuen Friedensvertrags rühmen, der den Horizont für israelische Touristen und Geschäftsleute erweitern würde. Das Abkommen zwischen den VAE und Israel war auch deshalb ein herber Schlag für die Palästinenser, weil es geschlossen wurde, ohne dass Netanjahu irgendeinen Schritt in Richtung der «Zwei-Staaten-Lösung» unternommen hätte, die seit langem als ultimative Lösung des israelisch-palästinensischen Konflikts gehandelt wird. Stattdessen schien die palästinensische Sache, die jahrzehntelang sowohl in der arabischen als auch in der Weltpolitik eine zentrale Rolle gespielt hatte, an den Rand gedrängt worden zu sein. Nach dem Abkommen spekulierte Anshel Pfeffer, Netanjahus Biograf, mir gegenüber, dass die Palästinenser wie die Tibeter enden könnten: eine unterdrückte Gruppe, deren Land zwar besetzt war, deren Schicksal aber von der Außenwelt praktisch ignoriert wurde.[269]

Während die Lage für die Palästinenser potenziell tragisch aussah, triumphierte Netanjahu mit seinem hartnäckigen Widerstand gegen internationalen Druck, einem eigenen Palästinenserstaat zuzustimmen. Während der Obama-Regierung hatte Bibi die Idee einer Zwei-Staaten-Lösung befürwortet. Als ich ihn 2013 in seinem Premierministerbüro besuchte, fragte ich ihn, ob er Obama mit seinem Engagement für eine Zwei-Staaten-Lösung nur eine Freude machen wolle. Netanjahu lächelte und antwortete: «Nun, natürlich tue ich das.» Aber der israelische Premierminister hatte damals das übliche Argument vorgebracht, warum Israel einem palästinensischen Staat zustimmen müsse. Wenn Israel 2,7 Millionen Palästinenser im Westjordanland in den Staat Israel eingliedere, bestehe die Gefahr, dass sich die Regierung zwischen einem jüdischen Staat und einer Demokratie entscheiden müsse, da die Juden dann gefährlich nahe daran seien, ihren Mehrheitsstatus im Land Israel zu verlieren.*

Schon damals fiel mir auf, dass Netanjahus Plädoyer für eine Zwei-Staaten-Lösung etwas Formelhaftes an sich hatte. Er war eindeutig nicht mit dem Herzen dabei. Tatsächlich hatte er sich während seiner gesamten politischen Laufbahn gegen die konventionelle liberale Sichtweise gewehrt, was Israel tun müsse, um seine Zukunft zu sichern. Diese Ansicht, die von so unterschiedlichen Persönlichkeiten wie Bill Clinton, Tony Blair und ehemaligen israelischen Premierministern wie Ehud Barak und Schimon Peres vertreten wurde, lautete, dass Israel zuerst mit den Palästinensern Frieden schließen

* 2020 zählte Israels Bevölkerung ungefähr 8,8 Millionen Menschen, von denen 20 Prozent israelische Araberinnen und Araber waren.

müsse, um internationale Akzeptanz und Frieden mit seinen arabischen Nachbarn zu erreichen.

Netanjahu hatte dieses Argument nie wirklich akzeptiert. Stattdessen hatten er und seine Likud-Partei ein Bündnis mit der mächtigen israelischen Siedlerbewegung geschlossen, die das Westjordanland nicht als Ort eines künftigen palästinensischen Staates, sondern als wesentlichen Teil des israelischen Bodens ansieht, der schließlich dem Staat selbst einverleibt werden sollte. Wo genau die Palästinenser in diesem Szenario enden würden, wurde nie vollständig erklärt. Einige rechtsextreme israelische Radikale hofften auf ihre Vertreibung in einen benachbarten arabischen Staat, zu Beispiel nach Jordanien. Andere spielten mit dem Gedanken, den Palästinensern das Recht auf Selbstverwaltung in Gebieten einzuräumen, den Regierungen aber kaum mehr Macht als Gemeinderäte zuzugestehen — eine politische Lösung, die manchmal mit der Apartheid in Südafrika verglichen wurde, wo die Regierung versucht hatte, schwarzen Südafrikanern das Wahlrecht nur in unbedeutenden «Bantustans» einzuräumen.

Anstatt eine Zwei-Staaten-Lösung als Weg zu regionaler Harmonie zu sehen, den so genannten «*Inside-Out*»-Friedensweg, hatte Netanjahu für die «*Outside-In*»-Lösung plädiert, bei der zuerst der Frieden mit Israels arabischen Nachbarn erreicht und die palästinensische Frage später von einem gestärkten Israel geklärt werden sollte.

Diese harte Form des Zionismus des israelischen Premierministers ist tief in seiner eigenen Familiengeschichte verwurzelt. Der 1949 in Tel Aviv geborene Benjamin Netanjahu ist der Sohn von Benzion Netanjahu, einem rechtsgerichteten israelischen Geheimdienstler, der in Warschau geboren wurde, bevor er 1924 nach Palästina auswanderte, als es noch unter britischer Herrschaft stand. Schon als Jugendlicher war Benzion Netanjahu, wie Anshel Pfeffer es ausdrückt, «Mitglied einer zionistischen politischen Fraktion, die beschlossen hatte, die arabischen Ansprüche auf das Land nicht zu berücksichtigen».[270] Der revisionistische Zionismus, den die Familie Netanjahu vertrat, basierte auf der politischen Philosophie von Ze'ev Jabotinsky, der den Sozialismus von Israels Gründungsvater David Ben-Gurion ablehnte, stattdessen eine viel militaristischere Form des Nationalismus vertrat und den Konflikt mit der arabischen Bevölkerung als unvermeidlich ansah.

Ben-Gurion betrachtete Jabotinsky seinerseits als Faschisten, und die ersten 30 Jahre der Existenz Israels ab 1948 wurde die israelische Politik von Ben-Gurions Arbeitspartei dominiert. Erst 1977 gelangte die Likud-Partei, die von Anhängern Jabotinskys geführt wurde, zum ersten Mal an die Macht. Und der Likud war die Partei, die Benjamin Netanjahu später anführen sollte.[271]

Bei der Spaltung zwischen Arbeitspartei und Likud ging es nicht nur um Ideologie, sondern auch um Klasse und Herkunft. Die Arbeitspartei wurde von osteuropäischen, aschkenasischen Einwanderern angeführt, die politisch links eingestellt waren und als intellektuelle und soziale Elite des neuen israelischen Staates angesehen wurden. Der Likud hingegen bezog einen Großteil seiner Unterstützung von sephardischen Juden, die aus arabischen Ländern vertrieben worden oder ausgewandert waren, und später von Einwanderern, die nach dem Zusammenbruch der Sowjetunion aus Russland nach Israel kamen. Sie war die Partei der Außenseiter, die sich gegen die bürgerliche, liberale Elite auflehnte. In diesem Sinne war die Politik Netanjahus und des Likud der populistischen Politik von Donald Trump und dem Brexit um Jahrzehnte voraus.

Netanjahus Ablehnung einiger Kernideen der Gründerväter des Staates Israel spiegelt auch die Politik von Modi in Indien und Erdoğan in der Türkei wider. So wie Netanjahu einer Tradition entstammt, die viele der relativ liberalen Ideen von Israels Gründungsvater Ben-Gurion zugunsten eines härteren, populistischeren und rechtsgerichteten Nationalismus zurückweist, so haben sich Modi und Erdoğan gegen die Ideen der Staatsgründer Nehru und Atatürk gewandt.

Der stärkste kulturelle Einfluss auf Benjamin Netanjahu selbst waren jedoch die Vereinigten Staaten. Da Benzion Netanjahu in Israel keine akademische Anstellung finden konnte, zog die Familie nach Amerika. Zwischen seinem achten und zehnten Lebensjahr lebte Bibi in New York und verbrachte dann einen Großteil seiner Jugend in Philadelphia. Er absolvierte zunächst ein Architektur-, dann ein Betriebswirtschaftsstudium am Massachusetts Institute of Technology, bevor er eine Stelle als Unternehmensberater bei der Boston Consulting Group antrat. Daher ist Netanjahu von der amerikanischen Kultur durchdrungen, versteht die politische Szene der Vereinigten Staaten perfekt und hat sich dort als äußerst geschickter Akteur erwiesen. Viele seiner engsten Berater, wie Dore Gold und Yoram Hazony, sind englische Muttersprachler; Arbeitsbesprechungen wurden häufig auf Englisch abgehalten.

Es bedurfte jedoch einer Familientragödie, um die Familie Netanjahu ins nationale Rampenlicht zu katapultieren. Das war der Tod von Bibis älterem Bruder Jonathan (Yoni) 1976, als er eine erfolgreiche Kommandoaktion zur Befreiung von Geiseln anführte, die von palästinensischen und deutschen Terroristen auf dem Flughafen Entebbe in Uganda festgehalten wurden. «Entebbe» wurde zum Gegenstand dreier abendfüllenden Spielfilme und machte Yoni zu einem posthumen Nationalhelden. Sein wortgewandter Bruder Bibi, der ebenfalls im israelischen Militär gedient hatte, wurde schnell zu einem begehrten Objekt, das von Israels führenden Politikern umworben wurde, darunter Schimon Peres, den Netanjahu eines Tages als Ministerpräsident ablösen sollte.

Netanjahus Talente als englischsprachiger Fürsprecher Israels führten dazu, dass er von 1984 bis 1988 zum UN-Botschafter Israels ernannt wurde. Nach seiner Rückkehr trat er dem rechtsgerichteten Likud bei. 1993 wurde er Parteivorsitzender, 1996 im Alter von 46 Jahren Israels jüngster Premierminister aller Zeiten. Obwohl er 1999 die Macht verlor, kehrte er ein Jahrzehnt später zurück und gewann die Parlamentswahl von 2009. Von da wurde er zum Seriensieger, in der Regel mit knappen Vorsprüngen, so dass langwierige Phasen der Koalitionsbildung folgten, um ihn im Amt des Premierministers zu halten. Je länger Netanjahu an der Macht blieb, desto mehr konnte er die Rolle des *elder statesman* und des internationalen Gesichts Israels spielen. Auf den Wahlkampfplakaten des Likud 2020 waren Fotos zu sehen, auf denen Netanjahu neben Modi, Trump und Putin unter dem Slogan «Eine andere Liga» stand.

Netanjahu verlor schließlich 2021 nach einer weiteren unklaren Wahl sein Amt. Aber seine politische Langlebigkeit hatte es ihm ermöglicht, westliche Führer wie Bill Clinton, Barack Obama und David Cameron zu überdauern, die er in der Palästina-Frage für naiv liberal hielt. In den Jahren nach Obama profitierte Netanjahu vom Aufstieg einer neuen Generation nationalistisch-populistischer Führer – von Washington bis Delhi, von Budapest bis Brasilia –, die den jüdischen Staat inbrünstig bewundern. Dieser Wandel in der internationalen politischen Atmosphäre verschaffte einem Land, das lange Zeit internationale Isolation und Handelsboykotte befürchtet hat, neuen Spielraum.

Die wichtigste Veränderung für die Israelis war Trumps Wahlsieg 2016. Der neue US-Präsident konnte sich in hohem Maße auf die Unterstützung weißer evangelikaler Wählerinnen und Wähler stützen, die sowohl zahlreicher sind als die jüdisch-amerikanische Bevölkerung als auch Israel oft vehementer unterstützen. (Amerikanische Jüdinnen und Juden wählen in ihrer überwiegenden Mehrheit die Demokraten.) Als Präsident setzte Trump eine lange Liste israelischer Ziele um, die zuvor wie ferne Fantasien erschienen waren.

2018 verlegte er die US-Botschaft von Tel Aviv nach Jerusalem und stieg aus dem von Obama ausgehandelten Atomabkommen mit dem Iran aus. Im Jahr darauf erkannte Amerika die israelische Souveränität über die Golanhöhen an, die im Sechstagekrieg 1967 von Syrien erobert worden waren. Netanjahu klang fast ungläubig, als er dieses Geschenk im Weißen Haus entgegennahm.

Die Verbindungen zwischen Trump und Netanjahu waren nicht nur diplomatischer und familiärer, sondern auch ideologischer Natur. Als Trumps Berater darum rangen, die Instinkte und Tweets ihres Chefs in kohärente Ideen zu verwandeln, war einer der Denker, an den sie sich wandten, Lieblings-Hofphilosoph des israelischen Premierministers, Yoram Hazony. Der ehemaliger Berater Netanjahus, der nach wie vor ein enger Vertrauter ist, hat mit seinem 2018 erschienenen Buch *The Virtue of Nationalism* («Die Tugend des Nationalismus») einen intellektuellen Durchbruch erzielt.[272] Mitarbeiterinnen und Mitarbeiter in Trumps Weißem Haus, die an der nationalen Sicherheitsstrategie des Präsidenten mitgearbeitet haben, nannten Hazony mir gegenüber als einen wichtigen Einfluss auf ihr Denken. Wes Mitchell, der für Europa zuständige stellvertretende US-Außenminister, empfahl EU-Diplomaten, Hazony zu lesen, wenn sie die Denkweise der Trump-Regierung verstehen wollten.

Die europäischen Diplomatinnen und Diplomaten, die sich der Mühe unterzogen, waren über das, was sie vorfanden, ziemlich verblüfft. Hazony schrieb offen über seine Verachtung für die EU, die er als Vorreiter für eine neue Form des deutschen Imperialismus bezeichnete. Für Hazony ist die einzige wahre Grundlage für politische Ordnung und menschliche Freiheit die Nation, die sich auf eine gemeinsame Sprache, Kultur und Religion stützt. Alle erfolgreichen Nationen, so Hazony, müssen um eine Gruppe herum organisiert sein, «deren kulturelle Dominanz eindeutig und unbestritten ist und gegen die Widerstand zwecklos erscheint».[273]

Es ist nicht schwer, die Anziehungskraft dieses Konzepts für weiße Trump-Anhängerinnen und -Anhänger zu verstehen, die durch demographische Prognosen beunruhigt sind. Die Vorstellung, dass eine Nation um eine dominante ethnische oder kulturelle Gruppe herum aufgebaut werden muss und die für den Nationalismus des 19. Jahrhunderts von zentraler Bedeutung war, wird auch von Ungarns Viktor Orbán vehement vertreten, der sich mit Hazony getroffen hat und ihn auch als intellektuellen Einfluss anführt.

Der ungarische Premierminister, ein Verfechter der «illiberalen Demokratie», besuchte 2018 Jerusalem. Dieser Besuch war in Israel umstritten, weil Orbán einen Wahlkampf voller antisemitischer Bilder geführt hatte, in dem er den Finanzier George Soros als reichen, bösen Marionettenspieler darstellte, der Ungarn mit Flüchtlingen überschwemmen wolle. Für Soros, der die Palästinenser und israelische Menschenrechtsorganisationen unterstützt, hatte allerdings auch Netanjahu nicht viel übrig.

Es gibt in der Tat klare ideologische Gemeinsamkeiten zwischen dem israelischen und dem ungarischen Premierminister.[274] Sie sind beide ethnische Nationalisten, die an ein «Israel für die Juden» und ein «Ungarn für die Ungarn» glauben. Die Tatsache, dass Orbáns Nationalismus mehr als nur einen Hauch von Antisemitismus enthält, ist für Netanjahu nicht besonders schockierend, da seine Art von Zionismus immer davon ausging, dass die Außenwelt von Natur aus antisemitisch sei. In den Monaten nach der Wahl Trumps bemühten sich israelische Regierungsmitarbeiter, Brücken zwischen Orbán und dem Weißen Haus zu bauen.

Für den israelischen Premierminister war ein taktisches Bündnis mit einer Figur wie Orbán gerechtfertigt, wenn es Israel hilft. Und die mitteleuropäischen Nationalisten waren in der Tat nützlich, als die Tschechen, Ungarn und Rumänen ein Veto gegen eine EU-Verurteilung der Verlegung der amerikanischen Botschaft nach Jerusalem einlegten. Die rumänische Ministerpräsidentin, Viorica Dancila, kündigte sogar an, dass ihre eigene Regierung die Botschaft ebenfalls nach Jerusalem verlegen würde. Heutzutage beschäftigt sich die extreme Rechte in Europa viel mehr mit Muslimen als mit Juden, und ihre Islamophobie schlägt sich oft in der Unterstützung Israels nieder. Trotz ihrer antisemitischen Wurzeln hat sich der französische Front National, heute Rassemblement National, unter Marine Le Pen zu einer stark israelfreundlichen Partei entwickelt.

Das gemeinsame Misstrauen gegenüber dem Islam hat Netanjahu auch geholfen, enge Beziehungen zu Narendra Modi aufzubauen, der 2017 als erster indischer Premierminister seit der Staatsgründung Israel besuchte. Einige BJP-Anhänger sehen in Israels stets harten Reaktionen auf palästinensische Gewalt ein Modell für Indien in seinem Kampf gegen Terroristen aus Pakistan. In der Tat hat Israel Waffen im Wert von Milliarden von Dollar an Indien verkauft, von denen einige bei den Luftschlägen gegen Pakistan 2019 zum Einsatz kamen.

Eine Reise nach Israel wurde schnell zu einem fast obligatorischen Zwischenstopp für die neue Generation von Machthabern, die sich genüsslich über die liberale Meinung hinwegsetzen. Im September 2018 kam der philippinische Staatschef Rodrigo Duterte nach Jerusalem und sagte zu Netanjahu: «Wir teilen die gleiche Leidenschaft für die Menschen.»[275] — Ein zweischneidiges Kompliment, wenn man bedenkt, dass Duterte häufig und lautstark den Einsatz von Todesschwadronen befürwortet hat.

2019 wurde Jair Bolsonaro zum Präsidenten von Brasilien gewählt. Mehr noch als Trump stützte sich Bolsonaro auf evangelikale Wähler und betonte seine Liebe zum Staat Israel. Netanjahu war Ehrengast bei Bolsonaros Amtseinführung, und der Brasilianer wurde einige Monate später bei einem Staatsbesuch in Israel gefeiert. Das größte Land Lateinamerikas als Verbündeten zu haben, war ein Durchbruch für Israel, denn der «Globale Süden» der Entwicklungsländer hatte die Palästinenser traditionell stark unterstützt. Für Bolsonaro war die Umarmung Israels eine Möglichkeit, sich gleichzeitig bei den Evangelikalen und Trumps Weißem Haus beliebt zu machen und seinen linksliberalen Kritikern eins auszuwischen. Fast ein Jahrzehnt zuvor hatte sein großer politischer Rivale, Präsident Luiz Inácio Lula da Silva («Lula» genannt), das Westjordanland besucht und angekündigt: «Ich träume von einem unabhängigen und freien Palästina.»

Israels Aushängeschild gegenüber Xis China ist die Technologie. Wang Qishan, Chinas Vizepräsident, besuchte im Oktober 2018 eine israelische Technologiemesse. In einer Zeit, in der US-Technologieunternehmen vor der Zusammenarbeit mit China zurückschreckten, war Israel eine attraktive Alternative. Ein chinesisches Unternehmen besitzt und betreibt heute den Hafen von Haifa, der der Hauptstützpunkt der israelischen Marine und auch ein häufiger Anlaufhafen für die Sechste Flotte der Vereinigten Staaten ist.[276] Diese wachsende Nähe zwischen Israel und China war eine der wenigen Beschwerden, die die Trump-Regierung über Netanjahus Israel vorzubringen hatte.

Netanjahu betrachtet diese neuen Beziehungen als große Errungenschaft und weist liberale Skrupel zurück, sich mit Leuten wie Duterte, Bolsonaro und Orbán anzufreunden. Wie Avi Gil, der ehemalige israelische Spitzendiplomat, feststellte: «Eine Weltordnung, die den Menschenrechten und der Demokratie weniger Gewicht beimisst, wird weniger Druck auf Israel ausüben.»[277] Doch selbst unter rein realpolitischen Gesichtspunkten birgt Bibis Diplomatie erhebliche Risiken für Israel. Der schwerwiegendste Vorwurf, den Kritiker Israels erheben, ist, dass der Anspruch des jüdischen Staates, ein Leuchtturm der Demokratie zu sein, durch seine Behandlung der Palästinenser untergraben wird. Indem es sich mit einer neuen Generation von populistischen Nationalisten verbündet — von denen viele ein zweifelhaftes Verhältnis zur Demokratie haben —, schwächt Israel seinen Anspruch, ein Verfechter der Demokratie zu sein.

Doch für Netanjahu überwogen die Vorteile des Kuschelkurses mit den *strongmen* das Risiko, in progressiven Kreisen im Westen an Unterstützung zu verlieren, bei weitem. Besuche von Leuten wie Orbán, Duterte, Bolsonaro und Modi waren hilfreich. Aber der starke Mann, der die größte Macht hat, die Sicherheit und den Wohlstand Israels zu verbessern, ist derjenige, der in der Nähe ist: Mohammed bin Salman.

Als politischer Neuling hat MBS große Ambitionen, den Nahen Osten neu zu gestalten. Auf Drängen von Kushner stattete Donald Trump Saudi-Arabien im Mai 2017 seinen ersten Auslandsbesuch als Präsident ab. Dies war zwar ein großes und sehr geschätztes Kompliment an die Saudis, brachte aber auch direkte praktische Vorteile für Riad mit sich. Trumps Bereitschaft, Obamas Nuklearabkommen mit dem Iran zu zerreißen, war für die Saudis weitaus wichtiger als jede nachklingende Verbitterung über die antimuslimische Hetze während Trumps Wahlkampf. Trump wurde während seiner Rede in Riad, in der er der absoluten Monarchie eine «Partnerschaft auf der Grundlage gemeinsamer Interessen und Werte» anbot, mit mehreren stehenden Ovationen bedacht.

Formal gesehen war MBS nicht das Staatsoberhaupt Saudi-Arabiens. Dieser Titel gehörte seinem Vater, König Salman. Doch als Trump Mitte 2017 das Land besuchte, gab es kaum Zweifel daran, dass der 31jährige Prinz Mohammed die Macht hinter dem Thron war. Er war der Minister, den ausländische Staatsoberhäupter zu Gesprächen aufsuchten. Er war der Mann, der internationalen Geschäftsleuten und Medienvertretern die Vision eines neuen Saudi-Arabiens erläuterte.

Ihm war ein außergewöhnlicher Aufstieg gelungen. Noch 2015 war MBS lediglich ein «Prinz unter Tausenden Prinzen»[278] in der saudischen Königsfamilie gewesen. Dass er zur entscheidenden Person wurde, war einer Mischung aus Zufall und persönlicher Rücksichtslosigkeit zu verdanken. MBS' Vater, König Salman, war der 25. Sohn von König Abdulaziz Ibn Saud, dem ersten Monarchen von Saudi-Arabien. MBS selbst war nur Salmans sechster Sohn. Wie Ben Hubbard es ausdrückt: «Als sechster Sohn des 25. Sohnes des Gründungskönigs gab es wenig Grund zu erwarten, dass er zu einer bedeutenden Persönlichkeit aufsteigen würde.»[279] Nach dem Tod zweier älterer Brüder und Salmans eigener erfolgreicher Bilanz als Gouverneur von Riad ernannte ihn König Abdullah 2012 zum neuen Kronprinzen von Saudi-Arabien. MBS war plötzlich der Macht sehr viel näher. Als König Salman 2015 den Thron bestieg, ernannte er seinen Lieblingssohn, Prinz Mohammed, zum Verteidigungsminister.

Innerhalb von zwei Monaten nach seiner Ernennung hatte MBS seine Rücksichtslosigkeit unter Beweis gestellt. Im März 2015 startete die saudische Luftwaffe eine Reihe von Bombenangriffen auf das Nachbarland Jemen, um die mit dem Iran verbundenen Huthi-Rebellen zu vertreiben, die die Kontrolle über die jemenitische Hauptstadt übernommen hatten. Dies war ein verblüffender Schritt. Das saudische Königreich ist seit langem ein massiver Käufer von Rüstungsgütern, aber es schien nie sehr daran interessiert zu sein, diese auch einzusetzen.

MBS' Glaube, im Jemen einen leichten Sieg erringen zu können, erwies sich allerdings als falsch. Die Saudis verstrickten sich in den Konflikt, und ihre wahllosen Bombardierungen führten dazu, dass das Königreich wegen Kriegsverbrechen angeklagt wurde. Doch die kriegerische und impulsive Entscheidung des Prinzen, im Jemen in den Krieg zu ziehen, schadete seinem Ruf im Westen kaum. Stattdessen wurde MBS, wie schon Erdoğan vor ihm, als die große Hoffnung für einen reformierten Nahen Osten gepriesen. In einer einflussreichen Kolumne im November 2015 porträtierte Thomas Friedman MBS in der *New York Times* als reformfreudigen Wirbelwind, der «die Art und Weise, wie Saudi-Arabien regiert wird, verändern will».

Nach einer Audienz bei MBS zeigte sich Friedman beeindruckt von der erklärten Entschlossenheit des Prinzen, das Königreich von der Abhängigkeit vom Erdöl zu befreien und soziale Reformen einzuführen. «Seit Mohammed da ist», schwärmte Friedman, «werden große Entscheidungen, für die man sonst zwei Jahre brauchte, jetzt in zwei Wochen getroffen.»[280] Als er 2017 zu einem weiteren Abend mit MBS zurückkehrte, als sich die Beschwerden über Menschenrechtsverletzungen häuften, war Friedman immer noch beeindruckt. Er argumentierte, dass «der bedeutendste Reformprozess, der heute im Nahen Osten stattfindet, sich in Saudi-Arabien vollzieht». Es stimme, räumte er ein, dass MBS erst wenige Wochen zuvor «zahlreiche saudische Prinzen und Geschäftsleute verhaftet» habe. Aber, so fügte er hinzu, «‹Perfekt› ist nicht im Angebot. Irgendjemand muss die Aufgabe erledigen, Saudi-Arabien ins 21. Jahrhundert zu schleifen.»[281]

Fairerweise muss man sagen, dass Friedman bei weitem nicht der Einzige war, der von MBS beeindruckt war. Prinz Mohammed verstand es, Kontakte zu westlichen Meinungsmachern zu knüpfen und sie mit einer Mischung aus Entschlossenheit, Reichtum und dem Gefühl zu blenden, dass er sie in sein Vertrauen zog. Ein einflussreicher Washingtoner Politiker zeigte mir gelegentlich die kumpelhaften Textnachrichten, die er von MBS erhalten hatte. Journalisten tauschten sich über die opulente Umgebung aus, in der der Kronprinz sie empfangen hatte.

In der Zwischenzeit strömten westliche Unternehmensberater auf der Suche nach lukrativen Verträgen nach Riad, um bei der Umsetzung des als «Vision 2030» bekannten Wirtschaftsreformprogramms von MBS zu helfen. Investmentbanker waren begeistert von der Aussicht, die staatliche Erdölgesellschaft Saudi Aramco an die Börse zu bringen: Es versprach der größte Börsengang der Geschichte zu werden. Waffenhersteller, die in Trumps Weißem Haus eine wichtige

Rolle spielen, blieben auf Saudi-Arabien, den weltweit größten Importeur von Rüstungsgütern, fixiert.

Freunde Israels waren erfreut darüber, dass sich der neue Herrscher Saudi-Arabiens nicht viel um die Palästinenser zu scheren schien und Israel stattdessen in erster Linie als Verbündeten gegen den Iran sah. Sogar Menschenrechtsaktivisten applaudierten einigen Reformen von MBS, wie der längst überfälligen Entscheidung, Frauen das Autofahren zu erlauben, wofür der Prinz die Macht der gefürchteten Religionspolizei einschränken musste.

Doch auch im Westen gab es Skeptiker. Wie mir ein hochrangiger britischer Beamter sagte: «Ich frage mich, ob MBS eher ein Lee Kuan Yew oder Saddam Hussein ist.» Mit anderen Worten: War der saudische Prinz ein weiser, wenn auch autoritärer Reformer, wie Lee, der Singapur modernisiert hatte? Oder war er ein rücksichtsloser, außer Kontrolle geratener Diktator wie Iraks Saddam?

Das Paradoxe war, dass unter MBS gesellschaftliche Freiheiten vor dem Hintergrund einer Terrorherrschaft erweitert wurden. Der Kronprinz war aufrichtig entschlossen, die Möglichkeiten der saudischen Jugend zu erweitern. Ungewöhnlich für einen saudischen Herrscher, verstand er die Bedeutung der öffentlichen Meinung und der sozialen Medien. Der imposante, über zwei Meter große MBS setzte Experten ein, um sein Image auf Twitter aufzupolieren, indem er sich als Modernisierer und Nationalisten in Szene setzen ließ.[282] Wie MBS selbst oft bemerkte, sind zwei Drittel der 34 Millionen Menschen zählenden Bevölkerung seines Landes unter 30 Jahre alt. Die Gesellschaft wurde lockerer, was es den jungen Leuten erleichterte, sich zu amüsieren, Unternehmen zu gründen, sich zu treffen und zu reisen. Doch gleichzeitig zeigte MBS eine wachsende Intoleranz gegenüber Opposition und Dissens — sogar innerhalb seiner eigenen Familie. Ein außergewöhnlicher Zwiespalt entstand bereits kurz nach seiner Machtübernahme, als westliche

Geheimdienste Informationen erhielten, wonach der Prinz seine eigene Mutter unter Hausarrest gestellt hatte. (Es wurde spekuliert, dass MBS verhindern wollte, dass sie seinen Vater, den König, beeinflusst.) Ursprünglich hatte König Salman seinen Lieblingssohn nur als zweiten in der Thronfolge vorgesehen. Vor MBS stand sein Cousin, Prinz Mohammed bin Nayef oder MBN. Doch im Juni 2017 wurde MBN festgenommen, in Isolationshaft gehalten und gezwungen, auf sein Amt zu verzichten. Ein Video, in dem er MBS die Treue schwört, wurde in den sozialen Medien verbreitet, bevor der ehemalige Kronprinz entführt und in einem Palast in Dschidda unter Hausarrest gestellt wurde.[283]

Außerdem kam es zu Massenverhaftungen von Dissidenten und Kritikern von MBS. Nur die kriecherische Zustimmung zum neuen Kronprinzen bedeutete Sicherheit. Ein unabhängiger Journalist, der gezwungen war, das Land zu verlassen, schrieb eine Kolumne für die *Washington Post* mit der Überschrift «In Saudi-Arabien herrschte nicht immer eine solche Unterdrückung. Jetzt ist es unerträglich». Darin beklagte er sich über «Angst, Einschüchterung, Verhaftungen und öffentliche Beschämung von Intellektuellen».[284]

Der Autor dieses Artikels war Jamal Khashoggi. Etwas mehr als ein Jahr später war er tot, hingerichtet im saudischen Konsulat in Istanbul. Die grausame Ermordung Khashoggis — dessen Leiche mit einer Knochensäge zerstückelt wurde — fügte dem internationalen Ansehen von MBS großen Schaden zu. Die Saudis hatten zunächst behauptet, Khashoggi sei auf mysteriöse Weise verschwunden; dann hieß es, er sei versehentlich bei einer Kidnapping-Aktion getötet worden. Doch nur wenige Menschen, die Saudi-Arabien wirklich kennen, bezweifelten, dass es sich um eine Operation handelte, die von einem rachsüchtigen MBS persönlich angeordnet worden war. Das war jedenfalls die Schlussfolgerung der CIA in einem Bericht, der schnell durchsickerte (und später von der Biden-Regierung in vollem Umfang veröffentlicht wurde).[285]

Die Ermordung Khashoggis beendete die lobenden Darstellungen von MBS in der westlichen Presse. Doch die geschäftlichen und diplomatischen Beziehungen des Kronprinzen zum Westen erlitten keinen nachhaltigen Schaden. Unmittelbar nach dem Mord hatten sich viele prominente westliche Geschäftsleute von einer glamourösen Investitionskonferenz zurückgezogen, die als «Davos in der Wüste» bezeichnet wurde. Doch als ich einen CEO fragte, wann er glaubte, dass er und seine Kollegen wieder mit Saudi-Arabien Geschäfte machen würde, lächelte er und antwortete: «Sobald die Angelegenheit von den Titelseiten verschwunden ist.»

Die Reaktion von US-Präsident Trump war ähnlich pragmatisch. «Es könnte sehr gut sein, dass der Kronprinz von diesem tragischen Ereignis wusste — vielleicht ja, vielleicht nein ... Die Vereinigten Staaten beabsichtigen, ein fester Partner Saudi-Arabiens zu bleiben, um die Interessen unseres Landes zu wahren.»[286] Trump war mit seinem amoralischen Pragmatismus nicht allein. Im November 2020 wurde Saudi-Arabien die Ehre zuteil, den G20-Gipfel der mächtigsten Länder der Welt auszurichten. Aufgrund von Covid-19 musste der Gipfel virtuell abgehalten werden. Dennoch starteten Menschenrechtsaktivisten eine Kampagne, um die Staats- und Regierungschefs der Welt dazu zu bewegen, die Veranstaltung wegen der Teilnahme von MBS zu boykottieren. Der Boykottaufruf wurde jedoch ignoriert, so dass der De-facto-Führer Saudi-Arabiens die Abschlussrede halten konnte, und zwar vor einem Publikum, zu dem auch so liberale Persönlichkeiten wie Angela Merkel aus Deutschland und Justin Trudeau aus Kanada gehörten. Tatsächlich waren am G20-Gipfel bereits andere Staatsoberhäupter beteiligt, die für Menschenrechtsverletzungen bekannt sind — Präsident Xi aus China, Präsident Erdoğan aus der Türkei und Präsident Putin aus Russland.

Die Realität ist, dass MBS keinen Irrweg verkörpert. Im Gegenteil: Mit seinem rücksichtslosen Streben nach Zentralisierung der Macht, seinem Personenkult und seiner Bereitschaft, Morde zu begehen, passt er voll und ganz in die Welt der Autokraten.

# 10

## JAIR BOLSONARO

### DIE RÜCKKEHR DES LATEINAMERIKANISCHEN CAUDILLOS (2018)

«Brasilien steht vor einer moralischen und politischen Krise.» Fernando Henrique Cardoso klang im August 2017 in São Paulo distanziert und analytisch. Dabei beschrieb er die potenzielle Zerstörung seines Lebenswerks. Der ehemalige Soziologieprofessor war von 1995 bis 2002 Präsident Brasiliens; er festigte die Demokratie des Landes, reformierte die Wirtschaft und legte den Grundstein für einen Wirtschaftsboom. Der Optimismus der Nach-Cardoso-Jahre wurde 2009 von einem berühmten Titelbild des *Economist* eingefangen, das die Christusstatue in Rio de Janeiro zeigte, die wie eine Rakete ins Weltall abhob, unter der Schlagzeile «*Brazil takes off*» («Brasilien hebt ab») Doch der inzwischen 86jährige Cardoso musste nun zusehen, wie sein Land zurück auf die Erde fiel.

Die brasilianische Wirtschaft, durch politische Misswirtschaft und einen Preissverfall bei wichtigen Exportgütern wie Eisenerz und Sojabohnen beeinträchtigt, war in den vergangenen zwei Jahren um fast 8 Prozent geschrumpft. Präsidentin Dilma Rousseff war 2016 durch ein Amtsenthebungsverfahren abgesetzt worden, und gegen etwa 40 Prozent der Mitglieder des Kongresses wurde wegen Korruption ermittelt. Viele der einflussreichsten Geschäftsleute und Politiker Brasiliens landeten im Rahmen der als *Lava Jato* («Autowäsche») bekannten Anti-Korruptions-Kampagne im Gefängnis. Umfragen zeigten, dass nur noch 13 Prozent der Brasilianerinnen und Brasilianer Vertrauen in die Demokratie ihres Landes hatten.

Das Leiden der einfachen Leute und eine in Ungnade gefallene politische Klasse waren die Voraussetzungen für den Aufstieg eines populistischen, systemfeindlichen Politikers. Als ich Cardoso in São Paulo traf, sahen die ersten Meinungsumfragen für die Präsidentschaftswahlen 2018 den rechtsextremen Kongressabgeordneten Jair Bolsonaro bereits auf dem zweiten Platz. Der ehemalige Hauptmann der Armee war 1990 zum ersten Mal ins Parlament gewählt worden und hatte in den folgenden 25 Jahren in der Politik kaum Eindruck gemacht.

Doch in einer Atmosphäre der politischen und wirtschaftlichen Krise war der Name Bolsonaro plötzlich in aller Munde. Sein Versprechen, hart gegen Kriminelle vorzugehen — sowohl im Parlament als auch in den von Kriminalität geprägten brasilianischen Slums —, kam an. Wie Donald Trump in den Vereinigten Staaten und Rodrigo Duterte auf den Philippinen hatte Bolsonaro über die sozialen Medien eine große persönliche Anhängerschaft aufgebaut und sich mit schockierender Rhetorik hervorgetan. So hatte er erklärt, dass er zwei Männer, die sich auf der Straße küssten, niederschlagen würde, wenn er sie sähe. Er hatte die Anwendung von Folter durch das Militär verteidigt und trotzig verkündet, dass die meisten Brasilianer mit ihm übereinstimmten. Als er 2016 für ein Amtsenthebungsverfahren gegen Präsidentin Rousseff stimmte, widmete er seine Stimme sogar Oberst Brilhante Ustra, der in den Jahren der brasilianischen Militärdiktatur von 1965 bis 1985 ein berüchtigtes Folterkommando geleitet hatte.

Ein Jahr vor der Wahl waren die meisten Mitglieder der brasilianischen Elite, die ich im August 2017 traf, immer noch nicht bereit zu glauben, dass ein Mann, den sie für grob, dumm und gewalttätig hielten, es wirklich bis in den Präsidentenpalast schaffen könnte. «Die meisten Beobachterinnen und Beobachter halten Herrn Bolsonaro für zu extrem, um zu gewinnen», schrieb ich anschließend. «Aber die

Beteuerungen, die ich in gut ausgestatteten Büros erhielt, erinnerten mich unangenehm an Gespräche 2015 in Washington, als ein Sieg Trumps als undenkbar galt.»[287]

Diese Vorahnung hatte ihre Berechtigung. Am 28. Oktober 2018 errang Bolsonaro bei den brasilianischen Präsidentschaftswahlen einen überwältigenden Sieg, der dadurch begünstigt wurde, dass der charismatischste linke Politiker des Landes, der ehemalige Präsident Luiz Inácio Lula da Silva, wegen Korruptionsvorwürfen inhaftiert worden war und nicht gegen ihn antreten durfte.

Der Sieg Bolsonaros war von kontinentaler, ja von globaler Bedeutung. Bis Anfang der 1980er Jahre wurde Lateinamerika von autoritären Führern beherrscht; 1978 gab es auf dem gesamten Kontinent nur drei Demokratien. Die politische Landschaft war geprägt von Militärjuntas und Diktatoren wie Augusto Pinochet in Chile oder Jorge Videla in Argentinien. Doch zu Beginn der 1990er Jahre hatte sich die Demokratie in den meisten Ländern des Kontinents durchgesetzt. Der Übergang zur Demokratie in Brasilien im Jahr 1985, der eine mehr als 20jährige Militärherrschaft beendete, war aufgrund der Größe des Landes und seiner Rolle als regionale Führungsmacht ein besonders bedeutsamer Moment. Mit über 200 Millionen Einwohnern ist Brasilien das siebtbevölkerungsreichste Land der Welt und das größte in Lateinamerika; etwa jeder zweite Südamerikaner ist Brasilianer.

Während der Präsidentschaften von Cardoso und Lula wurde Brasilien weithin als eine Nation gefeiert, die sich erfolgreich der Globalisierung und der Demokratie verschrieben und die dunklen Tage des Autoritarismus hinter sich gelassen hatte. Cardoso wurde ein Freund und Vertrauter von Bill Clinton, dessen Philosophie des «dritten Weges», die orthodoxe Wirtschaft mit sozialem Liberalismus verbindet, er in Brasilien nachahmte. Lula, ein ehemaliger Gewerkschaftsführer aus einfachen Verhältnissen, baute auf Cardosos

Wirtschaftsreformen auf und begann, die berüchtigte Ungleichheit in Brasilien durch soziale Reformen zu bekämpfen — einschließlich eines garantierten Einkommens für ärmere Familien, das an den Schulbesuch gekoppelt ist und als *bolsa familia* bekannt ist —, die weltweites Lob fanden. So wie Cardoso, ein mehrsprachiger Technokrat, perfekt zu Clinton gepasst hatte, so passte Lula, der Sozialreformer und Gemeindeorganisator, perfekt zur Präsidentschaft Obamas. In der Tat hatte Barack Obama seinen brasilianischen Amtskollegen öffentlich umarmt und verkündet: «Ich liebe diesen Kerl.»

Mit der Wahl von Bolsonaro hat sich die brasilianische Politik wieder einmal an den politischen Trends in den Vereinigten Staaten orientiert. Wie Trump twitterte auch Bolsonaro fleißig und machte sich viele der Slogans des US-Präsidenten zu eigen, indem er «*Fake News*», «Globalismus», «politische Korrektheit» und die liberale Elite anprangerte. Im brasilianischen Kontext drückte sich die Kritik an der politischen Korrektheit in einer Verachtung für Umweltschützer und internationale NGOs aus, die, so Bolsonaro, die Entwicklung des Landes aufhielten, indem sie sich insbesondere der Erschließung des Amazonasgebietes widersetzten. In einer Zeit wachsender Besorgnis über die Erderwärmung entsetzte Bolsonaros Eifer, die Abholzung weiterer Teile des Regenwaldes zuzulassen, die Klimaschützerinnen und Klimaschützer in der Welt, wenngleich dies in Trumps Weißem Haus mit Gleichgültigkeit aufgenommen wurde.

Wie Trump betrachtete auch Bolsonaro Politik als Familienangelegenheit. Sein Sohn Eduardo erhielt schnell eine wichtige Rolle in der Regierung und wurde ins Weiße Haus geschickt, um mit Jared Kushner, Trumps Schwiegersohn, über Geopolitik zu diskutieren. Als ich 2019, nach dem Start der neuen Regierung, Brasilien erneut besuchte, sagte mir ein prominenter Wirtschaftswissenschaftler, Bolsonaro sei «genau wie Trump, nur noch dümmer». Da der US-Präsident nicht gerade für seinen Intellekt bekannt war, war ich etwas überrascht. Aber dann wurde ich daran erinnert, dass Trump immerhin ein Unternehmen geführt habe. Bolsonaro hingegen sei nie über den Rang eines Armeekapitäns hinausgekommen.

Selbst Mitglieder der eigenen Verwaltung des Präsidenten gaben sich keine Mühe, ihre Verachtung für ihren Chef zu verbergen. Als einer meiner *FT*-Kollegen einen Kabinettsminister zu einer von Bolsonaros merkwürdigen Äußerungen über die Wirtschaft befragte, wurde ihm unverblümt mitgeteilt: «Der Präsident redet eine Menge Scheiße.»

Wie in Trumps Fall schreckte die Tatsache, dass die Intellektuellen Bolsonaro ablehnend gegenüberstanden, die Anhänger des Präsidenten nicht ab — im Gegenteil. Bolsonaro verstand die Mentalität in brasilianischen Kleinstädten und ländlichen Gebieten gut; dort war man konservativer als in den Großstädten wie Rio. Im Gegensatz zu Trump stammt Bolsonaro aus wirklich bescheidenen Verhältnissen. Er wurde 1955 geboren und wuchs in Eldorado Paulista auf, einer Stadt mit 15000 Einwohnern, die von Ackerland umgeben ist — 150 Meilen von der Handelsmetropole São Paulo entfernt. Als Sohn eines nicht zugelassenen Zahnarztes wuchs Bolsonaro in Armut mit zwei Brüdern und drei Schwestern auf.

Als junger Mann war er von der Polizei und dem Militär fasziniert. Als 15jähriger erlebte er in seiner Kleinstadt eine Schießerei zwischen der Polizei und linken Guerillas, die den jungen Bolsonaro so begeisterte, dass er sich entschloss, sich den Sicherheitskräften anzuschließen. 1973 bestand er die Aufnahmeprüfung für die Militärakademie — ein echter Erfolg, der die von seinen Gegnern verbreitete Vorstellung widerlegt, Bolsonaro sei ein Schwachkopf.[288]

In der Armee setzte er sich für höhere Löhne und bessere Bedingungen für Soldaten ein. Als er in den 1990er Jahren in die Politik wechselte, fiel er als unverblümter Apologet des Militärs auf. In einer Zeit, in der sich die meisten für die Demokratie einsetzten, wirkte seine Nostalgie für die Jahre der Militärherrschaft exzentrisch.

Doch wie sein Biograf Richard Lapper andeutet, entsprach Bolsonaros ausgeprägter sozialer Konservatismus eher den Einstellungen vieler gewöhnlicher Brasilianer, als es der städtischen Elite Brasiliens bewusst war. Eine Meinungsumfrage ergab 2020, dass 61 Prozent der Brasilianer Bolsonaros Plan unterstützten, neue, vom Militär geleitete Schulen zu eröffnen, und dass Mehrheiten sowohl die Ehe für Homosexuelle als auch die Abtreibung ablehnten.[289] Wie Trump und Duterte hatte auch Bolsonaro die Öffentlichkeit erreicht, indem er «politische Korrektheit» anprangerte und einfache Lösungen sowie hart klingende Abhilfemaßnahmen versprach.

Bei den Präsidentschaftswahlen 2018 stellte Bolsonaro eine sehr brasilianische populistische Koalition zusammen, die Lapper als «Rindfleisch, Bibel und Kugeln» beschreibt. Das Rindfleisch stand für die mächtige Landwirtschaft und die Viehzucht, die von Bolsonaros Versprechen angezogen wurden, Umweltbeschränkungen, die ihre Expansion behinderten, zu beseitigen. Die Bibel stand für die 30 Prozent der Brasilianerinnen und Brasilianer, die wie Bolsonaro zum Evangelikalen Christentum übergetreten waren. Die Kugeln standen für Brasiliens mächtige Waffenlobby.

Viele aus der brasilianischen Mittelschicht haben Bolsonaro aus Angst vor Kriminalität oder aus Abscheu vor Korruption gewählt. Und während die Akademiker, die ich traf, Bolsonaro in der Regel verachteten, schienen viele arbeitende Menschen, mit denen ich sprach — Ladenbesitzer, Reiseleiter, Büroangestellte —, nachsichtiger zu sein. Sie sahen in Bolsonaro einen Außenseiter, der tapfer gegen ein korruptes System kämpfte, und sie respektierten seinen Mut. Auf der Wahlkampftour 2018 war er in den Rücken gestochen und schwer verwundet worden; er überlebte nur nach einer komplizierten Operation. Als ich ihn 2019 in Davos zum ersten Mal persönlich erlebte, fragte ich mich, warum er während seines kurzen Auftritts auf der Bühne seinen Mantel nicht ausgezogen hatte. Die Antwort, die mir einer seiner Mitarbeiter gab, war, dass der Präsident immer noch einen Kolostomiebeutel trug, der Teil seiner Genesung von der Operation war.

Wie bei Trump in den Vereinigten Staaten war ein Großteil der brasilianischen Großunternehmen bereit, ihre Abneigung gegen Bolsonaro zu unterdrücken, wenn sie im Gegenzug mit weniger Bürokratie und niedrigeren Steuern rechnen konnten. Sie wurden auch durch die Tatsache ermutigt, dass der Präsident prominente liberale Wirtschaftswissenschaftler in Schlüsselpositionen seiner Regierung berief. Zu Beginn seiner politischen Karriere war Bolsonaro ein Verfechter der staatlichen Kontrolle der Wirtschaft; er hatte sogar einmal erklärt, dass Cardoso wegen der Veräußerung von Staatsvermögen erschossen werden sollte. Im Wahlkampf trat er jedoch als Wirtschaftsliberaler auf und plädierte für Privatisierungen und Steuersenkungen. Einige seiner Unterstützer in der Wirtschaft argumentierten, dass seine empörenden Äußerungen nur dazu dienten, Aufmerksamkeit zu erregen und ein Thema zu dramatisieren. Es waren Äußerungen, die – wie es über Donald Trump hieß – «ernst, aber nicht wörtlich» genommen werden sollten.

Es wurde bald klar, dass die Bolsonaro-Regierung eine instabile Koalition aus liberalen Ökonomen und rechten Kulturkämpfern war, die gegen den «kulturellen Marxismus» wetterten. Internationale Geschäftsleute und Banker waren beeindruckt von Paulo Guedes, einem an der Universität von Chicago ausgebildeten Wirtschaftswissenschaftler, der zum Wirtschaftsminister ernannt worden war und den Auftrag erhalten hatte, das hoch verschuldete Rentensystem des Landes zu reformieren und Privatisierungen im großen Stil durchzuführen. Doch mit Guedes am Kabinettstisch saß Ernesto Araujo, der Außenminister, der argumentierte, der Klimawandel sei ein «Dogma», gefördert von «Globalisten», die die Demokratie untergraben und China dienen wollen. Araujo schien sogar anzudeuten, dass Covid-19 Teil eines kommunistischen Komplotts zur Ausweitung der staatlichen Kontrolle sei, indem er erklärte: «Das Coronavirus lässt uns einmal mehr aus dem kommunistischen Alptraum erwachen.»[290]

Einige der Kulturkrieger in der neuen Regierung erwiesen sich selbst für Bolsonaro als zu eigenartig. Anfang 2020 hielt Roberto Alvim, sein Kulturminister, eine Rede, in der er verkündete, dass «die brasilianische Kunst im nächsten Jahrzehnt heroisch und national sein wird». Leider stellte sich heraus, dass Teile der Rede offenbar aus einer Rede von Hitlers Propagandaminister Joseph Goebbels plagiiert worden waren. Bolsonaro war gezwungen, seinen Kulturminister zu entlassen.[291] Die Alvim-Affäre war auf einer Ebene lächerlich. Aber die Andeutung, dass Regierungsmitglieder in Brasilien oder anderswo in Lateinamerika mit dem Faschismus sympathisierten, hatte auch einen deutlich unheimlichen Nachhall auf einem Kontinent, der lange von einer Reihe brutaler Militärregime beherrscht worden war, von denen viele rechtsextreme Ideologien vertraten.

Allein zwischen 1962 und 1966 hatte es in ganz Lateinamerika neun Militärputsche gegeben, darunter auch in Argentinien und Brasilien — ein Beweis für die «Ansteckungsgefahr», die von politischen Trends in der Region ausgeht. Der Kalte Krieg tobte, und die meisten Generäle, die die Macht übernahmen, beriefen sich auf die Notwendigkeit, dem kommunistischen Einfluss zu widerstehen, für den Fidel Castros Kuba stand. Die Militärregime, die auf dem Kontinent entstanden, regierten mit unterschiedlicher Brutalität. Die schlimmsten Regime, wie die in Argentinien und Chile, wurden berüchtigt für das «Verschwinden» Tausender politischer Dissidenten und für weit verbreitete Folter. In Argentinien wurden im «schmutzigen Krieg» zwischen 1976 und 1982 möglicherweise bis zu 30000 Menschen getötet. Im Gegensatz dazu hat die 2012 eingesetzte Nationale Wahrheitskommission Brasiliens eindeutig «nur» 434 Dissidenten identifiziert, die von den brasilianischen Militärmachthabern «verschwunden» oder ermordet worden waren. Die Kommission wies aber auch darauf hin, dass möglicherweise Tausende von Indigenen getötet wurden und dass brutale Folterungen von Dissidenten ebenfalls üblich waren.[292] Bolsonaro argumentierte jedoch, dass die «harten» Maßnahmen des Militärs durch niedrige Kriminalitätsraten und wirtschaftliche Entwicklung gerechtfertigt gewesen seien.

Der Übergang Lateinamerikas von Militärregimen zu demokratischen Regierungsformen fand weitgehend in den 1980er Jahren statt, noch vor dem Fall der Berliner Mauer. Der wichtigste Auslöser war die lateinamerikanische Schuldenkrise von 1982. In diesem Jahr, so schreibt Michael Reid, «knickten die Diktaturen unter der Schande des wirtschaftlichen Scheiterns ein. Anstatt ihren Zusammenhalt zu riskieren, setzten sich die lateinamerikanischen Armeen mit der Zivilbevölkerung zusammen und verhandelten über die Rückkehr in die Kasernen.»[293] Die Abkehr von der Autokratie in Lateinamerika erfolgte kurz nach der Rückkehr der Demokratie in Spanien und Portugal — und war ein Vorbote der Ereignisse im Rest der Welt. In Osteuropa wuchs der Druck in den Ländern des Sowjetblocks, allen voran in Polen, und in Südostasien wurde Ferdinand Marcos 1986 durch eine Revolution des Volkes auf den Philippinen gestürzt. Im Jahr zuvor war José Sarney der erste zivile Präsident Brasiliens seit den 1960er Jahren geworden, und das Land spielte eine wichtige Rolle im regionalen und globalen Trend weg vom Autoritarismus und hin zur liberalen Demokratie.

Mit dem Amtsantritt von Bolsonaro 2018 war Brasilien erneut Teil eines globalen politischen Wandels, dieses Mal jedoch weg vom liberalen Internationalismus und hin zu einer starken populistischen Herrschaft. Obwohl der Präsident mit offener Nostalgie auf die Ära der Militärherrschaft in Brasilien zurückblickte, handelte es sich nicht um eine einfache Neuauflage des lateinamerikanischen Autoritarismus der 1960er und 70er Jahre. Vielmehr war es ein Populismus im Stil des 21. Jahrhunderts, der mehr an Donald Trump erinnert als an die Generäle, die Brasilien einst regiert hatten. Im Gegensatz zu den Militärmachthabern wurde Bolsonaro gewählt, und er sah sich einer lebhaften Opposition sowie unabhängigen Medien und Gerichten gegenüber. Viele der Schlagworte des brasilianischen Staatschefs wurden direkt von Trump übernommen, wie zum Beispiel seine Rede von *fake news* und dem *deep state*. Bolsonaro hatte auch eine Trump-ähnliche Vorliebe für Verschwörungstheorien und behauptete zum Beispiel oft, dass Umweltaktivisten das Werkzeug ausländischer Mächte seien, die das Amazonasgebiet übernehmen und Brasiliens wertvolle Ressourcen stehlen wollten. Während Trump Bolsonaros persönliches Vorbild war, hatte der brasilianische Staatschef auch politische Seelenverwandte in Europa und Asien. Seine Betonung der Kriminalität sowie der Ängste und Unsicherheiten der Mittelschicht ähnelte stark der Vorgehensweise von Duterte auf den Philippinen, ebenso sein geschickter Einsatz der sozialen Medien. Bei seiner Vereidigung als Präsident 2019 waren Viktor Orbán aus Ungarn und Benjamin Netanjahu aus Israel die beiden wichtigsten ausländischen Ehrengäste Bolsonaros.

Für das Studium des Populismus ist Lateinamerika ein fruchtbarer Boden, da es sich um einen politischen Stil handelt, der auf dem gesamten Kontinent eine lange und wechselvolle Geschichte hat. Michael Reid vertritt die Auffassung, dass der Populismus zwei Hauptmerkmale aufweist, die beide eine ausgeprägte zeitgenössische Bedeutung haben. Erstens handelt es sich um eine «Art von Politik, bei der eine starke, charismatische Führungspersönlichkeit vorgibt, ein Heilsbringer zu sein, bei der Unterscheidung zwischen Führer, Regierung, Partei und Staat verwischt und die Notwendigkeit der Begrenzung der Exekutivgewalt durch Kontrollen und Gegengewichte ignoriert wird. Zweitens hat der Populismus oft eine Umverteilung von Einkommen und/oder Vermögen in nicht nachhaltiger Weise mit sich gebracht.»[294] Wie Reid betont, ist die Unterscheidung zwischen «rechts» und «links», die traditionell für die westliche Politik so grundlegend ist, bei der Analyse des Populismus nicht immer hilfreich. Juan Perón, der archetypische lateinamerikanische Populist, der zwischen 1946 und 1974 dreimal Präsident Argentiniens war, ging aus dem Militär hervor, schützte Nazi-Kriegsverbrecher und war eindeutig vom Faschismus beeinflusst — aber er wurde auch für viele Linke zum Helden, weil er sich für die Beseitigung der Armut einsetzte und für eine staatlich gesteuerte Wirtschaft eintrat.

In Lateinamerika konkurrieren heute Rechtspopulisten wie Jair Bolsonaro mit Linkspopulisten wie Hugo Chávez aus Venezuela, Evo Morales aus Bolivien und Andrés Manuel López Obrador, der 2018 zum Präsidenten von Mexiko gewählt wurde. Die größte Gemeinsamkeit der linken und rechten Populisten ist, dass sie alle behaupten, das Volk gegen die Elite zu vertreten — und sie versprechen alle einfache Lösungen für komplexe Probleme.

So wie Bolsonaro ein ideologisches Bündnis mit Trump und anderen Rechtspopulisten wie Orbán und Netanjahu eingegangen ist, haben auch Lateinamerikas linke Machthaber Lob und Aufmerksamkeit von politischen Bewunderern aus Übersee auf sich gezogen. In den 1960er und 70er Jahren war es Fidel Castros Kuba, das politische Pilger aus dem ganzen Westen anzog. In den 2000er Jahren war es das Venezuela von Hugo Chávez, das für die radikale Linke zum Inbegriff des politischen Chics wurde. Jeremy Corbyn, der die britische Labour-Partei während seiner katastrophalen Amtszeit als Parteivorsitzender zu zwei Wahlniederlagen führte, bezeichnete Chávez einmal als «eine Inspiration für uns alle, die wir uns gegen die Sparpolitik und die neoliberale Wirtschaft wehren».[295]

Chávez versuchte zunächst 1992 durch einen Staatsstreich in Venezuela an die Macht zu kommen, gewann dann aber 1998 eine demokratische Wahl. In den folgenden zehn Jahren folgte er dem Muster eines *strongman*: Er besetzte den Obersten Gerichtshof mit Gefolgsleuten, änderte das Wahlsystem zu seinen Gunsten, förderte einen Personenkult durch ausschweifende und bombastische Auftritte im Fernsehen und denunzierte unabhängige Kritiker als Werkzeuge feindlicher ausländischer Mächte. Eine Zeitlang hielten die riesigen Erdölreserven Venezuelas die Wirtschaft in Schwung. Wo Castros Kuba versucht hatte, sich durch die Entsendung von Ärzteteams ins Ausland — und in den 1970er Jahren auch von Soldaten nach Afrika — beliebt zu machen, setzte Chávez darauf, Erdöl an ausländische Freunde von Bolivien bis New York City zu verschenken. 2007 verkündete Ken Livingstone, der linksgerichtete Bürgermeister von London, dass er die Bustarife dank der Treibstoffsubventionen von Chávez' Venezuela senken konnte.

Damals argumentierten einige, Chávez' Geschenk sei unangemessen, da schätzungsweise ein Drittel der venezolanischen Haushalte immer noch in Armut lebten.[296] Doch Chávez hatte auch im eigenen Land einen Kampf gegen die Armut begonnen: er subventionierte Lebensmittel, steckte Geld in Bildungs- und Alphabetisierungsprogramme und verstaatlichte Schlüsselindustrien. Diese Programme vervollkommneten seinen internationalen Ruf als fortschrittlicher Politiker. Aber sie wurden durch einen steigenden Ölpreis und die Anhäufung von Schulden finanziert. Chávez' Herrschaft war auch eng mit Korruption, Vetternwirtschaft und der Einschüchterung von Presse und politischen Gegnern verbunden.

Als Chávez 2013 an Krebs starb, sank der Ölpreis, während die Kredite bedient werden mussten. Unter Nicolas Maduro, seinem weniger charismatischen Nachfolger, verarmte Venezuela und erlebte einen sozialen Zusammenbruch — ein Prozess, den die venezolanische Regierung auf US-Sanktionen zurückführte, dessen Wurzeln aber im eigenen Land lagen.[297] 2018 lebten über 80 Prozent der venezolanischen Haushalte in Armut, Millionen von Menschen hatten das Land verlassen. Bei einem Besuch in Nordbrasilien im darauffolgenden Jahr begegnete ich häufig venezolanischen Flüchtlingen, die am Straßenrand bettelten. Es war ein tragisches und demütigendes Schicksal für die Bürgerinnen und Bürger eines Landes, das einst als einer der erfolgreichsten Staaten Lateinamerikas gegolten hatte.

Die katastrophale wirtschaftliche Bilanz Venezuelas unter Chávez und Maduro warf einen Schatten auf einen Großteil der lateinamerikanischen Linken. In seinem Wahlkampf ließ Bolsonaro keine Gelegenheit aus, Lula und seine Arbeiterpartei mit der Chávez-Katastrophe in Verbindung zu bringen. Doch nicht in Brasilien, sondern in Mexiko kam ein anderer Linkspopulist an die Macht. Andrés Manuel López Obrador, allgemein als AMLO bekannt, wurde im Dezember 2018 — einen Monat vor Bolsonaro — nach einem erdrutschartigen Wahlsieg, der ihm einen Vorsprung von 31 Prozentpunkten vor seinem nächsten Konkurrenten einbrachte, zum Präsidenten des Landes gewählt. In Mexiko wie auch in Brasilien wurde die Wahl eines charismatischen Populisten weithin als eine Ablehnung der Regierungselite des Landes gesehen.

Die Tatsache, dass sowohl Brasilien als auch Mexiko nun von populistischen Führern regiert wurden, hatte eine weitreichende regionale Bedeutung. Brasilien und Mexiko sind die beiden bevölkerungsreichsten Länder Lateinamerikas. Sie sind beide Mitglieder der G20-Gruppe der führenden Nationen und sehen sich gegenseitig als Rivalen, was die Führungsrolle in Lateinamerika angeht. Während Bolsonaro gegen «Kulturmarxisten» wettert, sind AMLOs auserkorene Feinde die «Neoliberalen». Bolsonaro war ein Armeeoffizier, während AMLO viele Jahre als Gemeindeorganisator tätig war. Aber trotz dieser Unterschiede haben die beiden Führer auch gewisse Gemeinsamkeiten. Beide gewannen die Macht vor dem Hintergrund einer weit verbreiteten Enttäuschung über Korruption,

Kriminalität und Gewalt. Beide sind Populisten, die eine direkte Verbindung zum Volk behaupten.[298] Beide sind Nationalisten und offen religiös.

Ein wichtiger Unterschied besteht darin, dass Bolsonaro sich damit zu begnügen scheint, die Verwaltung der Wirtschaft weitgehend an Professoren und Technokraten zu vergeben, während AMLO das Heft des Handelns persönlich in die Hand genommen hat, und zwar im Rahmen eines Kampfes gegen die Armut, der stark an Lula in Brasilien und Chávez in Venezuela erinnert. Zu den von AMLO gewählten Maßnahmen gehören ein Stipendienprogramm für Unterprivilegierte, eine Anhebung des Mindestlohns und die Streichung großer Infrastrukturprojekte, die er als verschwenderisch und korruptionsbehaftet ansieht. Ungewöhnlich für linke Populisten ist AMLO auch ein starker Verfechter der Kontrolle der öffentlichen Ausgaben.

Einige der ersten Amtshandlungen AMLOs zeigten die Ungeduld eines Populisten gegenüber unabhängigen Institutionen: Ein Richter des Obersten Gerichtshofs wurde aus dem Amt gedrängt, ebenso wie der Leiter von Mexikos Energieregulierer, der sich beschwert hatte, dass seine Behörde mit unqualifizierten Kumpanen des Präsidenten besetzt worden sei. Auch die Zahl der ohne Ausschreibung vergebenen Aufträge war ein unheilvolles Zeichen.[299] AMLOs Vorschlag, ein Referendum darüber abzuhalten, ob alle seine Vorgänger im Amt des Präsidenten wegen Korruption vor Gericht gestellt werden sollen, war eine Mischung aus Populismus und dem Drang eines *strongman*, seine politischen Gegner ins Gefängnis zu stecken.

Der mexikanische Präsident begann die meisten Arbeitstage mit einer Pressekonferenz um 7 Uhr morgens. Mit einer Castro-ähnlichen Vorliebe für den Klang seiner eigenen Stimme hielt AMLO oft zwei Stunden lang eine weitschweifende Rede, die häufig persönliche Angriffe auf Journalisten, Geschäftsleute oder Umweltschützer enthielt, die ihm missfallen hatten. Doch während die mexikanische Intelligenz über dieses tägliche Ritual mit den Augen rollte, genoss AMLO in der Bevölkerung insgesamt große Unterstützung. Die einfachen Mexikaner waren besonders davon beeindruckt, dass er sein eigenes Gehalt um die Hälfte gekürzt hatte. Ein Jahr nach seinem Amtsantritt waren seine Popularitätswerte hoch.

Doch AMLOs Reformen waren nicht von wirtschaftlichem Erfolg gekrönt. Im Jahr 2019, seinem ersten vollen Amtsjahr, wuchs die Wirtschaft so langsam wie seit einem Jahrzehnt nicht mehr. Man muss dem mexikanischen Präsidenten zugutehalten, dass er mit sehr ungünstigen Bedingungen konfrontiert war, darunter ein Handelskrieg mit den Vereinigten Staaten und ein abstürzender Ölpreis. Aber die Anzeichen waren bedrohlich.

Sowohl Mexiko als auch Brasilien befanden sich in einem geschwächten Zustand, als sie vom Coronavirus heimgesucht wurden. Getreu ihren populistischen Instinkten reagierten Bolsonaro und AMLO auf ähnliche Weise. Der brasilianische Staatschef behauptete, Covid-19 sei nicht viel mehr als ein Fall von Schnupfen. Der mexikanische Präsident schwenkte ein sechsblättriges Kleeblatt, das ihn angeblich vor dem Virus schützen würde. Außerdem riet er seinen Landsleuten, weiterhin auf Feste zu gehen und Restaurants zu besuchen. AMLOs Weigerung, die Pandemie ernst zu nehmen, bedeutete, dass er wenig unternahm, um Mexikos schwaches Gesundheitssystem zu stärken oder einen Ausgabenplan zur Ankurbelung der Wirtschaft aufzustellen.

Beide Länder gehörten bald zu den am stärksten von Covid-19 betroffenen Ländern der Welt. Ende 2020 hatte Brasilien nach den Vereinigten Staaten die zweithöchste Zahl von Todesfällen weltweit zu verzeichnen. Mexiko, das zehntbevölkerungsreichste Land der Welt, stand an dritter Stelle der weltweit registrierten Covid-19-Todesfälle. In beiden Ländern war es leicht, diese hohen Sterblichkeitsraten auf die Trump-ähnliche Sorglosigkeit ihrer politischen Führer zu schieben. Die anfängliche Meinung vieler Experten war, dass der schreckliche Tribut, den die Pandemie forderte, die Schwächen des Populismus aufzeigte und so die Macht von Machthabern wie Bolsonaro und AMLO schwächen würde. Ian Bremmer, Chef der Beratungsfirma Eurasia Group, schrieb im April 2020: «Welches große Land steht jetzt vor dem schlimmsten politischen Chaos der Welt? Welches Staatsoberhaupt befindet sich in den größten Schwierigkeiten? Vieles spricht für Brasilien und seinen Präsidenten.»[300] Ich selbst meldete mich in einer Kolumne mit der Überschrift «Jair Bolsonaros Populismus führt Brasilien in die Katastrophe» zu Wort.[301] Mitte 2020, als Covid-19 außer Kontrolle geraten war, gab es Spekulationen, dass Bolsonaro angeklagt werden könnte.

Aber die hohen Sterberaten in Brasilien und Mexiko beschädigten das politische Ansehen von Bolsonaro oder AMLO nicht unmittelbar. In Volkswirtschaften, in denen die Mehrheit der Bevölkerung nur über sehr geringe Ersparnisse verfügt, waren viele Menschen dankbar, dass sie von einem Lockdown verschont blieben. In Brasilien wurde Bolsonaros Popularität auch durch die Bargeld-Soforthilfe für die Armen gestärkt. Die langfristigen wirtschaftlichen, gesundheitlichen und sozialen Folgen der Pandemie werden sich über viele Jahre hinziehen. Die Ähnlichkeiten zwischen den ersten Reaktionen von Bolsonaro und AMLO zeigen jedoch, dass Rechts- und Linkspopulismus oft von denselben Instinkten getragen werden.

Die Reaktionen der mexikanischen und brasilianischen Regierungschefs auf die Wahlniederlage von Donald Trump waren ebenfalls aufschlussreich ähnlich. Bolsonaro hielt zu Trump, lange nachdem die meisten anderen Weggefährten die Realität der Niederlage des US-Präsidenten akzeptiert hatten. Am 7. Januar, dem Tag, nachdem ein Mob von Trump-Anhängern den US-Kongress gestürmt hatte, griff Bolsonaro deren Beschwerden über die US-Wahl auf und erklärte seinen Anhängern: «Es gab Leute, die zwei-, drei-, viermal abgestimmt haben. Tote Menschen haben gewählt. Jeder konnte machen, was er wollte. Niemand kann das leugnen.»[302] Für einige brasilianische Beobachter waren diese Äußerungen nicht nur unklug, sondern auch bedrohlich. Auch Bolsonaro-Anhänger haben häufig Behauptungen über Wahlbetrug in Brasilien aufgestellt und sich dabei auf arme Gebiete mit einem hohen Anteil an Schwarzen konzentriert. Da der brasilianische Präsident selbst 2022 zur Präsidentschaftswahl antritt, befürchteten einige, dass er sich wieder einmal darauf vorbereitete, das «Trump-Drehbuch» zu imitieren und auf Brasilien anzuwenden.

Bolsonaros Bestürzung über die Entfernung seines ideologischen Seelenverwandten aus dem Weißen Haus war vorhersehbar. AMLOs Zögern, Trumps Niederlage anzuerkennen, war eher überraschend. Als Mexikaner und Linker hatte AMLO keinen offensichtlichen Grund, Sympathie für einen Präsidenten zu empfinden, der mexikanische Migranten in den Vereinigten Staaten als Vergewaltiger und Kriminelle bezeichnet hatte. Als er zur Wahl antrat, hatte AMLO Trump tatsächlich einen Neofaschisten genannt. Doch als mexikanischer Regierungschef schloss er eine unwahrscheinliche Freundschaft mit dem Populisten aus dem Norden. Zum Teil war dies einfach pragmatisch. Alle mexikanischen Präsidenten sind gezwungen, mit dem US-Präsidenten auszukommen. Aber AMLO und Trump schienen auch etwas zu sehen, was sie aneinander mochten. Sie waren beide populistische Führer, die dem politischen und medialen Establishment ihrer Länder den Kampf angesagt hatten. Sie waren beide scharfe Kritiker des nordamerikanischen Freihandelsabkommens NAFTA — was zeigt, dass die populistische Rechte und die populistische Linke auch durch ein gemeinsames Misstrauen gegenüber dem Freihandel und liberaler Wirtschaftspolitik verbunden sind. Das erste Treffen der Präsidenten im Weißen Haus 2020, das auch AMLOs erste Auslandsreise nach 19 Monaten im Amt war, wurde von beiden Seiten als Erfolg gewertet.

Das Gefühl, dass es eine Verbindung zwischen AMLO und Trump gab, wurde dann durch die überraschende Reaktion des mexikanischen Präsidenten auf Trumps Wahlniederlage verstärkt. Sowohl Pragmatismus als auch Prinzipien hätten AMLO dazu veranlassen müssen, die Tatsache, dass Trump verloren hatte und Joe Biden der rechtmäßige nächste Präsident war, schnell anzuerkennen. Doch ebenso wie die Staats- und Regierungschefs Russlands und Brasiliens zögerte AMLO und beharrte auf Trumps Recht, das Wahlergebnis anzufechten. Die Reaktion des mexikanischen Präsidenten war wahrscheinlich auf seine eigene politische Vergangenheit zurückzuführen: AMLO hatte zweimal erfolglos kandidiert und 2006 nur knapp gegen Felipe Calderón verloren. Anstatt das Ergebnis zu akzeptieren, witterte er Betrug und organisierte Sitzstreiks auf dem zentralen Platz von Mexiko-Stadt. Seine Reaktion auf die Wahlniederlagen in den Jahren 2006 und 2012 ähnelte der Reaktion Trumps auf die Niederlage 2020.

Da die brasilianische und mexikanische Politik oft im Schatten der Entwicklungen in den Vereinigten Staaten stand, liegt die Vermutung nahe, dass Trumps Niederlage auch eine Verschiebung der ideologischen Gezeiten in den beiden größten Ländern Lateinamerikas vorwegnehmen könnte. Nach der US-Wahl war Bolsonaro international sicherlich stärker isoliert. Angesichts der hohen Zahl an Todesopfern durch Covid-19, des wirtschaftlichen Abschwungs und der Rückkehr Lulas auf die politische Bühne bereitete Bolsonaro eindeutig den Boden für eine Anfechtung des Ergebnisses der Präsidentschaftswahlen von 2022 vor, indem er im Stil Trumps Behauptungen über Wahlbetrug aufstellte. Die Gefahr besteht darin, dass die brasilianischen Institutionen, insbesondere die Armee, bei der Verteidigung von Demokratie und Rechtsstaatlichkeit nicht so stark sind wie ihre amerikanischen Pendants.

Andernorts in Lateinamerika könnte die populistische Flut noch steigen. AMLOs Amtszeit läuft bis 2024, und es gibt bereits Spekulationen, dass er nach dem Vorbild von Putin und Xi versuchen könnte, die Verfassung zu ändern, um eine noch längere Amtszeit zu ermöglichen. Der Personenkult um den mexikanischen Präsidenten und seine Dominanz auf der politischen Bühne wurde durch den Titel eines viel beachteten Buches über ihn auf den Punkt gebracht: «*El país de un solo hombre*» («Das Land eines einzigen Mannes»).[303]

In der Zwischenzeit zahlten mehrere lateinamerikanische Führer, die auf technokratische Expertise setzten, während der Pandemie einen hohen politischen Preis. Die südamerikanischen Länder, die bei der Durchsetzung von Lockdowns am strengsten waren, wurden oft von Präsidenten geführt, die an amerikanischen Eliteuniversitäten ausgebildet wurden, wie Chiles Sebastián Piñera (Harvard), Kolumbiens Iván Duque (Georgetown) und Perus Francisco Sagasti (Penn). Doch die Länder, die am stärksten auf Lockdowns setzten, wurden für ihre Umsicht kaum belohnt. Die wirtschaftlichen Schocks waren schlimmer als im laxeren Brasilien. In Peru war Ende 2020 die Hälfte der Stadtbevölkerung arbeitslos.[304] Unter diesen Umständen war es keine Überraschung, dass Pedro Castillo, ein Linkspopulist, dessen Partei Hugo Chávez gelobt hatte, 2021 die peruanischen Präsidentschaftswahlen gewann.[305] Mit Blick auf die bevorstehenden Wahlen auf dem gesamten Kontinent ist zu befürchten, dass es in den nächsten Jahren zu einem Anstieg der Siege populistischer Führer kommen könnte, sowohl von rechts als auch von links.

Wie wir gesehen haben, setzte Lateinamerika in den 1980er Jahren den Trend für die demokratische Welle, die Autokratien auf der ganzen Welt hinwegfegen sollte. Wenn andere Länder der Region nun Brasilien und Mexiko folgen und sich charismatischen, starken

Führern zuwenden, könnte der Effekt weit über Süd- und Mittelamerika hinaus zu spüren sein. Afrika, das in den 1990er Jahren ebenfalls eine Demokratiewelle erlebte, ist ein weiterer Kontinent, der erneut mit den Gefahren und Versuchungen der *strongman*-Politik ringt.

# 11

## ABIY AHMED

### DIE DESILLUSIONIERUNG VON DER DEMOKRATIE IN AFRIKA (2019)

Die Welt der Autokraten ist von einem wiederkehrenden Muster geprägt. Ein charismatischer neuer Anführer taucht irgendwo in der Welt auf. In den westlichen Medien wird er als liberaler Reformer gepriesen. Westliche Politiker und Institutionen melden sich mit ermutigenden Kommentaren und Hilfsangeboten zu Wort. Mit der Zeit kommen dann unangenehme Tatsachen ans Licht. Der liberale Reformer wird immer autoritärer. Ernüchterung macht sich breit.

Seit 2000 hat sich dieses Muster mit Putin, Erdoğan, Xi, Modi und Orbán wiederholt. Aber das Auftauchen von *strongmen* auf der ganzen Welt scheint den Drang des Westens, neue liberale Helden zu finden, die er umarmen kann, nicht gemäßigt zu haben. Im Gegenteil, es könnte die westlichen Meinungsbildner sogar noch eifriger gemacht haben, Verfechter der liberalen Demokratie in einer Welt zu finden, die immer stärker von Autokraten geprägt wird.

Von 2018 bis 2020 spielte sich der gesamte Zyklus — von der Begeisterung bis zur Verzweiflung — in der weltweiten Reaktion auf Abiy Ahmed ab, der im April 2018 Regierungschef Äthiopiens wurde, dem zweitbevölkerungsreichsten Land Afrikas. In seinen ersten 100 Tagen im Amt liberalisierte Abiy das politische System Äthiopiens: Er hob den Ausnahmezustand auf, ließ Tausende von politischen Gefangenen frei, lud Oppositionsgruppen zur Rückkehr aus dem Exil ein und förderte die Medienfreiheit. Zudem reiste er in die eritreische Hauptstadt Asmara und machte Zugeständnisse zur Beilegung eines langjährigen Territorialstreits. Aus der regierenden Äthiopischen Revolutionären Demokratischen Volksfront wurde die vorzeigbarere Wohlstandspartei.[306]

Ein Initiationsritus für neue Führungspersönlichkeiten, die sich auf der Weltbühne profilieren wollen, ist der Besuch des Weltwirtschaftsforums in Davos, wo ich im Januar 2019 aus einiger Entfernung beobachten konnte, wie der neue äthiopische Premierminister sein Debüt gab. Es war schwer, von diesem gutaussehenden, selbstbewussten 42jährigen mit seinen unverblümten liberalen Prinzipien nicht beeindruckt zu sein. Das Publikum brach in spontanen Applaus aus, als er verkündete, dass in Äthiopien keine Journalisten mehr im Gefängnis säßen und dass die Hälfte seines Kabinetts aus Frauen bestehe.

In seiner Rede in Davos wandte sich Abiy direkt gegen die Vorstellung, dass das *strongman*-Modell der Weg zur Entwicklung sei, und erklärte seinen Zuhörern: «Wir glauben, dass es nicht möglich ist, ein nachhaltiges Wachstum zu erzielen, ohne sich die Demokratie zu eigen zu machen. ... Für uns sind Demokratie und Entwicklung eng miteinander verknüpft.» Das war genau das, was die Zuhörer in Davos hören wollten, und die Fragen waren weich und gutgläubig. Borge Brende, der Moderator des Weltwirtschaftsforums, erklärte den Zuhörern, dass Abiy innerhalb weniger Monate nach seinem Amtsantritt seine Mitbürger dazu gebracht habe, ihre ethnischen Identitäten einer gemeinsamen äthiopischen Identität unterzuordnen. Er wandte sich an Abiy und fragte bewundernd: «Wie haben Sie das gemacht?» Abiy antwortete entwaffnend, dass es einfach sei, Frieden zu schließen: «Setzt euch mit den Menschen zusammen, legt die Egos beiseite.»[307]

Später im selben Jahr wurde Abiy Ahmed der Friedensnobelpreis verliehen — zweifellos zum Leidwesen Donald Trumps, der keinen Hehl daraus gemacht hatte, dass er sich für einen würdigen Preisträger hielt. In der Begründung wurde Abiy dafür gelobt, dass er Frieden mit Eritrea geschlossen habe. Auch seine demokratischen Reformen, die «vielen Bürgern Hoffnung auf ein besseres Leben geben», wurden hervorgehoben.

Einige erfahrene Beobachter Äthiopiens standen dem Phänomen Abiy jedoch von Anfang an skeptisch gegenüber. Bereits im September 2018 argumentierte Michela Wrong, dass Abiy keineswegs das Gegenmittel zum *strongman*-Modell sei, sondern nur ein weiterer *strongman* im Entstehen. «Er wird in übertriebener Weise mit Mahatma Gandhi, Nelson Mandela und Michail Gorbatschow verglichen», schrieb sie. «Die besseren Parallelen sind die zu populistischen Zeitgenossen wie Donald Trump, Wladimir Putin und Recep Tayyip Erdoğan, die mit chauvinistischen Appellen an den Nationalismus die innenpolitische Debatte verkürzen oder in einigen Fällen sogar verdrängen.»[308] Wrong war Abiys schriller äthiopischer Nationalismus aufgefallen und dessen Potenzial, regionale Konflikte wieder anzufachen.

Auf den ersten Blick ist Abiy aufgrund seines Hintergrunds geradezu prädestiniert, die ethnischen und religiösen Gräben seines Landes zu überbrücken: Seine Mutter war Christin und Amhara, sein Vater Muslim und Oromo. Er spricht sogar Tigrinya, die Sprache der Tigrayer, der ethnischen Gruppe, die viele Jahre lang die Regierung dominiert hatte, bevor Abiy an die Macht kam. Sein erklärtes Ziel als Premierminister war es, eine stärkere nationale Identität zu schaffen, indem er das alte Modell des ethnischen Föderalismus abschaffte.

Ethnische Spannungen schwelten bereits in den Jahren vor Abiys Amtsantritt, als es zu Massenprotesten der Oromo, der größten ethnischen Gruppe Äthiopiens, gegen die tigrayische Vorherrschaft in der nationalen Regierung kam. Nach seiner Ernennung zum Premierminister ließ Abiy viele prominente Tigrayer aus den Führungspositionen in der Armee, den Sicherheitskräften und der Regierung entfernen. Die Tigrayan People's Liberation Front verließ die Regierung, und führende Mitglieder der Volksfront kehrten in ihre Heimatregion zurück. Einige Oromo-Nationalisten gingen immer noch auf die Straße, um dagegen zu protestieren, dass Abiy nicht genug getan hatte, um das Gleichgewicht von Macht und Privilegien zu ihren Gunsten zu verändern. Aber es war seine Infragestellung der traditionellen Vorherrschaft der Tigrayer, die zum Krieg führte.

Ende 2020 beschuldigte Abiy die tigrayischen Führer, sich der zentralen Autorität zu widersetzen, indem sie in ihrer Heimatregion nicht genehmigte Wahlen abhielten. Die äthiopischen Streitkräfte unternahmen Luftangriffe und starteten eine Bodenoffensive, um die Rebellion der Tigrayer zu unterdrücken. Beide Seiten beschuldigten sich gegenseitig, Gräueltaten an der Zivilbevölkerung verübt zu haben. Bald waren 50000 Menschen aus der Gegend geflohen, 1,3 Millionen Menschen benötigten humanitäre Soforthilfe.[309]

In der neuen Atmosphäre von Krieg und Konflikten gab Abiy seinen politischen Liberalismus auf. Journalisten und Oppositionspolitiker wurden verhaftet, und es gab Berichte über die staatliche Anwendung von Folter. Nach nur drei Jahren an der Macht war Abiys Ruf als Verfechter liberaler Werte stark angeschlagen. Damit wiederholte sich ein weltweites Muster in der Welt der Autokraten. Aber es ist auch eine besonders vertraute Geschichte in Afrika, wo viele Führer, die nach der Entkolonialisierung als Helden der Befreiung gefeiert wurden, später zu autoritären Despoten wurden.

Lange vor dem Aufstieg von Putin, Xi, Modi und Trump haben viele afrikanische Länder bittere Erfahrungen mit der Herrschaft von *strongmen* gemacht. Ein Jahr bevor ich Abiy in Davos sprechen sah, hatte ich in Simbabwe die wirtschaftlichen Auswirkungen eines schiefgegangenen Autoritarismus erlebt. Der Grenzübertritt in ein Land, das fest unter der Fuchtel eines *strongman* steht, kann gleichzeitig angespannt und mühselig sein. So war es auch im Februar 2018 an der Grenze zwischen Simbabwe und Botswana. Während ein Grenzbeamter mit meinem Pass verschwand, hatte ich viel Zeit, um das große Porträt des neuen Präsidenten von Simbabwe, Emmerson Mnangagwa, an der Wand zu betrachten. Er war erst vor einigen Monaten als Nachfolger von Robert Mugabe vereidigt worden, der das Land seit der Unabhängigkeit 1980 regiert hatte.

Damals hofften noch einige, dass Mnangagwa Simbabwe aus der traurigen politischen und wirtschaftlichen Situation retten würde, die Mugabe hinterlassen hatte. Doch Mnangagwas Spitzname, «das Krokodil» — den er während seiner Zeit als Mugabes Geheimdienstchef und Verteidigungsminister erworben hatte —, deutete darauf hin, dass diese Hoffnungen vergeblich sein könnten. (Wie ein russischer Dissident einmal zu mir sagte, als es um ehemalige Mitglieder der Kommunistischen Partei der Sowjetunion ging, die sich als Demokraten ausgegeben hatten: «Niemand, der sein ganzes Leben lang ein Bastard war, kann auf einmal kein Bastard mehr sein.»)

Schließlich tauchte der Grenzbeamte wieder auf und gab mir mit einem leicht sardonischen Lächeln meinen Pass zurück. Ich stieg in mein Auto und bat den Fahrer, mich zu einer Bank zu bringen, damit ich etwas Bargeld abheben konnte. Er lachte und erwiderte: «Ich kann Sie zu einer Bank fahren, aber dort gibt es kein Geld.» Nach einer Zeit der Hyperinflation unter Mugabe war der simbabwische Dollar aus dem Verkehr gezogen worden. Stattdessen benutzten die Simbabwer ausländische Währungen, hauptsächlich US-Dollar und südafrikanische Rand, und es herrschte ein großer Geldmangel.

Sogar in Victoria Falls, einem wichtigen Touristenziel, war die örtliche Bank geschlossen, und eine Menge verzweifelt aussehender Menschen saß in der Nähe und hoffte, dass vielleicht doch noch etwas Bargeld eintreffen würde. Die einzige verfügbare lokale Währung waren riesige Scheine im Wert von etwa einer Milliarde Simbabwe-Dollar. Diese Relikte der Mugabe-Ära waren nun wertlose Kuriositäten und wurden von Straßenhändlern für einen US-Dollar pro Stück an Touristen verkauft.

Die ganze Szene erinnerte an die Gefahren der *strongman*-Herrschaft. Als Mugabe 1980 an die Macht kam, war er ein Held der Befreiung: ein ehemaliger Guerillakämpfer, der dazu beigetragen hatte, das Ende der weißen Minderheitsherrschaft in Rhodesien auszuhandeln. Als intelligenter und redegewandter Mann schien Mugabe die richtige Führungspersönlichkeit zu sein, um sein Land in eine wohlhabendere, demokratische und gleichberechtigte Zukunft zu führen. Simbabwe selbst schien mit seiner gut ausgebildeten Bevölkerung und seinem florierenden Agrarsektor gut aufgestellt, um in dieser neuen Ära zu aufzublühen.

Doch die Realität sah leider anders aus. Nur wenige Jahre nach seiner Machtübernahme hatte Mugabe eine brutale Kampagne gegen seine politischen Gegner und deren Anhänger gestartet. Eine von Nordkorea ausgebildete Armeeeinheit — die berüchtigte «Fünfte Brigade» — wurde in der Region Matabeleland losgelassen und war für Massaker und Menschenrechtsverletzungen verantwortlich. In den folgenden Jahrzehnten wurde Mugabes Herrschaft zum Synonym für Despotismus, Korruption und wirtschaftliche Zerstörung.

Mnangagwa, Mugabes ehemaliger Helfer, hat es nicht geschafft, diese traurige Tradition zu durchbrechen. Anfänglich gab es vorsichtige Hoffnungen, dass er seinem Land einen Neuanfang ermöglichen könnte. Im April 2018 wurde der neue simbabwische Staatschef beim Commonwealth-Gipfeltreffen in London willkommen geheißen, wo er ein herzliches Treffen mit Boris Johnson, dem damaligen britischen Außenminister, hatte. Doch nur wenige Monate später schossen simbabwische Sicherheitskräfte in der Hauptstadt Harare auf Demonstranten. Nach weiteren blutigen Repressionen verhängte Großbritannien 2019 Sanktionen gegen Mitglieder des inneren Kreises des simbabwischen Führers.[310]

Der Befreiungsheld, der sich in einen despotischen Machthaber verwandelt, ist eine nur allzu bekannte Figur in der Geschichte des postkolonialen Afrikas. Dazu gehören Mobutu Sese Seko in der Demokratischen Republik Kongo, Felix Houphouët-Boigny in der Elfenbeinküste, Hastings Banda in Malawi und Isaias Afwerki in Eritrea.[311] Doch nicht alle afrikanischen Befreiungshelden folgten diesem düsteren Muster. In Südafrika durchbrach Nelson Mandela mit seiner Entlassung aus dem Gefängnis, seiner außergewöhnlichen Großzügigkeit gegenüber seinen ehemaligen Unterdrückern und seinem Aufstieg zum Präsidenten des Post-Apartheid-Südafrikas das Klischee des Befreiungsführers, der die Macht nie ganz abgeben konnte und sich in einen Despoten verwandelte. Im Gegensatz zu Mugabe oder Mobutu zog sich Mandela friedlich aus dem Amt zurück und trat 1999 für seinen ehemaligen Kollegen vom African National Congress, Thabo Mbeki, zurück. Das Südafrika nach der Apartheid wurde nun zu einem Magneten für verzweifelte Simbabwer, die vor Mugabe flohen.

Doch auch in Südafrika haben sich die Dinge zum Schlechten gewendet. Die Präsidentschaft von Jacob Zuma von 2009 bis 2018 war mit massiver Korruption, wirtschaftlicher Stagnation und Sorgen vor einer «Vereinnahmung» beziehungsweise «Übernahme des Staates», ja sogar Staatsversagen verbunden. Zumas riesiges Anwesen in der Nähe der östlich gelegenen Stadt Nkandla, das mit staatlichen Mitteln gebaut wurde, umfasste ein Amphitheater, einen Swimmingpool, Stallungen und ein Empfangszentrum.[312] Als diese palastartige Erweiterung seines Wohnsitzes ans Licht gebracht wurde, wurde der Pool als «Feuerlöschbecken» verteidigt, aus dem die Rettungsdienste Wasser schöpfen würden. All dies wurde in der südafrikanischen Presse und von der politischen Opposition aufgedeckt, scharf kritisiert und parodiert. Aber die freie Presse und die staatlichen Institutionen Südafrikas waren zu schwach, um die Plünderung der Staatskassen zu stoppen, bis Zuma 2018 schließlich aus dem Amt gedrängt wurde.

Der Schaden, den er hinterließ, war beträchtlich: Führende Unternehmen wie Eskom, das staatliche Elektrizitätswerk, waren praktisch bankrott. Als ich Cyril Ramaphosa, Zumas Nachfolger, 2019 auf einer Konferenz in London interviewte, meinte der neue Präsident, dass die Korruption der Zuma-Jahre Südafrika umgerechnet 10 Prozent des Bruttoinlandproduktes gekostet haben könnte. «Sie war viel größer, als man sich vorstellen konnte», klagte er; die Kosten «belaufen sich auf weit über 500 Milliarden Rand» — 34 Milliarden Dollar.[313]

2021 wurde Zuma schließlich angeklagt und wegen Missachtung des Gerichts zu einer 15monatigen Haftstrafe verurteilt, weil er sich geweigert hatte, an einer richterlichen Untersuchung der Korruption während seiner Amtszeit teilzunehmen. Dies war der Beweis dafür, dass die Rechtsstaatlichkeit in Südafrika noch funktioniert und dass die Institutionen des Landes in der Lage sind, sich gegen die Herrschaft eines *strongman* zu wehren. Doch Südafrika zahlte einen hohen Preis. Von Zumas politischen Verbündeten ermutigt, gingen Randalierer und Plünderer auf die Straße. Angesichts einer Arbeitslosenquote von 32 Prozent im Land brauchten viele Menschen wenig Ermutigung, um sich an Plünderungen und Diebstählen zu beteiligen. In einer Woche schwerer Unruhen wurden über 30 Menschen getötet.

Die südafrikanischen Ausschreitungen erinnerten daran, wie schwierig es ist, die Demokratie in Ländern aufrechtzuerhalten, die unter großer Armut und Ungleichheit leiden. Doch trotz des Versagens gewählter Präsidenten wie Mugabe und Zuma schätzen die Afrikanerinnen und Afrikaner im Allgemeinen die Demokratie. In einer Umfrage des Forschungsnetzwerks Afrobarometer, die 2019 in 34 Ländern durchgeführt wurde, bezeichneten mehr als zwei Drittel der Befragten die Demokratie als die beste Regierungsform. Doch wie auch im Westen ist das Vertrauen in die Demokratie geschwunden. Rund die Hälfte der von Afrobarometer Befragten gab an, mit der Demokratie «unzufrieden» zu sein, während es 20 Jahre zuvor noch ein Viertel war.[314]

Die Tatsache, dass Befreiungshelden ihre Länder in den Despotismus führen konnten und dass demokratisch gewählte Präsidenten die Staatsfinanzen geplündert haben, hat einige Afrikaner und Beobachter von außen dazu veranlasst, das Modell des *strongman* zu überdenken. In einigen Ländern wurden starke Führer mit der Wiederherstellung des Friedens und einer raschen wirtschaftlichen Entwicklung in Verbindung gebracht. Die beiden am häufigsten genannten Beispiele sind Paul Kagame in Ruanda und Meles Zenawi, Äthiopiens Regierungschef von 1995 bis zu seinem Tod 2012, sechs Jahre bevor Abiy Ahmed an die Macht kam.

Kagame ist wohl der bekannteste Autokrat Afrikas. Obwohl er seinem Land seit fast drei Jahrzehnten als Präsident oder faktischer Führer vorsteht, hat er eine große Gruppe ausländischer Bewunderer gewonnen. Für Bill Clinton zählt er zu den «größten Führungspersönlichkeiten unserer Zeit». Tony Blair nannte ihn einen «Visionär». Der frühere UN-Generalsekretär Ban Ki-moon bezeichnete Ruanda als Vorbild für andere afrikanische Staaten, dem sie nacheifern sollten.[315]

Auf den ersten Blick ist es schwer, das Ausmaß von Kagames Erfolgen zu leugnen. Unter seiner Führung lag das Wirtschaftswachstum im Durchschnitt bei 8 Prozent pro Jahr. Kagames Kritiker haben behauptet, dass die Wachstumszahlen künstlich in die Höhe getrieben wurden. Aber auch andere, leichter überprüfbare Entwicklungsindikatoren sind gestiegen. Die Lebenserwartung liegt bei etwa 69 Jahren und damit auf dem Niveau von Botswana, der größten Erfolgsgeschichte der afrikanischen Länder südlich der Sahara. Geschäftsleute schätzen Ruanda als einen Ort zum Arbeiten und Investieren.[316]

Kagames Anhänger sind besonders beeindruckt von dem Sinn für Ordnung, der das Land angesichts seiner schrecklichen Geschichte des Völkermords durchdringt. 1994 wurden bis zu eine Million Tutsi und gemäßigte Hutu von extremistischen Mitgliedern der Hutu-Mehrheit zu Tode gehackt. Kagame, der 2000 offiziell Präsident wurde, machte die Überwindung der ethnischen Gräben in Ruanda zum zentralen Thema seiner Amtsführung. Obwohl sein Regime von Tutsi dominiert wird, missbilligt er öffentlich ethnische Unterschiede, und in der ruandischen Nationalhymne heißt es nun: «Unsere gemeinsame Kultur identifiziert uns/unsere gemeinsame Sprache eint uns.» Kagame hat angemerkt, dass seine eigene DNA zeigt, dass Hutu-Blut durch seine Adern fließt.[317]

In Kagames Ruanda sind die Dörfer mit sorgfältig gepflanzten Blumenrabatten geschmückt, und die Einwohner werden aufgefordert, Schuhe zu tragen. Vor der Covid-19-Pandemie florierte der Tourismus. Kagame hat auch einige der offensichtlichen Selbstgefälligkeiten eines *strongman* vermieden. Er achtet darauf, dass der Personenkult nicht zu offensichtlich wird, und als Mann des Militärs, der zum Technokraten wurde, genießt er international den Ruf, das Regieren sehr ernst zu nehmen.

Diese Fortschritte haben jedoch einen Preis: die politische Freiheit. Kagame hat Ruanda fest im Griff: 2017 erhielt er 98,7 Prozent der Stimmen, und die Verfassung wurde geändert, damit er bis 2034 an der Macht bleiben kann. Noch unheimlicher ist die Tatsache, dass Dissidenten und Oppositionelle oft unter merkwürdigen Umständen zu Tode gekommen sind, wie beispielsweise Ruandas ehemaliger Spionagechef Patrick Karegeya, der 2013 mit Drogen vollgepumpt und erdrosselt in einem südafrikanischen Hotelzimmer aufgefunden wurde. Als er zu Karegeyas Tod befragt wurde, wies Kagame jede Verantwortung zurück, erklärte aber: «Ich wünschte wirklich, Ruanda hätte es getan. Ich wünsche es mir wirklich.»[318] In einer kürzlich erschienenen Biografie des Präsidenten wird ihm die Schuld an der Ermordung von Karegeya zugeschrieben, und es wird behauptet, dass der ruandische Führer auch mit einer Reihe von Morden an Regimekritikern im In- und Ausland in Verbindung stehe.[319]

Human Rights Watch berichtete, dass der ruandische Exiljournalist Charles Ingabire nach zahlreichen Drohungen und einem gescheiterten ersten Anschlag ermordet wurde.[320] Kagames Kritiker wurden auch gerichtlich verfolgt. Im September 2020 wurde der international bekannte Geschäftsmann Paul Rusesabagina, der während des Völkermords mehr als 1000 Ruander gerettet hatte — eine Geschichte, die in dem Film *Hotel Ruanda* erzählt wird —, verhaftet und angeklagt, «Gründer, Anführer, Sponsor und Mitglied von gewalttätigen, bewaffneten, extremistischen Terrorgruppen ... zu sein, die von verschiedenen Orten in der Region und im Ausland aus operieren».[321]

Viele Jahre lang waren Kagames westliche Unterstützer bereit, über all dies weitgehend hinwegzusehen. Bill Clinton, der noch immer unter der Untätigkeit seiner Regierung während des Völkermords in Ruanda leidet, sagte: «Ich denke, ich lasse einer Regierung, die so viele Fortschritte macht wie diese, mehr durch als anderen.» In der Tat haben die Vereinigten Staaten Kagame oft in Schutz genommen, indem sie beispielsweise auf die Ablösung eines Anklägers des Internationalen Strafgerichtshofs für Ruanda gedrängt haben, der angefangen hatte, Kagame mit brutalen Tutsi-Repressalien gegen Hutu-Flüchtlinge in Verbindung zu bringen.[322] Samantha Power, die von der Regierung Biden zur Leiterin von USAID ernannt wurde, ist ebenfalls eine bekannte Bewunderin von Kagame.

Der ruandische Führer ist nicht das einzige Beispiel für einen «Entwicklungsautoritarismus», der vom Westen unterstützt wird. Eine ähnliche Dynamik spielte sich in Äthiopien vor der Zeit von Abiy Ahmed ab. Von 1995 bis 2012 stand das ostafrikanische Land unter der strengen Kontrolle von Premierminister Meles Zenawi. Seine repressiven Instinkte wurden oft mit seiner wirtschaftlichen Entwicklung und seinem technokratischen Regierungsansatz entschuldigt:

Er gab der westlichen Presse gelehrte Interviews zu allen möglichen Themen, von der Privatisierung der Telekommunikation bis hin zur Vermarktung von Rohstoffen. Niemand konnte daran zweifeln, dass Zenawi eine Vision hatte, als er die Zukunft Äthiopiens skizzierte und plante, die einheimische Industrie zu fördern, ähnlich wie es die «asiatischen Tiger» in Südkorea und Taiwan getan hatten.[323]

Wie in Ruandas Fall waren auch Äthiopiens Wachstumszahlen beeindruckend. Von 2002 bis 2012 wuchs das BIP um mehr als 10 Prozent und damit doppelt so schnell wie der Durchschnitt der anderen Länder südlich der Sahara. Unter Zenawi sank die extreme Armut um 15 Prozent. 15000 Dorfkliniken wurden gebaut, und das rudimentäre Straßennetz Äthiopiens erfuhr sichtbare Verbesserungen. Die Lebenserwartung soll um erstaunliche 25 Jahre gestiegen sein, von 40 auf etwa 65 Jahre.[324]

Zenawis Fähigkeit, Politik auf eine Art und Weise zu vermitteln, die westliche Beobachter bezauberte, war nur ein Teil seiner Anziehungskraft. Indem er Äthiopien stabilisierte und eine US-freundliche Politik verfolgte, diente Zenawi auch den größeren strategischen Zielen des Westens. Andererseits haben die Größe Äthiopiens, sein Wirtschaftswachstum und seine strategische Lage am Horn von Afrika auch beträchtliche chinesische Investitionen und diplomatische Aufmerksamkeit angezogen. Peking finanzierte den Bau eines neuen Hauptquartiers für die Afrikanische Union, das 2012 in der äthiopischen Hauptstadt Addis Abeba eröffnet wurde. Aber Zenawi blieb auch auf der Seite Washingtons, erlaubte den Vereinigten Staaten die Stationierung von Drohnen in Äthiopien und kooperierte bei gemeinsamen Anti-Terror-Übungen in Somalia.

Ähnlich wie Kagame präsentierte sich Zenawi als das akzeptable Gesichts eine *strongman*. Die Nationale Sicherheitsberaterin von Präsident Obama, Susan Rice, sprach nach seinem Tod im Jahr 2012 von seinem «Weltklasse-Verstand» und erklärte: «Er war nicht nur brillant. Er war nicht nur ein unerbittlicher Verhandlungsführer und ein hervorragender Debattierer. Er war nicht nur ein wissensdurstiger Konsument. Er war ungewöhnlich weise.»[325]

Aber wie in Ruanda war Unterdrückung die andere Seite der Medaille. Bei den Wahlen von 2010, zwei Jahre vor seinem Tod, erreichte Zenawi einen absurden Stimmenanteil von 99,6 Prozent. Fünf Jahre zuvor wurden bei den Wahlen rund 200 Demonstranten von Sicherheitskräften erschossen. Lehrergewerkschaften und Menschenrechtsorganisationen wurden aufgelöst, Oppositionsparteien verboten. Zenawi sorgte auch für die fortgesetzte politische Dominanz der Tigrayer, die etwa 6 Prozent der Bevölkerung ausmachen. Obwohl er auf eine Art ethnischen Föderalismus setzte, um Äthiopien zusammenzuhalten, gab es keinen Zweifel daran, welche Gruppe an der Spitze stand.[326] Vielleicht war das Bewusstsein über die unbequemen Kompromisse, die der Westen mit der Umarmung Zenawis einging, ein Grund für den ekstatischen Empfang des liberaler scheinenden Abiy Ahmed.

Wenn selbst in den wohlhabenden und mächtigen Vereinigten Staaten identitätsbasierte Politik zu einer so starken Kraft geworden ist, dass sie die seit langem etablierten demokratischen Strukturen des Landes bedroht, ist es vielleicht nicht verwunderlich, dass afrikanische Länder wie Äthiopien, Ruanda und Simbabwe — allesamt Länder mit starken ethnischen Spaltungen, die zu Kriegen geführt haben — damit ringen, pluralistische Demokratien zu errichten. In Peking wird einem gesagt, dass nur naive Amerikaner und Europäer glauben, die liberale Demokratie sei das geeignete System für Afrika, wo die Armut endemisch und die staatlichen Strukturen schwach sind. In China herrscht die düstere Ansicht, dass die meisten afrikanischen Länder eine Art *strongman* brauchen, um ihre Nationen zusammenzuhalten. Sie müssen einfach hoffen, dass sie einen Kagame oder einen Zenawi bekommen und nicht einen Mugabe oder einen Zuma.

Nach den meisten Maßstäben hat die Demokratie auf dem gesamten Kontinent in den vergangenen zehn Jahren einen sanften Niedergang erlebt — eine Entwicklung, die Nic Cheeseman von der Universität Birmingham eher als «demokratische Schwierigkeiten denn als demokratischen Zusammenbruch» bezeichnet.[327] In den 1990er Jahren, nach dem Ende des Kalten Krieges, bewegten sich viele afrikanische Nationen in Richtung Demokratie, und die Zahl der Länder, die als Demokratien gezählt werden, stieg. Doch mit dem wachsenden Einfluss Chinas weht der ideologische Wind auf dem Kontinent aus einer anderen Richtung. 2007 belief sich der Wert des chinesischen Handels mit Afrika auf rund 148 Milliarden Dollar. Die Vereinigten Staaten kamen auf 39 Milliarden Dollar. Aus offensichtlichen Gründen hat Peking kein Interesse daran, Entwicklungshilfe oder Handel von demokratischer Regierungsführung abhängig zu machen, so dass der Druck für politische Reformen geringer geworden ist. In einigen Fällen hat China sogar seine autokratischen Freunde aktiv geschützt, indem es beispielsweise Einfluss auf den Internationalen Strafgerichtshof nahm, von einer Strafverfolgung des Sudanesen Omar al-Bashir abzusehen.[328]

China unterstützt nicht nur Diktatoren, sondern gibt ihnen auch Werkzeuge an die Hand, um ihre Macht zu festigen. Seit Jahren lädt die Kommunistische Partei Chinas afrikanische Politikerinnen und Politiker zu ihren eigenen Ausbildungsprogrammen ein. Während ein Teil des Lehrplans harmlos erscheint, wie beispielsweise Seminare über die traditionelle chinesische Kultur und über wirtschaftliche Entwicklungsstrategien, ist vieles davon bedenklich. Den Teilnehmern wird beigebracht, Propaganda für ihre Zwecke zu betreiben, die Opposition zu steuern und abweichende Meinungen zu überwachen. Hochrangige ANC-Funktionäre aus Südafrika, darunter 56 Mitglieder der Parteiführung, haben zwischen 2008 und 2012 an diesen Programmen teilgenommen. Äthiopische Verwaltungsbeamte entsenden sogar schon seit 1994 Delegationen nach Peking.[329]

Sogar neuere Staaten wie der Südsudan sind in den Bannkreis von China gezogen worden, das Tausende von Stipendien an seine Studentinnen und Studenten vergeben hat. Die Auswirkungen auf die politische Kultur könnten ausgesprochen illiberal sein. «In zehn Jahren wird einer von ihnen Regierungschef des Südsudan sein», sagte Samson Wasara, der Rektor der südsudanesischen Universität Bahr el Ghazal. «Wenn du nach China gehst, werden sie mit dir nicht über Demokratie sprechen.»[330]

China hat auch mit Technologie geholfen. 2014 stellte das chinesische Telekommunikationsunternehmen ZTE Äthiopien die Infrastruktur zur Verfügung, um die Kommunikation seiner Bürgerinnen und Bürger anzuzapfen. In Tansania erklärte der stellvertretende Minister für Verkehr und Kommunikation, Edwin Ngonyani, 2007 auf einer von der chinesischen Cyberspace-Verwaltung mitorganisierten Veranstaltung: «Unsere chinesischen Freunde haben es geschafft, solche Medien [Internetseiten wie Google] in ihrem Land zu blockieren und sie durch ihre einheimischen Seiten zu ersetzen, die sicher, konstruktiv und beliebt sind. Wir sind noch nicht so weit, aber solange wir diese Plattformen noch nutzen, sollten wir uns vor ihrem Missbrauch hüten.»

Nirgendwo ist Chinas Export totalitärer Technologie offensichtlicher als in Simbabwe. 2018 beschloss das Land, mit Hilfe des Technologieunternehmens CloudWalk aus Guangzhou Gesichtserkennungssysteme in seinen Städten und öffentlichen Verkehrsknotenpunkten zu installieren. Obwohl es sich angeblich um eine Initiative zur Verbrechensbekämpfung handelt, sind Aktivisten besorgt. Der simbabwische Journalist Garikai Dzoma prophezeit, dass «afrikanische Autokraten sie zweifellos nutzen werden, um ihre politische Position zu stärken, indem sie Gegner verfolgen». Die

Pläne Simbabwes könnten wiederum Chinas ohnehin schon außergewöhnliche Überwachungskapazitäten stärken. Das System von CloudWalk wird es China ermöglichen, seine eigene Gesichtserkennungsdatenbank zu erweitern, indem es Gesichter mit nicht-chinesischen Merkmalen integriert.[331]

Chinas Bereitschaft, Simbabwe finanziell zu unterstützen, macht es Mnangagwa viel leichter, dem westlichen Druck, für politische Liberalisierung zu sorgen, zu widerstehen. Während seiner Amtszeit begannen die Arbeiten an einem neuen sechsstöckigen Parlamentsgebäude in Harare, wobei China die Kosten von 140 Millionen Dollar trägt.[332] Wie lohnend solche Ausgaben für Peking sind, wurde deutlich, als Simbabwe zusammen mit 15 anderen afrikanischen Ländern ein Schreiben an den UN-Menschenrechtsrat unterzeichnete, in dem Peking für seine «bemerkenswerten Leistungen im Bereich der Menschenrechte» gelobt wurde; die Internierungslager für Uighuren wurden derweil als «Berufs- und Ausbildungszentren» bezeichnet.[333]

Auch andere autoritäre Staaten ebnen den afrikanischen Machthabern den Weg. Während Länder wie die Vereinigten Staaten oft ein Auge zudrücken, wenn es um die Missetaten von Verbündeten geht, verzichtet Russland auf jeden Anschein von Besorgnis. Als Guineas Präsident Alpha Conde erklärte, er wolle eine verfassungswidrige dritte Amtszeit anstreben, bemerkte der russische Botschafter des Landes: «Verfassungen sind kein Dogma, keine Bibel und kein Koran. Verfassungen passen sich der Realität an, und nicht umgekehrt.»[334] Russland ist, ähnlich wie China, auch direkt an der Stützung von Diktaturen beteiligt. In der Zentralafrikanischen Republik wurde ein russischer Staatsbürger sogar zum Nationalen Sicherheitsberater ernannt.

In der Ära Trump hat Amerikas eigene Unterstützung für die Demokratie in Afrika deutlich nachgelassen. Als im Januar 2019 in der Demokratischen Republik Kongo Wahlen stattfanden, verurteilte

Washington den massiven Betrug nicht, der Felix Tshisekedi zum Präsidenten machte. Stattdessen billigte die US-Regierung das Ergebnis voll und ganz. Mvemba Phezo Dizolele vom Thinktank Center for Strategic and International Studies bezeichnete diesen Schritt als entmutigende Kehrtwende: «Die Vereinigten Staaten haben viel dafür getan, dass der Kongo in Sachen regelmäßiger Wahlen dorthin gelangt ist, wo er jetzt steht, aber dann haben die USA in letzter Minute nichts mehr damit zu tun haben wollen.»[335]

Die Biden-Regierung signalisierte schon früh, dass sie zu einem traditionelleren amerikanischen Ansatz zurückkehren wollte. Kurz nach der Vereidigung von Präsident Biden äußerte Jake Sullivan, der neue Nationale Sicherheitsberater, sein Unbehagen über den von Abiy Ahmed entfesselten Konflikt und warnte vor dem «Risiko von Gewalt gegen Zivilisten, einschließlich möglicher Kriegsverbrechen, bei den Kämpfen um Mekelle in Äthiopien».[336] Abiy ließ sich weder von der amerikanischen Kritik noch von der drohenden Hungersnot in Tigray beirren und führte seinen Krieg weiter. Im Juli 2021 errang er einen erdrutschartigen Sieg bei den Parlamentswahlen, die die Vereinigten Staaten als «stark beeinträchtigt» bezeichneten.

Doch da China nach wie vor der mit Abstand größte Investor in Äthiopien ist, lässt sich die Kritik aus Washington relativ leicht unter den Teppich kehren. Nicht nur die Amerikaner oder die Chinesen hatten Grund, die Ereignisse in Äthiopien mit großem Interesse zu verfolgen. Es ist Europa, das vom Erfolg oder Misserfolg der afrikanischen Regierungen am unmittelbarsten betroffen sein dürfte. Der Grund dafür ist der außergewöhnliche Bevölkerungsboom auf dem afrikanischen Kontinent. Prognosen der Vereinten Nationen und anderer Organisationen gehen davon aus, dass sich die Bevölkerung Afrikas zwischen 2020 und 2050 verdoppeln wird, da der Kontinent um weitere 1,2 Milliarden Menschen wächst.[337]

Die Kombination aus Armut, Klimawandel und schlechter Regierungsführung — plus geographische Nähe — führt dazu, dass viele junge Afrikanerinnen und Afrika in der Hoffnung auf ein besseres Leben nach Europa gehen. Von 2015 bis 2017 beantragten rund eine halbe Million Afrikaner dort Asyl. Viele von ihnen stammten aus despotischen Ländern wie Äthiopiens Nachbarland Eritrea, wo Machthaber Isaias Afwerki eine unbefristete Militärdienstpflicht für junge Männer eingeführt hat.

Dieser Migrationsdruck auf Europa wird in den kommenden Jahrzehnten wahrscheinlich noch zunehmen. Und wie wir gesehen haben, ist die Angst vor den kulturellen und ökologischen Auswirkungen der Migration vielleicht die stärkste Kraft, die den populistischen Nationalismus auf dem europäischen Kontinent antreibt. Überzeugende Antworten auf diese Ängste zu finden, könnte das dringendste Problem sein, dem sich die europäischen Liberalen in den kommenden Jahren gegenübersehen.

# 12

## ANGELA MERKEL, EMMANUEL MACRON UND EUROPAS KAMPF GEGEN DIE AUTOKRATEN

In der Welt der Autokraten suchen liberale Internationalisten allenthalben nach Verteidigern der Demokratie — nach Spitzenpolitikern, die in der Lage sind, die Flut des populistischen Nationalismus abzuwehren. Eine Reihe an Persönlichkeiten wurde bereits als Fürsprecher liberaler Werte gefeiert, darunter die neuseeländische Premierministerin Jacinda Ardern und der kanadische Premierminister Justin Trudeau. Doch während der Trump-Präsidentschaft richtete sich die Aufmerksamkeit besonders auf die Spitzen der mächtigsten Staaten der Europäischen Union: Deutschlands Bundeskanzlerin Angela Merkel und Frankreichs Staatspräsidenten Emmanuel Macron.

Das französische politische Establishment wirkte nach dem Zwillingsschock von Brexit und US-Präsidentschaftswahl im Jahr 2016 äußerst verwundbar. Amtsinhaber François Hollande war derart unbeliebt, dass er 2017 gar nicht erst erneut für die Präsidentschaft kandidierte. In den 18 Monaten vor der Wahl war Frankreich von den schlimmsten Terroranschlägen seiner Geschichte getroffen worden. In Paris starben bei mehreren gleichzeitig stattfindenden Anschlägen durch Islamisten im November 2015 131 Menschen. Im folgenden Sommer verloren in Nizza weitere 86 Menschen ihr Leben, als ein Terrorist einen Lastwagen am französischen Nationalfeiertag in eine versammelte Menge steuerte. Die Zeit schien reif für einen Wahlsieg der extremen Rechten.

Ohne Amtsinhaber Hollande als Mitbewerber wurde die Präsidentschaftswahl zwischen zwei Kandidaten ausgefochten, die das

System herausforderten. Der rechtsextreme Front National wurde von Marine Le Pen vertreten. Gegen sie trat in der zweiten und entscheidenden Wahlrunde Emmanuel Macron an, das junge Gesicht der neuen Partei En Marche.

Ich hatte Macron 2015 bei einem Frühstück in der französischen Botschaft in London getroffen, als er Frankreichs Wirtschaftsminister war — ein wirtschaftspolitisch Liberaler in Hollandes Mitte-Links-Regierung. Die das Treffen ausrichtenden Diplomaten bewunderten Macron ganz offensichtlich. Er kam aus ihrer Welt: ein europa- und marktfreundlicher ehemaliger Bankier, hochgebildet und imstande, ausführlich über schwer verständliche Themen zu sprechen (als Student hatte eine Abschlussarbeit über Hegel und Machiavelli geschrieben). Lässig zwischen dem Englischen und Französischen wechselnd skizzierte er bei Kaffee und Croissants seine Pläne für eine Liberalisierung der französischen Wirtschaft und versprach eine Senkung der Vermögenssteuer sowie Vergünstigungen für Unternehmer. Insgesamt machte der junge Minister einen fähigen und charismatischen, vielleicht etwas großspurigen Eindruck.

Während dieses Wahlkampfs konnte Macron durch seine Jugend — er war bei der Wahl 39 Jahre alt — und dadurch, dass er einer neuen Partei vorstand, Teile der gegen das Establishment gerichteten Wut für sich nutzen, die die Brexit-Abstimmung und die Trump-Wahl befeuert hatten. Macron stellte sich als Kandidat des radikalen Wandels dar. Ein Jahr vor der Wahl veröffentlichte er ein Buch mit dem Titel *Revolution*. Allerdings war Macron in vielerlei Hinsicht ein mustergültiges Produkt der französischen Elite: Er hatte die geschichtsträchtigsten und exklusivsten Universitäten des Landes besucht und war ein verlässlicher Bannerträger der Weltsicht des Establishments. Allerdings schien es zunächst, als würde er mit seiner Kandidatur ein allzu hochgestecktes Ziel verfolgen. Doch das Glück war auf seiner Seite. Noch Anfang 2017 war François Fillon,

Kandidat der französischen Rechten, Favorit für das Präsidentenamt gewesen. Doch er wurde durch einen Korruptionsskandal unerwartet zurückgeworfen. Nachdem Fillon in der ersten Runde ausgeschieden war, wurde Macron zum Kandidaten aller Gegner der extremen Rechten.

Viel stand bei der französischen Präsidentschaftswahl auf dem Spiel. Marine Le Pen drohte mit einem Austritt Frankreichs aus der europäischen Währungsunion und spielte sogar mit dem Gedanken an den Austritt aus der EU, als sie ein Referendum nach britischem Vorbild über den «Frexit» versprach. Das hätte allemal das Ende der Europäischen Union bedeuten können. Die EU konnte den Brexit verkraften, doch ein Frexit wäre etwas völlig anderes. Es waren französische Politiker und Denker gewesen, die in den 1950er Jahren mit der Europäischen Gemeinschaft für Kohle und Stahl den Vorläufer der Europäischen Union entwickelt hatten. Frankreich hatte sich in den 1980er Jahren vehement für die Einführung des Euro eingesetzt; ein Austritt hätte zum Zusammenbruch der gemeinsamen Währung führen können. Hätte Le Pen gewonnen, wäre das europäische Projekt in großer Gefahr gewesen. Wladimir Putin hätte dies ebenso sehr in die Karten gespielt wie Donald Trump, und auch viele Brexit-Verfechter im Vereinigten Königreich hätten sich bestärkt gefühlt.

In den Monaten vor der Wahl waren viele meiner französischen Freundinnen und Freunde spürbar nervös. Einige dachten sogar darüber nach, im Fall eines Wahlsiegs der extremen Rechten auszuwandern. Doch Le Pen lieferte einen desaströsen Auftritt bei der Fernsehdebatte ab (später erklärte sie diesen mit schweren Kopfschmerzen), woraufhin Macron den Wahlsieg ohne größere Schwierigkeiten einfuhr. Tatsächlich war seine Positionierung als Kandidat der Mitte eine wichtige Basis seines Erfolgs. Wie in Deutschland — und anders als in den Vereinigten Staaten — kämpft die äußerste

Rechte in Frankreich noch immer mit einem auf den Zweiten Weltkrieg zurückgehenden Stigma. Die zweite Wahlrunde im Mai 2017 gewann Macron mit 66,1 Prozent der Stimmen deutlich.

Die politischen und gesellschaftlichen Themen seines Präsidentschaftswahlkampfs von 2017 brachten Macron als soziale und ideologische Antithese der *strongman*-Politik in Stellung. Staats- und Regierungschefs wie Putin, Xi, Trump, Modi, Bolsonaro und Erdoğan waren allesamt Nationalisten; Macron war dagegen ein überzeugter «Globalist». Gegenüber seiner Biografin Sophie Pedder brachte er seine Perspektive so auf den Punkt: «Die neue politische Trennlinie verläuft zwischen denen, die Angst vor der Globalisierung haben, und denen, die darin eine Chance oder jedenfalls einen Rahmen für eine Politik sehen, die Fortschritt für alle herbeiführen will.»[338] Die Kernwählerschaft von En Marche bestand aus gebildeten Liberalen aus der Mittelschicht; ihre amerikanischen beziehungsweise britischen Pendants hatten Hillary Clinton gewählt oder für «*Remain*» gestimmt. Die weißen Wählerinnen und Wähler der Arbeiterschicht aus abgehängten Regionen Frankreichs, deren amerikanische und britische Entsprechungen Trump gewählt oder für «*Leave*» gestimmt hatten, bildeten das Fundament der Unterstützer von Marine Le Pen. Später stellten sie die Basis der Gelbwestenproteste, die Frankreich 2018 und 2019 erschütterten; Macrons Versuch, die Treibstoffsteuer zu erhöhen, hatte sie aufgebracht.

Für Macron war die Erhöhung der Benzin- und Dieselsteuer ein klimapolitischer Sachzwang. Während westliche *strongmen* wie Trump und Bolsonaro über den Klimawandel spötteln und Experten misstrauen, ist Macron ein Technokrat, der den Einsatz für das Pariser Klimaabkommens ins Zentrum seiner Politik gerückt hat. Den unter den neuen Autokraten verbreiteten nostalgischen Nationalismus weist Macron zurück, seine Politik ist resolut zukunftsorientiert. Wie er selbstbewusst erklärte: «Was unser Land braucht, ist die Wiederentdeckung von Begeisterung für die Zukunft, statt einer morbiden Faszination für eine zweifelhafte Vergangenheit.»[339]

Wenn Politik und Perspektive Macrons bereits eine Herausforderung für das Modell des *strongman* waren, galt dies umso mehr für die wichtigste politische Partnerin des französischen Staatspräsidenten in Europa: die deutsche Bundeskanzlerin Angela Merkel. Ihr abwägender, zurückhaltender Stil bildete einen harten Kontrast zum Machogehabe von Politikern wie Putin, Trump, Bolsonaro oder Erdoğan.

Während der US-Präsident in der protzigen Umgebung seiner eigenen Golfclubs und Wolkenkratzer schwelgte, lebte Merkel mit ihrem Ehemann in einer bescheidenen Wohnung im dritten Stock in Berlin-Mitte. An einem Sommertag im Jahr 2020 spazierte ich aus Neugierde ihre an der Spree gelegene, auf die Museumsinsel blickende Straße entlang. Die einzig sichtbaren Zeichen, dass ich vor der Wohnung der Kanzlerin stand, waren ein Polizeiwagen und ein kleiner Wachtposten vor dem schmucken Wohngebäude.

Nach der Trump-Wahl 2016 wurde Merkel von manchen Kommentatoren als wahre Anführerin der freien Welt gepriesen.[340] Ihre engen Vertrauten betonen, dass ihr dieses Lob peinlich war, doch entschied sich die deutsche Kanzlerin offenkundig dafür, zu einer Wortführerin traditioneller liberaler Werte zu werden. Als sie Donald Trump ihre Zusammenarbeit anbot, unterstrich sie demonstrativ, dass diese auf «Freiheit, Respekt vor dem Recht und der Würde des Menschen, unabhängig von der Herkunft» basieren müsse.

Merkel war in Ostdeutschland als Tochter eines evangelischen Pastors aufgewachsen. Sie war eine hervorragende Schülerin und gewann Preise für ihre Russischkenntnisse — Fähigkeiten, die für spätere Gespräche mit Wladimir Putin gelegen kamen (wenngleich der russische Präsident wegen seiner Tätigkeit als Spion in Ostdeutschland auch Deutsch spricht). 1954 geboren, erlebte sie den Fall der Berliner Mauer mit 35 Jahren. In dieser Nacht im November 1989 eilte sie nicht wie viele andere ans Brandenburger Tor, sondern ging zunächst in die Sauna und traf sich danach mit einem Freund auf ein Bier.[341] In der DDR hatte Merkel eine erfolgreiche wissenschaftliche Karriere begonnen und 1986 einen Doktortitel in Quantenchemie erworben. Aus der ostdeutschen Politik hielt sie sich heraus. Erst nach dem Ende des Kommunismus betrat sie die politische Bühne als Protegé von Helmut Kohl, dem Kanzler der deutschen Einheit. Nach ihrem innerparteilichen Aufstieg in der CDU wurde sie 2005 Bundeskanzlerin — als erste Ostdeutsche und erste Frau.

Als Europa 2015 von der Flüchtlingskrise getroffen wurde, war Merkel bereits die wichtigste politische Figur Europas. Sie hatte die Antwort der EU auf die Eurokrise geprägt und gesteuert, weswegen sie in Südeuropa als das Gesicht eines herzlosen deutschen Konservatismus geschmäht wurde. Doch niemand zweifelte an ihrem politischen Sachverstand. Der ehemalige Finanzminister der Vereinigten Staaten Tim Geithner bemerkte nach der Finanzkrise, dass ihm außer Merkel kein «rechenkundiger» Spitzenpolitiker begegnet sei.[342]

Es waren die Flüchtlingskrise und die Wahl Donald Trumps ein Jahr später, die aus Merkel eine Art Ikone der angeschlagenen westlichen Liberalen machten. Ihre Entscheidung, die Grenzen für die Millionen in Osteuropa angestauten Flüchtlinge nicht zu schließen, war für die Kanzlerin, berühmt für ihre abwartende Vorsicht, ein mutiger Schritt. Im entscheidenden Moment entschied sich Merkel, die Anwendung des Dubliner Übereinkommens auszusetzen, dem zufolge Flüchtlinge im ersten sicheren Staat, den sie erreichen, Asyl beantragen müssen. Mit dem Plazet der Kanzlerin konnten Flüchtlinge aus Syrien und anderen Staaten Ungarn verlassen und Deutschland betreten. Es war eine Entscheidung, die ihre Wurzeln in der deutschen Geschichte und Merkels eigener Biografie als hinter der Mauer aufgewachsener Frau hatte. Während Trump mit dem Slogan «*Build the Wall*» («Baut die Mauer») an die Macht gelangte, wurde Merkel für eine andere Formulierung berühmt: «Wir schaffen das» — als Antwort auf die Herausforderung, eine Million vorwiegend muslimischer Flüchtlinge in die deutsche Gesellschaft zu integrieren.

Während ihre Handlungen sie in den Augen von Liberalen zu einer Heldin werden ließen, wurde sie für viele Rechtspopulisten zu einer Übeltäterin. Für diese entwickelte sich die deutsche Kanzlerin zum Inbegriff eines abgehobenen «Globalismus»; man warf ihr vor, die Stabilität und Zukunft ihres Landes zu riskieren, nur um bei der liberalen Intelligenzija eine gute Figur zu machen. Nach den Terroranschlägen von 2015 und 2016 in Frankreich behauptete die populistische Rechte in den Vereinigten Staaten und Europa mit noch mehr Nachdruck, dass Merkels Naivität, massenweise aus dem syrischen Bürgerkrieg fliehende Muslime nach Europa zu lassen, geradezu kriminell gewesen sei.

Merkels ideologische Gegner hofften, sie würde für ihre Flüchtlingspolitik einen hohen politischen Preis zahlen. Vor der Bundestagswahl im September 2017 war die Stimmung bei Merkels Wahlkampfauftritten oftmals bedrohlich. Einer ihrer Vertrauten berichtete mir sorgenvoll davon, wie sie insbesondere in Ostdeutschland häufig derart laut ausgebuht worden sei, dass sie nicht mehr imstande war, sich Gehör zu verschaffen. Das Wahlergebnis war ein herber Rückschlag für die Kanzlerin. Die Union fiel um acht Punkte auf 33 Prozent. Um eine Regierung zu bilden, musste Merkel erneut mit der SPD koalieren, die ihrerseits ihr schlechtestes Wahlergebnis seit dem Zweiten Weltkrieg einfuhr.

Die Mitte in der deutschen Politik schrumpfte. Die größte Oppositionspartei war nunmehr die rechtspopulistische Alternative für Deutschland (AfD) — in den Worten des ehemaligen SPD-Chefs und deutschen Außenministers Sigmar Gabriel kaum mehr als Neonazis. In Wahrheit stellte sich die Sache etwas nuancierter, aber dennoch besorgniserregend dar. Die Partei war 2013 von konservativen deutschen Ökonomen gegründet worden, die sich über Deutschlands Rolle bei der Rettung Griechenlands in der Eurokrise ärgerten. Doch insbesondere nach der Flüchtlingskrise entwickelte sich die AfD zu einer gewöhnlicheren migrations- und ausländerfeindlichen Partei. Der radikale Flügel der Partei spielte bewusst mit Neonazi-Rhetorik. Dessen prominenter Vertreter Björn Höcke schimpfte über das Holocaust-Mahnmal in Berlin als «Denkmal der Schande» und forderte eine Neubewertung der deutschen Geschichte. Höcke wurden auch versteckte Anspielungen in seinen Reden an Formulierungen von Hitler und Goebbels vorgeworfen.[343] Trotz alledem erzielte die Partei in bestimmten Regionen insbesondere im Osten Deutschlands 25 Prozent der Stimmen.

Bei aller in Berlin zur Schau gestellten Gelassenheit wurde die innenpolitische ebenso wie die internationale Situation für das deutsche Establishment zusehends bedrohlicher. Der deutsche Inlandsgeheimdienst beobachtete die AfD, die er als mögliche Bedrohung der Demokratie einschätzte. Wie ein hochrangiger Regierungsbeamter es mir gegenüber formulierte: «Wenn die extreme Rechte bei 5 Prozent liegt, kann die Polizei sie im Blick behalten. Wenn sie in Ostdeutschland bei 25 Prozent liegt, ist sie die Polizei.»

Keine Stadt erlebte im 20. Jahrhundert sowohl tödliche Anziehungskraft als auch desaströse Konsequenzen autokratischer Herrschaft intensiver als Berlin. Als Hitler sich endlich in seinem Bunker umbrachte, lag seine Hauptstadt um ihn in Trümmern. Daher bleibt jede Form des Nationalismus der gegenwärtigen deutschen Elite höchst suspekt. Wie Thomas Bagger, ein deutscher Intellektueller und diplomatischer Berater von Bundespräsident Frank-Walter Steinmeier, es ausdrückte: «Frankreich und Großbritannien können immer auf den Nationalstaat zurückgreifen. Das ist für Deutschland weit schwieriger.»

In Baggers Augen hatte Deutschland nach 1989 eine Spielart von Francis Fukuyamas These vom «Ende der Geschichte» mit ihrem beruhigenden Glauben an den Triumph der liberalen Demokratie und des Internationalismus angenommen. Nach dem Fall der Mauer, so Bagger, «fühlten wir uns endlich einmal auf der richtigen Seite der Geschichte, und das fühlte sich sehr gut an». Ein nationalistischer Autokrat wie Wladimir Putin wurde mit einer gewissen Herablassung behandelt. Merkel betrachtete ihn als Figur des 19. Jahrhunderts, der es schwerfalle, mit den modernen Zeiten zurechtzukommen. Fest davon überzeugt, die Richtung der Weltbewegung und die Erfolgsformel für das 21. Jahrhundert zu kennen, meinten die deutschen Spitzenpolitikerinnen und -politiker in Baggers Worten, Politik bedeute wenig mehr als die «Verwaltung des Unausweichlichen».[344]

Zwischen 2014 und 2017 zwang eine Reihe schockierender Ereignisse Merkel und das deutsche Establishment dazu, diese Bequemlichkeit abzulegen. Der Konflikt in der Ukraine und die Annexion der Krim durch Putins Regierung signalisierte 2014 die Rückkehr Russlands als militärische Bedrohung. Wenn die Deutschen auch nicht die tiefsitzende Angst der Polen und Balten vor Russland teilten, konnte sie die Situation in der Ukraine gleichwohl nicht so unberührt lassen wie die Italiener oder Franzosen — schließlich war Berlin 1945 von russischen Truppen eingenommen worden.

Ein Schock folgte auf den nächsten: Nach der Annexion der Krim 2014 folgte ein Jahr später der Höhepunkt der Flüchtlingskrise, und 2016 war das Jahr des Brexit-Referendums und der Trump-Wahl. Die Zukunft der EU, des Fundaments der deutschen Außenpolitik, wurde infrage gestellt. Selbiges galt für die Unterstützung durch die Vereinigten Staaten, die traditionell Deutschlands Sicherheit garantierten. Während ehemalige amerikanische Präsidenten von Kennedy über Reagan bis zu Obama wichtige Reden in Berlin gehalten hatten, entschloss sich Trump dazu, seine erste große Rede auf europäischem

Boden in Polen zu halten. Seine Abneigung gegen Merkel hatte sowohl ideologische als auch persönliche Gründe. Ein hochrangiger Berater Trumps sagte mir: «Ich saß mit den beiden in einem Raum, und es ist wirklich übel. Sie ist wie eine Lehrerin und er wie ein Schulkind, das seine Hausaufgaben nicht gemacht hat.»

Mit Trump im Weißen Haus und Großbritannien auf dem Weg aus der Europäischen Union wurde die Wahl Emmanuel Macrons 2017 in Berlin mit Freude und Erleichterung aufgenommen. Es war eine starke Geste des neuen französischen Präsidenten, in der Nacht seines Wahlsieges mit der «Ode an die Freude» die europäische statt mit der «Marseillaise» die französische Hymne zu spielen: Dies demonstrierte eine klare Zurückweisung der weltweit aufkommenden nationalistischen Kräfte.

Macrons Wahlsieg war für Merkel ein Segen, aber auch eine Herausforderung. Während die große Wertschätzung der Europäischen Union seitens des neuen französischen Präsidenten von Deutschland begrüßt wurde, betrachtete Merkels Regierung seine konkreten Vorschläge skeptisch. Macron warb begeistert für die Aufnahme gemeinsamer europäischer Schulden und die Errichtung eines europäischen Finanzministeriums; beides hielt man in Berlin für wenig mehr als wohlklingende Versuche, die sparsamen Deutschen für die «verschwenderischen» Franzosen zahlen zu lassen.* Macrons Leidenschaft für «europäische Souveränität» und seine Diagnose, die NATO sei «hirntot», wurden von der Bundesregierung irritiert aufgenommen.[345] Diese betrachtete das transatlantische Bündnis weiterhin als entscheidend für die westliche Sicherheit. Bei einem Besuch in Berlin

* Dieser Verdacht wurde in anderen Staaten Nordeuropas geteilt. 2018 moderierte ich eine Debatte zwischen dem niederländischen Ministerpräsidenten Mark Rutte und Macrons Wirtschaftsminister Bruno Le Maire, bei der der Niederländer mehrfach darauf hinwies, dass Frankreich seit den 1970er Jahren keinen ausgeglichenen Haushalt mehr zustande gebracht hatte.

Ende 2019 traf ich auf deutsche Regierungsmitarbeiter, die über Macrons Neigung, aus der Hüfte zu schießen, erbost waren. Einer meinte sogar, Macron entwickle sich zu einer intellektuellen Version Trumps, indem er seine Politik aus dem Stand heraus gestalte und seine Beamten daran verzweifeln lasse, hinterherzukommen und die neuesten Ankündigungen ihres Chefs zu erklären.

Es bedurfte der Coronavirus-Pandemie, um die teils unterkühlte Beziehung zwischen Merkel und Macron zu erwärmen. Zu Beginn der Pandemie war Südeuropa am schwersten getroffen, insbesondere Italien und Spanien. Das anfängliche Zögern der Nordeuropäer, dem Süden großzügige Finanzhilfen zu gewähren, drohte eine weitere Solidaritätskrise in der EU hervorzurufen. Matteo Salvini, Bannerträger der italienischen Populisten, schimpfte, dass wieder einmal egoistische Deutsche leidende Italiener im Stich ließen. Manche Kommentatoren sagten sogar voraus, die Pandemie könne zum Zerfall der EU führen.

Angesichts derartiger Gefahren für das europäische Projekt ergriff Merkel das Heft des Handelns. Wie 2015 in der Flüchtlingskrise gab die Kanzlerin ihre gewohnte Vorsicht auf und legte eine kühne Geste an den Tag. Im März 2020 signalisierte Merkel Unterstützung für die — schon lange von Macron verfochtene — Idee einer gemeinsamen Kreditaufnahme der EU an den Finanzmärkten zur Finanzierung gemeinsamer Projekte. Verkauft wurde dies als einmalige Maßnahme im Kontext der Pandemiebewältigung. Doch auf die Details kam es weniger an als auf die Bedeutung der Geste. In Berlin, Paris und Brüssel war man sich einig, dass ein entscheidender Schritt getan worden war: Die gemeinsame Währung würde nunmehr von gemeinsamen Schulden gesichert werden. Langfristig erhoffte Macron sich die Entwicklung eines vertieften EU-Anleihenmarktes, der seinem Gegenstück in den Vereinigten Staaten als sichere Anlage für Investoren aus aller Welt Konkurrenz machen könnte. Das wiederum könnte es dem Euro ermöglichen, sich zu einer Alternative zum Dollar als wichtigste Reservewährung der Welt zu entwickeln. Da der Dollar Quelle eines so großen Teils der amerikanischen Macht ist, wäre die Internationalisierung des Euro ein großer Schritt auf dem Weg zu Macrons Ziel von «*Europe puissance*» — Europa als Weltmacht.

Als Merkel 2020 diese womöglich folgenschwere Entscheidung traf, näherte sie sich bereits dem Ende ihrer politischen Karriere. Sie war seit 15 Jahren im Amt, doch wollte sie im Gegensatz zu den *strongmen* der Welt nicht für immer an der Macht bleiben, sondern kündigte an, bei der Wahl 2021 nicht erneut zu kandidieren. Sie bestimmte selbst darüber, wann sie die politische Bühne verlassen würde, und erklärte ihren beabsichtigten Rückzug zu einem Zeitpunkt, als ihre Beliebtheitswerte erneut in rekordverdächtigen Höhen schwebten. Dank eines Abkommens mit der Türkei war es Merkel gelungen, den Zustrom an Flüchtlingen zu hemmen. Es war ein pragmatischer, etwas schmutziger Deal, der tatsächlich einige Einschränkungen der Bewegungsfreiheit, die von Orbán und seinen Gesinnungsgenossen gefordert worden waren, übernommen hatte, wenn auch ohne dies offen einzugestehen. Nichtsdestotrotz hatte das Krisengefühl in Deutschland nachgelassen und die radikale Rechte begonnen, sich mit internen Streitigkeiten zu beschäftigen. Die Niederlage Donald Trumps im November 2020 bedeutete auch, dass Merkel ihren Gegenspieler in Washington überlebt hatte.

Würde die Weltpolitik den Handlungskurven einfacher moralischer Lehrstücke folgen, wäre bei Merkels triumphalem Amtsabtritt die Zukunft der liberalen Demokratie in Europa gesichert und die autokratische Politik weltweit auf dem Rückzug. Doch die Realität ist unvermeidlich komplizierter. Merkel und andere europäische Spitzenpolitikerinnen und -politiker wissen genau, dass die Biden-Präsidentschaft in den Vereinigten Staaten nur ein Zwischenspiel sein könnte — bevor bei der Wahl 2024 Donald Trump oder eine ähnliche Figur an die Macht zurückkehrt. In der EU selbst haben Viktor Orbán und Jarosław Kaczyński illiberale, populistische Regierungen verankert, die einige der grundlegenden Bestandteile demokratischen Regierens wie unabhängige Gerichte und Medien untergraben.

In mancherlei Hinsicht kann Macron als erfolgreicher französischer Präsident gelten. Seine Forderung nach einer weitgehenden Vertiefung der europäischen Integration wurde letztlich mit einer positiven Antwort aus Berlin beschieden. Und obwohl ihm seine politischen Gegner im Inland vorwarfen, unnahbar und überheblich zu sein, waren seine Beliebtheitswerte konstant besser als die von François Hollande.

Auch konnte der französische Präsident im Inland größere politische und persönliche Skandale vermeiden. Doch wenig überraschend ist es ihm nicht gelungen, die Hoffnungen auf dynamischen Wandel und Erneuerung, die er 2017 geweckt hatte, zu erfüllen — oder die pessimistische Grundstimmung in Frankreich zu überwinden. Die Proteste der Gelbwesten und erneute Terroranschläge — wie die Enthauptung des Lehrers Samuel Paty durch Islamisten 2020 — stärkten das Unsicherheitsgefühl im Land. Eine Umfrage des Instituts Harris von April 2021 ergab, dass 84 Prozent der Franzosen der Aussage zustimmten, dass «die Gewalt in Frankreich Tag für Tag zunimmt», während 73 Prozent der Meinung waren, die französische Gesellschaft kollabiere, und 45 Prozent angaben, mit einem Bürgerkrieg in naher Zukunft zu rechnen.[346]

Macron und seinem Stab war völlig klar, dass viele der gesellschaftlichen und wirtschaftlichen Umstände, die den Aufstieg der populistischen Rechten in anderen westlichen Staaten befeuert hatten, auch in Frankreich tief verwurzelt sind. Es war ein aufrichtiger Moment in einem Interview mit der BBC, als der französische Staatspräsident eingestand, dass ein Referendum über den Verbleib seines Landes in der EU «wahrscheinlich» eine Mehrheit für einen Austritt ergeben hätte.[347] Das Land leidet unter hoher Arbeitslosigkeit und Deindustrialisierung. Jahrzehnte der Migration haben die demographische Struktur verändert und dazu geführt, dass in Frankreich heute die größte muslimische Bevölkerung aller EU-Mitgliedstaaten lebt. Die Verschwörungstheorie, der zufolge eine globalistische Elite plant, den Westen mit nicht-weißen Einwanderern zu überfluten, erfreut sich in Frankreich großer Beliebtheit. Das Buch *Le Grand Remplacement* von Renaud Camus, in dem der angebliche Geheimplan erklärt wird, ist für weiße Nationalisten in westlichen Gesellschaften auf der ganzen Welt zu einem Grundlagenwerk geworden. Antidemokratische Gesinnungen brodeln in Frankreich nahe der Oberfläche. Ein Brief von pensionierten Generälen, der mit dem Gedanken an einen Militärputsch spielt, wurde 2021 von Le Pen gelobt; Umfragen ergaben, dass 49 Prozent der Bevölkerung der Auffassung waren, die Armee müsse in Frankreich intervenieren, um Recht und Sicherheit zu schützen.

Als Antwort auf die ständigen Angriffe der extremen Rechten bewegte Macron selbst sich nach rechts und positionierte sich als Frankreichs Vorkämpfer in einem Krieg gegen den radikalen Islam. Außenpolitisch geriet Frankreich unter Macron insbesondere wegen der Konflikte in Libyen und im östlichen Mittelmeer mit Erdoğans Türkei aneinander. Der französische Präsident, obwohl eigentlich ein entschiedener Verfechter des Menschenrechtsschutzes, zeichnete den autokratischen Herrscher Ägyptens, Abdel Fattah al-Sisi, in Form der Aufnahme in die Ehrenlegion mit dem höchsten Verdienstorden aus. Auch al-Sisi lag immer wieder mit Erdoğan im Streit, doch er ist insbesondere für die brutale Unterdrückung der Muslimbruderschaft verantwortlich.

Im Inland erließ Macrons Regierung neue Gesetze gegen den islamistischen «Separatismus» und für den Schutz säkularer und republikanischer Werte. Unter den Vorhaben fanden sich ein Verbot von «Jungfräulichkeitsbescheinigungen» für Frauen und die Untersagung von Geschlechtertrennung in öffentlichen Schwimmbädern. Bei Themen wie innere Sicherheit und gesellschaftlichen Werten legten einige der Minister Macrons eine von der der extremen Rechten schwer unterscheidbare Rhetorik an den Tag. Gerald Darmanin, ein Hardliner im Amt des Innenministers, beschrieb den Islamismus als «Trojanisches Pferd, in dem sich eine auf unsere Gesellschaft zielende Splitterbombe versteckt».[348] Während Macron im Wahlkampf 2022 nach rechts rückte, bewegte sich Le Pen nach links, indem sie Vorschläge abmilderte, die 2017 einige Wähler verschreckt hatten, so beispielsweise ihre Ablehnung des Euro und ihre Andeutungen eines Frexits.

Dennoch bleibt ein harter Kontrast zwischen Macron und Le Pen bestehen. Obwohl er den Islamismus verurteilte, übertrat Macron nicht die Grenze zu Migrations- und Flüchtlingsfeindlichkeit im Stil eines Orbán. Er blieb auch den Ideen einer Stärkung der EU sowie einer Reform (statt einer Rückabwicklung) der Globalisierung leidenschaftlich verbunden.

Der ideologische Gegensatz zwischen Le Pen und Macron ist für die Politik in der Welt der Autokraten charakteristisch. Wie Le Pen es ausdrückt: «Wir haben es nicht länger mit einer Spaltung zwischen links und rechts zu tun, sondern zwischen Nationalismus und Globalismus. Bei dieser Auseinandersetzung haben wir in einer Zeit, in der unsere Ideen — kontrollierte Einwanderung, ökonomischer Patriotismus, rationaler und vernünftiger Protektionismus — weltweit auf dem Vormarsch sind, hervorragende Aussichten, an die Macht zu kommen.»[349] Le Pen identifiziert sich mit einem internationalen Trend, der weltweit nationalistische *strongmen* hervorgebracht hat. Sie bedient sich derselben leicht zu zeichnenden Feindbilder, die bereits von Populisten wie Donald Trump benutzt worden sind: illegale Migranten, hochnäsige Eliten, «Fake-News-Medien» und wurzellose Globalisten.

Der weltweite Kampf der Ideen wird aber nicht nur von Politikerinnen und Politikern, sondern auch von Intellektuellen, Philanthropen und den von ihnen finanzierten Institutionen ausgetragen. Für viele autokratische Politiker steht einer ihrer Gegenspieler ganz besonders als Sinnbild für die globalistischen Kräfte, gegen die sie zu kämpfen behaupten: der milliardenschwere Finanzier und Philanthrop George Soros. Le Pen bezeichnete Soros als Frankreichs Feind und forderte: «Wir müssen die Freiheit unseres Landes von diesem Milliardär zurückerobern. … Er begeht Verbrechen gegen Nationalstaaten.»[350] Die herausragende Stellung, die George Soros in der Dämonologie nationalistischer Populisten einnimmt, erklärt vieles im Hinblick auf die ideologischen Kämpfe in der Welt der Autokraten — Auseinandersetzungen, die die Politik in Frankreich, Europa und der Welt für das kommende Jahrzehnt prägen werden.

# 13

## GEORGE SOROS UND STEVE BANNON

### DER KAMPF DER IDEEN

Autokratische Herrscher brauchen Feinde. Und weltweit haben viele nationalistische *strongmen* dasselbe Feindbild ausgewählt. Als milliardenschwerer jüdischer Philanthrop mit prononciert liberaler Weltsicht wurde George Soros zum Inbegriff des «Globalismus». Wie die Figur Emmanuel Goldstein in George Orwells Roman *1984* betrachtet man ihn als eine versteckte Macht, die hinter jedem Skandal und jeder Verschwörung gegen die einfachen Leute steckt.

2017 versuchte ich nachzuprüfen, mit welchen vermeintlichen Verbrechen und Verschwörungen Soros bereits verknüpft worden war. Ein paar Stunden der Recherche brachten hervor, dass der 87jährige innerhalb weniger Monate bezichtigt wurde, einen Chemiewaffenangriff in Syrien vorgetäuscht, Anti-Trump-Proteste in Washington finanziert, einen «Soros-Plan» zur Flutung Ungarns mit Flüchtlingen entwickelt, einen Regierungswechsel in Mazedonien erzwungen, den israelischen Ministerpräsidenten geschwächt und die Entlassung einiger wichtiger Berater im Weißen Haus bewirkt zu haben.

Ein paar Wochen später erhielt ich, nachdem ich eine Kolumne unter dem Titel «Soros-Hass ist eine globale Seuche» geschrieben hatte, eine unerwartete Einladung zum Abendessen mit Soros höchstpersönlich in seinem Haus im Zentrum Londons.[351] Es war ein angenehmes, wenn auch etwas kurioses Ereignis. Erstens wurde meine Kolumne weder in der Einladung noch während des Abendessens erwähnt. Seine Mitarbeiter sagten mir, er wolle über die Aussichten für die Demokratie in China sprechen. Dies war auch tatsächlich fast das einzige Thema unserer Unterhaltung. An einer Stelle fragte

Soros mich, wie lange es meiner Einschätzung nach dauern werde, bis der Kommunistischen Partei Chinas die Macht entgleiten würde. Die ehrliche Antwort ist, dass ich keinen Schimmer habe, doch ich wagte es, auf 30 Jahre zu tippen. «Wie schade», antwortete er, «ich hatte gehofft, diesen Moment noch mitzuerleben.»

Natürlich ist Soros in der Realität keineswegs der James-Bond-Bösewicht, als der er die Träume und Verschwörungstheorien der extremen Rechten heimsucht. Zwar schien seine geistige und aktivistische Energie ungetrübt, doch war er schwerhörig und etwas gebrechlich. Um seine Taubheit zu bekämpfen, trug Soros beim Abendessen Kopfhörer, und die Gäste sollten in ein Mikrofon sprechen. Nichtsdestotrotz erzählte er mir, er wolle am folgenden Morgen Tennis spielen. Am erstaunlichsten war, dass er die Schmähungen und Drohungen, die er aus aller Welt erhielt, unbekümmert und sogar leicht amüsiert zu betrachten schien.

In den Jahren seit unserem Abendessen hat sich die Mode, «Soros» hinter allem zu wittern, noch verstärkt. Von Präsident Trump wurde er beschuldigt, illegale Migration in die Vereinigten Staaten zu finanzieren; Trump-Anhänger warfen ihm vor, hinter den Impeachment-Verfahren und den «gestohlenen» Wahlen von 2020 zu stecken. Bei anderer Gelegenheit wurde er von politischen Verantwortungsträgern aus Malaysia, Polen, Rumänien, Brasilien und der Türkei angegriffen — alle behaupteten, der Milliardär und Philanthrop habe sich gegen sie verschworen.

In den 1990er Jahren entsprach es ganz dem Zeitgeist, dass Soros seine an den Finanzmärkten erworbenen Milliarden einsetzte, um den Übergang zur Demokratie im postkommunistischen Europa und andernorts zu finanzieren. Doch weht der politische Wind heute aus einer anderen Richtung: Liberale Ideen sind auf dem Rückzug. Für eine neue Generation von Nationalisten ist Soros der perfekte Bösewicht. Er ist ein Internationalist in einer Zeit des Nationalismus.

Er ist ein Verfechter individueller, nicht kollektiver Rechte. Er steht mit einem auf 8,6 Milliarden Dollar geschätzten Vermögen auf der Forbes-Liste der reichsten Amerikaner auf dem 56. Platz.[352] (Sein Vermögen wäre noch erheblich größer, hätte er seit 1984 nicht freiwillig 32 Milliarden Dollar verschenkt.)[353] Der Umstand, dass Soros jüdisch ist, spricht antisemitische Gefühle an; so fällt es leicht, ihm die Rolle des geheimnisvollen und manipulativen internationalen Finanziers zuzuweisen, die früher den Rothschilds vorbehalten war.

Soros' Einsatz für liberalen Individualismus und Minderheitenrechte ist das Ergebnis seiner erstaunlichen Lebensgeschichte. In den 1930er Jahren in Ungarn geboren, war er 13 Jahre alt, als die Nazis das Land überfielen. Sein Vater Tivador war Anwalt und Schriftsteller; er gab ein Literaturmagazin in der von Verfechtern einer Weltgemeinschaft geliebten internationalen Sprache Esperanto heraus. Als die Nazis 1944 kamen, rettete Georges Vater dessen Leben mit der vorausschauenden Entscheidung, seinen Sohn mit falschen Dokumenten auszustatten und aufs Land zu schicken. Dort lebte er bei einem Provinzbeamten als dessen vermeintliches Patenkind. In diesem Doppelleben wurde Soros von seinem Vormund sogar zu Außeneinsätzen mitgenommen, bei denen der Bestand konfiszierter jüdischer Gegenstände aufgenommen wurde — eine Episode, die später von seinen Gegnern genutzt wurde, um ihn als Nazi-Kollaborateur darzustellen.*

Als nach dem Krieg das Naziregime der sowjetischen Besatzung wich, schaffte Soros es nach London, wo er zunächst als Kellner arbeitete und anderen einfachen Tätigkeiten nachging, bevor er an der London School of Economics (LSE) zu studieren begann. Dort geriet er in den Bann von Karl Popper. Das Hauptwerk des in Österreich geborenen Philosophen, *Die offene Gesellschaft und ihre Feinde*,

* Ein solcher Vorwurf gegen ein untergetauchtes Kind ist absurd und geschmacklos.

eine entschiedene Verteidigung von Liberalismus und Demokratie, wurde unter dem Eindruck der über Zentraleuropa hereingebrochenen Tragödien verfasst. Später schrieb Soros über Poppers Werk: «Es traf mich mit der Wucht einer Offenbarung. … Ich hatte das, was Popper als geschlossene Gesellschaften bezeichnete, in denen die Durchsetzung des Dogmas eines Einparteienstaats zu Unterdrückung und Totalitarismus führt, unmittelbar erfahren.» Im Gegensatz dazu trat Popper für eine offene Gesellschaft ein, die «versucht, eine Regierung zu bilden, die es Menschen mit unterschiedlichen Interessen und Ideen ermöglicht, in Frieden zusammenzuleben».[354] Die von Toleranz, rationalem Skeptizismus und Empirismus geprägte Philosophie Poppers prägte Soros entscheidend. Seine gemeinnützige Stiftung trägt in Anlehnung an seinen intellektuellen Mentor den Namen Open Society Foundations.

Poppers Beharren auf der Fehlbarkeit des menschlichen Wissens prägte auch Soros' Herangehensweise in der Finanzwelt. Nach seinem Studienabschluss an der LSE trat Soros einige skurrile Stellen an, darunter als Ladengehilfe, bevor er 1953 von der Londoner Investmentbank Singer & Friedlander angestellt wurde. 1956 zog er dann in die Vereinigten Staaten, um an der Wall Street zu arbeiten, wo er 1970 seine eigene Firma Soros Fund Management gründete. Poppers Erkenntnisse auf die Finanzmärkte anwendend, hinterfragte Soros die verbreitete Idee, der zufolge Märkte rational seien. Er suchte nach Irrationalitäten im Marktverhalten und erwies sich als äußerst scharfsinniger Investor. In den 1980er Jahren war er Milliardär.

Als er sich seinem 50. Geburtstag näherte, machte Soros sich auf die Suche nach einem neuen Lebenssinn. Diesen fand er in einer Art politischer Philanthropie: er nutzte sein gewaltiges Vermögen dafür, die Anliegen von Liberalismus, Demokratie und offener Gesellschaft zu finanzieren. Frühe Zuschüsse gingen an schwarze Studenten während der Apartheid in Südafrika. Und als sich die kommunistische Welt in den 1980er Jahren schrittweise zu öffnen begann, suchte Soros nach Einfallstoren in den sowjetischen Block und nach China, hauptsächlich durch Investitionen in Bildung und Unterstützung zivilgesellschaftlicher Organisationen.

Nach dem Fall der Berliner Mauer war er mit seinem Geld, seiner lokalen Kenntnis und seiner Vision in der idealen Position, entstehende demokratische Institutionen zu stärken. 1991 gründete er die Central European University zunächst in Prag, bevor er sie in sein heimisches Ungarn überführte. Eine weitere typische Initiative war es, 100 Millionen Dollar aufzuwenden, um die Gehälter arbeitsloser sowjetischer Wissenschaftler zu bezahlen und dafür zu sorgen, dass wissenschaftliche Fachzeitschriften die ehemalige UdSSR erreichten. Rückblickend beobachtete Soros: «Die Geschichte war in den frühen Jahren auf unserer Seite. Dies war die Zeit, in der offene Gesellschaften sehr erfolgreich waren und an Boden gewannen.»[355]

Für Soros war der Begriff der «offenen Gesellschaft» eine «Abkürzung für eine Gesellschaft, in der statt eines einzelnen Individuums das Recht herrscht und in der es die Aufgabe des Staates ist, Menschenrechte und individuelle Freiheit zu schützen. Meiner persönlichen Ansicht nach sollte eine offene Gesellschaft denjenigen Menschen, die unter Diskriminierungen und sozialen Ausgrenzungen leiden, und allen, die sich nicht wehren können, eine besondere Aufmerksamkeit schenken.» Gleichzeitig blieb Soros ein scharfsinniger und einflussreicher Anleger auf den Finanzmärkten. 1992 erlangte er Berühmtheit als «der Mann, der die Bank of England sprengte», nachdem sein Hedgefonds in großem Maßstab gegen das britische Pfund spekuliert hatte; dies führte sogar dazu, dass Großbritannien am 16. September — dem Tag, der als «Schwarzer Mittwoch» bekannt wurde — aus dem Europäischen Wechselkursmechanismus aussteigen musste. Angeblich verdiente Soros eine Milliarde Dollar durch seine erfolgreiche Spekulation gegen das Pfund. Die britische Regierung unter John Major war gedemütigt und erlangte ihr altes Selbstvertrauen nie wieder völlig zurück.[356]

Soros' Rolle beim Schwarzen Mittwoch brachte ihm internationale Berühmtheit und trug wesentlich zu seinem Mythos bei. Zunächst schien das eine überwiegend positive Entwicklung zu sein. Seine neue Berühmtheit öffnete Soros und den Open Society Foundations viele Türen. In Großbritannien trafen die meisten Schuldzuweisungen die Regierung von John Major, nicht den Finanzier, der sich als klüger erwiesen hatte. Wenn überhaupt, wurde Soros wegen seiner Kühnheit und seines Verständnisses von Finanzspekulation bewundert.

Andernorts begannen Soros' Reichtum, globale Ausrichtung, politische Ansichten und jüdische Herkunft ihn in ein verdächtiges Licht zu rücken. Erstmals stieß ich auf eine Verschwörungstheorie über Soros, als Malaysias Premierminister Mahathir Mohamad während der Asienkrise 1997 den Investor beschuldigte, die Finanzen seines Landes zu ruinieren.[357] Dies schien jedoch nicht Vorbote eines globalen Trends zu sein. Schließlich war Soros bekanntermaßen ein Devisenhändler, berühmt für seine Rolle beim Schwarzen Mittwoch, während Mahathir bekanntermaßen ein Antisemit war.

Während der frühen 2000er Jahre jedoch begann Soros immer häufiger im Diskurs der amerikanischen Rechten aufzutauchen. 2007 wurde er auf Fox News als «Dr. Evil der riesigen Masse linker Stiftungen» angeprangert.[358] Die Wurzeln des Soros-Hasses in den Vereinigten Staaten gründen wohl in seiner Ablehnung des Irakkriegs und seinem Versuch, eine Wiederwahl von George W. Bush 2004 zu verhindern. Dass Soros liberale Anliegen wie Wählerregistrierungskampagnen für Minderheiten finanziell unterstützte, erzürnte die republikanische Rechte weiter, ebenso seine Unterstützung für internationale Institutionen wie die Vereinten Nationen.

Mit der Trump-Regierung gelangte auch Anti-Soros-Propaganda in den amerikanischen Mainstream. Der Präsident selbst erging sich genussvoll in der Verbreitung von Verschwörungserzählungen über Soros. Während der erbitterten Auseinandersetzung über die Nominierung von Brett Kavanaugh als Richter am Supreme Court im September 2018 twitterte Trump, dass die Anti-Kavanaugh-Demonstrierenden «bezahlte Profis» und ihre Schilder «von Soros und anderen bezahlt» seien.

Für die Nationalisten in der Regierung war Soros der Inbegriff des «Globalismus», den zu zerstören sie sich verpflichtet hatten. Verschiedentlich verknüpften sie ihre Feinde — innerhalb und außerhalb der Regierung — explizit mit George Soros. Als die nationalistischen Anhänger von «*America First*» sich sorgten, Trumps Nationaler Sicherheitsberater 2017–18, General H. R. McMaster, könnte das Weiße Haus von ihren Verbündeten säubern, setzten sie eine Webseite unter dem Namen «McMaster Leaks» auf; zu sehen war eine Karikatur, die McMaster zeigte, wie er von Puppenspielern unter den Namen «Soros» und «Rothschild» manipuliert wurde. Fiona Hill, die als Direktorin für europäische und russische Angelegenheiten in Trumps Nationalem Sicherheitsrat arbeitete, wurde vom langjährigen Freund und Berater des Präsidenten Roger Stone beschuldigt, ein «Soros-Maulwurf» zu sein, weil sie einmal mit Soros' Open Society Foundations zusammengearbeitet hatte. Bei ihrer Zeugenaussage im Kongress während des ersten Impeachment-Verfahrens gegen den Präsidenten im November 2019 verglich Hill die Angriffe gegen Soros mit den «Protokollen der Weisen von Zion», einer der langlebigsten antisemitischen Verschwörungstheorien der Geschichte: «Der Tropus gegen Herrn George Soros wurde in gleicher Weise aus politischen Motiven erfunden.» Weiter bezeichnete Hill die Vorwürfe als «absoluten Skandal».[359]

Wenig überraschend bezichtigten Trump-Anhänger Soros, das Impeachment-Verfahren gegen den Präsidenten eingefädelt zu haben. Rudy Giuliani, der als Anwalt des Präsidenten eine Schlüsselrolle darin einnahm, die ukrainische Regierung zu einer Ermittlung gegen Joe Bidens Familie zu drängen, erzählte dem Magazin *New York*, dass Soros den US-Botschafter in der Ukraine «kontrolliert»; dieser hatte sich geweigert, mit Giuliani zusammenzuarbeiten. Als man Giuliani darauf hinwies, dass er mit antisemitischen Verschwörungstheorien um sich warf, beschuldigte Giuliani Soros, anti-israelisch eingestellt zu sein, und ergänzte: «Soros ist wohl kaum ein Jude. Ich bin jüdischer als er. Wahrscheinlich weiß ich mehr über ... er geht nicht in die Kirche, nimmt nicht an der Religion teil ... Synagoge» (sic).[360]

Diese Entwicklung, den Finanzier als Herz einer globalistischen Verschwörung zur Unterwanderung der Nation zu betrachten, schwappte auch ins Vereinigte Königreich über. Dort nahm Trumps Freund Nigel Farage die Vorwürfe gegen Soros in seine politischen Reden auf und behauptete etwa, dass «Soros in vielerlei Hinsicht die größte Gefahr für die gesamte westliche Welt» sei und er die «Demokratie zu unterwandern und die demographische Struktur des europäischen Kontinents grundlegend zu verändern» versuche.[361] Vom Paten des britischen Euroskeptizismus griff die Anti-Soros-Rhetorik auf die regierenden Konservativen über, die sich für den Brexit starkmachten. Boris Johnsons Partei sah sich gezwungen, eine Ermittlung gegen ihre eigene Parlamentsabgeordnete Sally-Ann Hart einzuleiten, die ein Video geteilt hatte, in dem behauptet wurde, Soros kontrolliere die EU. Der brexitfreundliche *Daily Telegraph* druckte einen Artikel, der Soros beschuldigte, hinter einem «geheimen Plan zur Verhinderung des Brexit» zu stecken;[362] belegt wurde dieser Vorwurf mit einem Spendendinner, das Soros zur Unterstützung einer Kampagne für ein zweites Referendum in seinem Haus in London ausgerichtet hatte.

Häufig verteidigten sich Soros-Verschwörungstheoretiker in den Vereinigten Staaten und in Großbritannien gegen Antisemitismusvorwürfe mit demselben Argument wie Giuliani: Sie erklärten, Soros könne selbst nicht als Jude gelten, da er ein säkularer Atheist und Kritiker Israels sei. Einige der etwas begriffsstutzigen Mitglieder der Konservativen beziehungsweise der Republikanischen Partei mögen sich des historischen Ballasts ihrer Sprache nicht bewusst sein. Doch der zielgerichtete Einsatz von Antisemitismus in Anti-Soros-Kampagnen war schwieriger zu ignorieren, als er in Zentraleuropa — dem Kerngebiet des Holocausts — und insbesondere in Soros' Geburtsland Ungarn auftauchte. Bei den ungarischen Wahlen 2017 hatte Ministerpräsident Orbán das Land mit Plakaten gepflastert, die einen grinsenden Soros zeigten. «Lass nicht zu, dass Soros zuletzt lacht», war darauf zu lesen, in Anspielung an einen angeblichen Plan von Soros, das Land mit Flüchtlingen zu überfluten. Der Philanthrop wurde als wurzelloser Finanzier dämonisiert, der es darauf abgesehen habe, die ungarische Nation zu zerstören.

Bis zu einem gewissen Grad profitieren die gegen Soros gerichteten Kampagnen weltweit von einem Echokammer-Effekt, da rechte Gruppierungen allerorts dieselben Verschwörungstheorien aufgreifen. Doch haben einige Autokraten auch konkretere Gründe, die Open Society Foundations zu fürchten: Denn diese unterstützt zivilgesellschaftliche Organisationen im Bildungsbereich, freie Medien, Minderheitenrechte und Antikorruptionsinitiativen finanziell. Die russische Regierung war besonders erbost über Soros' Unterstützung für prodemokratische Kräfte bei der Rosenrevolution in Georgien 2004, die Moskau als Angriff auf seine dominante Stellung auf ehemals sowjetischem Gebiet betrachtete.[363] 2015 zwang die Putin-Regierung die Open Society Foundations dazu, Russland zu verlassen; man war nicht länger bereit, deren Unterstützung für Organisationen wie Memorial zu tolerieren, die Recherchen zum Sowjetterror und zu Stalins Gulags förderten.

Seine Aktivitäten machten Soros auch zu einem beliebten Ziel in Israel, wo der offensichtliche Antisemitismus der weltweit gegen ihn gerichteten Kampagnen für die Netanjahu-Regierung weniger eine Rolle spielte als seine Unterstützung für die Rechte der Palästinenser, liberale israelische Thinktanks und andere bei der israelischen Rechten unbeliebte Maßnahmen. Yair Netanjahu, Sohn des ehemaligen Ministerpräsidenten, beschimpfte Soros auf Twitter als «Nummer eins der anti-israelischen und anti-jüdischen Akteure der Welt».[364] Er verbreitete sogar eine Karikatur, die Soros zeigt, wie er die Weltkugel vor einer reptilienartigen Kreatur baumeln lässt — ein solches Bild würde sein Vater in einem anderen Kontext zweifellos als antisemitisch anprangern.

Verschwörungserzählungen über Soros versorgen Autokraten nicht bloß mit einem einfachen Sündenbock für billige Rhetorik. Mancherorts wurden sie als Mittel genutzt, um Individuen und Organisationen zu schikanieren, die einer aufkommenden Diktatur im Wege stehen. Das übelste Beispiel dafür ist womöglich die Verhaftung Osman Kavalas, eines liberalen türkischen Geschäftsmanns, der einmal Vorstandsmitglied der Open Society Foundations war. Die Erdoğan-Regierung ist für die Inhaftierung Kavalas verantwortlich, den Erdoğan selbst explizit beschuldigte, Teil einer von Soros geführten Verschwörung gegen den türkischen Staat zu sein. «Wer steht hinter ihm?», fragte Erdoğan rhetorisch. «Es ist der berühmte ungarische Jude George Soros. Dies ist ein Mann, der die Aufgabe hat, Nationen zu spalten und zu zerschmettern — er hat so viel Geld.»[365]

Offenbar sammelte er gern Gegner über den Westen, Russland und den Nahen Osten hinaus, denn in seinen späteren Jahren wandte Soros seine Aufmerksamkeit immer mehr China zu; er identifizierte das Land zutreffend als größte Gefahr für die Werte einer offenen Gesellschaft. Kurz nachdem ich ihn in London getroffen hatte, hielt er im Januar 2019 eine Rede in Davos, in der er seine Sorgen beschrieb: «China ist nicht der einzige autoritäre Staat der Welt, doch ist es zweifellos der reichste, stärkste und bei maschinellem Lernen sowie künstlicher Intelligenz fortgeschrittenste Staat. Dies macht Xi Jinping zum gefährlichsten Gegner für all jene, die an das Konzept einer offenen Gesellschaft glauben.»[366]

Soros hatte sich schon lange für China interessiert. Erstmals engagierte er sich dort in den 1980er Jahren, als er sich mit Ökonomen und politischen Entscheidungsträgern verbündete, die mit dem reformistischen Premierminister Zhao Ziyang verbunden waren; dieser verlor seine Position kurz vor dem Tiananmen-Massaker von 1989. Doch in der Zeit nach dem Massaker sah sich Soros zusehends aus dem Land gedrängt — ein Vorbote der Gegenreaktionen auf seine «politische Philanthropie», die in Russland, Ungarn und den Vereinigten Staaten folgen sollten.

Die gegen Soros gerichteten Herabwürdigungen haben eine Bedeutung, die über seine persönliche Lebensgeschichte oder seine Rolle als Feindbild der extremen Rechten weit hinausgeht. Sie sind Teil eines in bedrohlicher Weise an das Europa der 1930er Jahre erinnernden Rückschlags für den Liberalismus. In seiner einflussreichen Holocaust-Geschichtsschreibung beschreibt Saul Friedländer den Aufstieg des Nationalsozialismus und das Streben nach der Vernichtung der Juden als Teil einer «Krise des Liberalismus in Kontinentaleuropa». Er weist darauf hin, dass «in ganz Europa Juden mit dem Liberalismus und oftmals auch mit der revolutionären Spielart des Sozialismus identifiziert wurden». Die nationalistische Rechte reagierte darauf, indem sie «Juden als Repräsentanten der von ihnen bekämpften Weltanschauungen ins Visier nahm, und sie häufig als Anstifter und Träger dieser Weltanschauungen markierte». In Hitlers Worten «strebte der Jude danach, die Nationen zu zerstören, indem er rassische Verschmutzung verbreitete und staatliche Strukturen unterwanderte … So erreichte er den Zerfall des vitalen Kerns aller Nationen, in denen er lebte.»[367] Diese Gedanken ähneln in beunruhigender

Weise einigen der heute gegen Soros und vermeintliche «Globalisten» gerichteten Anschuldigungen.

Soros hat sich nie viel aus dem offenkundigen Antisemitismus gemacht, der hinter den Angriffen auf ihn steht; dasselbe gilt für Morddrohungen und -versuche, darunter eine Bombe, die in der Nähe seines Hauses in New York gefunden wurde. Manchmal jedoch gestand er ein, dass einige der ihm an den Kopf geworfenen Vorwürfe ihn «enorm verletzten».[368] Doch trifft sein Mitarbeiter Michael Vachon es wohl recht gut, wenn er sagt, dass Soros auch Stolz auf seine Feinde ist und «er sich daran weder erfreut noch Zeit darauf verschwendet».[369]

Natürlich ist Soros kein Heiliger; er kann launisch und privilegiert daherkommen. Und wenn Vertreter der reinen Lehre freier Märkte auch glauben, dass Finanzspekulation einem wertvollen Ziel dient – viele Ökonomen sehen es anders, und sogar Soros selbst äußerte Zweifel wegen der sozialen und ökonomischen Folgen der globalisierten Finanzmärkte, an denen er sein Vermögen erworben hat. Doch in der ersten Hälfte des 20. Jahrhunderts in ein Europa geboren, in dem die Demokratie zusammenbrach, hatte er das Glück, dem Totalitarismus zu entkommen und eine aktive Rolle bei der Rückkehr der Demokratie und der offenen Gesellschaften in Europa und darüber hinaus spielen zu können. Während Soros sich nun seinem Lebensende nähert, ist er selbst in den Fokus des Zorns politischer Kräfte des nationalistischen Autoritarismus und der *strongman*-Politik geraten, die er so viele Jahre bekämpft hat. Ideen, die einmal besiegt oder jedenfalls an den Rand der Politik gedrängt schienen, erleben in der Welt der Autokraten eine Wiederkehr.

*

In den 1930er und 1940er Jahren waren die Vereinigten Staaten ein Bollwerk der liberalen Demokratie und der offenen Gesellschaft.

Doch im 21. Jahrhundert ergriffen illiberale, nationalistische und antidemokratische Ideen die amerikanische Rechte und fanden aus den Vereinigten Staaten ihren Weg zurück nach Europa. Wie Soros weltweit für die Verbreitung des Liberalismus eintrat, exportierte auch Steve Bannon, Trumps Wahlkampfmanager von 2016, seinen ideologischen Kampf auf die andere Seite des Atlantiks. Bannon sieht sich — wie Soros — in einen internationalen Kampf der Ideen verwickelt, den es in Europa ebenso wie in den Vereinigten Staaten auszufechten gilt.

Mitte Mai 2019 wachte ich in einem Hotelzimmer in Berlin auf, griff nach meinem Handy und begann träge, meine E-Mails durchzuschauen. Die erste Nachricht, die mir angezeigt wurde, kam von einem unerwarteten Absender: Bannon. Er schrieb: «Großartige Analyse in der Zeitung heute! Über einen weitergehenden Austausch zur Perspektive westlicher Falken würde ich mich freuen.»

Die Kolumne in der *Financial Times*, auf die Bannon Bezug nahm, behandelte die China-Politik des Westens. Ich hatte argumentiert, dass sowohl die Vereinigten Staaten als auch China revisionistische Mächte seien. China wolle die Vereinigten Staaten als einflussreichste politische Macht beerben, doch müsse dafür die aktuelle globale Wirtschaftsordnung aufrechterhalten werden. Die Vereinigten Staaten seien entschlossen, die überragende politische Macht der Welt zu bleiben, doch um dies zu erreichen, hätten die «Falken» in der Trump-Regierung sich entschieden, das aktuelle globale Wirtschaftssystem auseinanderzunehmen. Ich nehme an, dass es die implizite Kritik am «Globalismus» war, die Bannons Aufmerksamkeit erregt hatte.[370]

Von einem oftmals als rassistisch oder gar faschistisch beschimpften Mann gelobt zu werden, war nicht gerade ein angenehmes Gefühl. Auch konnte ich mir nicht sicher sein, dass die Mail tatsächlich von Steve Bannon stammte. Dennoch: Ich war neugierig. Also antwortete ich höflich, dass ich mich freuen würde, Bannon zu treffen, wenn ich das nächste Mal in den Vereinigten Staaten sei; derzeit sei ich jedoch in Deutschland. Die Antwort folgte prompt. Es stellte sich heraus, dass Bannon auch in Deutschland war und in einem Zug in Richtung Berlin saß, nachdem er sich in der Provinz mit Vertretern der rechtspopulistischen Partei Alternative für Deutschland (AfD) getroffen hatte.

Wir arrangierten ein Treffen am Abend desselben Tages im Hotel Adlon. Ein Londoner Kollege, dem ich von dem kommenden Rendezvous berichtet hatte, zeigte sich wenig begeistert. «Hättest du auch Goebbels interviewt?», schrieb er. Die Lobby des Adlon schien ein guter Ort, über diese Frage nachzudenken. Als schickstes Hotel Berlins hatte es viele prominente Nazis beherbergt, darunter auch Goebbels selbst. Doch als Journalist war meine Antwort auf die Frage, dass ich zweifellos den Propagandaminister der Nazis hätte treffen wollen — oder sogar Hitler.

Nach wenigen Minuten kam Bannons Personenschützer (ein untersetzter, glatzköpfiger Brite) auf mich zu und brachte mich zu einer Suite im dritten Stockwerk des Hotels. Der Mann, der von Donald Trump «*sloppy Steve*» (auf Deutsch in etwa: «Schmuddel-Steve») getauft worden war, trug Jeans und ein T-Shirt und nippte an einem Glas Wasser. Sein Umgang war geschäftsmäßig, aber freundlich. Ich erzählte ihm, eine andere lobende E-Mail, die ich an diesem Morgen erhalten hatte, sei von Jeff Sachs, einem glühenden Kritiker der Trump-Regierung und Bewunderer Chinas gekommen. Bannon lachte: «Sie bedienen Ideologen aus allen Lagern.»

Wie seine E-Mail bereits angedeutet hatte, wollte Bannon lieber über China als über Kulturkämpfe oder weißen Nationalismus sprechen. Auf seinem Kaffeetisch lagen eine mit vielen Unterstreichungen versehene tagesaktuelle *Financial Times* sowie ein Buch mit dem Namen *Unrestricted Warfare: China's Master Plan to Destroy America*, das er mir dringend zur Lektüre empfahl.[371] Bannon beschäftigte sich — wie Soros — offensichtlich intensiv mit der von einem aufstrebenden China ausgehenden politischen und ideologischen Bedrohung.

In einer neuen Deutung der Geschehnisse argumentierte Bannon, vielleicht aus Rücksicht mir gegenüber, dass die zentralen Botschaften der erfolgreichen Wahlkampagne Trumps von 2016 «ökonomischer Nationalismus» und die Notwendigkeit einer Konfrontation mit China gewesen seien, nicht etwa Einwanderung oder weißer Nationalismus. Als ich ihn nach seiner Nähe zur deutschen radikalen Rechten befragte, behauptete er, die AfD gedrängt zu haben, weniger über Migration und mehr über ökonomischen Nationalismus zu sprechen — ein erstaunlicher Ratschlag angesichts des in Deutschland anders als in den Vereinigten Staaten satten Handelsüberschusses und der florierenden Industrie. Doch Bannon beharrte darauf, dass Deutschland die ökonomische Gefahr, die von China ausgehe, nicht verstanden habe. «Wenn die Deutschen nichts tun», behauptete er, «wird der Mittelstand in einem Jahrzehnt am Boden liegen.»

Nichtsdestotrotz distanzierte sich Bannon keineswegs von seinen «Kulturkriegen». Er rühmte sich, Co-Autor der «letzten interessanten Trump-Rede» gewesen zu sein, die er in Warschau als bewusste Geste für seine ideologischen Verbündeten in der polnischen Regierung gehalten hatte. In seiner Rede versuchte Trump sich an einer Neudefinition der Idee des Westens. Statt die Vereinigten Staaten und ihre Verbündeten als Verfechter der Freiheit und universeller Werte darzustellen, zeichnete er den Westen als «gegründet auf Bande der Kultur, Religion und Tradition» — Verbindungen also, die alles andere als universell waren. «Wir schreiben Sinfonien. Wir streben nach Innovation. Wir feiern unsere antiken Helden und sind stolz auf unsere zeitlosen Traditionen und Gebräuche», hatte Trump erklärt. Wie bei seiner Amtseinführung, wählte Trump auch in Warschau einen apokalyptischen Tonfall, als er behauptete: «Die entscheidende

Frage unserer Zeit ist, ob der Westen den Willen hat, zu überleben.»[372] Mir erschien es offensichtlich, dass Trumps und Bannons Versuche, die EU zu untergraben, letztlich den Westen in einer künftigen Auseinandersetzung mit China schwächen müssten. Doch Bannon widersprach: «Ich liebe Europa, aber nicht die EU. Für mich sind Leute wie Orbán, Farage und Salvini Helden. Die Vereinigten Staaten brauchen Europa — aber als Verbündeten, nicht als Protektorat.»

Eine Gefahr, der sich Orbán, Farage, Salvini und Trump allesamt gewidmet hatten, war die Masseneinwanderung, insbesondere aus der islamischen Welt. Diese betrachteten sie als Gefahr für «unsere zeitlosen Traditionen und Gebräuche». Wenn China als externer Feind gilt, so bin ich mir sicher, dass Bannon und Trump nichtweiße Immigranten als inneren Feind betrachten. Warum sonst hätte Bannon Tommy Robinson, einen rechtsextremen Antimigrations-Aktivisten aus Großbritannien, als «Rückgrat des Landes» bezeichnen sollen?[373] Auch Breitbart, das zeitweise von Bannon geleitete «Nachrichten»-Portal, hatte sich auf hetzerische Artikel über Migration und herkunftsbezogene Konflikte spezialisiert.

Nach unserem Treffen in Berlin verfolgte ich Bannons internationale Bewegungen und Verbindungen mit größerem Interesse. Einige Monate später tauchte er in Paris auf, wo er sich wohlwollend über die antielitäre Gelbwestenbewegung äußerte, während er sich selbst im Hotel Bristol einquartierte. (Sein Populismus hinderte ihn offensichtlich nicht daran, in den luxuriösesten Hotels zu übernachten.) Bei einem Besuch in Tokio wurde mir gesagt, dass Bannon kürzlich in der Stadt gewesen war, um sich mit einigen nationalistischen Hardlinern in Shinzo Abes Regierungspartei bekannt zu machen. In Brasilien erzählte man mir, Bannon stehe Bolsonaros intellektuellem Guru Olavo de Carvalho nahe. In Mailand hatte Bannon den Wahlerfolg der von Salvini geführten migrationsfeindlichen Lega gefeiert; Salvini selbst ist ein großer Bewunderer Wladimir Putins.

Anderswo hörte ich einen Bericht über ein langes Treffen, das Bannon mit Alexander Dugin, einem von Putin sehr geschätzten ideologischen Vordenker, in Rom gehabt hatte.[374] Dugin erschien als weitere allgegenwärtige Gestalt in diesem Netzwerk äußerst rechter Denker. Er hatte gute Verbindungen zu Konstantin Malofejew, einem russischen Nationalisten und Milliardär, den ich im Sommer 2019 in Moskau traf. Malofejew seinerseits stand Salvini und der Lega nahe. In Schanghai fand ich in demselben Jahr heraus, dass der mir gut bekannte chinesische Nationalist Eric Li den Russen Dugin als Gastwissenschaftler für das China-Institut der Fudan-Universität angeworben hatte.

All diese Verbindungen nachzuverfolgen war faszinierend und gab mir ein Gefühl dafür, wie Verschwörungstheorien entstehen. Es war verlockend, etwas grundlegend Unheilvolles in diesen transnationalen Verbindungen zwischen äußerst rechten und nationalistischen Denkern aller Couleur zu erblicken. Das allerdings sähe den Projektionen der Rechten auf die «globalistische» Linke nur allzu ähnlich. Anhänger der Rechten hatten bemerkt, dass Soros Projekte mit einer Vielzahl an Denkern finanziert hatte, die sie nicht ausstehen konnten. Manche dieser Personen haben möglicherweise für Tony Blair, Bill Clinton oder bedeutende Medien gearbeitet. X kannte Y, und beide wurden von Z finanziert – und ehe man sich versah, war eine große Verschwörung in Gange.

Mein Eindruck war, dass bei der globalistischen Linken wie bei der radikalen Rechten schlichtere und flatterhaftere Dynamiken in Gang waren. Menschen, die sich für nationalistische und antiliberale Ideen interessierten, fanden es spannend, einander kennenzulernen; sie tauschten Ideen aus, machten Geschäfte oder finanzierten sich sogar gegenseitig. Das heißt jedoch nicht, dass sie Teil eines organisierten Netzwerks wären, das eine globale Bewegung verbände. Tatsächlich vertreten viele dieser Denker inkompatible Positionen. Bannons

Hauptanliegen besteht darin, den Aufstieg Chinas zu blockieren und die Vereinigten Staaten als einzige Supermacht zu erhalten. Dugin hasst die Vereinigten Staaten und will eine besondere Beziehung zwischen Russland und China etablieren. Li ist zwar fasziniert von Trump, doch könnte er als chinesischer Nationalist schwerlich mit Bannons Ideen einverstanden sein.

Man kann es mit dem Einfluss dieser Leute auch übertreiben. Bannon wurde im August 2017 aus dem Weißen Haus geworfen. Viele Russlandexperten bezweifeln, dass Dugin von Putin wirklich ernst genommen wird, schließlich wurde er 2014 aus seinem Job an der staatlichen Moskauer Universität entlassen. Und während Eric Li wegen seines fließenden Englisch im Westen wohlbekannt ist, bleibt er in Chinas Machtelite eine Randfigur.

Nichtsdestotrotz waren und sind diese Personen von Bedeutung. Sie haben dabei geholfen, ein intellektuelles Fundament zu kreieren, auf das die *strongmen* aufbauen. Auch lieferten sie zentrale Gedanken, Argumente und Slogans, die den populistischen Nationalismus stützen. Und während es zwischen diesen Denkern eindeutige Unterschiede gibt, finden sich doch wiederkehrende Themen, die sie in ihrem Diskurs teilen. Entscheidend ist die ihnen gemeinsame Ablehnung von Liberalismus und «Globalismus». Viele von ihnen sind flammende Gegner sowohl des Feminismus als auch von LGBTQ+-Rechten; beides betrachten sie als «politisch korrekte» Angriffe auf die natürliche Ordnung. Ihr Hass ist verknüpft mit ihrer Bewunderung für den Nationalstaat. Universelle Werte werden abgelehnt, weil sie angeblich die Besonderheit partikularer Kulturen und Zivilisationen gefährde; ein Argument, das häufig in Rassismus und die Betonung ethnischer Reinheit abgleitet. Da der Erhalt einer bestimmten Zivilisation über allem steht, ist die Demokratie nur insofern von Wert, als sie diesem Ziel nützt. Sie kann und muss fallen gelassen werden, wenn sie die jeweilige Zivilisation und ihre

Werte nicht verteidigen kann. Nicht alle Vordenker der *strongman*-Politik vertreten all diese Ideen, aber dies sind die wiederkehrenden Themen, die auf unterschiedlichen Kontinenten auftauchen.

Mein Versuch, die vielen gegen den Liberalismus gerichteten Bewegungen zu verstehen, führte mich zu einem Mann, der Unter den Linden, nur wenige hundert Meter entfernt von meinem Treffpunkt mit Steve Bannon im Hotel Adlon, gelehrt hatte. Carl Schmitt war Mitglied der NSDAP und zwischen 1933 und 1945 an der Universität zu Berlin (der heutigen Humboldt-Universität) tätig. Er wird als «Kronjurist des Dritten Reichs» bezeichnet; nach der Niederlage der Nationalsozialisten galten seine Ideen als inakzeptabel. In den vergangenen Jahren jedoch flammte weltweit das Interesse an Schmitts Texten wieder auf. Chinesische Rechtswissenschaftler, russische Nationalisten, Denker der extremen Rechten in den Vereinigten Staaten und Europa stützen sich allesamt auf die Arbeiten des ersten Rechtstheoretikers Nazideutschlands. Diese rechten Denker haben viel intellektuelle Energie aufgewandt, um die Handlungen autokratischer Politiker wie Xi, Putin und Trump zu rechtfertigen.

Der Princeton-Professor und Populismusexperte Jan-Werner Müller beschreibt Schmitt als «genialsten Feind des Liberalismus im 20. Jahrhundert».[375] Trotz seiner Nazivergangenheit erlebten Schmitts Lehren in den vergangenen Jahren eine Rückkehr in den akademischen Mainstream. Wie Müller es formuliert: «Als ich Mitte der 1990er Jahre über Schmitt zu schreiben begann, hieß es, über ihn könne man nur als historische Figur schreiben — d.h. weil er ein Nazi war, könnte man ihn als Denker nicht ernst nehmen.» Seitdem wurde «sein Denken in vielerlei Hinsicht normalisiert». 2017 veröffentlichte Oxford University Press ein Buch unter dem Titel *The Oxford Handbook of Carl Schmitt*. Auf dem Klappentext heißt es: «Trotz Schmitts fanatischem Antisemitismus … bleibt die Anziehungskraft seiner scharfen Kritiken unter anderem … an der repräsentativen Demokratie und am Völkerrecht … ungeschmälert.» Texte von Schmitt finden sich heute auf den Literaturlisten von Kursen in politischer Philosophie an Universitäten von Cambridge und Harvard bis Peking.

Schmitts Ablehnung der parlamentarischen Demokratie und seine Unterstützung für die Gewalt eines autoritären Herrschers, über das Gesetz zu entscheiden, brachten ihn dazu, sich dem Nationalsozialismus anzuschließen. Er veröffentlichte ein Rechtsgutachten, in dem er Hitlers Auflösung des Reichstags und das Ermächtigungsgesetz nach dem Reichstagsbrand 1933 rechtfertigte. Und als die Nationalsozialisten im Folgejahr in der «Nacht der langen Messer» Hunderte ihrer Gegner töteten, rechtfertigte Schmitt diese Morde in seinem berühmten Aufsatz «Der Führer schützt das Recht». Er forderte die Abschiebung jüdischer Akademiker aus Deutschland und berief eine Tagung mit dem Ziel ein, das deutsche Recht von «jüdischem Einfluss» zu säubern.

Trotzdem bewundern zeitgenössische Antiliberale vieles an Schmitts Werk. Er verabscheute Ideen wie die Gewaltenteilung oder universelle Menschenrechte und argumentierte, die Unterscheidung von «Freund» und «Feind» sei grundlegend für das Politische: «Sag mir, wer dein Feind ist und ich sage dir, wer du bist.» In Schmitts Augen war die liberale Rede von der Brüderlichkeit des Menschen bloßer Unsinn. «Wer Menschheit sagt, will betrügen» ist womöglich sein berühmtestes Diktum.[376] Insofern ist Schmitts Angriff auf den liberalen Universalismus für rechte Denker, die nationale Eigeninteressen über universelle Menschenrechte stellen, äußerst verlockend.

Während Liberale sich damit befassen, wie die Geltung des Rechts sichergestellt werden kann, interessiert sich Schmitt dafür, wie das Recht durch die Ausrufung eines Ausnahmezustands suspendiert werden kann. Er schrieb: «Souverän ist, wer über den Ausnahmezustand entscheidet.» Dieses Argument stößt im heutigen Deutschland auf besonderen Widerhall, wo die AfD darauf beharrt, dass

Angela Merkel das internationale Flüchtlingsrecht hätte aussetzen sollen, statt 2015 und 2016 eine Million Migranten ins Land zu lassen. Tatsächlich erwog die Trump-Regierung, als Antwort auf eine vermeintliche von Migranten und Flüchtlingen ausgehende Gefahr für die Südgrenze der Vereinigten Staaten, einen begrenzten Ausnahmezustand auszurufen. Die Türkei und Ägypten sind weitere Beispiele dafür, wie ein Ausnahmezustand zur Aussetzung individueller Rechte führen kann — mit verheerenden Folgen.

Überraschenderweise ist jedoch China das Land, in dem die Wiederbelebung Schmitts am weitesten ging und den größten Einfluss hatte. Wie Lin Laifan, Rechtsprofessor an der Tsinghua-Universität in Peking, es 2016 formulierte: «Carl Schmitt ist im heutigen China sehr bekannt. Viele politische Theoretiker, Philosophen und Rechtstheoretiker … halten sein Denken für äußerst überzeugend und fundiert.»[377]

Als «überragender Vertreter schmittianischen Denkens» in China gilt Jiang Shigong, Leiter des Instituts für Politik und Recht an der Universität Peking.[378] Jiang war einige Jahre lang hochrangiger chinesischer Vertreter in Hongkong und ist wichtiger Exponent und Vordenker des Xiismus. Begeistert übernahm er Schmitts Freund-Feind-Unterscheidung. «Zwischen Freund und Feind», schrieb er, «gibt es keine Freiheit, sondern nur Gewalt und Unterwerfung.» Jiang argumentiert im Geiste Schmitts, wenn er schreibt: «Die entscheidenden Fragen in der Politik sind nicht Fragen von richtig oder falsch, sondern von Gehorsam und Ungehorsam.»[379]

Diese Denktradition untermauert Präsident Xis entschiedene Ablehnung liberaler Traditionen in der chinesischen Politik. Als Xi an die Macht kam, forderten chinesische Liberale einen Wandel hin zu mehr Rechtsstaatlichkeit, inklusive Gewaltenteilung und unabhängiger Justiz. Vielfach nahm man Bezug auf den liberalen amerikanischen Philosophen John Rawls. Xi schmetterte diese Vorschläge ab. 2018 erklärte er kategorisch: «China darf niemals dem westlichen Weg von Konstitutionalismus, Gewaltenteilung und richterlicher Unabhängigkeit folgen.»[380]

Es war eine Unterhaltung mit Eric Li von der Fudan-Universität, die mich erstmals auf die Schmitt-Mode unter autoritären Denkern in China und darüber hinaus aufmerksam machte. Li berichtete mir, er habe Alexander Dugin überzeugt, Senior Fellow am China-Institut der Universität zu werden. «Ist Dugin nicht ein Faschist?», fragte ich und versuchte dabei eher neugierig als aggressiv zu klingen. «Nein», antwortete Li. «Aber er begeistert sich für Carl Schmitt.» «Was soll das bedeuten?», fragte ich. «Alles ist politisch», war Lis rätselhafte Antwort. Es bedeutete, so wurde mir später klar, dass die politische Rechtfertigung der autokratischen Herrschaft auf dem Gedanken basiert, wahrhaft unabhängige Institutionen oder selbst eine objektive Wahrheit könne es nicht geben. Alles ist politisch. Ein Aufsatz Dugins mit dem Titel «Carl Schmitts fünf Lektionen für Russland» enthält die Lehren «Politik über alles» und «Es muss immer Feinde geben». Während Putins Meinung zu Dugin ambivalent zu sein scheint, feiert Dugin ohne Scham den Kult des *strongman*. «Putin ist überall», schrieb er. «Putin ist alles. Putin ist absolut und Putin ist unverzichtbar.»[381]

Als Verfechter der Wichtigkeit der eurasischen Landmasse für das russische Schicksal greift Dugin die hohe Bedeutung auf, die Schmitt dem «Großraum» zumaß; dabei handelt es sich um «große geopolitische Einheiten, die jeweils von einem flexiblen Super-Staat regiert werden sollten». Ironischerweise wurde diese Doktrin genutzt, um den Angriff der Nazis auf Russland zur Schaffung von «Lebensraum» zu rechtfertigen. Doch findet Dugin in Schmitt nicht nur eine moralische Rechtfertigung für großflächige Imperien, sondern auch «ein klares Verständnis des Feindes, der heute Europa, Russland und Asien bedroht, nämlich die Vereinigten Staaten von Amerika mit ihrer verbündeten Insel England.» Auch in Peking interessiert sich Jiang Shigong immer mehr für Schmitts «Großraumtheorie». Nun, da die chinesische Elite sich an den Gedanken gewöhnt, dass China die Vereinigten Staaten als vorherrschende Weltmacht ablöst, erlangt Schmitts Konzept eines eurasischen Landimperiums neue Relevanz. Und bei immer stärkerer Konkurrenz um die Kontrolle des Südchinesischen Meers erhält Schmitts feindselige Haltung gegenüber den Seemächten der anglophonen Welt — mit ihren (vermeintlich) eigennützigen Vorstellungen von völkerrechtlichen Regeln — neue Aufmerksamkeit.

Auch rechte Denker aus den Vereinigten Staaten und Europa werden von Schmitts Ideen angezogen. Richard Spencer — der amerikanische Rechtsextreme, der den Begriff «*alt-right*» («alternative Rechte») geprägt hat — bezeichnet Schmitt und Nietzsche als Inspirationsquellen. Im November 2016 wurde er gefilmt, wie er die Wahl des neuen Präsidenten mit dem Ausruf «Heil Trump» feierte. Seine russische Exfrau hat die Werke Alexander Dugins ins Englische übersetzt.

Schmitts Freund-Feind-Unterscheidung hat ebenso wie sein fester Standpunkt, dass vorgeblich «unabhängige» Institutionen wie Gerichte oder Universitäten in Wahrheit Teil der politischen Ordnung seien, einen starken Einfluss auf Jair Bolsonaros intellektuellen Guru Olavo de Carvalho ausgeübt; diesen bezeichnete Steve Bannon als «einen der großen konservativen Intellektuellen der Welt».[382] Der leidenschaftlich gegen «Kulturmarxismus» wetternde ehemalige Astrologe und autodidaktische Philosoph nutzte Schmitts Texte, um die Position zu vertreten, dass sogar das Unterrichten der Evolutionstheorie eher eine politische denn eine wissenschaftliche Frage sei.[383] Für Carvalho ist die Politik zuallererst ein unbarmherziger schmittianischer Kampf zwischen Freund und Feind. Bei politischem Kampf, schrieb er, «geht es nicht darum, Ideen zu zerstören, sondern darum,

Karrieren und die Macht bestimmter Menschen zu zerstören. Man muss direkt sein und respektlos handeln.»[384] Diese Art des Denkens ist es, die ihm 2019 einen Ehrenplatz neben Präsident Bolsonaro bei einem Abendessen in der brasilianischen Botschaft in Washington bescherte. Auf Bolsonaros anderer Seite saß Steve Bannon.

Bannon selbst ist bekanntermaßen ein Bewunderer von Julius Evola, einem italienischen faschistischen Denker, der im Austausch mit Schmitt stand. Doch hat Trumps ehemaliger Wahlkampfmanager Schmitt auch selbst gelesen? Diese Frage diskutierte ich bei einem Frühstück 2019 mit Peter Wittig, dem ehemaligen deutschen Botschafter in Washington, der zu diesem Zeitpunkt in gleicher Funktion in London tätig war. Er war sich recht sicher, dass Bannon sich mit Schmitts Denken auseinandergesetzt hatte. «Tatsächlich habe ich ihm einige der Arbeiten Schmitts zur Lektüre mitgegeben. Ich dachte, es würde ihn interessieren.» Der Botschafter machte eine Pause und sah etwas leidend aus. «Vielleicht war das ein Fehler.»

In Wahrheit ist Bannon intellektuell eine Elster: Ideen, die ihm persönlich oder politisch nützen, werden aufgegriffen und angewendet. Eine gewisse Vermischung des Persönlichen und des Politischen in Bannons Leben wurde sichtbar, als er 2019 an Bord der Yacht des im amerikanischen Exil lebenden chinesischen Milliardärs und Xi-Kritikers Guo Wengui (auch bekannt als Miles Kwok) verhaftet wurde. Es stellte sich heraus, dass Guo ein Geschäftspartner und großzügiger Geldgeber von Bannon war – was erklären könnte, warum Bannon es sich leisten konnte, im Hotel Adlon zu übernachten. Zudem dürfte es sein Eintreten gegen China noch zusätzlich befeuert haben. Gegen Bannon wurde der Vorwurf erhoben, Gelder aus der Spendenkampagne «*We Build the Wall*», deren Ziel es war, die von Trump versprochene Mauer entlang der mexikanisch-amerikanischen Grenze zu errichten, veruntreut zu haben. Es war daher verlockend, in Bannon nichts als einen Gauner zu sehen – einen Mann, der populistische Ideen verbreitet, um die eigenen Taschen zu füllen. Doch ob die Untreuevorwürfe gegen ihn zutreffen oder nicht: Bannon ist durch und durch ein Ideologe, der mittels seiner Verbindung zu Trump die Welt veränderte.

Als die Trump-Präsidentschaft beim Sturm aufs Kapitol am 6. Januar 2021 ihre Götterdämmerung erlebte, war Bannon zurück im Geschehen. In den Tagen der Verzweiflung nach seiner Wahlniederlage hatte Trump seinen ehemaligen Berater mehrfach um Rat gefragt. Durch seinen Podcast und andere Medien hatte Bannon die These verbreitet, die Wahl sei gestohlen worden, und Demonstrierende aufgerufen, über Washington hereinzubrechen.

Der Versuch, die Wahlen zu annullieren und die Institutionen der amerikanischen Demokratie zu zerstören, geschah ganz im Geiste sowohl Steve Bannons als auch Carl Schmitts. Bei diesem politischen Manöver war die Welt glasklar in Freund und Feind unterteilt, und das einzige politische Ziel war es, über den Feind zu triumphieren. Und tatsächlich hatte Trump als *strongman* im Amt des Präsidenten die von Schmitt empfohlenen Werkzeuge einzusetzen versucht: das Ausrufen eines Ausnahmezustands und die Aufhebung des normalerweise geltenden Rechts.

Das Scheitern des Aufstands der Trump-Anhänger an diesem Januartag 2021 war für Anhänger der liberalen Demokratie in den Vereinigten Staaten und weltweit eine große Erleichterung. Doch neben der Hoffnung bleiben Zweifel. Amerika ist tief gespalten, und die Republikanische Partei bleibt Donald Trump gefügig. Der globale Einfluss der Vereinigten Staaten schrumpft. Viele der anderen großen Mächte der Welt — China, Russland, Indien, Saudi-Arabien, die Türkei — werden von Autokraten regiert. Kann es der Biden-Regierung wirklich gelingen, das Blatt zu wenden?

# EPILOG

## JOE BIDEN IN DER WELT DER AUTOKRATEN

Am 20. Januar 1961 hielt John F. Kennedy, der jüngste US-Präsident der Geschichte, auf den Stufen des Kapitols seine Antrittsrede. Genau 60 Jahre später wurde dort mit Joe Biden der älteste amerikanische Präsident der Geschichte vereidigt.

Kennedy nutzte den imposanten Hintergrund des Kongressgebäudes, um zu erklären, dass «die Fackel an die nächste Generation» übergangen sei. Amerika sei bereit, «jeden Preis zu zahlen, jede Bürde zu tragen», um «das Überleben und den Erfolg der Freiheit» in aller Welt sicherzustellen. Für Biden hatte der Hintergrund düstere Konnotationen. Zwei Wochen zuvor hatte ein aufständischer Mob von Trump-Anhängern den Kongress gestürmt in der Absicht, den Ausgang der Präsidentschaftswahl zu annullieren. Biden war der Repräsentant einer älteren Generation, die beinahe dabei hätte zusehen müssen, wie die Fackel der Freiheit im eigenen Land ausging. «Wir haben einmal mehr gelernt, dass Demokratie kostbar ist», erklärte Biden. «Demokratie ist zerbrechlich. Und in dieser Stunde, meine Freunde, hat die Demokratie den Sieg davongetragen.» In einer kurzen Passage sprach er jene «jenseits unserer Grenzen» an, denen der neue Präsident versprach: «Amerika wurde geprüft und ist gestärkt daraus hervorgegangen. Wir werden unsere Allianzen reparieren und uns wieder in der Welt engagieren.»

Das Scheitern der Demokratie in den Vereinigten Staaten wäre ein katastrophales globales Ereignis gewesen. In den vergangenen 15 Jahren hat die politische Freiheit den stärksten Niedergang seit den 1930er Jahren erlebt. Doch während der 1930er Jahre blieben die beiden mächtigsten Länder der Welt, die Vereinigten Staaten und Großbritannien, liberale Demokratien. Wenn es Trump und seinen

Unterstützern gelungen wäre, eine demokratische Wahl zu Fall zu bringen, wäre Amerikas traditionelle Rolle als «Anführerin der freien Welt» beendet gewesen. Die beiden mächtigsten Länder unserer Zeit, die Vereinigten Staaten und China, hätten sich beide im Griff autoritärer Nationalisten befunden.

Trumps Niederlange von 2020 bedeutet nicht, dass die Gefahr vorüber ist. Die Biden-Regierung kämpft an zwei Fronten gegen die *strongman*-Politik. Im Inland sieht sie sich der Bedrohung durch eine Republikanische Partei ausgesetzt, die immer noch von Trump dominiert wird. In der Welt hat Biden es mit selbstbewussten *strongmen* in China und Russland zu tun. Einige der Verbündeten, auf die er zurückgreifen wird, um sich gegen Xi Jinping und Wladimir Putin zur Wehr zu setzen — darunter Indien, Polen und die Philippinen — haben sich selbst Formen autokratischer Führung zu eigen gemacht. Wie im Kalten Krieg könnte dies Amerikas Fähigkeit gefährden, klare Grenzen zwischen einer freien und einer unfreien Welt zu ziehen.

Diese innen- und außenpolitischen Herausforderungen sind miteinander verknüpft. Amerika wird nicht in der Lage sein, die Freiheit in aller Welt zu verteidigen, wenn es daran scheitert, die eigene Demokratie zu retten. Andererseits werden die Vereinigten Staaten, wenn die innenpolitischen Turbulenzen in Amerika den größten Teil der Energie der Biden-Regierung in Anspruch nehmen, weniger Zeit und weniger Ressourcen haben, um die politische Freiheit in anderen Teilen der Welt zu unterstützen. Und es gibt keine plausible Alternative zu Amerika, die diese Rolle spielen könnte. Deutschland, Frankreich oder die EU als Ganzes verfügen nicht über die politischen Strukturen, die militärische Macht oder die diplomatischen Reflexe, um an die Stelle der Vereinigten Staaten als globaler Verfechter der Freiheit zu treten. Die «Anglosphäre» der englischsprachigen Verbündeten der Vereinigten Staaten — darunter Großbritannien, Australien, Kanada und Neuseeland — erwartet von Washington eine Führungsrolle. Als Biden im Sommer 2021 den Abzug der US-Truppen aus Afghanistan vollzog und damit den Zusammenbruch der Regierung in Kabul herbeiführte, waren einige der europäischen Verbündeten Amerikas entsetzt. Sie kamen jedoch schnell zu dem Schluss, dass sie ihre eigene Präsenz in Afghanistan ohne US-Unterstützung nicht aufrechterhalten konnten. Die Verbündeten hatten keine andere Wahl, als Washingtons Führung zu folgen.

In seiner ersten Pressekonferenz als US-Präsident hat Biden seine Aufgabe klar definiert: «Dies ist ein Kampf zwischen dem Nutzen von Demokratien im 21. Jahrhundert und Autokratien. Wir müssen beweisen, dass die Demokratie funktioniert.»[385]

Für die Regierung Biden muss der Kampf um den Beweis, dass die Demokratie funktioniert, im eigenen Land beginnen. Das ist eine gewaltige Aufgabe. Bidens Sieg bei den Präsidentschaftswahlen 2020 war deutlich, aber nicht erdrückend. Er verfügt nur über eine äußerst knappe Mehrheit im Kongress. Und es gibt kaum Anzeichen dafür, dass sich die Republikanische Partei von Trump abwendet. Schon vor der Wahl 2020 waren mehr als die Hälfte der Republikaner der Meinung, dass «der traditionelle amerikanische *waf of life* so schnell verschwindet, dass wir vielleicht Gewalt anwenden müssen, um ihn zu retten».[386] Nach der Wahl stimmten 77 Prozent der republikanischen Wähler Trumps Behauptung zu, dass es bei der Wahl «Betrug im großen Stil» gegeben habe. Nach der Stürmung des Kongresses sank Trumps Zustimmungsrate bei den Republikanern nur sehr geringfügig, während die des Anführers der Republikaner im Senat, Mitch McConnell, der Bidens Wahl gutgeheißen hatte, drastisch zurückging.[387] Michael Gerson, ein ehemaliger Redenschreiber von Präsident George W. Bush, beobachtete diese Tendenzen und kam zu dem Schluss, dass der größte Teil der Republikanischen Partei die Demokratie im Grunde aufgegeben hat, um ein «in ihrer Vorstellungswelt existierendes weißes, christliches Amerika» zu bewahren, das ihrer Meinung nach «am Rande der Zerstörung» steht.[388] Einen Monat nach Bidens Amtsantritt gaben 61 Prozent der republikanischen Wähler an, dass sie eher geneigt seien, für eine Kandidatin oder einen Kandidaten zu stimmen, wenn sie oder er Trumps Unterstützung genösse; fast die Hälfte stimmte der Aussage zu, dass Trump «von Gott zur Führung berufen» worden sei.[389] Der Trump-Kult erstreckte sich sogar auf die ganze Familie. Mit Blick auf die möglichen Kandidaten der Republikaner für die Präsidentschaftswahlen 2024 sagte Mark Meadows, Trumps ehemaliger Stabschef im Weißen Haus, voraus: «Ich kann Ihnen sagen, dass die Leute, die ganz oben auf der Liste stehen, alle Trump mit Nachnamen heißen.»[390]

Bidens Bemühungen, die gefährlichen Verlockungen des Trumpismus zu entschärfen, begannen mit der Verabschiedung eines 1,9 Billionen Dollar schweren Konjunkturpakets, das Millionen von Amerikanern direkte finanzielle Vorteile brachte. Doch der chaotische Rückzug aus Afghanistan im Sommer 2021 markierte das Ende der kurzen Flitterwochen des Präsidenten. Eine hochschießende Inflation, die Migrationskrise an der Südgrenze der Vereinigten Staaten und Streitigkeiten innerhalb der Demokratischen Partei ließen Bidens Popularität sinken. Als ich im Oktober 2021 Washington besuchte, lagen die Umfragewerte des Präsidenten bei etwa 40 Prozent, und 60 Prozent der Wählerinnen und Wähler glaubten, dass Amerika auf dem falschen Weg sei. Nach den wilden Jahren unter Trump waren meine Begegnungen im Weißen Haus und im Außenministerium beruhigend normal. Aber die Regierungsmitarbeiter, mit denen ich sprach, schienen bereits von der Angst geplagt zu sein, dass Biden scheitern könnte – und von der Furcht davor, was eine zweite Trump-Präsidentschaft für Amerika und die Welt bedeuten könnte. Die Themen, die Trumps Wählerbasis am meisten motivieren – Einwanderung und Identitätspolitik –, sind nach wie vor höchst umstritten. Und Biden selbst wird bei der nächsten Wahl 82 Jahre alt sein.

Seine Vizepräsidentin ist Kamala Harris, eine schwarze Frau. Jede Aussicht auf eine Harris-Präsidentschaft würde die Ängste und die Energie der republikanischen Parteibasis weiter anheizen.

Der Rest der Welt, der dies genau beobachtet, weiß, dass die Kräfte, die Trump repräsentiert, in den Vereinigten Staaten immer noch stark sind. Die Wahrscheinlichkeit ist groß, dass Bidens Präsidentschaft nur ein vierjähriges Intermezzo ist, bevor diese Kräfte wieder an die Macht kommen. Wie der Politikwissenschaftler Jonathan Kirshner es ausdrückt: «Die Welt kann nicht so tun, als hätte es die Trump-Präsidentschaft nicht gegeben. … Von diesem Zeitpunkt an werden die Länder rund um den Globus ihre Interessen und Erwartungen in dem Bewusstsein kalkulieren müssen, dass die Trump-Administration etwas ist, was das politische System der Vereinigten Staaten plausibel hervorbringen kann.»[391] Aber es ist nicht nur der lauernde Schatten von Donald Trump, der Bidens Fähigkeit, die globale US-Führungsrolle wieder zu behaupten, behindern wird. Die Welt hat Grund, sich zu fragen, ob die Vereinigten Staaten als Nation noch über die Energie und die Mittel verfügen, für die liberale Demokratie auf der ganzen Welt zu kämpfen.

Das Biden-Team hat wiederholt davon gesprochen, eine «Außenpolitik für die amerikanische Mittelschicht» machen zu wollen.[392] Mit anderen Worten: Alle außenpolitischen Engagements würden daraufhin überprüft, ob sie den normalen Amerikanern Vorteile bringen. Das wahrscheinliche Ergebnis eines solchen Ansatzes ist ein bescheideneres und vorsichtigeres Herangehen an die Welt.

Bidens Beraterinnen und Berater wissen, dass die amerikanische Bevölkerung Kriegen fernab der Heimat zutiefst überdrüssig ist, und sind daher vorsichtig, was den Einsatz von Truppen im Ausland angeht. Die Szenen, die sich beim Abzug der Amerikaner aus Afghanistan abspielten, während die Taliban die Kontrolle über das Land wiedererlangten, sagten viel mehr aus als jede noch so große

Proklamation des US-Präsidenten, dass «Amerika zurück» sie. Der Kennedy'sche Ansatz, «jede Bürde zu tragen», war Folge einer Welt, in der die Macht der amerikanischen Wirtschaft unangefochten war. Doch die Biden-Regierung trat zu einer Zeit an, als China bereits die größte Produktions- und Handelsmacht der Welt war. Ende 2019 trieben 128 von 190 Ländern der Welt mehr Handel mit China als mit Amerika. Die Verlockungen von Handelsbeziehungen und Investitionen sind eine starke diplomatische und politische Kraft in ganz Asien, Afrika und Lateinamerika. Im Gegensatz wird der Protektionismus in den Vereinigten Staaten immer stärker. Es ist unwahrscheinlich, dass die Demokraten neue Handelsabkommen mit anderen Ländern unterzeichnen oder auch nur anstreben werden. Das macht es schwieriger, dem chinesischen wirtschaftlichen Einfluss etwas entgegenzustellen.

All diese Faktoren schränken Bidens erklärtes Ziel ein, Amerikas globale Führungsrolle wiederherzustellen. Nichtsdestotrotz haben die Niederlage von Donald Trump und der Einzug Bidens ins Weiße Haus das globale politische Klima verändert. Alle in diesem Buch besprochenen *strongmen* mussten sich an die neue Situation anpassen.

Aus der Sicht Wladimir Putins schien die Wahl Bidens wie eine schlechte Nachricht zu sein. Trump hatte sich immer davor gescheut, den russischen Präsidenten zu kritisieren oder ihm entgegenzutreten. Mehr noch: Trump war offen skeptisch gegenüber dem amerikanischen Bündnissystem. Eine zweite Amtszeit Trumps hätte das Ende der NATO bedeuten können, was ein geopolitischer Triumph für den Kreml gewesen wäre. Joe Biden hingegen ist ein Befürworter der NATO und Russland gegenüber seit langem kritisch eingestellt.[393] Eine Woche vor den Präsidentschaftswahlen 2020 hatte er erklärt: «Die größte Bedrohung für Amerika ist derzeit Russland.»[394] Kurz nach seinem Amtsantritt wurde Biden im Fernsehen gefragt, ob er Putin für einen «Killer» halte. Seine Antwort: «Ja, das tue ich.» Dies sorgte für Empörung im Kreml und führte zur vorübergehenden Abberufung des russischen Botschafters in Washington.

Die Rückkehr eines amerikanischen Präsidenten, der bereit war, Putin in Fragen der Demokratie und der Menschenrechte zu konfrontieren, fiel mit einer Verschärfung der innenpolitischen Repressionen in Russland zusammen. Die Inhaftierung von Alexej Nawalny im Februar 2021 erfolgte weniger als einen Monat nach Bidens Amtseinführung. Sie führte zu Demonstrationen in Moskau und anderen Städten, die mit Polizeigewalt und Massenverhaftungen beantwortet wurden. Für viele Russland-Expertinnen und -Experten schien dies eine neue Phase in Putins langer Herrschaft zu markieren. Andrei Kolesnikow vom Carnegie Moscow Center drückte es so aus: «Vielleicht war er schon immer brutal, aber jetzt hat er beschlossen, frei, offen und ohne Einschränkungen brutal zu sein.»[395]

Viele russische Liberale fühlten sich durch den Widerstand Nawalnys zunächst gestärkt und inspiriert. Sie schöpften Mut aus seiner Rede auf der Anklagebank, in der er argumentierte, dass seine eigene Inhaftierung «keine Demonstration von [Putins] Stärke, sondern von Schwäche» sei, und prophezeite, dass Putin als «Wladimir der Unterhosenvergifter» in die Geschichte eingehen werde. Doch mit der Zeit wich die Freude der Liberalen über Nawalnys Widerständigkeit einer gewissen Depression. Die düstere Wahrheit war, dass Nawalny in eine Strafkolonie gesteckt worden war und dass Putin weiterhin im Kreml saß. In der Welt der Autokraten wird es immer schwieriger, den Glauben daran zu bewahren, dass Wahrheit, Mut und Protest letztlich über autoritäre Herrschaft triumphieren werden. Von Weißrussland bis Venezuela, von Russland bis Hongkong scheinen die aktuellen Beweise oft in die andere Richtung zu weisen.

Nach Nawalny konzentrierte sich Putin erneut auf seine äußeren Feinde. Im Juli 2021 veröffentlichte der russische Staatschef einen langen Aufsatz mit dem Titel «Über die historische Einheit von

Russen und Ukrainern», in dem er die ukrainische Unabhängigkeit zu einem historischen Irrweg erklärte, der von Russlands Feinden ausgenutzt würde. Die implizite Drohung wurde mit dem massiven Aufmarsch russischer Truppen an der ukrainischen Grenze realer, was die Biden-Regierung dazu veranlasste, öffentlich vor einer möglichen russischen Invasion des westlichen Nachbarlandes zu warnen.

Im ersten Jahr der Präsidentschaft Bidens kam es in China unter Xi Jinping zu einer ähnlichen Kombination aus interner Repression und externer Aggression. Führende Hongkonger Aktivisten wie Joshua Wong und Jimmy Lai wurden ins Gefängnis gesteckt, und praktisch die gesamte Führung der Demokratiebewegung wurde wegen Subversion vor Gericht gestellt. Im März 2021 verabschiedete China außerdem ein neues Wahlgesetz für Hongkong, das der Demokratiebewegung jede Möglichkeit zu weiteren Fortschritten nahm, indem es einen von Peking gesteuerten Ausschuss einsetzte, der alle Wahlkandidatinnen und -kandidaten auf ihre «patriotische Gesinnung» hin überprüfte.[396] Derweil wurden die Übungen der chinesischen Luftwaffe über Taiwan immer häufiger und bedrohlicher.

Gegenüber China setzte Biden die von Trump eingeschlagene Konfrontationspolitik fort. Er versprach, dass China, solange er im Amt sei, nicht «das führende Land der Welt ... das mächtigste Land» werden würde.[397] Doch während Trump die Rivalität vor allem unter wirtschaftlichen Gesichtspunkten sah, fügte Biden eine explizit ideologische Komponente hinzu. Für ihn steht der Wettstreit zwischen den Vereinigten Staaten und China im Mittelpunkt des Kampfes zwischen Autokratie und Demokratie, der seiner Meinung nach das 21. Jahrhundert bestimmen wird.

Als Vizepräsident in der Obama-Regierung hatte Biden viele Stunden in direkten Gesprächen mit Xi verbracht. Er pflegte zu sagen, dass der chinesische Staatschef «keinen einzigen demokratischen Knochen in seinem Körper» habe. Das erste Treffen zwischen Tony Blinken, dem neuen US-Außenminister, und Yang Jiechi, Chinas oberstem Außenpolitiker, endete schnell in einem öffentlichen Eklat. Zu Beginn verurteilte Blinken Chinas Vorgehen gegenüber Hongkong, Xinjiang und Taiwan sowie seine Cyberangriffe und «wirtschaftliche Zwangspolitik» gegenüber amerikanischen Verbündeten. Daraufhin warf Yang den Vereinigten Staaten vor, eine imperiale Macht zu sein, die im eigenen Land von Rassismus geplagt werde, und bemerkte verächtlich: «Die Vereinigten Staaten haben nicht die Voraussetzungen dazu, um zu erklären, dass sie mit China aus einer Position der Stärke heraus sprechen wollen.»[398] Chinas spöttische Hinweise auf die amerikanische Schwäche waren nicht nur für die Öffentlichkeit bestimmt. Die Tatsache, dass Amerika bis zum Winter 2021 800000 Todesopfer durch Covid-19 zu beklagen hatte — gegenüber weniger als 5000 Todesopfern in China —, wurde in Peking als Überlegenheit des chinesischen Systems und als Bestätigung der amerikanischen Dekadenz betrachtet.

Diese ersten Begegnungen mit der Biden-Regierung haben wahrscheinlich auch Xis lange gehegte Annahme gestärkt, dass die Vereinigten Staaten eine feindliche Macht sind, die einen Regimewechsel in China anstrebt. Das Argument, dass China von feindlichen ausländischen Kräften umzingelt sei, wird dazu dienen, die Argumente für eine Verlängerung von Xis Amtszeit über die üblichen zehn Jahre hinaus zu untermauern, ein Schritt, der wahrscheinlich auf dem nächsten Parteitag der Kommunistischen Partei Ende 2022 formalisiert werden wird. Die chinesische Erklärung, die nach dem Treffen zwischen Yang und Blinken veröffentlicht wurde, betonte den «zentralen Status» von Xis Führung und fügte hinzu, dass er «die uneingeschränkte Unterstützung von 1,4 Milliarden Menschen» genieße. Auch wenn dies unwahrscheinlich klingt, gibt es kaum Anzeichen dafür, dass Chinas unterdrückte Liberale eine unmittelbare Chance haben, sich gegen die Verfestigung der Herrschaft des *strongman* in Peking zu wehren.

Die Bemühungen der Biden-Regierung, Demokratie und Menschenrechte wieder in den Mittelpunkt der Außenpolitik zu stellen, waren für Xi Jinping und Wladimir Putin eine unwillkommene Entwicklung. Für andere Machthaber ist die Situation jedoch zweideutiger. Persönlichkeiten wie Narendra Modi, Mohammed bin Salman, Recep Tayyip Erdoğan und Jair Bolsonaro haben allen Grund, Amerikas erneute Betonung der Menschenrechte mit Vorsicht zu genießen. Andererseits haben diese Führer als potenzielle US-Verbündete in einem neuen Kalten Krieg mit China und Russland Grund zu der Hoffnung, dass Washington sie nicht mit ihren eigenen innenpolitischen Verhältnissen konfrontieren wird. Selbst dann ist ein Bündnis mit Amerika keine einfache Entscheidung. Alle Verbündeten der Vereinigten Staaten, auch die *strongmen*, müssen abwägen, wie viel Vertrauen sie in Bidens Versprechen einer erneuerten amerikanischen Führungsrolle angesichts des scheinbar unaufhaltsamen Aufstiegs Chinas und der Aggression Russlands setzen sollen.

Die zentrale Rolle Indiens bei Amerikas Bemühungen, die chinesische Macht einzudämmen, gab Narendra Modi besonders viel Anlass zu der Hoffnung, dass es Biden mit der Erosion der Demokratie in Indien nicht so genau nehmen würde. Die erste Auslandsreise von Bidens Verteidigungsminister Lloyd Austin führte ihn denn auch nach Delhi. Die Bedeutung Indiens für Washingtons Bemühungen, Peking entgegenzutreten, wurde im September 2021 unterstrichen, als Biden Gastgeber des ersten Gipfeltreffens der Staats- und Regierungschefs des «Quad» — bestehend aus Amerika, Indien, Japan und Australien — war. Der Quad wird weithin als informelle Allianz angesehen, die die wichtigsten Mächte im indisch-pazifischen Raum zusammenbringt, um China einzuhegen.

Doch der immer stärkere Autoritarismus in Modis Indien ist in Washington nicht unbemerkt geblieben. Als ein wichtiges Mitglied von Bidens außenpolitischem Team mir im Oktober 2021 seine größten Bedenken vortrug, nannte er spontan die Aushöhlung der Demokratie in Indien. Ich zeigte mich überrascht und sagte, ich hätte angenommen, dass die strategische Bedeutung Indiens Washington dazu veranlassen würde, ein Auge zuzudrücken. Mein Gesprächspartner erwiderte: «Meiner Erfahrung nach erlebt man oft eine böse Überraschung, wenn man vor etwas die Augen verschließt.»

Es ist jedoch unwahrscheinlich, dass westliche Kritik und Druck Modi schwächen werden. Sie könnten seine Position bei seiner hindu-nationalistischen Basis sogar stärken. Wie Putin und Xi setzt auch der indische Staatschef auf Langfristigkeit.

Ein *strongman* und Verbündeter der Vereinigten Staaten, der Grund hatte, nach der Niederlage Trumps eine unmittelbare Gegenreaktion zu befürchten, war Mohammed bin Salman aus Saudi-Arabien. Die Ermordung von Jamal Khashoggi, die humanitäre Katastrophe im Jemen und die besonderen Beziehungen von MBS zu Trumps Weißem Haus machten den saudischen Machthaber für das Biden-Team zu einer zutiefst verdächtigen Figur. Innerhalb weniger Wochen nach seinem Amtsantritt zog die Biden-Regierung die amerikanische Unterstützung für den Krieg im Jemen zurück und stimmte der Veröffentlichung des CIA-Berichts über die Ermordung Khashoggis zu. MBS und die Saudis mussten sich schnell anpassen. Friedensbemühungen im Jemen wurden angekündigt, und die saudische Blockade gegen Katar wurde aufgehoben.

Aber die Anpassungen waren nicht nur einseitig. Angesichts des Ringens mit Russland und China um Einfluss im Nahen Osten konnte sich die Biden-Regierung eine antagonistische Beziehung zu Saudi-Arabien nicht leisten. Der saudische Geheimdienst blieb eine entscheidende Ressource im Kampf gegen den Terrorismus, und MBS kontrolliert die Geheimdienste des Landes. Trotz aller Hoffnungen in Washington, den Kronprinzen an den Rand zu drängen, ist es in Wirklichkeit wahrscheinlich, dass MBS die Nachfolge von König Salman als Staatsoberhaupt antreten und dann jahrzehntelang an der Macht bleiben wird. Westliche Unternehmen sind nach wie vor an Geschäften mit Saudi-Arabien interessiert. Aus all diesen Gründen entschied das Biden-Team, dass es keinen umfassenden Bruch mit MBS riskieren konnte, und widerstand dem Druck, ihn für seine Rolle bei der Ermordung Khashoggis zu bestrafen.

Im Juni 2021 verlor Benjamin Netanjahu in Israel nach zwölf Jahren ununterbrochener Amtszeit und zahlreichen, ergebnislosen Neuwahlen die Macht. Als es den Oppositionspolitikern schließlich gelang, eine Regierungskoalition ohne ihn zu bilden, erinnerte Netanjahus Reaktion auf seinen Machtverlust stark an Trump. Er erklärte, er sei das Opfer «des größten Wahlbetrugs in der Geschichte» und einer Verschwörung des israelischen *deep state* gewesen, der hinter seiner juristischen Verfolgung wegen Korruption stecke. Aber in Israel, wie auch in den Vereinigten Staaten sechs Monate zuvor, hielten die Institutionen des Landes stand. Netanjahu verlor sein Amt, sein Korruptionsprozess wurde fortgesetzt.

Die politischen Krisen in Amerika und in Israel ereigneten sich innerhalb von sechs Monaten und zeigten etwas Wichtiges über den Kampf gegen *strongmen*. Politiker mit autokratischen Instinkten können überall auf der Welt an die Macht kommen. Der Unterschied zwischen den Machthabern, denen es gelingt, ihre Herrschaft auf unbestimmte Zeit zu verlängern, und denjenigen, die aus dem Amt gedrängt oder von der Justiz zur Rechenschaft gezogen werden können, liegt sehr oft in der Stärke der Institutionen eines Landes. In den Vereinigten Staaten und Israel haben die nationalen Institutionen den Test bestanden.

Die Koalitionsregierung, die Netanjahu ablöste, reichte von der Linken des israelischen politischen Spektrums bis zur extremen Rechten. Ihr gehörte sogar Ra'am an, eine islamistische Partei, die mit der Muslimbruderschaft verbunden ist — die erste arabisch-israelische Partei, die an einer Regierung des jüdischen Staates beteiligt war. Das einzige verbindende Prinzip der Koalitionspartner war die gemeinsame Entschlossenheit, Netanjahu aus dem Amt zu jagen. Dennoch konnte die neue Regierung nur eine parlamentarische Mehrheit von einer Stimme aufbringen. Obwohl Netanjahu wegen Korruption vor Gericht stand, blieb er nach außen hin zuversichtlich, dass er bald in das Amt des Premierministers zurückkehren würde.

Aus den israelischen Erfahrungen lassen sich eine Reihe von Lehren und Fragen für von *strongmen* regierte Länder ziehen, die noch das Glück haben, kompetitive Wahlen abzuhalten. Sind die Oppositionskräfte ausreichend motiviert, sich gegen den *strongman* zu vereinen? Sind die Institutionen des Landes noch stark genug, um eine freie Wahl zu gewährleisten? Wird der *strongman* zurücktreten, wenn er die Macht verliert? Dies werden in den kommenden Jahren in einer Reihe von Ländern die zentralen Fragen seien, in denen wichtige Wahlen stattfinden werden, darunter Brasilien und die Türkei.

Nach der Niederlage Trumps wurde Viktor Orbán aus Ungarn zu einem noch größeren Favoriten der populistischen Rechten in den Vereinigten Staaten. Im Sommer 2021 verlegte Tucker Carlson, der prominenteste Trump-freundliche Moderator von Fox News, seine gesamte Sendung für eine Woche nach Budapest, um Orbáns Ungarn als Vorbild für Amerika zu präsentieren. In einem Interview mit dem ungarischen Premierminister lobte Carlson dessen Kultur- und Migrationspolitik und behauptete, er habe viele Amerikaner getroffen, die aus politischen Gründen nach Budapest gezogen seien, «weil sie unter Menschen sein wollen, die Ihnen zustimmen, die mit Ihnen übereinstimmen».[399] Da Orbán in den internationalen Kreisen in Washington und Brüssel nicht beliebt war, schaute er auch nach Moskau und Peking. Im selben Jahr, in dem die Central European University endgültig aus Budapest vertrieben wurde, eröffnete die chinesische Fudan-Universität einen neuen Campus in der ungarischen Hauptstadt.

Mit dem Abgang von Angela Merkel im Dezember 2021 wurde Orbán zum dienstältesten Regierungschef in der EU und gewann im April 2022 eine weitere Amtszeit. Im Vorfeld der Wahl hatten sich sechs Oppositionsparteien in einem Vorwahlverfahren auf einen einzigen Kandidaten geeinigt: Péter Márki-Zay, den Bürgermeister einer Kleinstadt. Wie in Israel hatte der Drang, einen starken Mann von der Macht zu entfernen, zu einer unwahrscheinlichen Koalition geführt, die die liberale Linke und die nationalistische Rechte zusammenbrachte. Als er die Nominierung der Opposition annahm, verkündete Márki-Zay mit Nachdruck: «Wir werden immer an der Seite der Homosexuellen stehen, so wie wir Juden oder Zigeuner unterstützen.» Er versprach auch, dass die Ungarn «treue Bürgerinnen und Bürger der EU» sein würden.[400] Die ungarische Opposition hat jedoch einen schweren Stand. Orbán und seine Fidesz-Partei haben eine starke Wählerbasis. Und in mehr als einem Jahrzehnt an der Macht hat Orbán das ungarische Wahlrecht zu seinen Gunsten geändert und die Medien systematisch neutralisiert. All das half ihm bei seiner Wiederwahl im April 2022.

Jair Bolsonaro in Brasilien ist ein weiterer ehemaliger Verbündeter Trumps, der 2022 zur Wahl steht. Die gerichtlich angeordnete Freilassung seines alten Rivalen, des ehemaligen Präsidenten Lula, aus dem Gefängnis hat dafür gesorgt, dass Bolsonaro bei der Präsidentschaftswahl einen starken Gegner haben wird. Ein Jahr vor der Wahl, als sowohl die Inflation als auch die Arbeitslosigkeit zweistellig waren, lehnten ihn in Umfragen 65 Prozent der Wählerinnen und Wähler ab. Sollte Bolsonaro jedoch im Oktober 2022 verlieren, wird der brasilianische Machthaber wahrscheinlich Trump nacheifern, indem er sich weigert, das Ergebnis zu akzeptieren, und stattdessen versuchen, die Demokratie zu untergraben. So hat er wiederholt betont, dass die Wahl wahrscheinlich manipuliert werden würde. Auf einer Kundgebung sagte Bolsonaro zu seinen jubelnden Anhängern: «Es gibt nur drei mögliche Schicksale für mich: Verhaftung, Tod oder Sieg.»[401] In dieser Atmosphäre wurde in den brasilianischen und internationalen Medien offen über die Möglichkeit eines Militärputsches oder ziviler Unruhen diskutiert, falls Bolsonaro sich weigern sollte, eine Niederlage zu akzeptieren. Brasiliens Institutionen — einschließlich der Gerichte und der Armee — könnten bald auf eine harte Probe gestellt werden.

Der Türkei unter Präsident Erdoğan droht im Vorfeld der für 2023 angesetzten Präsidentschaftswahlen ein ähnliches Szenario. Erdoğan wird dann 20 Jahre an der Macht sein. Doch sein Autoritarismus und seine wirtschaftliche Inkompetenz haben zu einer Gegenreaktion geführt. Wie in Ungarn und Israel hat sich eine heterogene Oppositionskoalition gebildet, die den *strongman* von der Macht verdrängen will. Bei einer Inflationsrate von 20 Prozent und einer Halbierung des Wertes der türkischen Lira im Laufe von 2021 hat die Opposition — von der *Financial Times* als «eine unwahrscheinliche Allianz aus Nationalisten, Kurden, Linken, Rechten, Säkularisten und religiösen Konservativen»[402] beschrieben — guten Grund, auf einen Sieg bei den nächsten Parlaments- und Präsidentschaftswahlen zu hoffen. Sollten Erdoğan oder seine AKP jedoch 2023 an der Wahlurne verlieren, gibt es absolut keine Garantie dafür, dass der türkische Präsident die Macht auch abgibt oder dass der türkische Staat in der Lage ist, ihn zu vertreiben.

Auf den Philippinen hingegen überraschte Rodrigo Duterte einige seiner Kritiker, indem er nicht auf einer Verfassungsänderung bestand, die es ihm ermöglicht hätte, nach den Wahlen im Mai 2022 eine zweite Amtszeit zu absolvieren. Die bevorzugte Option des philippinischen Machthabers war es, von seiner Tochter Sara abgelöst zu werden. Doch Sara enttäuschte ihren Vater und entschied sich stattdessen, als Vizepräsidentschaftskandidatin von Bongbong Marcos, dem Sohn des ehemaligen philippinischen Diktators Ferdinand Marcos, zu kandidieren. Das Duo gewann im April 2022. Für die philippinischen Liberalen ist der Abgang von Duterte willkommen, aber die mögliche Verschmelzung der Marcos- und Duterte-Dynastien ist alarmierend — vor allem, weil Bongbong die Geschichte umschreiben will, um die Marcos-Diktatur als goldene Ära des Fortschritts und der Stabilität darzustellen.

Es ist möglich, dass nach Duterte auch Bolsonaro und Erdoğan ihre Macht verlieren werden. Doch während einige *strongmen* fallen, könnten andere aufsteigen. In Frankreich wurde Emmanuel Macron bei den Präsidentschaftswahlen 2022 von zwei rechtsextremen Kandidaten — Marine Le Pen und Éric Zemmour, einem ehemaligen Journalisten — stark herausgefordert. Vor allem Zemmours Kampagne enthielt alle bekannten Themen eines Möchtegern-*strongman*: ein Lamento über den nationalen Niedergang, das Versprechen, Frankreich wieder groß zu machen, jegliche Einwanderung zu stoppen sowie den «Islamo-Linken» und dem «verrückten Gender-Denken» ein Ende zu bereiten. Am Ende gewann Macron gegen Le Pen im April 2022, aber mit weniger großem Abstand als noch fünf Jahre zuvor.

Auf der anderen Seite des Ärmelkanals haben einige britische Konservative sowohl mit Le Pen als auch mit Zemmour heftig geflirtet. Für die Hardliner unter den Brexit-Befürwortern wäre die Niederlage von Macron ein willkommener Schlag gegen die verhasste EU gewesen. Boris Johnson kann es sich jedoch nicht leisten, offen für antidemokratische Kräfte in Europa einzutreten, denn das würde schnell zu einem Bruch mit Bidens Weißem Haus führen. Die Tatsache, dass Biden vor seiner Wahl Boris Johnson als Trumps «physischen und emotionalen Klon» bezeichnet hatte, sorgte innerhalb der britischen Regierung für Nervosität. Das Gleiche gilt für die selbsterklärte irische Identität des neuen US-Präsidenten, die in einer Zeit, in der die Spannungen in Nordirland infolge des Brexit steigen, von Bedeutung sein könnte. Aber Großbritannien ist, wie Israel und Polen, ein zu wichtiger und traditioneller Verbündeter der Vereinigten Staaten, als dass Washington eine Entfremdung ohne triftigen Grund riskieren würde. Die Briten wiederum signalisierten schnell ihre Bereitschaft, sich auf die Rivalität Washingtons mit Peking einzustellen. Die Unterzeichnung eines neuen Verteidigungspakts zwischen Australien, Großbritannien und den Vereinigten Staaten, AUKUS genannt, unterstrich dies.

Im eigenen Land setzte Johnson jedoch weiterhin auf den *strongman*-Stil – insbesondere durch Angriffe auf unabhängige Institutionen, die die Macht des Premierministers einschränken. Aus Verärgerung über die Entscheidung des Obersten Gerichtshofs des Vereinigten Königreichs, dass seine Suspendierung des Parlaments rechtswidrig gewesen war, brachte Johnson ein Gesetz ein, das die Befugnis der Justiz, Regierungsentscheidungen zu überstimmen, beschneiden sollte. Selbst konservative Juristen waren empört. Edward Garnier, der als Generalstaatsanwalt in der Regierung von David Cameron gedient hatte, protestierte: «Diese Regierung scheint zu vergessen, dass auch sie, wie wir alle, dem Gesetz unterworfen ist. Dies ist ein Land der Rechtsstaatlichkeit und keine Diktatur.»[403]

Die Robustheit der britischen Institutionen führte dazu, dass Johnsons instinktiver Regelverstoß und seine Vetternwirtschaft eine Gegenreaktion auslösten. Der Versuch, die Anti-Korruptions-Regeln des Parlaments zugunsten eines Freundes von Johnson zu ändern, löste einen Aufschrei in den Medien aus und musste zurückgezogen werden. Enthüllungen über Partys in der Downing Street, die gegen die von der Regierung verabschiedeten Coronavirus-Regeln verstoßen hatten, führten zu Untersuchungen und Rücktritten. Ende 2021 deuteten die Umfragen darauf hin, dass eine Mehrheit der britischen Öffentlichkeit Johnson als ungeeignet für das Amt des Premierministers ansah.

Johnsons von Turbulenzen gekennzeichnete Amtszeit entspricht dem Muster vieler populistischer Nationalisten, die in den vergangenen zehn Jahren weltweit an die Macht gekommen sind. Anführer wie Erdoğan, Modi, Trump, Bolsonaro, Johnson und Duterte haben sich oft als viel bessere Wahlkampfer denn Regierungschefs erwiesen. Sie sind hervorragend darin, eine persönliche Anhängerschaft aufzubauen — aber es fehlt ihnen an den technokratischen Fähigkeiten und der Geduld, um effektiv zu regieren.

Diese Defekte deuten darauf hin, dass der *strongman*-Regierungsstil den Keim seiner eigenen Zerstörung in sich tragen könnte. Und das wirft eine entscheidende Frage auf. Ist die autokratische Herrschaft immer noch der Trend, oder hat sie ihren Höhepunkt erreicht?

*

Wenn ein mächtiger neuer politischer oder ideologischer Trend auftaucht, ist es immer verlockend zu glauben, dass er noch lange in der Zukunft an Kraft gewinnen wird. Nach der Russischen Revolution kamen viele Kommunisten zu der Überzeugung, dass der Zusammenbruch des Kapitalismus weltweit unvermeidlich sei. In den 1930er Jahren war es Mode zu glauben, die liberale Demokratie sei überall auf der Welt im Niedergang begriffen. Und nach dem Ende des Kalten Krieges verkündete Francis Fukuyama bekanntermaßen das «Ende der Geschichte», indem er argumentierte, dass der ideologische Wettbewerb beendet sei und die liberale Demokratie das einzig verbleibende lebensfähige System sei.

In Wirklichkeit ist die Geschichte oft eher zyklisch als linear verlaufen. Politische Trends kommen und gehen. Die Vergangenheit zeigt, dass auch die Welt der Autokraten irgendwann zu Ende gehen wird. Aber es könnte bis zu 30 Jahre dauern.

Alle Bemühungen um eine historische Periodisierung sind etwas künstlich. Aber es ist möglich, zwei verschiedene Epochen in der Nachkriegspolitik zu identifizieren, die beide etwa 30 Jahre dauerten. Die Periode von 1945 bis 1975, die in Frankreich als *les trentes glorieuses* bekannt ist, war im gesamten Westen durch ein starkes Wirtschaftswachstum, den Aufbau von Wohlfahrtsstaaten und eine keynesianische Nachfragepolitik gekennzeichnet, die alle vor dem internationalen Hintergrund des Kalten Krieges stattfanden.

Mitte der 1970er Jahre geriet dieses Modell in der anglo-amerikanischen Welt in Schwierigkeiten: Großbritannien litt unter «Stagflation» und Präsident Jimmy Carter diagnostizierte in den Vereinigten Staaten eine nationale «Malaise». Eine neue Ära (von ihren Kritikern oft als «neoliberal» bezeichnet) begann 1979 mit der Wahl von Margaret Thatcher in Großbritannien, gefolgt von der Wahl Ronald Reagans in Amerika 1980. Rückblickend betrachtet, war dies auch Teil einer globalen Veränderung. 1978 kam Deng Xiaoping in China an die Macht und leitete eine Politik der marktwirtschaftlichen «Reform und Öffnung» ein. Der kommunistische Block in Europa begann mit der Gründung der Gewerkschaft Solidarność in Polen im September 1980 zu zerbrechen. Die Grundlagen einer globalisierten kapitalistischen Wirtschaft wurden geschaffen.

Diese «neoliberale Ära» dauerte ebenfalls etwa 30 Jahre, bis sie durch die globale Finanzkrise von 2008 beendet wurde. In der Folge wirkte der Westen geschwächt, und *strongmen* wie Putin und Erdoğan waren eher bereit, westliche Macht und politische Normen herauszufordern. Mit dem Aufstieg Xi Jinpings an die Spitze Chinas 2012 begann das *strongmen*-Zeitalter wirklich.

Es ist bezeichnend, dass die Welt der Autokraten im Gegensatz zu den beiden zuvor beschriebenen Zyklen außerhalb des Westens begann. Tatsächlich gingen die meisten westlichen Intellektuellen selbstgefällig davon aus, dass die Vereinigten Staaten gegen den *strongman*-Stil immun seien. Die Wahl von Trump 2016 widerlegte dies entschieden. Das britische Votum für den Brexit im selben Jahr zeigte, dass auch das Vereinigte Königreich Opfer von nostalgischem Nationalismus und Populismus werden konnte. Mit der liberalen Demokratie in den anglo-amerikanischen Kernländern im Rückwärtsgang erhielten die Befürworter von *strongman*-Politik in der ganzen Welt Auftrieb.

Die beiden vorangegangenen Epochen der Nachkriegsgeschichte hatten einen ähnlichen Verlauf genommen. Eine neue Ideologie tauchte auf, erzielte einige Anfangserfolge und gewann so neues Ansehen und neue Anhänger. Ein Gefühl der ideologischen Eigendynamik führte dann dazu, dass die ursprünglichen Ideen hinter der Bewegung weiter und schneller vorangetrieben werden mussten. Dies führte zu einer Überdehnung und schließlich zu einer Gegenreaktion mit der Forderung nach einem neuen Ansatz.

Ein gutes Beispiel für ideologische Übertreibung ist die Art und Weise, wie die Reagan'sche Forderung nach niedrigeren Steuern und weniger Bürokratie schließlich zu einer übermäßigen Deregulierung des Finanzwesens führte, die in der weltweiten Finanzkrise von 2008 gipfelte. Auf geopolitischer Ebene führte der Globalisierungsrausch der westlichen Eliten zu einer raschen Eingliederung Chinas in die Weltwirtschaft. Doch nun hat der wachsende Reichtum und die Macht dieses Landes eine Gegenreaktion gegen die Globalisierung ausgelöst.

Wenn die jüngste Ära einem ähnlichen Muster folgt, dann ist der autokratische Stil in der Nachahmungsphase des Zyklus angekommen. Nach 2016 wurde es zur gängigen Praxis, dass Staatsoberhäupter wie Bolsonaro, Orbán, Putin und sogar Netanjahu sich der Sprache und Taktik Trumps bedienten: Sie prangerten «*fake news*» an, stellten die Klimawissenschaft infrage und verurteilten die «Globalisten».

Doch auch wenn der Präzedenzfall früherer Epochen darauf hindeutet, dass die Welt der Autokraten bis zu 30 Jahre andauern könnte, gibt es eine wichtige Einschränkung. Damit die *strongmen* gedeihen können, muss der populistische Nationalismus, für den diese Führer typischerweise eintreten, durch Erfolg bestätigt werden. China hat sich diese Lektion zu Herzen genommen. Es hat die Coronavirus-Pandemie genutzt, um zu argumentieren, dass das chinesische System — das vom Denken Xi Jinpings geprägt ist — seine Überlegenheit gegenüber dem westlichen Liberalismus bewiesen habe. Aber auch jenseits der chinesischen Grenzen scheint die Inkompetenz mancher Machthaber die Oberhand zu gewinnen. Trumps falscher Umgang mit Covid-19 hat zu seiner Niederlage beigetragen. Bolsonaro, AMLO und Erdoğan haben sowohl die Politik während der Pandemie als auch ihre Volkswirtschaften verpfuscht.

Politische Liberale haben Grund zu der Hoffnung, dass Inkompetenz die Unterstützung für autokratische Führer untergraben wird. Doch im Gegensatz zu Demokraten haben *strongmen* nicht die Angewohnheit, ihre Macht gnädig abzugeben, wenn die Dinge sich verschlechtern. In den Vereinigten Staaten reichten der knappe Ausgang von Trumps Niederlage und die Stärke der amerikanischen Institutionen aus, um seine Bemühungen zu vereiteln, das Ergebnis der Wahl 2020 zu kippen. Aber in anderen Ländern könnte solch eine Situation auch anders ausgehen.

Einige Aspekte der modernen Politik erinnern stark an die letzte große Krise der liberalen Demokratie in den 1930er Jahren. Politische Freiheiten und Demokratie sind wieder auf dem Rückzug.

Protektionismus ist wieder *en vogue*. Die Liberalen verlieren ihr Selbstvertrauen. Auch das Bestreben autokratischer Regime, Teile von Nachbarstaaten zu annektieren oder ihr Territorium auf andere Weise zu erweitern — das für einen Großteil der Konflikte in den 1930er Jahren verantwortlich war —, kommt wieder in Mode. Russlands Annexion der Krim 2014 hat einen gefährlichen Präzedenzfall geschaffen. China ist bestrebt, das Südchinesische Meer unter Verletzung des Völkerrechts zu seinen eigenen Hoheitsgewässern zu machen. Peking fordert außerdem immer lauter die «Wiedervereinigung» mit Taiwan.

Als Nationalisten neigen Machthaber dazu, nach Feinden im Ausland Ausschau zu halten, wenn es im eigenen Land brenzlig wird. Die wachsenden Spannungen in den Nachbarländern Chinas, Russlands und der Türkei erinnern daran, dass *strongman*-Politik in früheren Epochen eng mit Krieg verbunden war. In den 1930er Jahren bedurfte es eines Weltkriegs, um die Ära der Diktatoren zu beenden. Heute steigt die Gefahr einer militärischen Konfrontation zwischen den Vereinigten Staaten und Russland und vor allem mit China. Doch die Angst vor einem nuklearen Holocaust trug dazu bei, den Frieden während des Kalten Krieges zu bewahren (wenn auch mit einigen brenzligen Situationen). Eine ähnliche Angst vor einer nuklearen Katastrophe wird wahrscheinlich auch im Zeitalter der *strongmen* einen Krieg zwischen den Großmächten verhindern.

Als größeres Risiko könnte sich der Niedergang des liberalen Internationalismus für die Weltwirtschaft und die Umwelt entpuppen. Als 2008 die globale Finanzkrise ausbrach, trafen sich die Staats- und Regierungschefs der Welt rasch zum ersten G20-Gipfel überhaupt. Angesichts einer gemeinsamen Bedrohung gelang es den führenden Vertretern der Vereinigten Staaten, Chinas, der EU, Russlands, Japans und anderer Länder, ihre politischen Differenzen zu überwinden und zusammenzuarbeiten.

Doch in der Welt der Autokraten ist internationale Zusammenarbeit nicht mehr in Mode, wie die zersplitterte globale Reaktion auf das Coronavirus gezeigt hat. Der Aufstieg populistischer Machthaber macht es sehr viel unwahrscheinlicher, dass die Welt eine wirksame Antwort auf den Klimawandel finden wird. Dieser Punkt wurde auf der UN-Generalversammlung 2019 unterstrichen, als der brasilianische Präsident Bolsonaro die Eröffnungsrede hielt. Anstatt Zerknirschung oder auch nur Besorgnis über die Waldbrände im Amazonasgebiet zum Ausdruck zu bringen, begann Bolsonaro eine wütende Hetzrede gegen die «Globalisten», die es wagten, die brasilianische Souveränität zu verletzen, indem sie versuchten, eine internationale Bewegung zur Rettung des Amazonas zu organisieren.

2020 war China für 29 Prozent der weltweiten Kohlendioxidemissionen verantwortlich — mehr als die Vereinigten Staaten und die EU zusammengenommen. Ohne chinesische Maßnahmen wird es keine wirksame globale Antwort auf den Klimawandel geben. Die wachsende Feindseligkeit zwischen Amerika und China wird es aber auch schwieriger machen, eine internationale Vereinbarung über die Bekämpfung der globalen Erwärmung zu erreichen. Anstatt rivalisierende Länder zur Zusammenarbeit anzuspornen, könnten die immer bedrohlicheren Nachrichten über den Klimawandel zu einer weiteren Quelle gegenseitiger Beschuldigungen zwischen China und den Vereinigten Staaten werden. Wenn sich das Zeitalter der *strongmen* dem Ende zuneigt, könnte der Umwelt bereits irreparabler Schaden zugefügt worden sein.

In Amerika mag sich Trumps Niederlage wie eine neue Chance für die liberale Demokratie anfühlen. In China hingegen werden das Chaos und die Spaltung bei den Präsidentschaftswahlen 2020 als weiterer Beweis für die Dekadenz des US-Systems dargestellt. Xi Jinping und die Ideologen, die ihn umgeben, sind immer mehr dazu bereit, die Überlegenheit des «chinesischen Modells» gegenüber den vom Westen gepredigten Werten zu behaupten.

Ein großes Problem für Peking ist jedoch, dass das «chinesische Modell» im In- und Ausland mit dem Personenkult um Xi Jinping in Verbindung gebracht wird. Die Herrschaft eines *strongman* führt fast immer zur Entstehung eines Personenkults, weil es politisch unmöglich wird, zuzugeben, dass der Führer zu Schwächen oder Fehlern fähig ist. Da der *strongman* keine Fehler machen kann, müssen Debatten und Kritik unterbunden werden. Die Herrschaft des Autokraten beruht letztlich auf Angst und Zwang. Dieses Regierungsmodell ist nicht nur unattraktiv, es kreiert auch zahlreiche Probleme. Ohne offene Diskussionen und sichere Wege, die Autorität infrage zu stellen, können Regierungen, die einem *strongman* hörig sind, katastrophale politische Maßnahmen ergreifen — und an ihnen festhalten, lange nachdem ein offeneres System den Kurs geändert hätte. Der Personenkult um Mao hat China in die Katastrophe geführt. In der Tat haben Führerkulte selten ein gutes Ende genommen.

Die Unfähigkeit, Kritik zu ertragen, ist nicht die einzige Schwäche des *strongman*-Modells. Zwei weitere charakteristische (und miteinander verbundene) Schwierigkeiten betreffen die Nachfolge und die Stabilität.

In der reinsten Form des autokratischen Systems hängt alles von dem Mann an der Spitze ab. Seine Ablösung — oder auch nur die Diskussion über seinen eventuellen Abgang — ist zutiefst destabilisierend. Ist der Autokrat gegangen, sind alle möglichen Interessen bedroht, wenn Rivalen um die Macht ringen und Rechnungen beglichen werden. Die Machthaber, ihre Familien und Angehörige haben guten Grund zu befürchten, dass es zu einer Abrechnung kommt, wenn sie die Macht abgeben. Daher klammern sich Autokraten in der Regel an die Macht.

Einige Beobachter Russlands vermuten, dass Wladimir Putin nach mehr als 20 Jahren an der Spitze Russlands gern zurücktreten würde. Sollte Putin jedoch gehen, könnte derjenige, der ihm im Kreml nachfolgt, das russische Rechtssystem, das Putin zur Verfolgung seiner Feinde eingesetzt hat, gegen Putins Freunde und seine Familie einsetzen. Für Staatsoberhäupter wie Xi und Erdoğan besteht ein ähnliches Risiko. Wenn ein *strongman* die Macht verliert, ist die Stabilität des gesamten politischen Systems gefährdet, das um ihn herum aufgebaut wurde.

Dieser Zwang, an der Macht zu bleiben, ist ein Wesenskennzeichen der Welt der Autokraten. Wladimir Putin und Recep Tayyip Erdoğan sind nun beide zwei Jahrzehnte an der Macht. In China bereitet sich Präsident Xi auf ein weiteres Jahrzehnt an der Macht vor. Aber auch ein starker Mann an der Spitze wird irgendwann alt und gebrechlich. Xi, Putin und Erdoğan sind alle Ende 60. Gerüchte, dass Erdoğan an Krebs erkrankt sei, sind in der Türkei weit verbreitet. Xi ist übergewichtig und ein ehemaliger Raucher. Sollte einer dieser Führer sterben oder arbeitsunfähig werden, würde dies ihre Länder in eine Krise stürzen. Wenn die Gesundheit eines Autokraten versagt, besteht die übliche Reaktion darin, das Problem zu leugnen und zu vertuschen. Die Entourage des Führers muss sein Erscheinen inszenieren und Wege finden, um zu regieren, während der Chef die Orientierung verliert.

Selbst wenn sie körperlich gesund sind, können Jahrzehnte an der Macht oft dazu führen, dass Autokraten dem Größen- oder dem Verfolgungswahn erliegen — oder den Kontakt zum normalen Leben der von ihnen geführten Nationen verlieren. Demokratische Systeme haben trotz all ihrer Schwächen Institutionen und Gesetze, die das entscheidende und heikle Problem der Nachfolge regeln. Dauerhafte politische Systeme beruhen letztlich auf Institutionen, nicht auf Einzelpersonen. Und erfolgreiche Gesellschaften beruhen auf Gesetzen und nicht auf charismatischer Führung.

Aus all diesen Gründen ist die autokratische Herrschaft eine von Natur aus unsichere und instabile Regierungsform. Sie wird in China und in den meisten anderen Ländern, in denen sie ausprobiert wird, letztendlich zusammenbrechen. Aber es wird noch viele Wirren und viel Leid geben, bevor die Welt der Autokraten endgültig der Geschichte angehört.

# DANKSAGUNG

Dieses Buch basiert auf vielen Jahren des Reisens und der Arbeit für die *Financial Times*. Mein erster Dank gilt also der *FT*, die mir die Möglichkeit gegeben hat, über Weltpolitik nachzudenken und zu schreiben.

Ich habe auch auf die Weisheit und Gastfreundschaft von *FT*-Kolleginnen und -Kollegen in aller Welt zurückgegriffen. Mein besonderer Dank gilt Ed Luce in Washington, einem großartigen Freund, der sich bei mehreren Gelegenheiten als großzügiger Gastgeber erwiesen hat. In Moskau möchte ich Henry Foy, Max Seddon und Kathrin Hille danken. Kathrin war mir auch bei anderen Einsätzen in Peking und Taipeh eine große Hilfe. Mein Dank gilt auch Laura Pitel in der Türkei, Jamil Anderlini, Nicolle Liu und Tom Mitchell in Peking und Hongkong, Amy Kazmin, Victor Mallet und Jyotsna Singh in Delhi, John Reed in Jerusalem, Simeon Kerr in Dubai, James Shotter in Warschau, Guy Chazan und Tobias Buck in Berlin sowie Andres Schipani und Joe Leahy in São Paulo. Viele Kollegen in London waren ebenfalls eine Quelle der Hilfe und Ideen. Mein besonderer Dank gilt David Pilling, Martin Wolf, Jonathan Derbyshire, Fiona Symon und Roula Khalaf. Dan Dombey hat große Teile des Buches gelesen und mir viele hilfreiche Ratschläge und Ermutigungen gegeben. Jeremy Shapiro und Shruti Kapila waren ebenfalls so großzügig, Teile des Manuskripts zu lesen und zu kommentieren.

Wie Leserinnen und Lesern klar sein wird, stützt sich dieses Buch auf 20 Jahre Gespräche mit Menschen in aller Welt. Viele von ihnen werden in dem Buch zitiert oder genannt. Einige von ihnen leben in Ländern, die von autokratischer Herrschaft bedroht sind, so dass sie nicht so glücklich wären, wenn ich sie beim Namen nenne. Aber ich bin wirklich jeder und jedem dankbar, die sich im Laufe der Jahre die Mühe gemacht haben, mir die Dinge zu erklären.

Der größte Teil dieses Buches wurde während der Covid-19-Pandemie geschrieben, die meine Reisen um die Welt abrupt zum Stillstand brachte. Die Pandemie hatte allerdings einen positiven Nebeneffekt: es bedeutete, dass vier junge Universitätsabsolventen monatelang bei mir im Haus lebten. Meine Kinder Natasha, Joe, Nathaniel und Adam halfen alle mit Recherchen und Ideen. Adam und Nat haben viel zu den Kapiteln über Südostasien beziehungsweise Afrika beigetragen. Und meine Frau Olivia mischte sich in die Diskussionen ein und sorgte dafür, dass alle während des Lockdowns gesund und munter blieben.

# ANMERKUNGEN UND QUELLEN

## EINLEITUNG

1 Diese Zahlen wurden von Max Roser zusammengestellt, der an der Oxford University Martin School tätig ist, unter Rückgriff auf Daten des «Varieties of Democracy»-Projekts; siehe www.ourworldindata.org

2 Freedom House, «Freedom in the World 2021: Democracy under siege»

3 Zitiert nach Mehdi Hasan, «It wasn't just Trump – every US president has gotten Putin wrong», MSNBC, 16. Juni 2021.

4 Brian Parkin und Rainer Buergin, «Merkel says Russia risks harm to itself with nineteenth century ways», Bloomberg, 13. März 2014.

5 «A Turkish Success Story», *New York Times*, 28. Januar 2004.

6 Nicholas Kristof, «Looking for a Jump-Start in China», *New York Times*, 5. Januar 2013. Den Hinweis darauf fand ich bei Richard McGregor, *Xi Jinping. The Backlash*, Sydney 2019, S. 9.

7 Thomas L. Friedman, «Letter from Saudi Arabia», *New York Times*, 25. November 2015.

8 Thomas L. Friedman, «Saudi Arabia's Arab Spring, at Last», *New York Times*, 23. November 2017.

9 Gideon Rachman, «India needs a jolt and Modi is a risk worth taking», *Financial Times*, 28. April 2014.

10 Freedom House, «Freedom in the World 2020: A Leaderless Struggle for Democracy», Washington (DC) 2021.

11 Rachel Frazin, «Biden calls Boris Johnson a physical and emotional clone of Trump», *The Hill*, 13. Dezember 2019.

12 Siehe Masha Gessen, «Autocracy Rules for Survival», *New York Review of Books*, 10. November 2016.

13 «Trump Defends Putin Killing Journalists», Daily Beast, 13. April 2017.

14 Rana Mitter, «The World China Wants», *Foreign Affairs*, Januar 2021.

15 Ramachandra Guha, «Modi Personality Cult Runs Contrary to BJP's Own Objections to Worship of Individuals», Scroll.in, 2. August 2020.

16 Charlotte Gao, «Xi: China Must Never Adopt Constitutionalism», *The Diplomat*, 19. Februar 2019.

17 Reuters-Video, 14. April 2020.

18 Zitiert nach «Getting off the train», *The Economist*, 6. Februar 2016.

19 Siehe Nathaniel Rachman, «The Simpleton Manifesto», *Persuasion*, 15. Oktober 2020.

20 John Johnston, «Boris Johnson blasted over claims deep state is betraying Brexit», Politics Home, 14. Januar 2019.

21 Unterhaltung mit dem Autor, Berlin, Oktober 2019.

22 Ebd.

23 Fiona Hill, *There Is Nothing For You Here: Finding Opportunity in the 21st Century*, New York 2021, S. 224.

24 «No job, no house, no welfare», *The Economist*, 19. November 2020.

25 Siehe Robert Foa, «Why strongmen win in weak states», *Journal of Democracy*, Januar 2021.

26 «Genocide aside», *The Economist*, 13. Februar 2021.

27 Jeffrey Goldberg, «Why Obama Fears for Our Democracy», *The Atlantic*, November 2020.

28 «Can you foil the love tonight?», *The Economist*, 19. November 2020.

29 Die Bedeutung des Machismo für *strongmen* durch die Jahrhunderte, von Benito Mussolini über Muamar al-Gaddafi bis hin zu Wladimir Putin, ist ein wichtiges Thema in Ruth Ben Ghiats Buch *Strongmen: How They Rise, Why They Succeed, How They Fall*, London 2020.

30 Unterhaltung mit dem Autor, Moskau, August 2019.

31 Mark Easton, «Coronavirus: Social Media spreading virus conspiracy theories», BBC, 18. Juni 2020.

## 1. WLADIMIR PUTIN

32 Fiona Hill und Clifford Gaddy, *Mr Putin: Operative in the Kremlin*, Washington (DC) 2013. Fiona Hill wurde später führende Russlandexpertin in Donald Trumps Weißem Haus und sagte später gegen ihn bei den Impeachment-Anhörungen aus.

33 Neujahrsansprache des geschäftsführenden Präsidenten Wladimir Putin, 31. Dezember 1999. Die englische Version ist zu finden unter www.en.kremlin.ru.

34 Ivan Krastev und Stephen Holmes, *The Light that Failed … A Reckoning*, London 2019, S. 108. (Auf Deutsch erschienen unter dem Titel *Das Licht, das erlosch. Eine Abrechnung*, Berlin 2019.)

35 Zitiert nach Lionel Barber und Henry Foy, «Vladimir Putin says liberalism has become obsolete», *Financial Times*, 27. Juni 2019.

36 Siehe Susan Glasser, «Putin the Great», *Foreign Affairs*, September/Oktober 2019.

37 Zitiert nach Catherine Belton, *Putin's People. How the KGB took back Russia and then took on the West*, London 2020, S. 26, 39-41. (Auf Deutsch erschien das Buch unter dem Titel *Putins Netz. Wie sich der KGB Russland zurückholte und dann den Westen ins Auge fasste*, Hamburg 2022.)

38 Hill und Gaddy, S. 76.

39 Belton, S. 85.

40 Hill und Gaddy, S. 9.

41 Zitiert nach Belton, S. 112.

42 Ebd., S. 11. Belton beschreibt auch auf faszinierende Weise, wie Putins anfängliche Förderer ihn in Jelzins Zirkel protegierten — und dies später bereuten.

43 Zitiert nach Anton Troianovski, «Branding Putin», *Washington Post*, 12. Juli 2018.

44 James Ciment, «Life Expectancy of Russian Men Falls to 58», *British Medical Journal*, 21. August 1999.

45 Interview des Autors, September 2014.

46 «Putin's Russia», «Rachman Review»-Podcast mit Fjodor Lukjanow, 9. Oktober 2019.

47 Krastev und Holmes, S. 82.

48 Unterhaltung mit dem Autor, Moskau 2008.

49 Zitiert nach Jan Matti Dollbaum, Morvan Lallouet und Ben Noble, *Navalny: Putin's Nemesis, Russia's Future*, London 2021, S. 152.

50 Siehe Max Seddon, «Lunch with the FT: Alexei Navalny», *Financial Times*, 22. November 2019.

51 Luke Harding, «Revealed: the $2 billion offshore trail that leads to Vladimir Putin», *The Guardian*, 3. April 2016.

52 «Russian billionaire Arkady Rotenberg says ‹Putin's Palace› is his», BBC, 30. Januar 2021.

53 «Vlad, the boss: ‹World's secret richest man› Vladimir Putin guards his secret billions like a mafia godfather, expert claims», *The Sun*, 22. März 2018.

54 Chris Giles, «Russia's role in producing the tax system of the future», *Financial Times*, 29. Juli 2019.

55 Zitiert nach Martin Chulov, «Can Saudi Arabia's ‹great reformer› survive the death in the consulate?», *The Guardian*, 13. Oktober 2018.

56 Zitiert nach Eias Isquith, «Rudy Giuliani», *Salon*, 4. März 2014.

57 Das Interview wurde von Alastair Campbell für *GQ* 2014 geführt.

58 Tobias Jones, «How Matteo Salvini Became Putin's Man in Europe», *Prospect*, 30. August 2019.

59 Anne Applebaum, «The False Romance of Russian», *The Atlantic*, 12. Dezember 2019.

60 Diese Verbindungen werden bei Belton beschrieben, S. 427–36.

61 Zitiert nach Troianovski, *Washington Post*.

62 Julian Borger, «Russia is a regional power showing weakness over Ukraine», *The Guardian*, 25. März 2014.

## 2. RECEP TAYYIP ERDOĞAN

63 Robert Kaplan, «At the Gates of Brussels», *The Atlantic*, Dezember 2004.

64 Zitiert nach «To Brussels on a wing and a prayer», *The Economist*, 9. Oktober 2004.

65 Ebd.

66 Siehe Gideon Rachman, *Asiens Stunde. Krieg und Frieden im 21. Jahrhundert*, Berlin 2019, S. 244.

67 Siehe Soner Cagaptay, *The New Sultan: Erdogan and the Crisis of Modern Turkey*, London 2020, S. 4.

68 Zitiert nach Kaya Gene, «Erdogan's Ways», *Foreign Affairs*, September 2019.

69 Siehe Steven Cook, «How Erdogan Made Turkey Authoritarian Again», *The Atlantic*, 21. Juli 2016.

70 Siehe Aykan Erdemir und Oren Kessler, «A Turkish TV blockbuster reveals Erdogan's conspiratorial, anti-semitic worldview», *Washington Post*, 15. Mai 2017.

71 Siehe Jenny White, «Democracy Is Like a Tram», Turkey Institute, 14. Juli 2016.

72 Jonathan Head, «Quiet end to Turkey's college headscarf ban», BBC, 31. Dezember 2010.

73 Gideon Rachman, «Don't be blind to Erdogan's flaws», *Financial Times*, 10. Oktober 2011.

74 Für einen lebhaften Bericht über den Putschversuch siehe Hannah Lucinda Smith, *Erdogan Rising: The Battle for the Soul of Turkey*, Glasgow 2019, S. 203-221.

75 Siehe Laura Pitel, «Turkey: Gulenist crackdown», *Financial Times*, 11. September 2016.

76 Siehe Gene, *Foreign Affairs*, S. 33.

77 Laura Pitel, «Europe's top human rights court orders Turkey to release jailed Turkish politician», *Financial Times*, 22. Dezember 2020.

78 Matthew Wills, «The Turkish Origins of the Deep State», JSTOR Daily, 10. April 2017.

79 Siehe Zeugenaussage von John Bolton und Fiona Hill, zitiert auf S. 128.

80 Gideon Rachman, «Modi and Erdogan Thrive on Divisive Identity Politics», *Financial Times*, 10. August 2020.

81 Peter Spiegel, «José Manuel Barroso: Not everything I did was right», *Financial Times*, 4. November 2014.

82 Siehe «Turkey slams EU officials in row over Netherlands campaigning», BBC, 14. März 2017.

83 Zitiert nach Laura Pitel, «Erdogan's great game: soldiers, spies and Turkey's quest for power», *Financial Times*, 12. Januar 2021.

84 David Kirkpatrick und Carlotta Gall, «Audio offers gruesome details of Jamal Khashoggi Killing», *New York Times*, 17. Oktober 2018.

85 Laura Pitel, «Turkey Senses Growing National Challenge to Erdogan», *Financial Times*, 24. Juni 2019.

86 Tweet von @SonerCagaptay,2. Juni 2020.

## 3. XI JINPING

87 Nicolas Berggruen und Nathan Gardels, «How the world's most powerful leader thinks», *WorldPost*, 21. Januar 2014.

88 John Simpson, «New Leader Xi Jinping Opens Door to Reform in China», *The Guardian*, 10. August 2013.

89 Frank Dikötter, *How to Be a Dictator: The Cult of Personality in the Twentieth Century*, London 2019, S. 105.

90 Zitiert nach Chris Buckley, «Xi Jinping opens China Party Congress, his hold tighter than ever», *New York Times*, 17. Oktober 2017.

91 Zitiert nach Tom Phillips, «Xi Jinping heralds new era of Chinese power at Communist Party Congress», *The Guardian*, 18. Oktober 2017.

92 «China's Economy in Six Charts», *Harvard Business Review*, November 2013.

93 Siehe Evan Osnos, «Born Red», *The New Yorker*, 30. März 2015.

94 Eine gute Darstellung von Xis frühem Leben findet sich in Kerry Brown, *The World According to Xi*, London 2018. Siehe dazu auch den exzellenten, oben zitierten Artikel von Evan Osnos.

95 Zitiert nach François Bougon, *Inside the Mind of Xi Jinping*, London 2018, S. 56.

96 Siehe Osnos, *The New Yorker*.

97 Brown, *The World According to Xi*, S. 16.

98 McGregor, *Xi Jinping: The Backlash*, S. 34.

99 Edward Wong, Neil Gough und Alexandra Stevenson, «China's Response to Stock Plunge Rattles Traders», *New York Times*, 9. September 2015.

100 «Rumours swirl in China after death of top Chongquing Party official», Radio Free Asia, 4. November 2019.

101 Victor Mallet, «Interpol ‹complicit› in arrest of its chief in China», *Financial Times*, 7. Juli 2019.

102 «Xi Jinping Millionaire Relations Reveal Fortunes of Elite», Bloomberg, 29. Juni 2012.

103 Zitiert nach Bougon, S. 39.

104 Ebd., S. 154.

105 Yuan Yang, «Inside China's Crackdown on Young Marxists», *Financial Times*, 14. Februar 2019.

106 Gideon Rachman, «Lunch with the FT: Eric Li», *Financial Times*, 7. Februar 2020.

107 Zitiert nach Don Weiland, «Inside Wuhan», *Financial Times*, 25. April 2020.

108 Zitiert nach Michael Collins, «The WHO and China: Derelection of Duty», Council on Foreign Relations, 27. Februar 2020.

109 Diese Zahlen sind im Westen auf Skepsis gestoßen. Eine Analyse des *Economist* von Zahlen zur Übersterblichkeit kam zu dem Schluss: «Covid-19-Todesfälle in Wuhan scheinen viel zahlreicher zu sein als die offiziellen Angaben» (30. Mai 2021). Laut den chinesischen Behörden beliefen sich die Todeszahlen in Wuhan, wo der erste Ausbruch stattfand, auf 3869. *The Economist* korrigierte dies auf 13400 bis Ende März nach oben. Doch selbst wenn dies zuträfe, ist die grundsätzliche Feststellung, dass es in China weit weniger Tote zu beklagen gab als im Westen, nicht infrage gestellt.

110 Zitiert nach «Xi confers medals for virus fight at ceremony in Great Hall of the People», Bloomberg, 8. September 2020.

111 John Sudworth, «Wuhan marks its anniversary with triumph and denial», BBC, 23. Januar 2021.

112 «Unfavorable views of China reach historic highs in many countries», Pew Research Center, 6. Oktober 2020.

113 Jonathan Kaiman, «Islamist group claims responsibility for attack on China's Tiananmen Square», *The Guardian*, 25. November 2013.

114 Stephanie Nebehay, «UN says it has credible reports that China holds 1 m Uighurs in secret camps», Reuters, 10. August 2018.

115 «China forces birth control on Uighur Muslims, other minorities: birth rates fall by 60% from 2015 to 2018 in Xinjiang», Associated Press, 29. Juni 2020.

116 James Landale, «Uighurs: credible case China is carrying out genocide», BBC, 8. Februar 2021.

117 Zheping Huang, «Xi Jinping says China's authoritarian system can be a model for the world», *Quartz*, 9. März 2018.

118 «The View from Bogotá: A Live Conversation with the President of Colombia Iván Duque Márquez», Aspen Institute, 22. Januar 2021.

119 Hu Xijin, «The more trouble Taiwan creates, the sooner the mainland will teach them a lesson», *Global Times*, 6. Oktober 2020.

## 4. NARENDRA MODI

120 Unterhaltung mit dem Autor, Dehli, Mai 2018.

121 Zitiert nach Benjamin Parkin und Amy Kazmin, «Narendra Modi renames cricket stadium after himself», *Financial Times*, 24. Februar 2021.

122 Viele dieser Beispiele entstammen dem Artikel von Kapil Komireddi, «India, the world's largest democracy, is now powered by a cult of personality», *Washington Post*, 18. März 2021.

123 Debobrat Those, «1,200 years of servitude: PM Modi offers food for thought», *First-post*, 13. Juni 2014.

124 Interview mit Subramanian Swamy, Huffington Post, 14. April 2017.

125 Ramachandra Guha, «How the RSS detested Gandhi», The Wire, 30. Januar 2020.

126 Siehe «Why India's Hindu hardliners want to sideline Mahatma Gandhi», BBC, 30. Januar 2017.

127 Details zu Modis früher Karriere und Beziehungen zum RSS finden sich bei Dexter Filkins, «Blood and Soil in Narendra Modi's India», *The New Yorker*, 2. Dezember 2019.

128 Zu Singhs Reformpolitik siehe mein Buch *Nullsummenwelt*, London/Berlin 2012, S. 89–96.

129 Gideon Rachman, «India needs a jolt and Modi is a risk worth taking», *Financial Times*, 28. April 2014.

130 Ebd.

131 Barack Obama, «Narendra Modi», TIME, 15. April 2015.

132 Zitiert nach Gideon Rachman, «How India's Narendra Modi will shape the world», *Financial Times*, 14. Mai 2018.

133 Die Unterhaltung fand bei einem Mittagessen, das von der indischen High Commission organisiert worden war, am 9. Juli 2019 in London statt.

134 Interview mit Swamy, Huffington Post.

135 Rachman, *Financial Times*, 14. Mai 2018

136 Milind Ghatwai, «Madhya Pradesh: You vote for Lotus, you are pressing trigger to kill terrorists, says PM Modi», *Indian Express*, 18. Mai 2019.

137 «Outrage over right-wing Euro-MP's Kashmir visit», BBC, 30. Oktober 2019.

138 Zitiert nach Isaac Chotiner, «Amartya Sen's Hopes and Fears for Indian democracy»,

*The New Yorker,* 6. Oktober 2019.

139 Pratap Bahnu Mehta, «Serial authoritarianism picks out targets one by one and tires out challenges», *Indian Express*, 10. Oktober 2019.

140 Yogita Limaye, «Amnesty International to halt India operations», BBC, 29. September 2020.

141 Siehe Filkins, *The New Yorker.*

142 Shivshankar Menon, «Rulers of Darkness», *India Today*, 4. Oktober 2019.

143 Siehe Jo Johnson, «Narendra Modi's culture war storms India's elite universities», *Financial Times*, 26. Januar 2020.

144 Shruti Kapila, «Nehru's idea of India is under attack from the nationalist right», *Financial Times,* 12. Januar 2020.

145 Jason Stanley, «For Trump and Modi, ethnic purity is the purpose of power», *The Guardian*, 24. Februar 2020.

146 «Supreme court judge describes Modi as ‹popular, vibrant, and visionary leader›», The Wire, 6. Februar 2021.

147 Zitiert nach Amy Kazmin, «Indians maintain faith in messianic Modi», *Financial Times*, 6. Juli 2020.

148 Zitiert nach Gideon Rachman, «Narendra Modi and the perils of Covid hubris», *Financial Times*, 26. April 2021.

149 Amy Kazmin, «Narendra Modi, the style king, puts on the guru look», *Financial Times*, 1. Juli 2021.

## 5. VIKTOR ORBÁN AND JAROSŁAW KACZYŃSKI

150 Zitiert nach Colin Woodard, «Europe's New Dictator», Politico, 17. Juni 2015.

151 Zitiert nach Paul Lendvai, *Orbán: Europe's New Strongman*, London 2017, S. 195.

152 Ebd., S. 192.

153 Zitiert nach Krastev und Holmes, *The Light That Failed — A Reckoning*, S. 68.

154 Zitiert nach Lendvai, S. 201.

155 Krastev und Holmes, S. 14.

156 «Trump calls for total and complete shutdown of Muslims entering US», Politico, 7. Dezember 2015.

157 Zitiert nach Krastev und Holmes, S. 47.

158 Diese Details stammen aus einem Porträt und einem Interview meines *FT*-Kollegen Henry Foy, «Poland's Kingmaker», *Financial Times*, 26. Februar 2016.

159 Zitiert nach Patrick Kingsley, «As the West Fears the Rise of Autocrats, Hungary Shows What's Possible», *New York Times*, 10. Februar 2018.

160 Viktor Orbán, Rede zur Lage der Nation, 19. Februar 2020, Transkript von Remix News.

161 Siehe Paul Lendvai, «The Transformer: Orbán's Evolution and Hungary's Demise», *Foreign Affairs*, September 2019, S. 46.

162 Ebd., S. 48.

163 George Soros, «Rebuilding the asylum system», Project Syndicate, 26. September 2015.

164 Zitiert nach Peter Conradi, «How the billionaire George Soros became the right's favourite bogeyman», *The Sunday Times*, 10. März 2019.

165 Lendvai, *Foreign Affairs*, S. 52.

166 «How Viktor Orbán hollowed out Hungary's democracy», *The Economist*, 29. August 2019.

167 Zitiert nach Valerie Hopkins, «How Orbán's decade in power changed Hungary», *Financial Times*, 21. Mai 2020.

168 Zitiert nach Lendvai, *Foreign Affairs*, S. 54. Das Interview erschien im Original 2018 in *La Repubblica*.

169 Ebd.

170 Tony Barber, «Europe's patience with Viktor Orbán starts to wear thin», *Financial Times*, 8. März 2021.

171 Jan Cienski, «Poland's constitutional crisis goes international», Politico, 24. Dezember 2015.

172 Jan Cienski, «New media law gives Polish government fuller control», Politico, 30. Dezember 2015.

173 Zitiert nach Marc Santora, «After a president's shocking death, a suspicious twin reshapes a nation», *New York Times*, 16. Juni 2018.

174 «Half of Poles believe foreign powers deliberately spreading coronavirus», Notes from Poland, 20. April 2020.

175 Zitiert nach Anne Applebaum, *Twilight of Democracy*, New York 2020, S. 31.

176 «Playing the family card», *The Economist,* 20. Juni 2020.

177 «Poland's draconian restrictions on abortion», *Financial Times*, 8. November 2020.

## 6. BORIS JOHNSON

178 Gideon Rachman und Nick Clegg, «Is joining the euro still too big a risk for Britain?», *Prospect*, 20. Janaur 2002. Es war ein Pro-und-Contra-Debattenbeitrag, bei dem der Liberaldemokrat Nick Clegg, damals noch Europaabgeordneter und später stellvertretender Premierminister in der ersten Cameron-Regierung, für einen Beitritt Großbritanniens zum Euro argumentierte.

179 Hill, S. 71.

180 Daniel Boffey und Toby Helm, «Vote Leave embroiled in race row over Turkey security threat claim», *The Observer*, 22. Mai 2016.

181 Tim Shipman, *All Out War: The Full Story of Brexit*, London 2017, S. 299.

182 Roger Eatwell und Matthew Goodwin, *National Populism: The Revolt Against Liberal Democracy*, London 2018. S. 35–36.

183 Ebd., S. 17.

184 Zitiert nach Sonial Purnell, *Just Boris*, London 2012, S. 50.

185 Boris Johnson und Nicholas Farrell, «Forza Berlusconi», *The Spectator*, 6. September 2003.

186 Gideon Rachman, «Boris Johnson has failed the Churchill test», *Financial Times*, 22. Februar 2022.

187 Ryjeev Syal, «Cameron: Johnson said Leave campaign would lose minutes before backing it», *The Guardian*, 16. September 2019.

188 Rick Noak, «Brexit needs some of Trump's madness, Boris Johnson suggests», *Washington Post*, 8. Juni 2018.

189 Katie Weston, «Brexit conspiracy: Boris Johnson warns the deep state's great conspiracy will backfire», *Daily Express*, 14. Januar 2019.

190 Sebastian Payne, «Downing Street glee as gang of 21 expelled from the Tory party», *Financial Times*, 4. September 2019.

191 Dominic Cummings Blog, «On the referendum — Actions have consequences»,

27. März 2019.

192 Peter Walker, «UK poised to embrace authoritarianism, warns Hansard Society», *The Guardian*, 8. April 2020.

193 Allison Pearson, «We need you, Boris — your health is the health of the nation», *Daily Telegraph*, 7. April 2020.

194 Rush Doshi, *The Long Game: China's Grand Strategy to Displace American Order*, Oxford 2021, S. 13.

## 7. DONALD TRUMP

195 Philip Bump, «The real story behind that viral clip of Keith Ellison predicting a Donald Trump victory», *Washington Post*, 22. Februar 2017.

196 Gideon Rachman, «We deride chances of Marine Le Pen and Donald Trump at our peril», *Financial Times*, 30. November 2015.

197 Ebd.

198 Unterhaltung mit dem Autor.

199 Spätere Forschungen von Deaton und Case zeigten, dass sich die Unterschiede bei der Lebenserwartung von weißen und schwarzen Amerikanerinnen und Amerikanern zwar fortsetzten, dass aber der Bildungsgrad nun die ausschlaggebende Determinante war. Schwarze und Weiße mit Universitätsabschluss hatten eine ähnliche Lebenserwartung — eine höhere als Schwarze und Weiße ohne universitäre Bildung.

200 Gina Kolata, «Death Rates Rising for Middle-Aged White Americans, Study Finds», *New York Times*, 2. November 2015.

201 William H. Frey, «The US will become minority white in 2045, census projects», Brookings Institution, 14. März 2018.

202 Michael Anton (unter dem Pseudonym Publius Decius Mus), «The Flight 93 Election», *Claremont Review of Books*, 5. September 2016.

203 Alex Tyson und Shiva Maniam, «Behind Trump's victory: Divisions by race, gender, education», Pew Research Center, 9. November 2016.

204 Siehe John Sides, Michael Tesler und Lynn Vavrick, *Identity Crisis: The 2016 Presidential Election and the Battle for the Meaning of America*, Princeton (NJ) 2018.

205 Ebd., S. 71.

206 Ebd, S. 88.

207 Zitiert nach Thomas Edsall, «White Root», *New York Times*, 13. Januar 2021.

208 Zitiert nach Larry M. Bartels, «Ethnic Antagonism Erodes Republicans' Commitment to Democracy», *Proceedings of the National Academy of Sciences in the United States of America*, 15. September 2020.

209 «The Playboy interview: Donald Trump», 1. März 1990.

210 Ebd.

211 Michael Schmidt, «In a Private Dinner, Trump Demanded Loyalty: Comey Demurred», *New York Times*, 11. Mai 2017.

212 John Wagner, «Praise for the Chief», *Washington Post*, 12. Juni 2017.

213 Siehe Jonathan Rauch, «Trump's Firehose of Falsehood», *Persuasion*, 18. November 2020.

214 Alexander Griffing, «Remember when Donald Trump appeared on Alex Jones's Infowars», *Haaeretz*, 6. August 2018.

215 Peter Baker, «Dishonesty Has Defined the Trump Presidency. The Consequences Could Be Lasting», *New York Times*, 1. November 2020.

216 Hill, S. 220.

217 Ebd.

218 Zitiert nach Franklin Foer, «Viktor Orbán's War on Intellect», *The Atlantic*, Juni 2019.

219 Bolton, S. 312.

220 Ebd., S. 181.

221 Ebd. S. 63.

222 Unterhaltung mit dem Autor.

223 Axios, 14. September 2020.

224 Bolton, S. 191.

225 Gideon Rachman, «Lunch with the FT: Chris Ruddy», *Financial Times*, 2. März 2018.

226 Hill, S. 200–201.

227 Bolton, S. 297.

228 Edward Luce, «Beware Trump's admiration for Putin, Xi, and Erdogan», *Financial Times*, 16. Januar 2020.

229 Hill, S. 221.

230 Aaron Blake, «What Trump said before his supporters stormed the Capitol», *Washington Post*, 11. Januar 2021.

231 Ebd.

## 8. RODRIGO DUTERTE

232 Louis Nelson, «Trump praises Duterte for unbelievable job cracking down on drugs in the Philippines», Politico, 24. Mai 2017.

233 Nicola Smith, «Trump praises Kim Jong-un as ‹terrific› and pledges to hold summit», *Daily Telegraph*, 25. September 2018.

234 «Remarks by President Trump in Press Conference», US Embassy & Consulate in Vietnam, 28. Februar 2019.

235 Will Worley, «Philippines president Rodrigo Duterte tells people to go ahead and kill drug addicts», *The Independent*, 3. Juli 2016.

236 «More than 7,000 killed in the Philippines in six months», Amnesty International, 18. Mai 2020.

237 Ebd.

238 Rambo Talabong, «Big funds, little transparency: How Duterte's drug list works», Rappler, 16. Februar 2020.

239 Patrick Symmes, «President Duterte's List», *New York Times*, 10. Januar 2017.

240 Jonathan Miller, *Duterte Harry: Fire and Fury in the Philippines*, London 2018, S. 86.

241 Carlos H. Conde, «Killings in Philippines Up 50 Percent During Pandemic», Human Rights Watch, 8. September 2020.

242 Davinci Maru, «CHR Chief: Drug war deaths could be as high as 27,000», ABS-CBN News, 5. Dezember 2018.

243 Aurora Almendra, «Where 518 Inmates Sleep in Space for 170 and Gangs Hold It Together», *New York Times*, 7. Januar 2019.

244 «The Rodrigo Duterte Interview», *Esquire Philippines*, 25. August 2016.

245 «Philippines: Duterte confirms he personally killed three men», BBC, 16. Dezember 2016.

246 «Philippine leader says once threw man from a helicopter, would do it again», Reuters, 29. Dezember 2016.

247 Eleanor Ross, «Philippines president Duterte's Drug War, One Year On», *Newsweek*, 30. Juni 2017.

248 Sheila Coronel, «The Vigilante President», *Foreign Affairs*, September 2019.

249 Richard Heydarian, «A Revolution Betrayed: The Tragedy of Indonesia's Jokowi», Al Jazeera, 24. November 2019.

250 «Prevalence of drug use in the general population – national data», World Drug Report, United Nations Office on Drugs and Crime, 2018.

251 «The Dangers of Duterte Harry», *The Economist*, 19. Mai 2016.

252 Miller, S. 194.

253 Coronel, *Foreign Affairs*.

254 Miller, S. 44.

255 Maria Cepeda, «Arroyo thanks Duterte for helping to acquit her of plunder», Rappler, 9. Juli 2019.

256 Dutertes Aufwachsen und Karriere sind gut beschrieben bei Miller, *Duterte Harry*. Siehe auch Michael Peel, *The Fabulists*, London 2019.

257 Andrew R.C. Marshall und Manuel Mogato, «Philippine death squads very much in business as Duterte set for presidency», Reuters, 25. Mai 2016.

258 Siehe Miller, S. 2.

259 Mike Frialde, «Murder Rate Highest in Davao City», *Philippine Star*, 1. April 2016.

260 Camille Elemia, «Photo used by Duterte camp to hit critics taken in Brazil, not PH», Rappler, 26. August 2016.

261 Alexandra Stevenson, «Soldiers in Facebook's War on Fake News Are Feeling Overrun», *New York Times*, 9. Oktober 2018.

262 Dino-Ray Ramos, «A Thousand Cuts» Trailer: Ramona S. Diaz's Documentary About Journalist Maria Ressa and Press Freedom in Duterte's Philippines Sets Theatrical Run», Deadline, 12. Juli 2020.

263 Rebecca Ratcliffe, «Amal Clooney decries legal charade after journalist Maria Ressa charged again with libel», *The Guardian*, 12. Januar 2021.

264 Ben Blanchard, «Duterte aligns Philippines with China, says US has lost», Reuters, 20. Oktober 2016.

## 9. MOHAMMED BIN SALMAN

265 Ben Hubbard, *MBS: The Rise to Power of Mohammed bin Salman*, London 2020, S. 267.

266 Siehe Bradley Hope und Justin Scheck, *Blood and Oil: Mohammed bin Salman's Ruthless Quest for Global Power*, London 2020, S. 54.

267 Hubbard, S. 110.

268 Jodi Kantor, «For Kushner, Israel Policy May Be Personal», *New York Times*, 11. Februar 2017.

269 «Rachman Review» podcast interview with Anshel Pfeffer, 10. September 2020.

270 Anshel Pfeffer, *Bibi: The Turbulent Life and Times of Benjamin Netanyahu*, New York 2018, S. 17.

271 Ebd., S. 45.

272 Yoram Hazony, *The Virtue of Nationalism*, New York 2018.

273 Zitiert nach Constanze Stelzenmüller, «America's policy on Europe takes a nationalist turn», *Financial Times*, 30. Januar 2019.

274 Gideon Rachman, «Why the new nationalists love Israel», *Financial Times*, 1. April 2019.

275 «Duterte meets Netanyahu: ‹We share the same passion for human beings›», Rappler, 3. September 2018.

276 William Galston, «What's Beijing Doing in Haifa?», *Wall Street Journal*, 28. Mai 2019.

277 Zitiert nach Robert Kagan, «Israel and the decline of the liberal order», *Washington Post*, 12. September 2019.

278 Hubbard, S. xv.

279 Ebd., S. 10.

280 Thomas L. Friedman, «Letter from Saudi Arabia», *New York Times*, 25. November 2015.

281 Thomas L. Friedman, «Saudi Arabia's Arab Spring, at Last», *New York Times*, 23. November 2017.

282 Siehe Hope und Scheck, S. 59, 64.

283 Siehe Hubbard, S. 127–129.

284 Jamal Khashoggi, «Saudi Arabia wasn't always this oppressive. Now it's unbearable», *Washington Post*, 18. September 2017.

285 Julien Barnes und David Sanger, «Saudi Prince is held responsible for Khashoggi killing in US report», *New York Times*, 26. Februar 2021.

286 Zitiert nach Hubbard, S. 272.

## 10. JAIR BOLSONARO

287 Gideon Rachman, «Brazil and the crisis of the liberal world order», *Financial Times*, 28. August 2017.

288 Siehe Richard Lapper, *Beef, Bible and Bullet: Brazil in the Age of Bolsonaro*, Manchester 2021, S. 22.

289 Ebd., S. 29.

290 Vincent Bevins, «Where conspiracy reigns», *The Atlantic*, 16. September 2020.

291 Sam Cowie, «Brazil's culture secretary fired after echoing words of Nazi Goebbels», *The Guardian*, 17. Januar 2020.

292 Für Einblicke in diese Periode siehe Lizi Eduardo Soarse, *Rio de Janeiro, Extreme City*, London 2016, insbesondere das zweite Kapitel («No Ordinary Woman»). Jacobo Timerman, *Prisoner Without a Name, Cell Without a Number*, New York 1981, ist der klassische Bericht über die Verhaftungen während Argentiniens «schmutzigem Krieg».

293 Michael Reid, *Forgotten Continent: The Battle for Latin America's Soul*, New Haven (CT) 2009, S. 123.

294 Ebd, S. 12.

295 Zitiert nach Anne Applebaum, «Venezuela Is the Eerie Endgame of Modern Politics», *The Atlantic*, 27. Februar 2020.

296 Tom Burgis, «Livingstone secures cheap oil from Venezuela», *Financial Times*, 20. Februar 2007.

297 Michael Albertus, «Chávez's Real Legacy Is Disaster», *Foreign Policy*, 6. Dezember 2018.

298 Bello, «The surprising similarities between AMLO and Jair Bolsonaro», *The Economist*, 7. Dezember 2019.

299 «It's all about him», *The Economist,* 30. November 2019.

300 Zitiert nach Michael Stott, «Pandemic Politics: the rebound of Latin America's populists», *Financial Times,* 23. September 2020.

301 Gideon Rachman, «Jair Bolsonaro's populism is leading Brazil to disaster», *Financial Times,* 25. Mai 2020.

302 «Brazil's Bolsonaro backs Trump fraud claims after unrest», France 24, 7. Januar 2021.

303 Alfonso Zarate, *El País De Un Solo Hombro,* Mexiko-Stadt 2021.

304 Ebd.

305 Gideon Long, «Leftist Pedro Castillo finally confirmed as Peru's next president»; *Financial Times,* 20. Juli 2021.

### 11. ABIY AHMED

306 David Piling, «Why Abiy Ahmed is more popular in Norway than in Ethiopia», *Financial Times,* 29. Februar 2020.

307 Unterhaltung mit Abiy Ahmed, dem Premierminister Ähtiopiens, World Economic Forum, 25. Januar 2019.

308 Michela Wrong, «Ethiopia, Eritrea and the Perils of Reform», *Survival,* September 2018.

309 Michelle Gavin, «Ethiopian conflict erodes Abiy's credibility», Council on Foreign Relations, 30. Dezember 2020.

310 «Will Mnangagwa go East as more sanctions come in from the West?», *Africa Report,* 8. Februar 2021.

311 Die Geschichten einiger dieser Führer, einschließlich Mugabe und Mobutu, finden sich bei Paul Kenyon, *Dictatorland: The Men Who Stole Africa,* London 2018.

312 «Jacob Zuma: the survivor whose nine lives ran out», BBC, 6. April 2020.

313 Tom Wilson, «Graft under Jacob Zuma cost South Africa $34 billion says Ramaphosa», *Financial Times,* 14. Oktober 2019.

314 «Young Africans want more democracy», *The Economist,* 5. März 2020.

315 Anjan Sundaram, «Rwanda: The Darling Tyrant», *Politico Magazine,* March/April 2020.

316 William Wallis, «Lunch with the FT: Paul Kagame», *Financial Times*, 13. Mai 2011.

317 David Pilling und Lionel Barber, «Interview: Kagame insists ‹Rwandans understand the greater goal›», *Financial Times*, 27. September 2020.

318 Aislinn Laing, «Rwanda's president Paul Kagame ‹wishes› he had ordered death of exiled spy chief», *Daily Telegraph*, 24. Januar 2014.

319 Michela Wrong, *Do Not Disturb*, London 2021.

320 «Uganda/Rwanda: Investigate Journalist's Murder», Human Rights Watch, 6. Dezember 2011.

321 Jason Burke, «Rwandan government accused of abducting Paul Rusesabagina», *The Guardian*, 1. September 2020.

322 Sundaram, *Politico Magazine*.

323 William Wallis, «FT Interview: Meles Zenawi, Ethiopian prime minister», *Financial Times*, 6. Februar 2007.

324 Armin Rosen, «A Modern Dictator: Why Ethopia's Zenawi Mattered», *The Atlantic*, 21. August 2012.

325 Awol Allo, «Ethopia's Meles Zenawi: Legacies, memories, histories», LSE Blogs, 18. September 2014.

326 «The man who tried to make dictatorship acceptable», *The Economist*, 25. August 2012.

327 Nic Cheeseman, *Democracy in Africa*, Cambridge 2015, S. 138–140.

328 Ebd.

329 Yun Sun, «Political party training: China's ideological push in Africa?», Brookings Institution, 5. Juli 2016.

330 Lily Kuro, «Beijing is cultivating the next generation of African elites by training them in China», *Quartz*, 14. Dezember 2017.

331 Amy Hawkins, «Beijing's Big Brother Tech Needs African Faces», *Foreign Policy*, 24. Juli 2018; Samuel Woodhams, «How China Exports Repression to Africa», *The Diplomat*, 23. Februar 2019.

332 Jevans Nyabiage, «How Zimbabwe's new parliament symbolises China's chequebook diplomacy approach to Africa», *South China Morning Post*, 5. Januar 2020.

333 Abdi Latif Dahir, «Why these African countries are defending China's mass deten-

tion of Muslims», *Quartz*, 16. Juli 2019; «Spotlight: Ambassadors from 37 countries issue joint letter to support China on its human rights achievements», Xinhua Net, 13. Juli 2019.

334 Judd Devermont, «Russian Theater: How to Respond to Moscow's Return to the African Stage», Lawfare, 18. Oktober 2019. Der Autor ist ein ehemaliger CIA-Mitarbeiter.

335 Robbie Gramer und Jefcoate O'Donnell, «How Washington Got on Board with Congo's Rigged Election», *Foreign Policy,* 1. Februar 2019.

336 Tweet von @jakesullivan, 25. November 2020.

337 «Africa's population will double by 2050», *The Economist*, 28. März 2020.

## 12. ANGELA MERKEL, EMMANUEL MACRON UND EUROPAS KAMPF GEGEN DIE AUTOKRATEN

338 Zitiert nach Sophie Pedder, *Revolution Française: Emmanuel Macron and the Quest to Reinvent a Nation*, London 2018, 73.

339 Ebd, 129.

340 Sunny Hundal, «Angela Merkel is now the leader of the free world, not Donald Trump», *The Independent*, 1. Februar 2017.

341 «What did Angela Merkel do when the Berlin Wall came down?», BBC, 19. September 2013.

342 Zitiert nach Lionel Barber, *The Powerful and the Damned*, London 2020, S. 96.

343 Constanze Stelzenmüller, «The AfD wolf is at the door in eastern Germany», *Financial Times*, 8. September 2019.

344 Rachman Review podcast, «Germany's shifting foreign policy», *Financial Times*, 20. November 2019.

345 «Emmanuel Macron warns Europe: NATO is becoming brain-dead», *The Economist*, 7. November 2019.

346 «Réactions des Français à la tribune des militaires dans *Valeurs Actuelles*», Harris Interactive, 29. April 2021.

347 «President Macron on Trump, Brexit and Frexit», BBC, 21. Januar 2018.

348 Zitiert nach Victor Mallet, «Debate on Islamist extremism law exposes deep rifts in France», *Financial Times*, 11. Februar 2021.

349 Victor Mallet, «Resurgent Marine Le Pen revels in Macron's woes», *Financial Times*, 30. Januar 2020.

350 «Scandale Soros Marine Le Pen: ‹Macron ne peut plus garder le silence›», *Valeurs Actuelles*, 20. Februar 2020.

## 13. GEORGE SOROS UND STEVE BANNON

351 Gideon Rachman, «Soros hatred is a global sickness», *Financial Times*, 18. September 2017.

352 «The Forbes 400, 2020», Forbes.com.

353 Summe zitiert nach Emily Tamkin, *The Influence of Soros*, New York 2020, S. 4.

354 George Soros, Vorwort zu Karl Popper, *The Open Society and Its Enemies*, Princeton 1994.

355 Roula Khalaf, «Interview mit George Soros, FT Person of the Year», *Financial Times*, 18. Dezember 2018.

356 Siehe Tamkin, S. 74–75.

357 Seth Mydans, «Malaysian premier sees Jews behind nation's money crisis», *New York Times*, 16. Oktober 1997.

358 Siehe Robert Mackey, «The Plot against George Soros Didn't Start in Hungary, It Started on Fox News», The Intercept, 23. Januar 2018.

359 «Fiona Hill Blasts Anti-Semitic Conspiracy Theories Against George Soros in Testimony», Huffington Post, 22. November 2019.

360 «A Conversation with Rudy Giuliani», *New York Magazine* 23. Dezember 2019.

361 Peter Walker, «Farage critised for using antisemitic themes to critisise Soros», *The Guardian*, 12. Mai 2019.

362 «George Soros, the man who broke the Bank of England, backing secret plot to thwart Brexit», *Daily Telegraph*, 18. Februar 2018.

363 Siehe Tamkin, 172.

364 Tweet von @YairNetanyahu, 28. April 2019.

365 Osman Kavala, «710 Nights in a Turkish Prison», *New York Times*, 11. Oktober 2019.

366 George Soros, «Remarks Delivered at the World Economic Forum», 24. Januar 2019.

367 Saul Friedländer, *The Years of Extermination: Nazi Germany and the Jews*, London 2007, S. 17–18.

368 Zitiert nach Khalaf, *Financial Times.*

369 Zitiert nach Peter Conradi, «How the billionaire George Soros became the right's favourite bogeyman», *The Sunday Times*, 10. März 2019.

370 Gideon Rachman, «America is the revisionist power on trade», *Financial Times*, 13. Mai 2019.

371 Qiao Liang und Wang Xiangsui, *Unrestricted Warfare: China's Master Plan to Destroy America*, London 2017.

372 Trumps Rede in Warschau, vollständiges Transkript, CNN, 6. Juli 2017.

373 Sarah Marsh, «Steve Bannon calls for Tommy Robinson to be released from prison», *The Guardian*, 15. Juli 2018.

374 Ein Bericht dieses Treffens findet sich in Benjamin R. Teitelbaum, *War for Eternity*, London 2020, S. 153-161.

375 Jan-Werner Müller, *A Dangerous Mind: Carl Schmitt in Post-War European Thought*, New Haven 2003, S. 11.

376 Dieser Abschnitt stützt sich weitgehend auf meinen Artikel über Schmitt. Gideon Rachman, «Liberalism's most brilliant enemy is back in vogue» *Financial Times*, 11. Januar 2019.

377 Zitiert nach Ryan Mitchell, «Chinese Receptions of Carl Schmitt since 1929», *Journal of Law and International Affairs*, Mai 2020.

378 Xu Jilin, *Rethinking China's Rise: A Liberal Critique*, Cambridge 2018, S. 27.

379 Ebd.

380 Zitiert nach Gao, *The Diplomat.*

381 Zitiert nach Mark Galeotti, *We Need to Talk About Putin*, London 2019, S. 68.

382 Leticia Duarte, «Meet Olavo de Carvalho», *The Atlantic*, 28. Dezember 2019.

383 Siehe Olavo de Carvalho, «The Battle of the Monsters», *Diario de Comercio*, 26. Juni 2004.

384 Zitiert nach Duarte, *The Atlantic.*

## EPILOG: JOE BIDEN IN DER WELT DER AUTOKRATEN

385 David E. Sanger, «Biden Defines His Underlying Challenge with China: ‹Prove Democracy Works›», *New York Times*, 29. April 2021.

386 Ebd.

387 Thomas Edsall, «Mitch McConnell Would Like Trump to Fade Away», *New York Times*, 24. Februar 2021.

388 Michael Gerson, «Trump's rot has reached the GOP's roots», *Washington Post*, 15. Februar 2021.

389 Siehe Edsall, *New York Times.*

390 Eliza Relman, «Mark Meadows says all the top 2024 GOP candidates have Trump as their last name», *Business Insider*, 27. Februar 2021.

391 Jonathan Kirshner, «Gone but not forgotten: Trump's long shadow and the end of American credibility», *Foreign Affairs*, March/April 2021.

392 Jake Sullivan u. a., «Making US Foreign Policy work better for the middle class», Carnegie Endowment, 23. September 2020.

393 Zitiert nach Belton, S. 445.

394 «Kremlin accuses Joe Biden of spreading hatred», Reuters, 26. Oktober 2020.

395 Zitiert nach Henry Foy, «The Brutal Third Act of Vladimir Putin», *Financial Times*, 11. März 2021.

396 Tom Mitchell, Primrose Riordan und Nicolle Liu, «Hong Kong will sit on China's lap», *Financial Times*, 13. März 2021.

397 Zitiert nach Sanger, *New York Times.*

398 Demetri Sevastopulo und Tom Mitchell, «Bitter summit shows no reset in chilly US-China relations», *Financial Times,* 20. März 2021.

399 David Smith, «How Tucker Carlson and the far right embraced Hungary's authoritarian leader», *The Guardian*, 8. August 2021.

400 Martin Donai, «Political outsider prepares to take on Orbán», *Financial Times*, 19. Oktober 2021.

401 Bryan Harris und Michael Pooler, «Bolsonaro tests Brazilian democracy», *Financial Times*, 28. September 2021.

402 Laura Pitel und Funja Guler, «Turkish opposition leader helps shape unlikely alliance to challenge Erdogan», *Financial Times,* 5. Dezember 2021.

403 Jonathan Ames, «Boris Johnson plans to let ministers throw out legal rulings», *The Times*, 6. Dezember 2021.

GIDEON RACHMAN

# NULLSUMMENWELT

DAS ENDE DES OPTIMISMUS UND DIE NEUE GLOBALE ORDNUNG

Seit der globalen Finanzkrise von 2008 ist die Welt nicht mehr die alte — eine neue Logik hat sich der internationalen Politik bemächtigt. Nullsummendenken dominiert, wonach der Machtzuwachs des einen Staates der Machtverlust des anderen ist. Europa und die Vereinigten Staaten werden immer stärker von China und anderen aufstrebenden Staaten wie Indien oder Brasilien herausgefordert. Internationale Einigungen, sei es beim Klimaschutz oder der Rettung des Euro, werden so immer schwerer. Mit NULLSUMMENWELT legt Gideon Rachman, der außenpolitische Chefkommentator der *Financial Times*, eine brillante Überblicksanalyse jüngster Weltgeschichte vor und zeigt Lösungen auf, wie die neue Logik zu überwinden ist.

*«Rachman hat eine packende Analyse geschrieben, keine Frage.»*
Bayerischer Rundfunk

*«Man wird sich in der Nullsummenwelt einrichten müssen.»*
Süddeutsche Zeitung

*«Persönliche Eindrücke aus seinem Reporterleben beleben den chronologischen 30-Jahre-Querschnitt.* NULLSUMMENWELT *ist nicht nur äußerst pointiert und informativ, sondern vor allem bei den Porträts einzelner Politiker sehr unterhaltsam und humorvoll geschrieben.»* enorm

W WELTKIOSK
LONDON BERLIN

GIDEON RACHMAN

**ASIENS STUNDE**

KRIEG UND FRIEDEN IM 21. JAHRHUNDERT

Die westliche Dominanz in der Weltpolitik geht zu Ende. Die Gewichte von Macht und Wirtschaftskraft verschieben sich von West nach Ost. Eine neue Ära globaler Instabilität hat begonnen. In ASIENS STUNDE beschreibt Gideon Rachman den bestimmenden Trends unserer Zeit: Der wachsende Wohlstand asiatischer Nationen verändert die internationale Macht balance. Ein aufstreendes China fordert die amerianische Vormachtstellung heraus. Aber auch die Ambitionen anderer asiatischer Mächte wie Japan, Nordkorea, Indien und Pakistan haben das Potenzial, die ganze Welt zu erschüttern. Rachman skizziert die Prozesse, die das 21. Jahundert bestimmen werden.

*«Nicht nur für jene Deutschen, die glauben, die größte Herausforderung ginge vom Islam aus. Für die aber ganz besonders.»*
Frankfurter Allgemeine Sonntagszeitung

*«Der studierte Historiker beschreibt in seinem dichten und dennoch übersichtlichen Werk mit einem beeindruckenden Blick für Schlüsselereignisse die Beziehungen der internationalen Mächte. ... Das Buch kommt zur rechten Zeit: Man muss den wachsenden Einfluss insbesondere der Chinesen ernst nehmen.»* Handelsblatt

*«Mit historischem Tiefgang und hochaktuell»* Foreign Affairs

WELTKIOSK
LONDON BERLIN